西南政法大学刑事诉讼法学研究中心

徐静村 主编

刑事诉讼前沿研究
Criminal Procedure Frontiers 第七卷

中国检察出版社

《刑事诉讼前沿研究》
编辑委员会

主　　任：徐静村

编　　委：龙宗智　孙长永　管光承　牟　军
　　　　　胡世澄　王成荣　李昌林

主　　编：徐静村

学术秘书：潘金贵

目 录

前沿聚焦

刑事诉讼中的诉讼关系研究
　　——以第二审程序为视角　　　　　　　　　　　　　　　　　　　徐静村 / 1
　一、刑事诉讼中的诉讼关系 / 1
　二、刑事二审程序的性质与任务 / 2
　三、刑事二审程序中诉讼关系的错位 / 3
　四、构建新的刑事二审诉讼关系 / 3
　五、二审程序中一审法院不是实体意义上的"被告" / 5

刑事诉讼法改革的若干问题　　　　　　　　　　　　　　　　　　　樊崇义 / 7
　一、我国刑事诉讼法修改当前的进展情况 / 7
　二、新律师法与刑事诉讼法的协调 / 8
　三、刑事诉讼法、律师法观念形态的转型问题 / 8
　四、关于刑事证据规则的研究 / 9
　五、关于刑讯逼供如何来解决的问题 / 9
　六、关于附带民事诉讼问题 / 9
　七、关于被告人认罪的案件处理 / 10
　八、关于被害人救助的问题 / 10
　九、关于死刑程序问题 / 10

当前司法体制改革的若干问题　　　　　　　　　　　　　　　　　　陈卫东 / 11
　一、关于侦查权的优化配置问题 / 12
　二、关于检察机关自侦权的问题 / 13
　三、关于看守所的监管体制改革问题 / 13
　四、关于劳动教养的问题 / 13

证据论坛

我国"三证合一"的刑事证明模式探究 .... 张少林 / 15
 一、刑事证明模式的历史发展及其评价 / 15
 二、刑事诉讼中的三种证明方法 / 19
 三、我国"三证合一"的刑事证明模式 / 22
 四、"三证合一"证明模式的实证分析 / 26
 五、我国"三证合一"证明模式的发展前瞻 / 28

超越诉讼事实符合论
 ——证据法学理论基础的反思与重建 .... 秦宗文 吴君霞 / 32
 一、引论 / 32
 二、符合论的困境及其在诉讼事实判断上的基本不适用 / 33
 三、有效论、一致论与共识论作为真性判断标准的合理性 / 37
 四、有效性、一致性、公共性与诉讼事实理论基本问题的重新认识 / 42

非法证据排除规则的理论基石：历史流变与比较评析 .... 林喜芬 / 52
 一、美国非法证据排除规则理论基础的历史流变 / 54
 二、各国非法证据排除规则理论基础的比较评析 / 66
 三、我国非法证据排除规则理论基础的模式选择 / 71

论英美证据特权规则的理论基础 .... 王剑虹 / 77
 一、证据特权规则的基本内容：以英美法系为中心 / 77
 二、证据特权规则产生之初的理论基础：早期的人本主义理论 / 78
 三、证据特权规则理论基础的发展：向功利主义理论的转化 / 79
 四、现代人本主义理论：对功利主义理论的补充 / 84

诉讼法理

论犯罪嫌疑人知悉权 .... 关倚琴 / 89
 一、绪论 / 89
 二、各国立法及国际司法准则对于犯罪嫌疑人知悉权的规定 / 95
 三、我国犯罪嫌疑人知悉权现状及与国际标准的差异 / 107
 四、建构我国的犯罪嫌疑人知悉权制度 / 115

规律·系统·角色
 ——检察一体的定位分析 .... 曾军 师亮亮 / 120

一、检察一体——中国特色司法规律的内在要求 / 120
二、系统论——检察一体的定位分析 / 124
三、检察一体的角色分析——检察官、检察长和检委会的权力分界 / 127
四、结语 / 130

刑事被害人国家救助制度构建问题研究
——以检察机关对刑事被害人的救助为视角　薛　培　叶永革　程济新 / 131
一、现实映象——刑事被害人获取法律救济及国家救助存在的缺陷 / 132
二、理论渊源——刑事被害人国家救助制度理论现状与建立意义 / 133
三、实践探索——检察机关建构刑事被害人国家救助制度之发轫 / 137
四、制度设计——刑事被害人国家救助制度的范围与原则 / 139
五、立法建议——刑事被害人国家救助制度的立法问题 / 141
六、运作模式——刑事被害人国家救助制度资金的取得方式 / 144
七、制度规范——刑事被害人国家救助的认证、支付与监督 / 144

程序专论

贩毒案件中运用诱惑侦查的问题与对策　　　　　陈　莺　胡　胜 / 146
一、诱惑侦查的运用现状及存在的法律问题 / 147
二、运用诱惑侦查的合理性和合法性根据 / 149
三、应建立健全规范诱惑侦查的法律制度 / 152
四、应建立诱惑侦查合法辩护的救济制度 / 155
五、诱惑侦查合法辩护的成立要件及认定 / 158
六、实现诱惑侦查合法辩护权的制度设计 / 159

检察机关讯问职务犯罪嫌疑人实行全程同步录音录像制度实证研究
——基于C市调查情况的分析　　　　潘金贵　毛建平　程星玲 / 162
一、引言 / 162
二、检察机关实行讯问全程同步录音录像制度实践运作情况的
　　初步考察 / 163
三、检察机关实行讯问全程同步录音录像制度的实践反思与制度完善 / 172
四、结语 / 176

对主诉检察官办案责任制的反思
——暨剖析主诉检察官制度构架　　　　　　　　　　　　王　璐 / 177
一、主诉检察官办案责任制运行的利弊分析 / 177
二、从检察机关的内部设置看主诉检察官的地位 / 180

三、对主诉检察官的选任 / 188

四、主诉检察官的遴选机制 / 191

五、主诉检察官的保障机制 / 194

六、主诉检察官制度的运行方式 / 199

法院启动刑事再审情况实证研究
——以 C 省为视角　　　　　　　　潘祥均　周遐龄　曾庆云 / 208

一、引言 / 208

二、法院启动刑事再审的现状考察 / 209

三、法院启动刑事再审中的主要问题与思考 / 216

四、结语 / 229

刑罚变更执行同步监督制度研究
——兼论检察机关执行主体地位的确立　　　　　　纪　虎 / 230

一、西方国家检察机关在刑罚执行程序中的法律地位 / 231

二、我国刑罚变更执行检察监督的特点及存在的问题 / 235

三、我国刑罚变更执行监督制度的进一步完善 / 241

中国—东盟反商业贿赂刑事司法协作机制构想　　　　余　捷 / 248

一、商业贿赂犯罪的严重危害 / 248

二、各国及国际组织反商业贿赂的应对措施 / 249

三、中国—东盟建立区际反商业贿赂司法协作机制的必要性和可行性 / 255

四、中国—东盟反商业贿赂司法协作机制构想 / 257

异域法苑

刑事案件中陪审团事实认定活动的法律规制
——关于证据制度的一元化合宪分析

罗纳德·艾伦 著　吴宏耀　刘静 译 / 262

一、所论问题及范围 / 263

二、证据制度功能上的相似性 / 267

三、对证明过程的一元化合宪性分析 / 277

四、对说服责任转移的误解——对一些最高法院法庭意见的思考 / 290

五、结语 / 299

美国 1984 年刑事被害人法　　　　　　　　　　陈川陵 译 / 301

日本起诉犹豫制度探析
——兼论与暂缓起诉的区别　　　　　　　　　　冯　涛 / 316

一、日本起诉犹豫："检察官司法"的缘由 / 317

二、起诉犹豫、暂缓起诉的区别：起诉便宜原则下的相异 / 323

米兰达权利告知的程序范式　　　　　　　　　　　蔡国芹 / 328

一、米兰达权利告知内容的原则初定 / 328

二、米兰达权利告知的适用情形 / 331

三、米兰达权利告知的原则例外 / 337

四、米兰达权利告知的形式和时间要求 / 340

五、米兰达权利告知后犯罪嫌疑人可以享有的权利内容 / 344

六、米兰达权利告知法则的新近发展 / 347

历程与方法：美国刑事诉讼的宪法化　　　　　　　李昌盛 / 351

一、基本公正性方法论的确立：1937年以前 / 352

二、从基本公正性方法论走向选择性合并方法论：1937~1960年 / 355

三、选择性合并方法论的全面适用：20世纪60年代 / 358

四、选择性合并方法与基本公正性方法的并用：1969年之后 / 361

五、结语 / 363

韩国侦查制度研究
——大陆法系与英美法系刑事诉讼模式的本土化融合

　　　　　　　　　　　　　　　　　　　　　易耀华　张　雪 / 365

一、特殊历史背景下形成的刑事诉讼制度 / 366

二、中央集权化兼具地方自治性的警察体制 / 367

三、检察官主导下的侦查模式 / 373

● **前沿聚焦**

刑事诉讼中的诉讼关系研究
——以第二审程序为视角

徐静村*

一、刑事诉讼中的诉讼关系

刑事诉讼中的诉讼关系,系指参与刑事诉讼的国家机关、诉讼当事人和其他诉讼参与人相互之间,依照诉讼规则而形成的程序意义上的法律关系。这种关系以上述不同主体在诉讼中的地位、立场、任务、目的的不同为基础,以诉讼法赋予的不同权利、义务为依据,以诉讼活动的实际进行为条件,两个及两个以上主体之间,依照诉讼程序规则进行诉讼意义上的接触而构成。

现代刑事诉讼是在反对封建专横的纠问式诉讼基础上建立起来的,以追求司法公正为目标。为了实现公正目标,无论大陆法系还是英美法系,都曾努力改善诉讼构造,尽可能使诉讼中的控辩双方"平等武装",达到诉讼权利的大致均衡,以有利于最大限度地发现真实,同时强化法官的中立地位以保障裁判的客观和公正。刑事诉讼各主体,也因分别承担控、辩、审三种不同诉讼职能而持有各自的不同诉讼立场,并与其他主体构成某种相互关系。其他诉讼参与人亦然。即如证人应当如实作证,这是证人的法律义务,这种义务决定了他在诉讼中的应有立场,意味着他必须提供真实情况,如果证人故意作伪证,他就必须承担相应的法律后果。如果证人证明的内容有利于确认犯罪嫌疑人、被告人有罪,则该证人属于控方证人;如果证人证明的内容有利于确认犯罪嫌疑人、被告人无罪或罪轻,则该证人属于辩方证人。但证人作证不是对控方或者辩方承担义务,证人只是依法对国家承担公民的作证义务,他的证言最终只对

---

* 西南政法大学教授,博士生导师

法律负责，在诉讼意义上只对法院这一主体负责。

研究刑事第二审程序中的诉讼关系，当然要以研究刑事一审程序中的诉讼关系为基础。在刑事公诉案件的一审程序中，控方是提起公诉的检察机关，广义上也包含被害人及其诉讼代理人以及证明被告人有罪的证人和鉴定人；辩方是被告人及其辩护人，自然也包括证明被告人无罪、罪轻或者应当减轻的证人和鉴定人；法官作为中立的裁判者，应充分听取并客观评析双方提出的证据，依据真实可靠的证据来认定事实，在此基础上作出符合客观实际、符合法律规定的公正判决。控方的诉讼目的在于追究被告人的刑事责任，辩方的诉讼目的在于否认或者减轻自己的刑事责任，法官的诉讼目的则在于对被告人刑事责任的有无及大小作出有根据的裁判。无论诉讼构造属于大陆法模式或者英美法模式或者混合模式，刑事诉讼中控、辩、审三者的诉讼立场和诉讼目的，概莫如是。传统理论对于"诉"什么、"辩"什么在观念上是清楚的，但对于"审"什么却模糊不清。通说一直以"公诉事实"或"控方诉求"作为审判对象，不仅极易导致法院的审判活动始终狭隘地围绕"公诉事实"或"控方诉求"来进行，而且必然影响法院中立立场的坚持。从程序设计角度看，以"公诉事实"或"控方诉求"作为审判对象，也只适合一审终审制的法律构造，倘若实行两审终审制或三审终审制，第二审和第三审的审判对象显然不再是一审时的"公诉事实"或"控方诉求"。

二、刑事二审程序的性质与任务

我国刑事诉讼实行两审终审制，以我国刑事二审程序的制度设计为依据来探讨刑事二审程序的性质与任务，较易阐明笔者的观点。我国刑事二审程序亦称上诉审程序，它可因控、辩任何一方启动而发生。控方（提起公诉的检察机关或刑事自诉人）因不服人民法院的一审判决可在法定期限内提起抗诉（刑事自诉人为上诉），辩方因不服人民法院的一审判决可在法定期限内提起上诉，这都必然引起刑事二审程序的进行。无论是检察机关提起抗诉或者被告人提起上诉，都是基于不服法院尚未生效的一审判决，即认为一审判决在认定事实或者适用法律上确有错误，因而请求上级法院对案件重新审理，以达到撤销或者变更原审法院错误判决的目的。因此，对于提起上（抗）诉的控、辩双方来说，二审程序是对一审错误判决进行救济的一种程序手段，由于抗诉或者上诉的提起，便有效地阻止了一审错误判决生效的可能，并使案件脱离原审法院而转移至上级法院重新审判，获得了纠正一审错误判决的机会；就二审法院来说，对上诉、抗诉案件进行重审，不是一般的"办案"问题，更重要的是解决"一审判决是否公正"的争议，实现对下级法院的审判监督职能，通过对二审案件的公正审判，保证社会主义法制的统一正确实施。质言之，二审程序的功能是纠正一审裁判的错误，使案件得到公正处理，从而维护法律的尊严和法院的信誉。二审程序的这种重要性不应当被轻视和忽视，这一点应在研究界和实务界引起警惕。

三、刑事二审程序中诉讼关系的错位

刑事二审程序实质上是对第一审未生效裁判的错误进行救济的程序，请求救济的无论是一审时的控方还是辩方，所针对的都是一审法院的裁判错误。因此，第二审审判中诉讼主体间的关系已产生很大变化，一审中的控、辩双方这时已不是一审时那种直接对抗关系，如果二审程序因检察机关提起抗诉而进行，其诉求是纠正一审判决的错误，这时作出一审判决的法院即是"程序意义上的被告"；如果是一审中的被告人提起上诉，上诉理由也是一审判决错误，这时上诉人同样是"程序意义上的原告"。因此在二审程序中，新的控、辩、审关系应由上诉人（或抗诉机关）、一审法院、二审法院三者之间构成。二审法院的审判对象显然已不是一审中的"公诉事实"或者"控方诉求"，而是针对一审判决错误提出的抗诉或上诉的理由或诉求。但是，我国现行法的二审程序，对上（抗）诉案件采取"全面审理"原则，一般按一审诉讼程序进行审理，所以实际上并不认真研究上（抗）诉的理由或诉求，也不考虑公诉机关、当事人在二审中已经变化的诉讼地位，仍将他们按一审诉讼中公诉人、被告人看待，对实体部分的审判亦仍以一审中的"公诉事实"或"控方诉求"为"审判对象"。这种从诉讼主体间的关系到审判对象的全面错位，使得二审的救济功能极难发挥。某些二审法院根本不重视上诉、抗诉案件的审判，特别是对当事人上诉的案件，甚至既不开庭审理，也不与上诉人见面，更不听取辩护人的意见，在不作任何调查研究的情况下，径直维持原判，驳回上诉，完全置二审程序的立法意图于不顾，这样做的结果，在多数情况下会导致一审错误判决长期得不到纠正，确实有违司法公正的宗旨。

二审诉讼关系错位的直接后果是破坏了刑事诉讼法的自我修正功能，严重妨碍了二审法院对一审错误裁判及时、有效的纠正，不仅影响司法机关的社会信誉，还进而影响法律的公正形象。因此理顺二审诉讼关系意义重大，切勿等闲视之。

四、构建新的刑事二审诉讼关系

根据以上分析，确立新的刑事二审诉讼关系是一个值得深入研究的问题。笔者认为，在刑事二审审判中，一审时那种以公诉人代表控方，被告人及其辩护人为辩方，法官为审判方的诉讼关系不能再继续套用，应当根据二审诉讼的实际情况来构造新的诉讼关系。

设若一审法院作出判决后，提起公诉的人民检察院以量刑不当为由提出抗

诉，这时控方仍是一审提起公诉的人民检察院，但其指控的对象是一审判决错误，其诉求为撤销原判，重新改判。因此当二审法院开庭审理这一抗诉案件时，作出一审判决的一审法院应以"程序被告"身份派员出席二审法庭，履行应诉义务，陈述其作出的一审判决的根据和理由，其法律上的称谓可名之为"必要诉讼参加人"。提出抗诉的人民检察院也应派员出庭二审审判，陈述抗诉理由，不应当由它的上一级人民检察院派员出席。如果此案一审中的被告人没有就一审判决提起上诉，则他在出席二审审判时显然既非"控方"也非"辩方"，但由于他是本案实体意义上的被告，案件的处理结果与他有直接利害关系，他在二审审判中的诉讼地位类似民事诉讼中"有独立请求权的第三人"，因此似可名之为二审中"有独立请求权的当事人"。因此他也有权委托律师担任诉讼代理人，他同代理律师出席二审法庭仍可对一审裁判发表意见，例如可以请求二审法院维持原判等。倘若这个当事人也同时提起了上诉，这个上诉也是针对一审判决的，如果认为一审判决认定事实有错误，当然牵涉到一审控方举证的问题；如果认为一审判决适用法律有错误，则上诉仅只针对一审法院，在这两种情况下，一审时的被告均为二审时提出诉求的一方，即与同时提起抗诉的人民检察院同为诉请方，只不过指出一审判决错误的内容各不相同，请求改判的目的各不相同而已。而一审法院则无疑应为二审庭审中"程序意义上的被告"，应当到庭陈述一审判决理由，反驳抗诉和上诉所作的指控，以达到维持一审判决的目的。如果依现行法规定的那样，二审审判中一审法院不出庭参与诉讼，二审作出的任何裁判都等于是在"被告"（一审法院）缺席的情况下作出的，这样的缺席判决是有违司法公正要求的。

设若一审判决后提起公诉的人民检察院没有抗诉，只有一审被告人提出上诉，上诉理由如果是一审判决认定事实错误，则牵扯到一审中处于控方的人民检察院指控的犯罪事实是否有确实、充分的证据予以证明；上诉理由如果是适用法律不当，则主要针对一审法院定罪量刑上的错误。无论以哪种理由提起上诉，上诉人的诉求一般都是请求撤销原判并予以改判。可见在只有上诉没有抗诉的二审案件中，一审法院同样处于"程序被告"地位，有必要派员出席二审庭审并就一审判决的根据和理由作出说明，不应在缺席的情况下由二审法院作出裁判。也只有在一审法院派员出席二审审判的情况下，二审审判活动才能构成"控、辩、审"三者相互作用的诉讼状态。二审法院才可能在兼听诉辩双方意见的基础上作出公正裁判。对于一审判决没有提起抗诉的人民检察院，在二审法院审判中应有"独立请求权"，可以陈述支持一审判决的意见和理由，也可请求二审法院驳回上诉，维持原判。

笔者认为，在这样的程序理念下，虽然上诉、抗诉是针对一审判决的，一审法院成为"程序被告",但二审审判的对象仍然是案中的刑事被告人刑事责任的有无及大小,并未因为二审诉讼关系的变化而改变刑事审判的对象。

五、二审程序中一审法院不是实体意义上的"被告"

从一般意义上说,法院是中立的裁判机构,一切诉讼案件,都由法院依法审理,作出裁判。在任何诉讼场合,法院都处于裁判者地位,不是控方也不是辩方。

然而刑事审判制度在数千年的发展进程中不断地丰富和完善,逐渐形成了现代的完整体系,这个体系包括初审制度、上诉审制度和再审制度,建造这个程序体系的根本目的则在于保证司法的公正,其着重点又在于保证实体上的公正。

初审制度的功能主要是对案件的事实进行实体审查,作出正确的认定,并依据认定的事实正确适用法律,作出一审裁判。如果一审认定事实正确,适用法律恰当,判处公正合法,则一般不会出现上诉和抗诉,在上(抗)诉期限届满时,一审判决即发生法律效力,案件的诉讼亦就此终结。因此,任何一个刑事案件的初审程序既是基础性的也是最为重要的,如果出现失误,无论是认定事实的错误还是适用法律的错误,都可能导致上诉审程序的发生;上诉审(即二审)程序则是以当事人或公诉机关对于一审判决声明不服为前提,并要求上级法院进行重审以纠正一审错误判决的制度,设计这一程序的目的,显然是及时纠正一审尚未发生法律效力的错误判决,当上诉或抗诉提起时,即阻却了一审判决的正常生效,案件也随之进入上级法院的重审程序。因此,从一审到二审,只是普通程序的一种正常递进,是适用普通程序审理案件时对于一审可能发生的判决错误进行救济的方法,这种救济措施,体现了刑事程序自我修正、自我完善的功能。

由于二审是以推定尚未生效的一审判决存在错误为前提而请求上级法院重新审判的救济性措施,所以二审审理可从实体和程序两方面进行全面审查,以纠正一审判决存在的任何错误。这一点与同为救济程序的再审制度有显著不同。再审是在案件审理终结后判决已经生效执行的情况下,无论是检察机关提起抗诉请求再审或者是当事人提出申诉请求再审都不影响生效判决的执行。受理再审申请的法院,只有在查明申请再审的理由成立,原判决确有错误的情况下,才能决定再审。所以再审是一种非常救济程序,其启动权由负有审判监督责任的上级法院根据申请再审的理由是否充分来决定,其审理的范围和程序也与二审不同。因此,再审中的诉讼关系也不同于二审中的诉讼关系。在二审程序中,当上诉或抗诉提出之时,一审诉讼中那种控、辩、审关系即发生了变化,提起抗诉的人民检察院或者提起上诉的当事人都是针对一审法院的判决错误，即把一审法院推到了程序意义上的被告席上，并请求上级法院主持公道，对一审法院的判决错误进行纠正。这时的一审法院从程序意义上说"当了被告"，但一审法院出席二审庭审时只是以"必要诉讼参加人"身份陈述作出一审判决的根据及理由，并不是以实体意义上的"被告"身份应诉。因为，无论一审、二审或者再审，刑事审判要解决的问题只有一个，即刑事被告人刑事责任的有无及大小。这是一个实体问题，为了正确地解决这个问题，法院无论在一审、二审还是再审中承办案件的法官，总是依据当时查明的情况尽可能作出正确的裁判。一审的判决错误，只是一审承办法官对于被告人刑事责任的有无及大小作了错误的评断，而二审的诉讼目的则旨在纠正一审这种评断错误，而不是把一审法院作为刑事追究的对象。在刑事诉讼的术语中，只有那些被指控犯了罪并且受到刑事追究的人才叫做刑事诉讼中的被告人。所以被告人这个称谓是从实体法意义上来给涉讼的当事人定位的。因此，我们只在二审诉讼关系发生了变化这个意义上把一审法院视为二审中"程序意义上的被告"，而不是在实体意义上把一审法院作为二审诉讼中的"被告人"。区分这一点十分重要。

刑事诉讼法改革的若干问题

樊崇义[*]

一、我国刑事诉讼法修改当前的进展情况

上届人大已经确定刑事诉讼法的一个目标，十项改革措施，把促进诉讼程序的改革作为十六大推进改革的重点。第一批修正案，本来准备2007年10月公布，但是当时召开的十七大对司法改革有新的考虑，导致修正案被搁置下来，10月要公布的事在报纸上也公布了，去年的"两会"也公布了这个消息，这样一来，国内外反应强烈，并引发了国内外诸多设想和猜测。有人说刑诉法的修改夭折了，是不是这样一种情况呢？我亲历了修改，了解的情况不是人们的这种看法。一个重要原因是十七大对我国的司法体制改革问题，关于我国民主与法治的进程问题有了新的目标、新的要求。我把它总结为五个"更加强调"：更加强调民主、更加强调依法治国、更加强调在全社会实现公平正义、更加强调人权保障、更加强调对国家权力特别是对诉讼权力的制衡。大家认为这五个"更加强调"反映了诉讼法的基本精神。

相应的司法改革中就司法体制、检察权、审判权、执行权如何优化配置、在政法系统如何贯彻宽严相济的刑事政策、政法队伍的断层问题、政法的编制问题、财政保障问题作为重大问题来研究。要求6月底拿出初步意见，这些问题是和刑事诉讼的职权问题、程序问题紧密相连的，这些实质问题定不下来，如何安排程序问题？因此，我国的刑事诉讼法修改并没有夭折，也没有中断，而是在紧张地进行。决策部门力争2008年年底公布第一批修正案，随后再公布第二批、第三批修正案。不像有些人说的刑事诉讼法搞了五年还没有搞成，

---

[*] 中国政法大学法学教授、博士研究生导师。本文系樊崇义教授2008年6月在西南政法大学所作的同名讲座的录音整理稿，因编辑需要作了适当文字处理，特此向樊崇义教授致谢。

要有一个实验和试点的过程，才有一定的结论。只是因为涉及面太广，关系到政治体制改革、国际先进经验如何中国化等诸多问题。

所以最本质的原因就是我们的司法体制改革有了新的精神，再加上这次修改方法的难度，把这次修改拉长了，没有在2007年10月公布，看2009年上半年能不能有所起色。

二、新律师法与刑事诉讼法的协调

2008年6月1日，新的律师法开始实施，然而，近一个月的实施状况并没有达到预期的效果，主要原因是司法机关以刑事诉讼法没有修改为由不配合律师的辩护活动。是人大常委公布的法律效力高，还是公安部红头文件的效力高？这是人们认识上的问题。关于新律师法和刑诉法的衔接问题，希望大家加强研究。

新律师法看不到执行的效果，原因在什么地方？一个最基本的原因，有人提出来，刑诉法是上位法，律师法是下位法，下位法修改了，上位法还没有动，我们要等待刑诉法修改以后才能执行。这当然也有一定的道理，但是我们要依法办事。对这个问题研究的结果，要通过三个层次来考虑。

第一个层次，我国的《立法法》规定了宪法的最高权威，我们要看新的律师法是不是违背了宪法精神。新的律师法在立法过程中是完全按照宪法的精神修改的。新律师法对会见权、阅卷权、调查权、司法豁免权四大权利的改革，完全符合宪法对律师辩护权的要求。

第二个层次，我国的《立法法》没有确定部门法和一般的普通法的上、下位阶的关系。而位阶问题这是学理上的规定，刑事诉讼法和律师法不存在上、下位阶的关系。

第三个层次，《立法法》第83条规定，同一个机关制定的法律，新法优于旧法的，要按照新法的原则来办，两者是同一机关即是全国人大（及其常委会）制定以及修改的，只能适用新法优于旧法的原则。

三、刑事诉讼法、律师法观念形态的转型问题

为什么改革如此艰难？一个最基本的问题就是人们在观念形态上产生了矛盾冲突。修改刑诉法，观念要转型。我们总结了以下十个转变，这十个转变涉及刑诉法的方方面面：（1）刑事诉讼的哲学基础从斗争哲学转变为和谐哲学，即如何用和谐哲学指导立法，是摆在我们面前的一个问题；（2）关于刑诉法定性定位的转变，要把刑事诉讼的文化观念从以国家本位转变为国家、社会以及个人本位的有机结合以保障犯罪嫌疑人的人权；（3）价值观的转变，刑事诉讼的价值观要从工具主义价值观转变为进步、民主、文明、法治的价值观；（4）长期以来，刑诉法是用权制人，但是现在，刑事诉讼要从最开始强调使

用权力的人转变为强调对权利的保障；（5）侦查模式的转型，刑事诉讼的证据模式要从以口供为本转变为以物证为本，以实物证据为本；（6）如何从有罪推定向无罪推定的转变；（7）证明标准的转型，证明标准如何从追求实事求是的客观真实转变为法律真实；（8）实体和程序关系，从原来的重实体、轻程序转变为现在的以程序为本位；（9）从一律严打的高压政策逐步转变为宽严相济、区别对待的政策；（10）在处理国际法和国内法关系上由国内法优先转变为国际法优先，反思我们批准的国际法和条约，贯彻国际法优先于国内法的思想。观念转型了，才能把刑诉法修改好、贯彻好。

四、关于刑事证据规则的研究

最近，中国政法大学已经在北京四个法院展开了试点，已有学者对该问题进行了探讨，其中特别需要关注的是关联性规则、传闻证据规则、非法证据排除规则、意见证据规则、补强证据规则等。

但是，公、检、法机关的人员并没有认真学习证据规则，多数办案人员还不知道什么是证据规则，导致了刑事错案的产生。这主要表现在两个方面：一是不知道以上证据规则的含义；二是不知道如何运用这些证据规则。当前，证据规则的制定和实验正在轰轰烈烈地进行。这是刑诉法的重点问题。

五、关于刑讯逼供如何来解决的问题

实践中，司法机关刑讯逼供的具体表现形式已经由肉刑转变为变相的刑讯逼供。有的侦查人员把犯罪嫌疑人80多岁的老母亲请来，跪在儿子面前，说从早上到现在被关着水米未进，儿子心疼，就全部承认了。关于这种情况，就是形形色色的刑讯逼供。

关于刑讯逼供究竟是何物，一直没有界定清楚。联合国《反酷刑公约》给出了以下几条标准：暴力取证；精神折磨取证；以不人道方式取证；使用麻醉药品取证。这就把刑讯逼供具体化了。当前要解决这个问题，要消除刑讯逼供应采取以下三个对策：第一个措施，不得强迫自证其罪；第二个措施，确定非法证据排除规则；第三个措施，适用审讯过程中的录音、录像及律师在场权。这三条已经基本达成共识，来解决刑讯逼供问题。

六、关于附带民事诉讼问题

关于附带民事诉讼问题，大家觉得谈不了，谈了又解决不了。赔偿范围、赔偿标准、精神损失以及原、被告人的确定等问题，理论界以及实务界都存在着巨大的争议。附带民事诉讼中，老百姓最关心问题是生命赔偿问题，你把我杀了，要不要赔钱？各地的赔偿标准不一样，上海40万元，北京30万元，新疆给5万元都赔不起。伤残标准问题，附带民事诉讼的原被告问题等已经非常严重。最高人民法院已经制定出改革的草稿，在适当的时候会公布。

七、关于被告人认罪的案件处理

2003年出现了最高人民法院提出普通程序简易审,现在我国80%到90%的案件被告人都选择了认罪,这样一种现实导致了普通程序简易审的司法改革。这一问题要加以认真研究,两大法系国家也都在研究这个问题。

辩诉交易如何引入中国的问题也引发了巨大的争论,其中争论的焦点是事实能否被交易的问题。关于什么是认罪?确认认罪案件标准,德国的标准比较宽松,检察官和辩护人甚至可以在非正式的情形下进行协商。而美国则要遵循一种严格的标准,严格确定交易与不交易的程序,交易有时还有进行听证程序。

另外,刑事和解问题与辩诉交易的关系问题也引发了巨大争议。因此,建议取消普通程序简易审,并扩大简易程序的适用,将原来的普通程序简易审吸收进来,当然,关于需不需要设立认罪程序也要进行充分论证。

八、关于被害人救助的问题

被害人问题的核心是经济补偿问题,最近最高人民检察院开会,主张因为被告人无法进行补偿,补偿不起,所以要拿出专项资金,对被害人进行国家救助。这是一种救济和帮助程序,区别于德国的补偿制度。在贯彻被害人救助时应遵循三个原则:紧急原则;被害人提出申请原则;一次性救助到位原则。将此作为附带民事诉讼的补偿。

九、关于死刑程序问题

我想关于死刑复核问题,有几点需要注意。从2007年开始,死刑复核程序收回最高人民法院,不仅是一个简单的法律层面问题,它更涉及我国政治、经济等基本问题。现在我们很多同志没有站在这个高度认识死刑问题。我认为应当要站在这样一个高度认识这个问题:这是一个政治问题。对于死刑,我国的基本态度是:第一,不废除死刑;第二,严格限制死刑的适用。从而有效保障被告人的人权,逐渐向世界发达国家靠拢。

当前司法体制改革的若干问题

陈卫东[*]

司法体制改革这个话题在很多年前就已经提出了。因为这些年来，大家对司法改革的步伐都已有目共睹，司法改革并没有取得多少实质性的进展。然而在 2007 年党的十七大闭幕以后，这一局面有了明显的转变。为了落实胡锦涛总书记在十七大提出的进一步深化司法体制改革，优化司法职权配置，规范司法行为，建设公正、高效、权威的社会主义司法制度的目标，中央政法委于 2008 年启动了新一轮司法改革的调研方案、论证工作。中央就司法改革的几个主要方面进行了着实的论证，包括人员队伍的建设问题、司法的财政保障问题、司法职权的优化配置等问题。我们主要探讨司法职权配置问题的最新情况。

1997 年党的十五大首次提出了依法治国的口号，并提出了司法改革的目标。随后，最高人民法院、最高人民检察院在 1998 年先后推出了《人民法院改革五年纲要》、《人民检察院改革三年规划》。至此，产生了遍布全国司法机关自上而下的改革热潮，譬如牡丹江铁路运输检察院的诉辩交易，河南周口检察院的检察引导侦查，石家庄法院推出的社区服务令制度，南京检察院的暂缓不起诉，北京海淀法院的普通程序简化审。2002 年党的十六大报告再次提出了司法改革这一命题，并就司法改革目标，从七个方面的具体改革做了论证。然而，从 2002 年到 2007 年，我们的司法改革基本上都是围绕工作机制、人员机构设置等方面展开，丝毫没有触及改革的体制问题。在党的十七大上，胡锦涛总书记用两个段落论证了依法治国的理念，首次提出深化司法体制改革这一

---

[*] 中国人民大学教授，博士生导师。本文系陈卫东教授 2008 年 6 月在西南政法大学所作的同名讲座的录音整理稿，因编辑需要作了适当文字处理，特此向陈卫东教授致谢。

命题，强调司法改革的重点是体制改革；明确指出要优化司法职权配置，规范司法行为，这些话真正触动了司法体制改革的神经。

如何理解总书记的话？司法改革的总体目标现在进一步具体，过去是公平与正义，现在是具体化为公正、高效、权威。为了保障这一目标的实现，我们党从宏观层面——体制改革，中观层面——优化职权配置，微观层面——行为的调整三方面入手，其中优化司法职权配置发挥着承上启下的作用，有利于司法公正的实现，其科学合理与否，是检验司法体制改革的深度和广度。只有职权的优化配置，才能明晰部门、机关、个人之间的权利、责任、义务，才能使其各司其职、各尽其责，保证司法高效运行。唯有合理的司法职权配置，才能使民众相信和认同司法，在民众中实现司法的权威。因此，司法改革的核心就是司法职权的优化配置。

什么是司法？这个问题在目前仍然没有得到解决，或者说存在比较大的分歧。宪法条文上也没有司法机关的规定，那么到底哪些权力是司法权？第一种观点认为司法就是裁判，司法机关就是审判机关，这是西方国家的定义；第二种观点认为司法特指检察机关和审判机关；第三种观点，认为凡是经过法律授权代表国家或者社会去执行法律的活动都是司法，这是一个极其宽泛的司法，不单包括公、检、法，还包括律师、仲裁。在这个问题上，我坚持第一种观点。在权力配置上我提出这个观点，在一定意义上没有必要去纠缠司法机关是谁。

中央推进的司法改革，目前主要涉及八个问题，以下主要探讨四个问题：

一、关于侦查权的优化配置问题

侦查权在目前行使当中存在的主要问题是什么？解决的主要对策是什么？我的观点是，第一点，是侦查权运用的问题，侦查权在整个刑诉体系中配置过于机动，侦查权涵盖了所有剥夺、限制公民人身权利、财产权利。批捕往往是形式化，拘留、逮捕，这些几乎都是强制性的，自己决定自己执行。而现在越来越多国家重视侦查权的滥用及其对公民权利的伤害。第二点，侦查权与公诉权、审判权相比，其处于明显优势，属于刑事诉讼中的强势权力。整个诉讼中应该是裁判权拥有最终权力，而现在决定诉讼结局的往往是侦查。三机关互相配合、互相制约，在司法实践中往往出现走样的情况。第三点，侦查权缺乏有效的监督与制约，警察是一支具有武装性质的行政力量，本身具有强制性。基于维护社会治安和打击犯罪的需要，使得侦查权更加具有膨胀性、扩张性和攻击性。我国法律对于侦查权的监督与制约，公安机关内部权力分设的制约；检察机关对侦查活动是否合法的监督；法院对侦查过程中收取的各种证据是否合法的监督，非法证据排除的监督。但是现实中很多权力被虚置，没有实际意义。第四点，侦查权缺乏应有的司法救济。第五点，侦查权行使的特点，方式呈现公式化、单一化的特点，侦查过程往往是一个固定模式，使得刑讯逼供、超期羁押问题越来越严重，这方面英美国家的保释制度在抑制刑讯逼供的发生起了重要的作用。

新出台的《律师法》与刑诉法有很多不同的规定，我认为要把希望寄托在司法改革上，这才有利于推进刑诉法修改。我提出这几个方面的问题，第一，一定要建立司法审查机制；第二，推进检警一体化，建立检察机关有序引导侦查；第三，建立程序违法程序机制，非法证据排除规则；第四，基于侦查人员素质普遍偏低的问题，应建立类似司法考试的准入制度。

二、关于检察机关自侦权的问题

我们的检察机关作为法律监督部门，自行立案、自行侦查、自行决定逮捕、自行起诉。这种司法现状引起大家对"检察机关由谁来监督"的疑问。最高人民检察院就成立人民监督员制度的意义，回答了社会公众的部分疑问，但是人民监督员制度却得不到学者和有关部门的认可。因为人民监督员是由人民检察院自行选任，人民监督员是否有权力推翻检察院的决定？这部分案件的侦查权是否应该交给检察机关？第一种声音认为应该统一交给公安机关，检察机关的反贪局设在公安机关；第二种观点主张取消这种权力，建立国家反贪总局，隶属于国务院和全国人大。第三种观点认为可以继续保留，毕竟检察机关在30年来取得的成绩是有目共睹的。我认为检察机关自侦案件的批捕权应当交由法院行使，最后的底线是自侦案件的批捕权交由上一级检察机关行使。

三、关于看守所的监管体制改革问题

现行的看守所体制主要有以下三个问题，第一是看守所不中立，往往成为公安机关的副手，成为侵犯犯罪嫌疑人、被告人的庇护所。第二是看守所人满为患，这里是说在押人员的人数与看守所干警人数的比过大的问题。第三是在看守所发生的刑讯逼供、提外审的现象屡禁不止，在押人员的人身权利、诉讼权利难以切实得到保障。现在看守所改革的焦点在于看守所的归属，即看守所将来是继续由公安机关自己管理还是交由各地的司法部门管理。我认为看守所将来应该由司法行政部门管理，从根本上解决其中立性问题，杜绝刑讯逼供等现象的发生。

四、关于劳动教养的问题

西方国家攻击中国人权在劳教方面的问题时，第一个问题就是公民未经司法审判就剥夺其人身自由，违反了宪政的原则，违反了无罪推定的原则，侵犯当事人的人权。第二个问题是违反了正当程序的原则，被劳动教养的人没有为自己辩护的权利，也不能聘请律师、辩护人为其辩护，对于劳动教养的决定也没有上诉、申诉的救济途径。第三个问题是现在劳动教养范围过于宽泛，中国现行刑法对犯罪的规定过于严格，使得在实践中出现了劳教重于刑罚的怪异局面，即一个人可能在法律上被认为无罪，却极可能被处剥夺人身自由若干年的劳教。第四个问题是劳动教养缺乏监督。现在劳教的决定权基本上仍然由公安机关一家独揽，对于可能导致剥夺当事人数月乃至几年的人身自由的决定，可以在几乎不受外界的监督的情况下作出，程序的合法性、公正性值得怀疑。

那如何修改我国目前的劳教制度？存在两套方案。第一种意见认为要走司法化道路，建立类似外国的治安法院，公安机关在调查事实和取证的基础上，申请法院对当事人进行治安处分，是否准许由法院通过司法裁判程序决定，当事人可自己辩护，也可以聘请律师为其辩护，对于法院作出的准许治安处分的决定当事人可上诉。第二种意见认为应该分别吸收、分化、瓦解的方案。（1）对于轻微违法犯罪的人，应当纳入犯罪的范畴，建立中国的违警罪，扩大中国犯罪的概念。（2）对于吸毒的人，应该强制戒毒，送到戒毒所。（3）对于卖淫嫖娼的，应加大罚款的力度。（4）对于精神病人，应强制治疗。（5）对于未成年人，应送到未成年人管教所，以学习为主。我比较认同第一种方案。

● 证据论坛

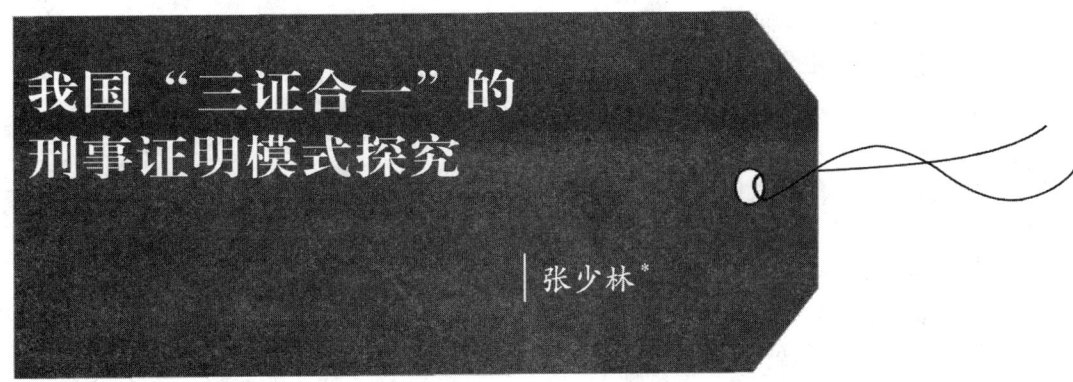

我国"三证合一"的刑事证明模式探究

| 张少林[*]

    证据是刑事诉讼的核心问题,不管侦查人员的"查明"、公诉人的"证明"、法官的"判明",甚至辩护人的"辩明",都有一个审查判断和运用证据,来认定犯罪是否发生、谁是犯罪分子,被告人的罪责轻重以及其他有关案件事实的过程,即刑事证明。

    刑事证明是一种揭示、认识案情的复杂的实践和思维活动。在人类刑事诉讼史上,分别经历了神示证据制度、法定证据制度和自由心证证据制度,这三种证据制度下证据的证明力先后由鬼神判定、法律明确规定和法官自由裁量,其证明模式分别为神示证明、法定证明和自由心证。然而对于我国的刑事证明模式,却鲜有学者加以充分地论及,下面我们结合证明实践并借以理论思辨,对我国的刑事证明模式作一初步探讨,以求达到抛砖引玉之功效。

  一、刑事证明模式的历史发展及其评价

  (一)神示证明模式及其评价

    神示证明是最早出现的一种证明模式,它是指根据神明的启示,来判断证据并进而认定案件事实,解决诉讼的一种证明方式。它主要盛行于奴隶社会,当时社会生产力不发达,科学文化落后,自然力量统治着人们,人类深感自身力量的弱小,便产生了恐惧心理和对自然的盲目崇拜。那时人们普遍信奉神灵,神被认为是万物的创造者和人类的主宰,神无所不知,神意无所不在。人类的邪恶行为虽然可以骗过人的耳目,但不能欺骗神灵。神意是公正的象征,

---

[*] 上海市人民检察院第二分院检察官,法学博士,全国检察理论研究人才

是判断是非的标准。因此，人们对于诉讼中难辨的是非问题，求助于神的力量来证明。其具体的证明方式主要有对神宣示法、水审、火审、决斗、卜卦和抽签等。

尽管神示证明在今天看来是如此的荒诞不经，但结合当时的历史条件，它仍具有一定的合理性。因为那时人们处于愚昧状态，当事人面对无所不知的神灵，不可避免地产生巨大的心理压力，为了不受神的惩罚而不敢不讲真话。因此特定的条件下，神意裁判对于查明案件事实具有一定的历史必然性和积极意义，也才能被人们所接受和在确证案件事实方面发挥一定的作用。

但是，神示证明模式是一定历史条件下的产物，它只适用于特定的历史条件。随着生产力水平的发展，科学文化的提高，人们对神的迷信和敬畏程度降低了，这种证明方式的作用就逐渐减弱，乃至走向灭亡，不可避免地被新的证明方式所代替。

（二）法定证明模式及其评价

进入到封建社会，随着社会生产力的发展和科学文化的提高，实行法定证明模式。所谓法定证明是指法律根据证据的不同形式，预先规定了各种证据的证明力大小和审查判断证据的规则，法官不能按照自己的见解自由地判断证据，而只能机械地适用法律规定去认定案情，以解决被告人是否有罪的证明方式。

在这种证明方式下，证据被分成完全的证据和不完全的证据两大类，完全的证据就是法律规定能够据以认定案情的充分的确定证据，一个案件中只要有一个完全的证据就可定案，被告人自白被认为是最完全的证据。不完全的证据是指法律规定其证明力还不充分，因而还不足以认定案情的证据。不完全的证据又划分为不太完全证据、多一半完全的证据和少一半完全的证据。[①] 不太完全证据是仅次于完全证据的证据，一个不太完全的证据不足以定案。不太完全的证据的证明力高于多一半完全的证据。多一半完全的证据是指有两个这样证明力的证据即可定案的证据。少一半完全的证据是指有两个这样证明力的证据还不足以定案的证据。

法定证明的具体方法为：一个完全的证据，如被告人口供就可定案。如果一个案件中没有一个完全的证据，而只有不完全的证据时，法官把这些不完全的证据相加，若相加之和能构成一个完全的证据，就可据以定案。由于法定证明模式不强调发挥法官的主观能动性，只要求案件的证据符合法律规定的形式即可定案，因此它又被称为形式证明。

---

① 参见胡锡庆主编：《刑事诉讼法学》，法律出版社2000年版，第179页。

法定证明模式有其历史的局限性。法定证明模式事先规定了各种证据的证明力大小及审查判断证据的规则虽是实践经验的总结，但并不科学，特别是规定被告人自白为最完全的证据，只要被告人认罪即可定罪，而不问被告人的认罪是否出于自愿，是否真实，也不问取得被告人自白的途径是否正当，这就容易导致实践中司法官员为了获得被告人口供而不惜采取各种手段，甚至刑讯逼供、指供、诱供，"捶楚之下，何求而不得？"导致实践中大量的冤假错案的出现。此外，法律预设规定各种证据的证明力，如男证人的证言优于女证人的证词，女人证词的效力只有男人证词的一半，书证优于人证，贵族的证言高于平民，教士的证言优于俗人等，虽然来源于诉讼实践，但并不是实践经验的科学总结，存在以偏概全的缺陷。

在看到法定证明模式局限性的同时，我们还应该看到它所具有的合理性：一是法定证明模式是实践经验的总结，它具有一定的科学性。如人们对被告人口供的证明力有了一定的认识，真实的被告人口供最有助于查明案件事实，这在今天仍然适用，是证据运用的常识。再如，人们对证人证言的证明力也有一定的认识，认为其证明力比被告人口供要弱，一个案件必须有两个以上无利害关系的证人证言证明才能定案。二是这种证明方式对于保障司法人员按照统一的法律行使职权，防止法官的主观擅断，滥用司法权力有着重要的意义。三是有利于提高诉讼效率。法定证明模式预先规定了各种审查判断证据的规则，有助于证据运用实践中减少不必要的争议，提高诉讼效率。

上述法定证明模式所具有的合理性，也是当今社会借鉴这种证明方式的重要原因之一。综观当今社会，不论是西方大陆法系国家、英美法系国家还是我国，都存在一定程度的法定证明模式。英美法系国家一般制定比较完备的证据规则，大陆法系国家虽然没有制定专门的证据规则，但在其刑事诉讼法中一般对证据的内容都作出了规定。我国迄今为止也没有制定单独的证据规则，但是在刑事诉讼法总则中对"证据"作了专章规定，其内容包括证据种类、证据的某些可采性规则、证明标准判断的规则，等等。如证明标准判断的规则方面，《刑事诉讼法》第46条规定，只有被告人口供，没有其他证据的，不能认定被告人有罪；没有被告人口供，其他证据确定充分的，可以认定被告人有罪。

因此，就法定证明模式本身而言，不存在不科学的问题，关键是看法律如何来给证据作规定，是仅仅规定证据的证据能力呢，还是进一步机械地规定证据的证明力。这也就是任何事情都有个"度"，物极必反，超过这个"度"，好事可能变成坏事。

（三）自由心证模式及其评价

到了资本主义社会，奉行自由心证模式。所谓自由心证模式，是指法律不对证据的真伪和证明力作出规定，而是由法官凭借其"良心"和"理性"自由地判断，形成内心确信并依此认定案情、作出结论的一种证明方式。

自由心证模式的经典表述是1963年修正后的《法国刑事诉讼法典》，该法典第353条规定："法律仅要求法官沉默深思，本着良心，诚实推求已经提出的，对被告人不利的证据及其辩护的理由，明确他们理智上产生的印象。法律仅对法官提出这样一个问题：'你内心形成确信了吗？'此即法官的全部职责所在。"

自由心证证明方式的提出，至今历经数百年的发展，经历了由任意心证主义到合理心证主义的过程。"任意的自由心证主义虽然立法上强调法官要依据理性和良心判断证据，由于其强调不需要说明理由和根据，因此对法官没有任何制约作用。这种不受任何限制和制约的任意心证主义，必然导致判断证据权力的滥用，而走向反面。自20世纪下半叶，世界许多国家对这种任意心证主义展开了深入批判，从而导致自由心证从任意心证主义到合理心证主义的过渡。"[①]

自由心证模式有利有弊：首先，自由心证有一定的片面性。自由心证只强调法官的主观内心确信，而不注重研究证据外部的客观印证，没有揭示证据相互印证的规律，具有一定的认识上的局限性。其次，自由心证模式具有一定的合理性。包括：一是自由心证模式适应复杂多变的客观现实的需要。唯物辩证法告诉我们，世界万物是普遍联系和复杂多变的，诉讼领域也不例外。案件事实丰富多样，证据事实与客观事实之间的关联性纷繁复杂，证据收集的事后性，证据的真实性真假难辨，证据的证明力因案而异，证据的证明作用要在与其他证据的联系之中体现，证据证明力的判断要结合各种不同的证据综合进行，等等，使得立法者制定包罗万象、面面俱到的证据规则既不可能也不可取。因此，证据的真伪及其证明力很难为有限的规则所控制，对证据和事实的认定只有充分发挥司法裁判人员的主观能动性，将这些或然性经验灵活运用于具体情况才能作出恰当的判断。二是自由心证模式符合事物的认识规律。法定证明模式将不同证据的证明力数量化，当所有证据的证明力相加达到法律规定的定罪标准时，便万事大吉，如两个二分之一证明力的证据即可等同于一个完全的证据。不难看出，这里采取的其实是一种数学上定量分析的方法。然而直到目前为止，人类还没能找出一条能够完全依靠自然科学的方法解决社会科学问题的途径，人们无法一劳永逸地发现一个公式取代所有人的主观能动性。司

---

① 刘金友："试论我国审查判断证据的原则及其理论根据"，载《政法论坛》2004年第2期，第79页。

法者在司法过程中不是宣告法律的"自动售货机",他在认识事物的过程中总是发挥着这样或那样的主观能动作用。三是自由心证模式强调法官自由地审查判断证据,根据内心确信来认定案情。这种方法使法官摆脱了法定证明模式那些烦琐规则的束缚,有可能按照自己的经验和良心进行自由判断,既为查明案情和正确处理案件提供了可能,也对于防止为了获得被告人口供而不惜刑讯逼供、指供、诱供等,对防止冤假错案具有重要的意义。

二、刑事诉讼中的三种证明方法

"证明模式"、"证明方式"、"证明方法"是三个义近而侧重点有所不同的词。证明模式,"是指实现诉讼证明的基本方式,即人们在诉讼中以何种方式达到证明标准,实现诉讼证明的目的。"① 证明方法,"是指证明主体运用证据证明案件事实的方式、办法和手段。"② 证明模式侧重于证明方式的宏观性、全面性和完整性,而证明方法则偏重于证明案件情况的具体方式、办法和手段。要探讨我国的刑事证明模式,必须了解我国刑事诉讼中的三种不同证明方法。

从事证明实践的人员可能都有这样的认识,审查案件总是首先从单个证据的审查开始,审查其形式,看其是否可采,不可采的证据依法予以排除,可采的证据再进一步审查其内容。证据内容是否真实需要结合数个证据来判断,单个的证据通常是无法判断其是否客观真实的。在保证证据法律上可采,内容上真实的基础上,接下来是对全案证据加以综合衡量。从单个证据的审查,到数个证据的判断再到全案证据的衡量,这既符合人类思维的习惯,也符合对案件事实的认识过程。因此,刑事证明过程,从证据运用的对象——证据来说,包括对单个证据可采性的审查、数个证据真实性判断和全案证据充分性的衡量三个环节。

（一）法证

在通常情况下,一个案件往往不止一两个证据而是存在许许多多的证据。案件中的许许多多证据,并不意味着这些证据都具有可采性。一个证据要想得到采纳和发挥出其应有的证明力,其前提必须是符合证据的"三性",即合法性、客观性和相关性。具体来说,就是证据必须符合法律规定的要求,包括主体合法、形式合法、取证的程序合法、内容合法、来源合法、种类合法等;证据必须是客观存在的,不是人为制造的;证据必须与案件事实相关,等等。证据只有具备了这"三性",合法有效、客观和与案件事实相关,才能被采纳,

---

① 龙宗智:"印证与自由心证——我国刑事诉讼证明模式",载《法学研究》2004年第2期,第109页。

② 何家弘:"论司法证明的基本范畴",载《北方法学》2007年第1期,第69页。

否则要被依法排除，更谈不上被运用来作为定案的根据。因此，刑事证明的第一个环节就是对单个证据"三性"的审查。①

对单个证据"三性"的审查，既包括依照证据法律、法规审查证据的"合法性"，同时也包括按照经验法则、逻辑推理等形式审查证据的客观性和相关性（与案件事实关联的紧密程度）。这个环节的主要证明方式是依照现有的证据法律、法规、规则的规定，来审查证据的"可采性"，我们称之为"法证"。

"法证"相当于封建社会的法定证明，但与之又有较大的区别：

一是社会基础不同。法定证明是封建社会的刑事证明方式，当时社会生产力虽有一定的发展，但总体来说生产力水平不高，人们对证明规律的认识能力较低，因而法定证明模式还存在很大的局限性。法证是现代证明方式，随着社会生产力的发展和科学技术的进步，一些先进的科学技术如DNA技术，逐渐应用于刑事证明领域，人们的文化水平和认知能力同时有了很大的提高，因而制定的证据规则也更为科学和合理。

二是法律规定的内容不同。封建社会实行的法定证明模式，不仅规定审查判断证据的规则，同时也规定各种证据的证明力大小；而"法证"主要是制定证据可采性方面的法律、法规，对证据证明力及审查判断证据的规则一般不作硬性规定，该事项主要交由司法工作人员来判断。

三是对司法主体主观能动性的态度不同。封建社会的法定证明排斥法官的主观能动性，法官无须按照自己的见解自由地判断证据，而只能机械地适用法律规定去认定案情；而"法证"主要是对证据的证据能力作出规定，对于如何审查证据的证明力、全案证据是否确定充分，是否达到应有的证明标准等都有赖于发挥司法工作人员的主观能动性。

（二）印证

刑事证明的第二个环节是对证据真实性的判断，证明的方法包括有时可根据经验法则、矛盾法则等，从单个证据的来源、证据的取得程序、证据的形式、提供证据的主体等方面判断证据的真实性，但更多的是通过两个证据乃至多个证据相互印证的形式来确认证据的"真实性"。这种通过证据间相互印证的情况来证明案件事实的方式我们称之为"印证"。

刑事印证既有一证据与他证据之间的印证，还有一证据与众证据之间的相互印证。证据与证据相互印证形成一条条的证据链，全案证据形成的证据链集

---

① 对于如何具体审查证据的"三性"，可参见张少林、卜文："审查证据'三性'的方法和技巧"，载何家弘主编：《证据学论坛》（第13卷），法律出版社2007年版，第188页。

合在一起，我们称之为证据链集。一般情况下，能得到相互印证的证据是相对真实的，而且证据间印证得越多，证据的真实性就越大。当然不能排除一些精心制作的证据如指供、诱供、刑讯逼供所得证据，有时也能得到相互印证，甚至印证到惊人、出奇的地步，但这些证据却是不真实的。

刑事印证具有下列特征：

第一，证据的多数性。刑事印证要求案件必须具有两个或两个以上证据，单个证据不存在印证问题。孤证之所以不能定罪，其根本原因之一在于不存在印证。人类的认识心理上对一个单一的事实具有一种怀疑的态度，由于刑事印证证明同一事实的证据呈多数性，而容易为人们所接受，并获得他人的认可。证据的多数性要求我们在条件许可的情况下，尽可能收集较多的证据，而且尽可能收集犯罪嫌疑人、被告人口供以外的证据，通过众多证据形成一个严密的证据体系来查明和证明案件事实。

第二，客观稳定性。证据之间的相互印证，更能体现出案件事实的客观表象。人们往往认为，一旦相互印证，证明案件客观真实的可能性更大。"一旦证据获得其他证据的支持，要更改就相对困难。并且由于证据之间相互印证，而表现出较为稳定的特点，有助于消解言词证据的不稳定性。这都为人们接受相互印证作为认定事实的方法提供了基础。"① 因此印证就成为查明案件事实的一种重要方法。

第三，可重复检验性。不同的主体对两个事物之间的同一性的认识往往相同。刑事印证具有的可重复检验性，这就使得它较容易为他人所接受，而不像心证，不同的人可能会作出不同的判断，也无法得到重复检验。

（三）心证

刑事证明的第三个环节是对全案证据充分性的衡量。这个证明环节比较复杂，它不仅牵涉对单个证据证明力强弱的判断，还牵涉对全案证据链的完整性、闭合性及案件证据是否达到应有证明标准的综合评价，需要运用经验法则、矛盾法则、逻辑推理等方法理性地作出判断。对案件证据是否充分，是否达到了定罪量刑的证明标准的认识是一个内心的主观判断过程，我们称之为"心证"。

长期以来，我们较多地强调证据的客观印证，忽视甚至不承认刑事证明中的心证。实际上，不管我们是否承认，任何判断者包括侦查人员、公诉人、法官等在审查判断证据时，除了强调证据的客观印证外，都或多或少不可避免地带有一定的主观判断，纯粹的客观判断是不存在的。离开司法人员主观认识活

---

① 谢小剑："我国刑事诉讼相互印证的证明模式"，载《现代法学》2004年第6期，第73页。

动,诉讼活动根本无法进行。因此在刑事诉讼中,司法人员的心证活动是必然存在的,心证始终不声不响地被我们运用在实践中且起着较大的作用。

"心证"相当于资本主义的自由心证模式,但两者又有较大的区别:一是两者的地位不同。自由心证模式较多地强调法官和陪审团的"主观心证",而我国则相反,心证只能是在刑事印证基础之上的一种证明方式,不能成为刑事证明的主要方法。二是判断的标准和要求不同。自由心证模式下,法官对案件事实的认定或者从正面形成内心确信,或者从反面排除合理怀疑,存在较大的主观性。而我们强调的心证,则要求案件证据达到法律真实与客观真实相结合的"二元证明标准",即法律真实是最低要求,在此基础上应尽可能接近于客观真实,即主客观相结合。①

心证具有下列特征:

第一,主观性。心证是司法工作人员对案件事实和证据作出的主观判断,既不像法证那样有法律、法规的明文规定,也不像印证那样具有外在的、客观的可检验性,而是凭借相关人员的"理性"作出判断,具有较强的主观性。

第二,全程性。心证贯穿于刑事证明的全过程。从某种意义上,整个诉讼过程就是司法工作人员借助证据等手段来还原和认识案件事实的过程,在这整个过程中都贯穿着司法工作人员的主观判断。我们将刑事证明分为法证、印证和心证三种证明方法,实际上三种证明方法中也是你中有我,我中有你,并非截然分开的。印证中,证据之间能否相互印证很多时候体现了心证,如证人甲说犯罪嫌疑人身高1.73米,证人乙说犯罪嫌疑人身高1.7米左右或中等个子,两种证言能否印证,实际上存在一个主观判断的问题。

第三,辅助性。在我国,心证不能成为主要的刑事证明方式,它只能作为印证的补充和辅助方法。只有当刑事印证无法完全实现刑事证明任务时,才允许以心证作为证明的补充方式。

三、我国"三证合一"的刑事证明模式

前面所述,我国刑事诉讼中存在"法证"、"印证"和"心证"三种证明方法。这三种证明方法一方面各有其独立的含义,相互并列,不能混淆。有种观点认为,"印证证明模式属于自由心证体系,但同时具有法定证据制度的某些痕迹。"② 我们认为这是值得商榷的。另一方面,三种证明方法在我国刑事证明体系中又合而为一,共同服务于查明案件事实的价值目标。因此我们称这种证明模式为"三证合一"的证明模式。由于"印证"在我国刑事证明体系

---

① 具体可参见拙著:《刑事证据的运用》,中国方正出版社2003年版,第375~380页。
② 徐萍:"刑事诉讼中印证证明模式的特征",载《法制与社会》2007年第3期,第674页。

中处于核心地位,我们又可称这种证明模式为"印证证明模式",下面详加论述。

(一)"三证"合一

法证、印证和心证在我国刑事证明体系中的关系可以归纳为:

第一,共容性。"三证"的共容性表现在:一方面,法证、印证与心证都是司法工作人员运用证据认定案件事实的证明方式,三者相辅相成,缺一不可。没有法证,将不具可采性的证据予以采纳,重者导致冤假错案,轻者侵犯被告人及其他诉讼参与人的合法权益;没有心证,仅凭案件证据的外在客观印证,一些案件证据的真实性难以判断,甚至有些案件事实根本无法认定,而有些案件虽然能作出判断,但将耗费大量的人力、物力和财力;没有印证,仅依靠司法工作人员的心证,这种心证建立的基础不牢固,所作出的结论或判决将离奇难解,无法在实践中得到验证。

另一方面,法证、印证与心证相互交织,法证是印证和心证的前提,印证与心证密不可分,但是法证中也有心证,对证据可采性的审查,特别是对证据相关性、客观性的审查离不开司法工作人员的主观心证。法官评判证据是否具有相关性主要依据法律,判断证据相关性的强弱主要依据经验。正如有学者指出,"对证据关联性的认定受到审理者社会阅历、出身背景和日常经验的影响,并且只有在对庭审中举出的证据进行分析判断后才能作出决定"。

第二,层次性。"三证"的层次性表现在,法证是第一层次。对证据可采性的审查是证明的基础,只有经过法证,排除不可采的证据,保证采纳的证据都是合法有效、与案件事实相关和客观的,才能进入到下一层次的印证和心证。印证与心证是刑事证明的第二层次。

第三,转化性。法证、印证与心证之间的区分并不是一成不变的,在条件成熟的情况下,可总结司法实践经验,将一些实践证明切实可行的经验法则、刑事推定、印证规律、证明力判断的经验上升为法律,如刑事推定通过立法成为法律拟制,经验法则通过立法成为可采性规则,等等。实际上我国现行的法律法规中已经有这方面的规定,如《刑事诉讼法》第46条规定,"只有被告人供述,没有其他证据的,不能认定被告人有罪和处以刑罚;没有被告人供述,证据充分确实的,可以认定被告人有罪和处以刑罚。"这是孤证不能定罪的规则。之所以孤证不能定罪,是因为被告人口供没有其他证据加以印证,这是将印证规律上升为法证的例子。

(二)印证为主——强调印证是我国刑事证明的显著特色

"三证合一",并不意味着三种证明方法在我国的证明体系中没有主次之分。相比于法证、心证,印证是刑事证明的主要方法,法证只能是印证和心证的前提和基础，心证只能是印证的补充，只有印证才成为我国刑事诉讼的一种主要证明方式。"印证证明模式在我国刑事诉讼证明中产生且占主导地位，并成为我国刑事证明制度的一个重要特色。"① 我们赞同这样的主张，在我国，要"尽可能地采用印证证明的证明方式，适当辅之以自由心证方式。由于印证证明的可靠性较高，加之目前我国刑事诉讼应用自由心证的条件不充分，因此应当尽量采用印证方式对案件事实予以证明，以减少证据判断中的主观性。这就要求侦查人员尽量充分地收集证据，保证案件中至少有两个以上的相互印证的主要证据，同时还有一些旁证，对主要证据进行支持"。②

纵观人类刑事证明的发展历史，不管是封建社会的"法定证明"，还是资本主义社会的"自由心证"，都离不开刑事印证，只不过这两个阶段，刑事印证没有占主要地位而已。如封建社会的"法定证明"中，凭两个无利害关系的证人证言即可定案，这就是印证证明。在西方两大法系国家，印证证明的方法也被广泛应用，不过因为西方两大法系国家实行"以审判为中心"，其印证证明主要表现在法庭上而不是如我国的在庭外（案卷中），不如我国表现得明显和突出而已。"相互印证作为一种通常使用的证明方式，被世界各国所采用。但由于我国严重依赖该证明方式，甚至将整个刑事诉讼证明建立在其基础上，于是在我国刑事诉讼中形成了相互印证的证明模式。"③

"刑事印证"是我国证明模式区别于自由心证的鲜明特点。考察一下大陆法系的代表德国以及英美法系的代表美国的刑事判决书，不难发现，不管是德国还是美国，其判决书中很少有证据相互印证的论述和评价。如德国汉斯·乌尔里克·卡尔·马克思·布拉奇故意伤害案判决书中，提到该案的证据有：被告的回忆、证人证言、专家意见、法庭对现场的勘查、法庭对武器的检查、有关现场的记录和照片、被告受指控时所作的声明、地方法庭的卷宗、检察官办公室的卷宗等，同时提到了被告的辩护词及对该辩护词的评价，但整个判决书没有对案件证据的分析。再如，美国诉戴维·德尔瓦勒（被告）一案的判决书中，提到了降级判刑的理由，但未有关于证据的分析甚至没有提到案件的证据。④

刑事印证有它的积极意义：第一，印证保证刑事案件在不同的诉讼阶段有

---

① 龙宗智："印证与自由心证——我国刑事诉讼证明模式"，载《法学研究》2004年第2期，第115页。

② 龙宗智："印证与自由心证——我国刑事诉讼证明模式"，载《法学研究》2004年第2期，第118页。

③ 谢小剑："我国刑事诉讼中相互印证的证明模式"，载《现代法学》2004年第6期，第72页。

④ 分别参见宋冰编：《读本：美国与德国的司法制度及司法程序》，中国政法大学出版社1998年版，第471~499页。

序推进，完成刑事诉讼任务。印证不像心证那样具有较强的主观性和难以为人捉摸，它具有实践的可检验性。面对同样的证据，证据和证据之间能否相互印证，证据印证到什么程度，不同的司法工作人员很可能得出同样的结论。第二，印证有利于防止权力的滥用。权力必须受到制约，失去制约的权力必然被滥用，这是一个亘古不变的定律。从某种意义上，法证、印证都是制约刑事证明权力的方式而已。法证是通过证据法律、法规的形式，事先规定司法官员必须遵循的证据规则来防止权力的滥用，而印证则要求司法官员在认定案件事实时，证据必须外在、客观地相互印证，排除之间存在的矛盾，防止认定案件事实的随意心证，以保障案件事实的查明。

（三）刑事印证与我国刑事诉讼模式相适应

西方两大法系国家实行自由心证的证明模式，对"印证"关注较少，这也许与其实行"以审判为中心"不无关系。在"以审判为中心"的诉讼模式下，严格实行直接言词规则，一切证据都必须在法庭上尽可能以言词的方式出示、质证，排除书面证言、被告人的书面供述、被害人的书面陈述、书面的鉴定结论。特别是英美法系国家，实行当事人主义，采取抗辩式庭审模式，"积极的当事人，消极的法官"，庭审由当事人推进，证据由当事人出示、质证，法官只是居中消极裁判。证据能否印证，印证得是否紧密，在当事人的激烈抗辩下，都交由法官或陪审团来自由心证。尽管如此，自由心证模式虽然注重法定证据（制定专门的证据规则或对证据的可采性作出一定的规定）和自由心证，但不注重研究证据外部的客观印证，法官或陪审团对案件事实的心证，具有一定的随意性，难具外部的验证性。这也就导致在实践中难免发生类似辛普森的案件，刑事上被判无罪，刑事附带民事诉讼上却被判民事赔偿的矛盾判决。

在我国，不实行"以审判为中心"的模式。侦查、审查起诉、审判是相互独立且都是非常重要的阶段。每个阶段中都存在运用证据来证明案件事实的问题。尽管我国主张实行严格的直接言词规则，但庭审实践中大量地采用书面的证言、陈述和鉴定结论。我国不实行缺席判决，被告人必须出庭，在法庭上常用被告人在侦查阶段、审查起诉阶段的书面供述来质证被告人的翻供。为了使对证据的判断和案件事实的认识获得后续阶段司法人员的采信，侦查阶段、审查起诉阶段固定了大量的书面证据，包括书面的证言、被害人的书面陈述、书面的鉴定结论、书证、勘验检查笔录、以书面形式固定的物证，甚至是书面的被告人的供述，这些书面材料统称为案卷。

移送案卷是我国刑事诉讼阶段前行的一个重要标志，如案件侦查终结移送审查起诉，侦查人员要将案卷移送给检察机关；审查起诉结束提起公诉时，公诉人要将案件主要证据复印件移送给法院。司法工作人员在接收、审查案件证据时，需做的第一件事就是阅卷，审查全案证据能否相互印证、印证到什么程度、有无矛盾存在。这样"印证"就自然而然成为我国刑事证明的主要方法。

四、"三证合一"证明模式的实证分析

"多年来，我国刑诉法学界对证据标准乃至证明方式的讨论，集中于概念问题，如'排除合理怀疑'、'排他性'、'事实清楚，证据确实充分'等，缺乏必要的实证分析，即未能从大量的个案分析中去得出结论，严重影响了学术研究的意义尤其是实践指导意义。"① 下面我们结合司法实践，对我国刑事证明模式作一实证分析。我们从国家信息中心提供的"国家法规数据库"中随机选取了近年来内容包含证据分析的刑事判决书 89 份，现将统计结果分析如下：

（一）罪名

随机选取的刑事判决书，涉及故意杀人、盗窃、强奸、绑架、毒品、贪污、贿赂、挪用公款、渎职等罪名。其中绑架案件 6 份，故意杀人案件 12 份，盗窃案件 9 份，强奸案件 3 份，贩卖毒品案件 15 份，贪污案件 16 份，受贿案件 9 份，挪用公款案件 12 份，徇私枉法案件 2 份，玩忽职守案件 2 份，徇私舞弊不移交刑事案件的案件 1 份，滥用职权案件 2 份。

（二）判决书中的法证分析

在这些刑事判决书中，其中有 20 多份判决书包含有案件证据是否可采的分析内容，其表述有如下几种：（1）主体资格及程序，均符合法律规定。（2）与案件事实存在客观、内在逻辑联系。（3）证据来源合法、客观真实，与本案有直接的关联性，当庭予以确认。（4）证据具有客观真实性，与本案具有关联性，且合法有效。（5）证据来源合法、确实、有效，本院予以确认。（6）依法侦查取得，具有合法性；其内容与案情有关，具有关联性；其内容相互印证一致，具有客观性。（7）依照法定程序收集，并经庭审质证，具有证明效力。（8）这些证据经当庭质证，合法有效，予以确认。（9）以上证据经当庭质证，证实上述证据具有合法性、真实性、相关性，应作为本案定案的依据。（10）证言及结论是虚假、无效的；等等。

（三）判决书中的印证分析

在随机抽取的刑事判决书中，其中大部分判决书（为 60 多份）中包含有案件证据能否相互印证分析的内容，其表述大致有下列几种：（1）供认与口供相一致；（2）被告人未提出异议或无异议；（3）证据前后衔接，形成锁链，

---

① 龙宗智："印证与自由心证——我国刑事诉讼证明模式"，载《法学研究》2004 年第 2 期，第 109 页。

能够充分支持本院审查认定的事实；（4）供述与陈述内容吻合；（5）证据与被告人当庭供述能相互印证；（6）与前述证据证明的内容基本相符；（7）本案的直接证据和间接证据互相结合、互相联系、互相印证，构成了一个完整的证明体系；（8）相关情节吻合，且供述能相互印证；（9）有证人周××、王××、廖××的证言佐证；（10）所供情节与上述证人证言、法医鉴定、毒物检验鉴定结论均相吻合，并有现场勘查笔录、刑事摄影照片附卷佐证；（11）犯罪数额，是依据多个相互关联且又能相互印证的证据，在排除其他可能性的基础上而得出的；（12）所供作案手段、时间及盗窃现金数额与魏××所证情节一致；（13）公诉机关所提供的上述证人证言、物证以及书证，其所证明的内容真实、完整，且相互之间能够形成有机的联系，可以作为认定指控事实的依据；（14）上述证据，经庭审举证、质证，分别能够形成完整的证据体系，本院予以确认；（15）对其收受贿赂的时间、地点、数额和经过情况以及为行贿人谋取利益等均有供述在案，所供与前列证据相互印证；（16）证据客观、真实、合法，且相互之间形成了较完整的证据锁链；（17）所作证言内容不一致，情况相矛盾；（18）经审查刘××、张××的证言内容前后不一，情节上有矛盾之处；（19）所有证据之间未形成一完整证据链；等等。

（四）判决书中的心证分析

在上述刑事判决书中，还有十几份包含了对证据是否符合常理，是否真实可信的分析，这种关于证据是否符合常理等的证明方法属于心证。关于心证表述主要有下列几种：（1）内容符合常理，客观可信；（2）该证言对两被告人贩卖毒品的时间、地点、方法、毒品重量、价钱以及交易前的联系方式等环节都作了清楚的证明，在庭审中经控辩双方质证，两被告人以不认识江××为由否定证言的真实性，而未能说出充分的理由，本院不予采纳，对该证言予以确认。

对上述涉及"三证"判决书中证明方法的分析，我们可以初步得出下列结论：

其一，刑事印证是我国刑事诉讼的主要证明方式。在涉及证据分析的刑事判决书中，作了印证分析的占了大部分，而作了心证分析和法证分析的仅为少数（分别为约二十份和十几份），这说明印证分析是证据分析的主要内容。强调证据之间的印证是我国刑事证明方式的一个显著特色。

其二，法证的内容和重点。法证分析的内容基本涵盖了证据的合法性、客观性和关联性。在证据"三性"的分析中，分析最多的是证据的合法性，对证据客观性和相关性涉及较少。

其三，印证分析的内容。就印证分析的内容来说，有的简单提到"证据相互印证"；有的则进一步分析证据之间在手段、时间、地点、现金数额及经过情况等具体情节相互印证或一致;还有的分析证据之间构成了一个完整的证明体系或形成证据锁链。

其四,刑事印证具有层次性。就印证分析的用词来看,有直接用"印证",也有用"吻合",还有用"一致"、"无异议"、"内容相符"、"佐证"等,这反映了证据之间印证的不同程度。一般而言,诸如"证据之间相互印证,形成证据锁链"(从全案证据角度)、"证据之间在时间、地点、方法、毒品重量等情节能相互印证或吻合"(从两个或数个证据角度)的表述,这是较高的印证层次;证据之间"内容相符"或"情节一致"的表述,次之;证据能得到"佐证"的表述,又次之;而对某证据"无异议"的表述,层次最低,或者说这是印证与不能印证的分界线。相反,证据之间"不一致"、"存在疑点"、"有较大的差别",这些都是证据不能相互印证的表述。①

五、我国"三证合一"证明模式的发展前瞻

纵观刑事证明的发展史,不难看出刑事证明模式处在不断发展变化和完善之中。结合我国现行刑事证明模式与诉讼模式以及科学技术的发展,我们可以对我国"三证合一"证明模式的未来发展作一大胆的预测:

(一)印证在证明模式中将发挥日益重要的作用

随着科学技术的发展和社会的进步,一些前所未有的设备、技术越来越多地应用于证据学,口供之外的证据如毒物学和化学、法医病理学、照相证据、动作照片和录像、显微分析、中子活化分析、指纹法、DNA检验法、枪弹证据、声纹、可疑文书证据、车速检测等科技证据,在认定案件事实中将处于越来越重要的地位。"本世纪80年代出现的DNA遗传基因鉴定技术,带来了司法证明方法的一次新的飞跃。目前在一些科学发达的国家中,物证已经在各种司法证明手段中占据首位,成为新一代的'证据之王'。从某种意义上说,现代的司法证明就是以物证为主要载体的科学证明。"②

如果说,由于文化水平的提高,奴隶社会向封建社会的转变,使证据模式发生了质的飞跃,由相信神(神示证明)到相信人(法定证明);而由于科学技术的发展,封建社会再向更高级的社会形态转变,证据模式再次发生质的飞跃,由主要相信人证(被告人口供)到相信口供以外的证据占有越来越重要的地位。我们相信,随着新的科学技术的不断发展和应用,使得刑事印证不但变得更为可能,许多过去难以外在、客观地印证的东西都可以直观地甚至可视地客观印证,而且印证在证明方式中将起到越来越主导的作用。

---

① 具体详见拙作:"刑事印证初论",载《国家检察官学院学报》2007年第2期,第132页。
② 何家弘:"神证·人证·物证——试论司法证明方法的进化",载《中国刑事法杂志》1999年第4期,第62页。

（二）从法证走向科学法证

科学法证是比法证更高的证明层次，它不仅要求"有法可依"、"有法必依"，还要求做到科学立法，科学地规定刑事证明及证据的内容。既要防止司法官员滥用证明权力，又要充分地发挥法官的主观能动性。

封建法定证明模式对证据的证明力大小和审查判断证据的规则均作出硬性的规定。现代两大法系国家，尽管采自由心证的证明方式，对证据的一些内容也作出了规定。总体来说，大陆法系国家对证据的规定比较简单，往往没有专门的证据规则，其证据的内容规定在刑事诉讼法中；而英美法系国家，一般都制定了比较完备的、专门的证据规则，但其内容一般也仅包括证据可采性的规定。[①]

我国虽然传统上取大陆法系国家的证据立法模式，对于刑事证据的内容没有制定独立的证据规则，证据的有关内容虽在刑事诉讼法中有专章的规定，内容却比较简单。近年来，我国诉讼体制吸收了英美当事人主义的一些内容，在证据的规定上比英美法系国家甚至有过之而无不及。如对我国的民事证据，最高人民法院在2001年制定了《关于民事诉讼证据的若干规定》，条文达83条之多。该规定不仅从形式上对民事证据作出了独立的规定，从内容上除了证据的可采性外，还对证据证明力的判断、经验法则、逻辑法则、民事推定等都作出了规定，具有证据法定主义的倾向。

就我国刑事证据的规定而言，目前的内容主要限于证据的可采性。那么我国刑事证据应否如民事证据的规定一样，对证据的证证明力、经验法则、逻辑法则、推定等作出明确的规定呢？我们认为，由于刑事诉讼与民事诉讼目的和任务的不同，刑事案件的处理牵涉到对公民个人自由、财产的处分甚至剥夺人的生命，在刑事诉讼中应该实行比民事诉讼更为严格的证明标准，在法证、印证和心证三种证明方式的运用上，刑事诉讼应该更为强调证据的外在客观印证和证据可采性的审查，对于心证则应该尽可能慎重运用，而对于将证据证明力的判断、经验法则、逻辑法则、刑事推定等心证内容上升为法律，则更应该慎之又慎。因此，我们赞成刑事证据规则的内容主要是证据可采性规则。"设立证据规则，内容上应以规范证据能力的规则为主干，以规范证明力的规定为补充"。[②]

当然，条件成熟时，如果法律能够正确地反映证据的客观实际，既可以使正直的法官准确地适用，又可以防止偏私的法官专权擅断，还可以使控辩双

[①] 胡锡庆、张少林："刑事庭审认证规则研究"，载《法学研究》2001年第4期，第120页。
[②] 唐玉玲："刑事证据规则问题的思考"，载《衡阳师范学院学报》（社会科学版）2002年第4期，第52页。

方、当事人及其代理人能够预测其证据的效果,那么我们不妨在总结实践经验的基础上尽快地利用科学的方法,结合自己的国情,制定一些科学的刑事印证法则和心证法则。①

(三) 从简单印证走向链集印证

科学的、客观的刑事印证,应该将证据间的印证放到证据链的集合体中综合考察而不是仅考虑两个或少数几个证据间在少数环节上是否相互印证,这种印证我们称为链集印证。所谓"链集印证",是指在运用证据来证明案件事实的过程中,根据证据链的集合体中证据之间的印证情况,来判断证据的真实性及全案证据证明标准的情况,排除不真实的证据,对遗漏的证据环节予以补强的一种证明方式。所谓"链集",简而言之就是指证据链的集合体。证据与证据相互印证形成一条条的证据链,全案证据形成的证据链集合在一起,称为证据链集。② 在一个刑事案件中,如果行为人只实施一个犯罪行为如仅盗窃一次,那么全案的证据所形成的证据链的集合体就是一个证据链集;如果行为人实施了多次犯罪行为如实施了两次盗窃和一次抢劫,那么证明每次犯罪行为的证据形成的证据链的集合体就是一个证据链集,这样这个案件中就有三个证据链集。

链集印证与简单印证有所不同。简单印证仅强调两个乃至少数几个证据之间在时间、地点、手段、方法、行为过程及结果等方面的相吻合、相一致。而链集印证是将证明某一案件事实的证据都放到整节案件事实甚至全案所有案件事实的整体中全面、系统、综合地考察,立意更高,考虑的范围更广,观察的视角更宽,因而得出的结果也更为准确。一些刑讯逼供所得证据、伪造的证据,可能在两三个证据甚至少数几个证据中得到"相互印证",但是如果将之放到全案所有案件事实的大背景下去认真审查和甄别,就会发现其中的破绽。这就是链集印证视野整体性的优点。

"链集印证"要求我们全面收集证据,并使证据之间得到尽可能多的相互印证。证据之间印证得越多,证据的真实性越能得到保障。特别是对于一些重要的证明对象,控辩双方争议较大的,容易混淆此罪与彼罪的、罪与非罪的、临界的事实(如行为人年龄为14周岁、16周岁、18周岁)等都需要较多的证据并以印证的方式来加以证明。

(四) 从心证走向合理心证

司法实践中,司法工作人员总是通过自己的内心活动来对证据和事实进行判断。心证释放了司法官员在认定案件事实过程中的主观能动性,并且承认心

---

① 关于刑事印证法则和心证法则,具体可参见陈为钢、张少林:《刑事证明方法与技巧》,中国检察出版社2008年版,第336、343页。

② 陈为钢:"刑事证据链研究",载《国家检察官学院学报》2007年第4期,第128页。

证的差异。但是这种心证并不是完全自由的心证、任意的心证，而应该是科学、合理的心证。

自由心证取代法定证明至今已约有一百年时间，自由心证方法为防止法官滥用心证的权力，经历了从任意心证主义到合理心证主义的根本性发展变化过程。自20世纪下半叶，世界许多国家对任意心证主义展开了深入批判，从而导致自由心证从任意心证主义到合理心证主义的过渡。日本在批判任意心证主义的基础上确立了"合理心证主义"。它要求法官必须站在客观立场上，依据当事人主义进行调查的证据，充分听取当事人对证据的辩论意见，依据经验法则和逻辑法则，灵活运用科学知识，形成"合理的心证"、"科学的心证"，并建立了一整套保障机制，如坚持法官回避制度、证据能力制度、起诉状一本主义制度、判决中记明理由制度、事后审查制度，等等。① 这些措施值得我们借鉴。我们认为，合理的心证应该做到：

一是心证必须建立在法证的基础上，并与印证相结合。心证不能成为证明案件情况的主要证明方式，它只能是科学法证和链集印证的必要补充。心证不能代替链集印证成为刑事证明的主要方法。

二是心证应当合理，不能违反法律规定，也不能违背经验法则和逻辑法则等证明法则。心证的真正意义在于其合理性，并非赋予裁判官以诉讼上的特权，也不是允许裁判官任意擅断，更不是纯粹的自由裁量和感情用事。司法工作人员判断的过程是由经验法则、逻辑法则等而来，他们本着客观的标准，依其健全的理性而作出合理的判断。

三是合理的心证必须有相应制度的配套保障。没有相应配套制度保障的心证必然会被滥用。为保障司法工作人员的合理心证，应当提高司法官员的素质，重大案件实行合议制，保障被告人的辩护权，实行直接言词原则、庭审质证、证据裁判原则，在司法文书中尽可能地使心证公开，使心证从暗处走向明处等。

---

① 参见［日］田口守一：《刑事诉讼法》，刘迪、张凌、穆津译，法律出版社2000年版，第225页。

超越诉讼事实符合论
——证据法学理论基础的反思与重建

|秦宗文* 吴君霞**

一、引论

符合论是我国证据学传统理论的基石。近年来随着客观真实说与法律真实说的论辩,一些法律真实说支持者试图挑战客观真实说背后的符合论。符合论成立与否关系到客观真实说能否维持下去。正是看到这一点,客观真实说支持者极力为符合论辩护。张继成先生发表在《法学研究》2005年第6期的"论命题与经验证据和科学证据的符合"一文可为代表。[①] 反符合论者多从经验的层面上论述,没有从理论上深入分析符合论本身的困难,更没有提出替代性的理论。部分法律真实说支持者本身并不反对符合论,只是出于诉讼的实际困难才持法律真实的见解。这为客观真实说留下了足够的空间。因而,推动证据学理论的创新,应从证据学理论基础的转换入手。

作为真的标准,符合论并非完全不成立,但其适用范围是相当狭小的,在诉讼事实的判断上基本上不适用。证据学研究必须超越对符合论的迷恋,并提出可行的替代性理论,重建证据学理论基础。笔者认为,有效论、一致论、共

---

* 南京大学法学院讲师,法学博士,西南政法大学博士后研究人员
** 南京森林公安高等专科学校讲师,法学硕士
① 张继成先生对诉讼事实符合论的论证还有"事实、命题与证据"、"诉讼证明标准的科学重构",载《中国社会科学》2001年第5期、2005年第5期及"对'法律真实'证明标准的质疑",载《法学研究》2002年第4期。可以看出,张先生不断放松自己符合论的强硬立场,吸收了实效论、融贯论、语义论等真理观的要素,试图构建复合的证明标准。但张先生以符合论为出发点的立场不但未能消解各种基于不同的真理论基础上的证明标准的内部冲突,反而使自身陷入自相矛盾之中。可以说总体上是不成立的。

识论复合的真性标准才是诉讼事实理论重建的恰当基础。在此基础上，应对诉讼事实的一些基本问题重新加以思考。张先生的观点是符合论及客观真实说的代表，文中将对张先生的核心观点进行商榷。本文观点也不同于法律真实说，但由于主题及篇幅所限，对该说的不当之处暂不论及。

二、符合论的困境及其在诉讼事实判断上的基本不适用

（一）符合论的困境

所谓符合论，即把真理解释为认识同它的对象符合，较为普遍的看法是将"命题"和"事实"作为符合关系的两种负荷者，因而，其最为流行的表达是"当且仅当一个命题与一事实或一组事实相符合或相对应时，这一命题才可能是真的"。如"雪是白的"为真，当且仅当雪是白的。相对于其他真理观，符合论历史悠久，也最合乎常识和直观，很容易获得支持，但符合论存在无法克服理论困境。

何谓"事实"？明晰此概念是论证符合论的基本前提。符合论者的意见并不一致，柯普宁认为事实含义有三：第一，指现象、事物和事件本身；第二，指我们对事物及其特征的感觉和知觉；第三，指我们想用它们来论证或反驳某种东西的不容置疑的理论原理。① 后两种含义可以合并，都指人对事实的认识。事实是指存在本身，还是指对存在的认识，这是符合论者关于事实性质的主要分歧。在反符合论者看来，无论将事实作何界定，符合论都有着难以克服的困难。

1. 事实处于彼岸世界的符合论

将事实视为存在本身，主张认识的真性在于与独立的实在符合，这是符合论的一般见解。"坚持真理符合论的哲学家几乎都认为，如果一个信念或一个陈述与某一个独立实在符合，那么毫无疑问这一个信念便就是真的了。"② 这是符合论者与对手论战的基本立足点。③ 反符合论旗手之一普特南批判的符合

---

① 柯普宁，前苏联著名哲学家。参见彭漪涟：《事实论》，上海社会科学院出版社1996年版，第1页。
② 胡军：《知识论》，北京大学出版社2006年版，第320页。
③ 罗素是符合论的坚定支持者，在事实究竟是指事物本身还是事物所具有某种性质或事物之间的某种关系上，罗素前后态度不一，但将事实视为独立于心灵的存在这一点上则是前后一致的。参见[英]罗素：《我们关于外界世界的知识》，上海译文出版社1990年版，第39页；《人类的知识》，商务印书馆1983年版，第176页。

论即为此类。① 将事实视为外在于经验世界的独立存在，陷符合论于两个无法摆脱的梦魇：

其一，命题与事实如何符合？事实既然在经验之外，经验之外的东西如何与经验世界的命题相符合？符合论主张的符合主要是一种类似于文本原件与复印件在外观和质料乃至价值方面彼此肖似意义上的符合。"信念都具有一幅图画的性质，加上一种'是的'或'不是的'感觉；在我们遇到'是的'感觉的情况下，如果有一件事实对于那幅图画具有一个原型对于一个意象所具有的那种相似，那么它便是'真的'，在我们遇到'不是的'感觉的情况下，如果没有这样的事实，那么它便是'真的'"。② 即使不将符合仅视为图画式的对应，符合论仍要求的是主客体分立下的某种对照关系，是认识对客体的分有和模仿。在反符合论者看来，事物与认识是两类不同的东西，事物可以用长宽高加以衡量，而认识没有广延性，符合是不成立的。正如海德格尔所言："二者原非同类，不能相同"③，"所以，如果符合的意义是一个存在者（主体）对另一个存在者（客体）的肖似，那么，真理就根本没有认识和对象之间相符合那样一种结构"。④ 而要使认识能与事实符合，事实必须是进入经验世界的东西。"要使认识以及构成并且表达认识的命题能够符合于事实，以便因此使事实事先能约束命题，事实本身却必须显示出自身来。事实本身不能处于遮蔽状态，要是事实本身并没有处于无蔽状态，它又怎样能显示自身呢？"海德格尔此处的意思是，只有事实处于经验世界中，成为经验世界的东西，同处于经验世界的认识与事实才能谈是否符合。传统符合论将事实与认识置于两极，将认识视为主体对客体的趋就，事实在那边，认识在这边，二者存在不可逾越的鸿沟。

其二，如何证明认识与事实符合？在普特南看来，由于认识与事实不同质，只有超然的"上帝的眼光"才可能验证是否符合，而现实的人类世界，"并不存在我们能知道或有能有效地想象的上帝的眼光"。⑤ 处于认识活动中的主体，无法取得超然的视界，认识与事实是否符合是无法证明的。能证明的符合只能是观念之间的符合。如地图与所画地域地貌，符合论者举之为典型的符

---

① 普特南认为符合论的基本观点有三：世界是由独立于心灵的客体的固定总体组成；对世界存在的方式恰好只有一个真实而全面的描述；真理包含语词之间或思想记号和外部事物之间的某种符合（对应）关系。[英]普特南：《理性、真理与历史》，童世骏、李光程译，上海译文出版社1997年版，序第2页。
② [英]罗素：《人类的知识》，商务印书馆1983年版，第176页。
③ [德]海德格尔：《存在与时间》，陈嘉映、王庆节译，三联书店1999年版，第248页。
④ [德]海德格尔：《存在与时间》，陈嘉映、王庆节译，三联书店1999年版，第251页。
⑤ [英]普特南：《理性、真理与历史》，童世骏、李光程译，上海译文出版社1997年版，第56页。

合关系，但在分析哲学家会说，能言说的地图地域地貌的符合其实仍然是一个认识与另一个认识的符合。因为要判断某一城市或者山峰是否就是某一地图所描绘的对象，这座城市或者山峰就必须进入意识或语言中。所以表面上说的地图与其所绘的城市或山峰的符合，其实仍然是地图与对有关对象的认识而不是对象本身的符合，仍然是一个认识与另一个认识的符合。进而，可以说，认识与现实的符合是不能言说的，因为现实、符合本身都不能自己言说自己，能言说的现实，能言说、证明的认识与现实的符合已经是人的认识的结果了。①

上述问题是 20 世纪以来符合论遭遇的最大挑战，符合论者一直无法找出圆满的解决方案，成为符合论式微的重要原因。张先生在文中将事实与事件区分，认为"事件存在于现实世界，事实依附于物、事件，但它存在于主观世界"。② 显然张先生对此种意义上的符合论也是不赞成的。此种意义上的符合论不足以成为诉讼事实理论研究的基础。

2. 事实处于此岸世界的符合论

即将"事实"等同于"真命题"。"事实是人对于呈现于感官之前的事物的某种实际情况（亦即事物的感性呈现）的一种判断，一种经验知识。就其形式而言，是一种命题，一种陈述；就其内容而言，是对某特殊事物实际情况（某事物具有某种性质或某些事物具有某种关系）的一种认识、一种断定。"③ 由此，事实已不是独立于认识的存在，而是处于经验世界中的认识世界的结果。张先生即持此种事实观，"事实只能以命题的形式表现它的存在"。并在此基础上主张"命题与事实能够符合"。④

张先生否认事实的外在性，结局是，"事实与命题一样处在真理关系同一边，即都在真理值的负荷者一边"，这虽解决了命题与事实不可逾越的问题，但"麻烦的是，表述或形成一事实也就等同于表述形成一个命题或信念内容。……随之也就不存在两个关系者了，因此在这样诠释之下所谓的符合论也就必然地要落空"。⑤ 正如一位符合论支持者所指出的："如果将事实内移，把事实看成是经验或经验的系统化、理论化、科学化，那么认识与事实符合就变成了认识与认识的符合。而如果仅仅只有认识的相互符合一致，这样的符合就不是符合论而是融贯论或一致说了。"⑥ 张先生反驳海德格尔等人关于命题与事实

---

① 参见郭继海：《真理符合论的困难及其解决》，中国社会科学出版社 2003 年版，第 108～109 页。
② 张继成："论命题与经验证据和科学证据的符合"，载《法学研究》2005 年第 6 期，第 35 页。
③ 参见彭漪涟：《事实论》，上海社会科学院出版社 1996 年版，第 66 页。
④ 张继成："论命题与经验证据和科学证据的符合"，载《法学研究》2005 年第 6 期，第 36 页。
⑤ 胡军：《知识论》，北京大学出版社 2006 年版，第 328 页。
⑥ 郭继海：《真理符合论的困难及其解决》，中国社会科学出版社 2003 年版，第 138 页。

无法符合的观点,主张"命题与事实之间没有渡不过去的鸿沟",但海德格尔反对的是命题与独立于心灵的事实(即张先生指称的事件)的符合,而非与经验世界中的事实的符合,张先生的见解与海德格尔并无不同。如果海德格尔的主张像张先生所指责的为融贯论,那么,张先生也不能幸免。

因而,将事实看做经验的产物以摆脱事实外在心灵而产生的符合论证的困难,无疑是饮鸩止渴之举,将彻底断送符合论。张先生在此种意义上论证诉讼中认识与事实的符合,是一种自挖根基的做法,导致整个论证难以成立。

对事实不同界定导致的困难,正如金岳霖先生所指出的,"大致说来,用得着符合说的时候,事实一定在外在客,如果它不在客在外,我们用不着符合说:假如命题与事实同在我之内,则二者底关系是二者底融洽或二者底一致,根本无须符合。事实既非在客在外不可,符合说似乎不可能。如果事实在外,我们怎样知道它与命题符合呢?如果我们知道它,它又已经在内"。① 因而,无论对事实作何种界定,符合论都面临着难以摆脱的困境。

(二)符合论适用的有限性

将事实内化为经验认识结果的符合论与融贯论并无实质区别,此种符合论是不成立的。但传统融贯论的致命缺陷在于其无根基。如果一个命题的真假取决于同系统内的其他命题的融洽或无矛盾,那么,此系统的真性取决于在更大的系统内与其他系统之间的融洽或无矛盾,如此,更大的系统的真性如何确定?融贯论将陷于无穷倒退中。因而,必须承认认识与外在事物符合关系成立的可能性,它是其他真理说的根系所在。

符合论的错误不在于其主张认识与外在事实的符合,而在于其将这种符合范围无限扩大了。在詹姆士看来,符合论仅适用于"可感觉事实的真实观念",而不适用于绝大多数的真的观念,如历史观念、逻辑与数学的真的观念等。这些观念都不允许我们直接或面对面地予以证实。"我们对于可感觉的事物的真实观念,的确是模拟这些事物的。试闭上眼睛,想想那边墙上挂的钟,你所能想象出来的只是那钟面的一幅真实的图像或摹本;可是你对于钟的机构的观念(除非你是钟表匠)就不足以成为一个摹本了;……在谈到钟的'计时功用'和发条的'弹性'等时,那就更难看出你们的观念所能模拟的到底是什么了。"② 也就是说,符合论的成立仅限于感性经验的范围内,超出这一范围则是无效的。"符合论因其与我们的常识性直觉相吻合而具有很强的说服力,但我们在欢迎其经验明快性时往往忽视这一认知模式的适用范围,这样一

---

① 金岳霖:《知识论》(上),商务印书馆2003年版,第913页。
② [美]詹姆士:《实用主义》,商务印书馆1979年版,第102页。

种主体与客体的吻合关系及其验证只适用于感性经验的层面,超出这一范围,这一看似自明的观念就会遭遇深刻的理论困难。"① 知性认识就超出了符合论的有效范围。

对于感觉的客观性和与外在物符合的可能性,金岳霖先生持肯定意见。正觉"就内容说,它是呈现,就对象说,它是具有对象性底外物或外物底一部分"。也就是说感觉能够直接达到外物,正觉的内容与外物是同一个东西,是相符合的。由此而将内在的"感觉"与外在的"外物"同一起来。而对于这种符合如何证实,金先生认为正觉存在本身就是证实。"我现在手里有一个小'皮球',我看见它,我抓住它都是事实,而这些事实证实'有正觉'这一命题。""粗疏的证实依然是证实,我们不能因为它粗疏就否认它为证实。"如果以"为什么"一直追问下去,"任何答案都不能打住问题。合理的疑难总是以知识或经验为根据的。就知识说在本阶段的知识论上,我们根本谈不到精确复杂的证实,我们只能以经验上的实在感为依归。就经验说,以上的证实毫无问题。"而感觉当然可能发生错误,如梦觉、幻觉、错觉和野觉,但"在日常生活中大部分的官能活动是不发生什么问题的。这些大都是正觉"。② 试想一想,如果我们大部分感觉是不符合的,看非所视,听非所闻,我们何以生存。

(三)诉讼事实的特性及符合论适用的困难性

本文将事实界定为客观存在,但为遵循讨论习惯,笔者也将法官对事实的认识称为事实,二者合称为诉讼事实。然而,将二者适当区分是讨论所必要的,因而,笔者将外在的事实称为"生活事实",将法官对它的认识称为"案件事实"、"心证事实"。

符合论要求的是案件事实与生活事实的符合。除蔑视法庭罪外,案件事实与生活事实的基本关系在于其非共时性,法官只能通过控辩双方提供的相关证据认定事实,而无法共时亲历生活事实的发生过程。因而,符合论在案件事实的认定上基本不适用。

三、有效论、一致论与共识论作为真性判断标准的合理性

(一)有效性是真的根本标准

与符合论者不同,笔者认为有效性才是命题是否为真的根本标准。有效性作为真的判断标准,是指一命题是否为真取决其能否产生实际效果,有效者即为真,无效者即为假。一般认为,实用论真理观即以有效性(效用论)为核心。在实用主义看来,观念是否为真,"不是去看最先的事物、原则、'范畴'

---

① 周建漳:《历史及其理解和解释》,社会科学文献出版社 2005 年版,第 175~176 页。
② 金岳霖:《知识论》(上),商务印书馆 2003 年版,第 126 页、第 130 页、第 137~138 页。

和假定是必需的东西,而是去看最后的事物、收获、效果和事实。"①

1. 与事实符合,是对命题有效性无意义的本体性追问

从发生学角度看,同为主观性的东西,人的思想观念之所以区分出主观与客观,或真与假的,最终乃基于其在人们据此进行的实践活动中所招致的不同后果。可以设想,最初令原始人类觉察和判定观念真假的必是其头脑中诸如"水中捉鱼"、"火中取栗"等各种想法付诸实施的不同结果。在作为真理典范的自然科学研究中,有效性是判断命题真假的不二标准。一新的科学命题之所以能得到承认就在于它是有效的、是可证实的。也就是说,"真正令人类感知客观性问题并据以判断思想客观性的,乃是其在外部世界中的效准或有效性,即思想、观念在实践中是否具有引发人所预期的结果、反应的效力,这应是真假观念在人类观念中的真正起源。因此,思想客观性的本质乃是具有有效性。关于客观性的这一实用主义式理解提示了认识客观性的真实意味。"以行动中的有效性为根基的客观性命题在不同观点的争执中具有决疑止讼、是非立判的理性强制力:傻子才怀疑火是热的,也不会有人做"以卵击石"或"搬起石头砸自己的脚"的蠢事。②

符合论者并不否认真理的有效性,并一般将有效性视为真的特性之一,甚至以有效性作为真的判断标准,如通俗的讲法"实践是检验真理的唯一标准"。③ 但与有效说不同的是,符合论不满足于命题的有效性,它追求对命题的本体性解释,试图寻找有效性的本体性根据。符合论实质上认为,认识有效性的根据是其与客观实在的符合或不符合的关系。并且,这一事实上在后的解释在理论上恰恰要求逻辑在先性。④ 命题是否有效是可验证的,而符合在感性经验之外,是难以验证的,从有效过渡至符合,只能是一种"假设"。这种"假设"仅给我们一种可依赖的支点,满足我们的某种安心感,对我们处理实际问题并无意义,它无法告诉我们某一命题是否与事实符合。因而,"知道真理是一种符合丝毫无助于发现真理与确立真理,这样一种知道与不知道之间并不存在具有实际意义的差别,是没有意义的"。⑤

2. 以有效性为标准,可以满足确立真理的目的

"掌握真理,本身绝不是一个目的,而不过是导向其他重要的满足的一个

---

① [美]詹姆士:《实用主义》,陈羽纶、孙瑞禾译,商务印书馆1997年版,第31页、第44页。
② 参见周建漳:"历史认识的客观性问题反思",载《哲学研究》2000年第11期。
③ 其实按符合论的要求,事物本身才是命题与之符合的对象,才是检验真理的唯一标准,实践只是检验真理的方法。
④ 参见周建漳:《历史及其理解和解释》,社会科学文献出版社2005年版,第177~178页。
⑤ 周建漳:"实用主义真理观平议",载《厦门大学学报》(哲学社会科学版)2002年第4期,第92页。

初步手段而已"。在众多的命题,我们之所以将某些命题认为是真理的,"绝不是从天上下来的命令,也不是我们理智所喜欢的'技艺'",不过是基于其能不断地证明其自身的有效性,使我们能运用它解决某些问题,从而使我们"随便到什么地方都具有极其宝贵的行动工具"。因而,如果某个命题在实践中不断被证明是有效的,我们就应承认它是真的。"把一个在实用上非常成功的概念说成是'不真实'的,实用主义实在看不出有什么意义来"。①

3. 有效性仅指实践的直接有效性

"有效性"在实用主义真理观中具有核心地位,某一观念之所以"变为真",就在于其不断被证实为有效。实用主义所指的证实,不但指能产生"某些实际后果"的直接证实,还包括使观念之间融贯起来的间接证实,但对命题判断具有最终决定意义的只能是"直接有效性"。"只要观念(它本身只是我们经验的一部分)有助于使它们与我们经验的其他部分处于圆满的关系中,有助于我们通过概念的捷径,而不用特殊现象的无限相继续、去概括它、运用它,这样,观念就成为真实的了。"②确实,我们生活信赖的绝大多数信以为真的命题并没有经我们直接加以证实,它们或者是生活积淀形成的"惯习"③,或者是出于对他人的信赖而接受为真,但这些命题之所以为真,或者其本身为他人直接证实过,或者建立在为实践证明过的命题的基础上。正如詹姆士所指出的,"真理大部分是靠一种信用制度而存在下去的"。但"被人具体证实过的信念才是整个上层建筑的支柱"。缺少可以直接证实的信念作支撑,"正如金融系统缺乏现金准备似的,真理的结构就崩溃了"。"条条大路通罗马,最后,所有真的过程都必然导向某处曾为某人的观念所划定的可感觉的经验的直接证实。"④ 客观地说,这一点与马克思实践哲学是共通的。作为真理根本标准的只能是直接有效性,只有回归到具有自明性的、可直接与对象符合的感觉经验世界,真理才得以牢固的系属。因而,"从证实的角度讲,我们似乎可以

---

① [美]詹姆士:《实用主义》,陈羽纶、孙瑞禾译,商务印书馆1997年版,第32~33页、第103~104页。

② [美]詹姆士:《实用主义》,陈羽纶、孙瑞禾译,商务印书馆1997年版,第32~33页。

③ 惯习是法国社会学家布迪厄使用的一个社会学概念,他本人所给的解释是,惯习是"生成策略的原则,这种原则能使行动者应付各种未被预见、变动不居的情境……(是)各种既持久存在而又可变更的性情倾向的一套系统,它通过将过去的各种经验结合在一起的方式,每时每刻都作为各种知觉、评判和行动的母体发挥其作用,从而有可能完成无限复杂多样的任务。参见[法]布迪厄、[美]华康德:《实践与反思》,李猛、李康译,中央编译出版社2004年版,第19页。

④ [美]詹姆士:《实用主义》,陈羽纶、孙瑞禾译,商务印书馆1997年版,第106页、第110页。

说，几乎所有的证实都是科学的证实"。① 这种证实"最终实现方式是持续的重复性实践检验。只有能经得起人类实践活动持续检验的知识，才可以说是客观知识"。②

相对于符合论可能带来的对真理的绝对化理解，以有效性作为真理的标准，意味着真理是发展的，不存在永固不变的真理。这对于我们正确理解诉讼事实理论问题有重要意义。

（二）一致性是真的直接标准

所谓一致论（融贯论、连贯论），不是把真理定义为命题与事实之间的关系，而是一种命题与命题之间的关系。如果一命题与我们准备接受的其他一切命题相融贯或适合，那么它就是真的。在融贯论看来，我们所作的实际陈述，都不是孤立作出的，都依赖于某些前提假设和条件，并且是在这些背景之下作出的。我们的每一信念——在它是我们接受其他信念时的部分的或全部依据那种意义上——都是和其他信念结合在一起的。事实上，我们单独的每一桩知识都构成为一个体系的一部分，而且，不管我们如何认识不到这一点，整个的体系仍是隐含在对它任何一部分诊断之中的。③

融贯论主张任何信念都处于某一信念体系中，只有能与该信念体系达到一致的信念才是真的。这一点无疑是正确的。我们很难想象一个充满矛盾、冲突的信念体系可能是真的。无论是融贯论的赞成者还是反对者都会承认，信念体系内部的一致即便不是充分条件，也是某一信念为真的必要条件。

但传统融贯论的错误在于将一致完全视为信念体系内部的关系问题，而不从外在世界得到什么经验内容或受到外在世界的影响，隔绝了信念体系与外部经验世界联系的可能性与必要性。正如我们所指出的，人们确立某信念为真，是为更有效地应对生活，这必然要求信念反映外部世界的状况，要求信念与来自外部世界的经验很好地结合起来。孤立于人们生活经验之外的信念体系违背了确立真理的初始目的。"一个信念体系本来是要反映客观外在的世界，而现在却处于完全脱离自己应该反映的独立存在的对象的情况下，这样的经验信念体系又怎么可能得到证实，又怎么可能具有真理性呢？"④ 隔离了与外在世界的联系，传统融贯论难以解决的另一难题是：诸个信念体系内部都可达到一致，但又彼此冲突，哪个为真？

---

① 胡军：《知识论》，北京大学出版社 2006 年版，第 253 页。
② 王维国：《知识的公共性维度》，中国社会科学出版社 2003 年版，第 214 页。
③ 参见 [英] 沃尔什：《历史哲学——导论》，何兆武译，广西师范大学出版社 2001 年版，第 76 页。
④ 胡军：《知识论》，北京大学出版社 2006 年版，第 253 页。

因而，真的验证最终必须走出观念系统，引入实践活动及其结果。我们必须承认外在世界的独立存在，承认外在世界对信念的本源性。在此基础上，我们认为，一致与有效并非对立，而是相通的。就自然科学的信念而言，当某一后果产生，主体就会用已有的信念系统对新信念进行判断。如果命题与原有的信念系统产生矛盾，可能有两种结果：一是原信念体系与该信念矛盾的部分将被排除，使信念体系在新的条件下重新达到一致；二是新信念被进一步的实践证明为假被排除，信念体系仍保持稳定。无论如何，只有主体信念一致，对矛盾作出合理解释，新信念才可能被认定为真。自然科学中，有效性是信念为真的根本标准，有效性保障的信念必然能达到与所处的信念体系一致，但一致性是命题为真的前提和直接标准。

对于无法将信念付诸实践产生直接物质效果的人文科学，某信念是否为真，我们只能以已有的自信为真的信念为根据进行判断，看其能否融入已有的信念体系之中，达到一致。如拿破仑的死因，现代科学通过分析其头发中的微量元素含量，证明其砷含量超量，我们根据原先所掌握的相关知识，如微量元素分析方法是可信的，砷含量超标可致人死亡等判断拿破仑为中毒而死。因为这个判断能很好地与我们原有的知识恰当地达到一致，我们就认为此判断是真的。舍此别无他法。我们实无法穿越时空回到拿破仑时代现场勘验以检视这种判断是否为真。当然，即使此种情况下信念体系也不像传统融贯论所主张的那样自我封闭。要保证判断的准确性，我们据以判断的信念必须是可以有效性检验的或由有效性保障的信念推论而来的，也就是说，信念体系必须最终系属于可由有效性检验的信念之上。要求构成信念体系的信念必须在外在世界中找到支撑点，这不意味着信念体系内部各信念都可找到外部支撑，但至少最初作为推论依据的信念必须有外部支撑，即必须可在实践中证明是有效的。这也决定了与传统融贯论不同的是，这里的信念体系与外部经验世界是相通的，如果信念体系中的部分信念为新的实践证明为无效，信念体系将必须予以更新，在新的条件下达到稳定和一致。由此，信念的真性不具有绝对性，我们信以为真的信念仅在于与信念体系一致，如果信念体系发生变动，原来认为真的东西可能就不再继续为真了。如拿破仑的死因，假设我们又发现其留下的日记，说明其不堪忍受荒岛之孤寂，有自杀的打算，同时，又有其他证据加以佐证的话，我们可能认为他虽然已有中毒迹象，但在毒物致死之前已自杀，从而对其死因作出新的解释。

因而，一致性是真性判断的直接标准。对主体而言，新命题被认为真的第一步是主体根据已有知识和经验确认其为真，不能与原有观念系统达到一致的命题，不可能被认定为真。相对于人文科学，自然科学中有效性与一致性的距离更短,更可能直接诉诸有效性解决意见分歧。

(三) 共识性是真的核实标准

认识活动都是由个别主体进行的,某个观念只有与主体既有观念系统一致才可能被认为是真的。但对于人类社会而言,某项观念是否为真并不能由个别主体来决定,只有能被其他主体重复验证的观念才可能被其他主体所认同,得到公认的观念才能被称为真理。虽然新的观念产生之初总是被个别主体所掌握,但只能到它被其他主体承认时这种观念才能被看做具有社会意义的真的认识。如果某项陈述不能被满足一定条件的其他主体(如身体条件、知识条件)所确证,这项陈述就很难与流言、幻觉、假象区分开来。从真理的本性来说,它必须是公共的,纯粹的个别观察是不能确证的,不能被称为真理。事实上,人们已不断地适用这项标准对认识的真性进行着判断。如作为知识典型的自然科学,"一个陈述只有原则上可以为科学家们相互理解和检验时,它才是科学上有意义的;陈述所指向的事实只有对任何合格的观察者来说都能在标准条件下重复出现时,才是真实可靠的,这样的陈述才有资格被称做知识。"① 这一标准同样适用于其他认识领域。

这里所讲的真的公共性不同于西方现代哲学中的真理共识论。真理共识论将真理标准由主客符合转向主体间性,将共识性等同于客观性,将主体间的共识视为真的唯一标准,没有恰当解释认识与外部世界的关系,是不当的。真的公共性要求验证主体直接诉诸有效性或以有效性保障的观念来取得共识,从而沟通人际标准与外部世界的联系。

因而,作为真的陈述,应同时满足以上三个条件。有效性是最根本的决定因素,是认识与外部世界沟通的渠道;一致性是对个体主观方面的要求;公共性则是否定了符合论后保证个体认识客观性的基本方法。

四、有效性、一致性、公共性与诉讼事实理论基本问题的重新认识

否定了符合论作为诉讼事实理论基础的正当性后,对诉讼事实的一些基本范畴也应重新加以认识。我们会发现,以有效性、一致性、公共性作为诉讼事实理论的基础,将更容易对司法现状作出合理的解释,更容易消除符合论带来的理想与现实的差距。

(一) 案件事实认定的不确定性与非任意性

1. 不确定性

符合论寻找与生活事实符合的案件事实,正确的结论应是确定不移和唯一的,而不论由哪个法官判断。所谓的"铁案"即如此。多数案件中,作为认

---

① 王维国:《知识的公共性维度》,中国社会科学出版社2003年版,第8页。

识对象的事件本身的存在是无疑的，但司法结论必须建立在证据之上，因而，案件事实就是法官根据既有经验和知识对证据适当判断后的结果。正如下文所指出的，心证的形成并非证据的组合过程，而往往是法官根据部分证据预测某种结论，再进一步选择证据证实的过程。结论如何先行出现，与法官既有经验和知识密切相关。每一法官都是在带有不同的"前见"（如不同的知识背景、生活经验）基础上进行认识活动的，结论的预测产生于证据与"前见"的融贯，即解释学上的"视域融合"。① 不同的预测会导致不同的证据选择，出现不同的结局。即使对相同的证据进行评价，"前见"不同，不同法官也可能产生不同的结论，司法实践中同案不同判即为最明显的佐证。诉讼理论中的"一事不再理"、"既判力"理论的一个重要功能是防止同案不同判现象的出现，是对人类认识水平无奈的制度性防范。符合论要求唯一性与确定性的判决是一种绝对客观的判决，前提是否认法官的主观性，或者认为主观均为可克服的。这超越了人类的极限。一致说则认为只要结论能对证据、证据之间的关系作出合理的解释，即与证据相融贯，是法官基于已有的知识和经验真诚的相信，就是真的。与证据形成融贯的结论可能并非唯一，可能同时存在几个与证据一致的结论，某一结论被采用仅在于它与证据更融贯，仅在于它在某种视角下更合理（刑事案件要求作为结论的融贯性更严格，排除其他结论合理存在的可能性。民事案件可能仅要求某个结论比其他结论更合理即可）。同时，由于作为判断根据的经验和知识的时代性和地域性，心证事实也具有一定的时代性和地域性。寻求绝对确定的、唯一案件事实是不可能的。

以符合为事实认定唯一正确性的标准，而我们又不能指出何时符合，除了促使法官审判结束时教条般地宣布找到事实真相外，这样的要求对实际的司法运作是有助益吗？

一致论会使法官更谦虚地对待自己的判断。既然自己的判断仅是证据一致的结果，而无法以生活事实相符合作护身符，那就应以更平和的心态对待不同意见，承认自己的判断可能不是唯一正确的，只是其更合理而已，从而纠正可能的不当。

2. 非任意性

否认案件事实的绝对性并不等同于相对主义，认为什么都行。在多数情况下，审判结束时结论是唯一的。它是指审判结束时有一个结论与证据的融贯性明显超出其他结论可能产生的效果。它源于两方面：

---

① 关于"视域融合"，参见［德］伽德默尔：《真理与方法》，洪汉鼎译，上海译文出版社2004年版，343页以下。

其一，证据的相对确定性。与历史学可经年累月、代代接力不同，司法目的本身决定它必须是阶段性的。不同于历史学家的另一点，法官是被动的，法官形成心证仅能以法庭上呈现的证据为限，一般不能主动收集证据。程序结束之时，案件的证据即已固定。即使有法律允许的新证据出现，也必须通过重新启动程序才能改变前次程序认定的结果。时代的久远将彻底扼杀司法证明的意义，尘封可能存在而未及时出现的证据（这一点民事诉讼相对刑事诉讼要求更为严格）。因而，就具体案件而言，它的证据具有相对确定性。

其二，解释、推理规则的确定性。案件事实的认定依赖于对证据的解释和对证据恰当的串联。对证据的解释，包括对证据能力和证明力的判断，及对证据关系的解释，法官除依赖于常识和科学知识外，别无他法。特别是常识，它更是法官认定事实的最主要基础。常识是人们在世代生活中积累的最基础性的概念框架，使人们的经验世界得到了最直接的自我理解和最广泛的相互理解，由常识而形成的思维方式也是主体在日常社会生活中作出判断的最基本工具。就个体而言，作为历史积淀产物的常识，甚至可视做康德所讲的"先验陈述"，接受这种概念框架与思维方式，是主体获得独立思考能力的前提，主体是无法抗拒接受的。在大多数案件中，如果没有涉及专门性问题的话，常识是法官形成判断的唯一工具。甚至可以说，如果没有疑难问题存在，法官的判断并非总是处于理性的计算之中，而是依照常识自动地、"合情合理"地作出某种判断（直觉判断），除非法官自觉地"把握他们与自身性情倾向的关系"，他们甚至丧失了作为行动者获得的"某种'主体'之类的位置"。[①] 常识作为世代积累的产物，虽然它是经验的产物，会因环境的变化而调整其结构，放弃无效的部分，但其核心部分的有效性经世代检验，是稳定持久的。即使是因时代变迁而放弃的部分，在某一时段内、在特定群体内也是为人们所熟知的。法官对事实的认定应遵守常识（经验法则），如果作出不同于常识的认定则应说明理由，这保证了法官心证的可预测性和稳定性。对具体证据或案件事实，人们根据经验法则一般能得出大体一致的判断，甚至相当高度统一的认识。

同样，具体科学知识虽然不断为人类证明其有限性，但某一时代总有当时人们基于有效的而所信奉为真的知识，以此为据作出的判断将为人们所信服，违背它则难取得公信力。

由此，案件事实的认定既达不到符合论追求的确定性，也不是怀疑论者所主张的任意的。如果将判决可能的范围视为一圆圈内的点，圆的大小是确定

---

① ［法］皮埃尔·布迪厄、［美］华康德：《实践与反思》，李猛、李康译，中央编译出版社2004年版，第182页。

的，但具体落在哪一点则是不确定的。

（二）案件事实认定的追求从"本质"到"有根据"

客观真实说以生活事实的呈现为认识标准，追求的是本质。一致说关注结论产生的根据所在，认为有根据的就是真的。

客观真实说以恢复生活事实为目的，判断符合的标准是：据以定案的每个证据都已查证属实；每个证据必须和待查的犯罪事实之间存在客观联系，具有证明力；属于犯罪构成要件的事实均有相应的证据加以证明；所有证据在总体已足以对所要证明的犯罪得出确定无疑的结论，即排除其他一切可能性而得出的唯一结论。其中最后一点是最根本、最关键的要求。① 达到上述要求的即可认为认识与事实相符合。正如前文所指出的，我们没有办法检验二者是否符合，达到上述标准即认为符合是一种基于本体论追求而提出的"假定"。很简单的事实，如果达到上述标准即为符合，为何有那么多的当初被认为达到上述要求的案件被改判或重审？当然，我们事后可以指出当初判断实际上没有符合上述标准，但若如此，我们何以保证现在结论以后不会被推翻？提出上述标准实际已显示了客观真实说的无奈，他们也知道符合是无法检验的，只能提出若干标准作出符合的根据。这已经靠向了我们主张的一致说。如此，何必叠床架屋，追求无法检验的本质呢？客观真实说只能为某些法官固执己见提供托词。

与客观真实说关注最终结果不同，一致说放弃了与生活事实的比照，它关注的是结论形成的过程，结论是如何得出的。只要结论是有根据的就是应当被接受的、是真的。就司法实际运作而言，除了依赖证据外我们还能如何呢？客观真实说提出的符合性标准也不过是根据一般认识规律要求结论有根据而已。与客观真实说相同之处，一致说不否认我们可能复原生活事实。"从一种纯粹先验的立场看，一个信念体系在相当长的时期内保持着连贯的特性，并且也能够不断满足观察要求但却不能以一种至少是近似准确的方式来反映外在世界不可观察的部分，这是绝对不可能的。"② 一些基本的认识规律和方法在人们长期生活中被证明为有效，如果根据这些规律和方法对证据进行判断进而认定事实，在具体的案件中，我们有相当的理由认为这样的案件事实极有可能与生活事实符合。如被现场抓获的抢劫案，有被劫财物、被告人供述、被害人陈述、目击证人证言、执行任务的警察证言，我们有理由认为案件事实与生活事实极可能符合，至少在某些关键环节上符合。但与客观真实说认为二者"就是符合"不同，此时法官虽可能已取得坚实不移的确信，一致说也只能说二者

---

① 陈光中、陈海光、魏晓娜："刑事证据制度与认识论——兼与误区论、法律真实论、相对真实论商榷"，载《中国法学》2001年第1期。

② 胡军：《知识论》，北京大学出版社2006年版，第339页。

"极有可能符合"（由于生活本身的复杂性，我们无法排除某些因素错误的可能，如被告人虚假陈述、被害人夸大其词、证人看花了眼，而这些证词又奇迹般的吻合）。因而，作为事后恢复的案件事实，法官无法核实二者"确实"符合，只能根据推理"确信"二者可能符合，虽然这是"有根据"的确信。

一致说追求"有根据"的认识，但并不同于法律真实说。

(三) 司法证明的直接目的在于取得合理的共识，而不在于取得符合性的结论

符合论将司法证明的目的设定为求得与生活事实相符合的认识，共识论则认为司法证明的目的在于取得"共识性"的认识，共同体成员理性认可的结果就是"真"的。它意味着司法证明目的重大转向，即从追求与外界符合的结果转向追求共同体认可的结果，其中主要是法官共同体的共识。

司法证明的目的在于求得共识性结论，这是对司法证明现状的揭示。由于心证结果与生活事实是否符合无法检验，司法证明只能基于法官认为"真"的结论作出处理。当然，法官的判断不能是个人的"私知"，它必须是可能为法官共同体，甚至公众所认同的。一旦法官的判断与群体内其他成员（主要是法官共同体）认识达成一致，法官就可作出结论。在某一历史阶段，一个具有共识性的结果就是真的，即使事后被认为是错的，也在于它失去了共识。在共识性结果存在的情况下，人们一般不会再寻找其他结论，这一点被司法的时间性进一步强化。就绝大多数案件而言，公众都不会对案件结果进行审查，法官的共识性意见决定着最终处理结果。当然，此时的共识也不意味着全体法官的意见一致，这种共识是指结论应遵循职业共同体大体认可的思维逻辑和方法作出，具有大致的可重复性。司法审级制度和判决稳定性的追求使这种共识性追求简单化，审级内法官的共识性判断就是真的。这种真的认识可能与生活事实并不相符（这实际上是我们在当时所不可能知道的，不相符只是事后诸葛亮式的认识。并且，绝大多数案件再也不会进入我们的视野，结论的真的地位将是不可改变的），但它借助群体的认同和制度的权威获得了真的地位。在大陆法系国家，受现代哲学的影响，共识论已取得了重要地位。"建立在人际间可靠依据基础上的事实认定结论是可以接受的，这种观点现在很盛行。"[①]

追求共识与司法目的是一致的。司法作为国家解决纠纷的一种方案，它的重要目的在于稳定秩序。而要实现这一目的，判决结果的社会认同是至关重要的。处于历史进程中的人们的认识能力总是有限的，人们之所以认同某一司法

---

① [美] 米尔健·R. 达玛斯卡：《漂移的证据法》，李学军等译，中国政法大学出版社 2003 年版，第 55 页。

结果，不过是根据当时的认识规律和相关证据，这种结果被认为是真的（虽然历史发展一再证明它可能是错的）。一种结果只要当时、当地的群体认为是真的，即使其他地域的群体不认同或后来被证明为假的，就当时而言，司法目的都已实现了。

将司法证明的目的由外部符合转向内部协同，意味着案件事实的客观性将由内部共识予以保障。如果法官是独立的，并且是根据公共认可的经验法则作出的，共识性意见的形成过程将很大程度上排除法官的个人臆测，结论极可能与生活事实符合。

（四）确信无疑与可重复性——诉讼证明的双重标准

1. 保证性标准、核证性标准和有效性标准是不成立的

张先生对证明标准进行了多元化区分：真的保证性标准：命题与事实符合，是真的识别标准；真的核证性标准，由证实标准与证明标准构成：证实标准是命题与经验证据符合，证明标准是命题与科学证据符合；真的有效性标准：命题与实体法规范与程序法规范符合；真的可接受标准：排除合理怀疑。

在笔者看来，由于出发点不当，张先生所主张的保证性、核证性和有效性标准都是不成立的。

首先，保证性标准在诉讼活动中是无意义的。张先生将"事实"界定为"真命题"，是处于此岸世界的，因而，就具体案件而言，"事实"就是法官对案件的"正确认识"。用法官的"正确认识"保证法官认识的正确性无疑是循环论证。即使将事实界定在彼岸世界，保证性标准要求将认识结果与生活事实进行比照，显然是做不到的。因而，保证性标准丝毫无法"保证"认识结果的正确性。

其次，核证性标准是不成立的。张先生认为与经验证据符合为证实标准，与科学证据符合为证明标准。证实与证明的区别在于，证实是"求然"，证明是"求所以然"。根据经验进行的判断为证实，经验不足以应对，必须依赖科学时进行的判断为证明。如天津狗不理包子商标案，法官根据证据可以直接判断真假，为证实；孕妇吃了本涤汀是否为胎儿发育缺陷的原因，法官根据常识不能作出判断，只有依赖于科学家的意见，为证实。[①] 对证据的解释依赖常识或科学知识，这只是解释的根据的不同而已。就二者的关系而言，首先，二者并不存在严格的界限，科学知识存在一个常识化的进程，前人视为科学的东西在后人眼中可能就是常识。其次，科学立足于常识之上。人们常根据科学等高深的学问批评常识，如果"问高深的知识底根据在哪里？""我们会发现，所

---

① 参见张继成："论命题与经验证据和科学证据的符合"，载《法学研究》2005年第6期，第42页。

谓高深的知识底根据依然在常识",它"总是以靠得住的常识为起点"。① 再次,作为新知识的科学也并不总是比历经检验的常识可靠。因而,并非只有科学才能说明"所以然",常识只能说明"然"。金岳霖先生区分证明与证实,只是指出了认识的不同程度,并没有以经验或科学为标准加以划分。从司法的说理性来说,任何事实认定都应达到"证明"的程度,不可能停留于"证实"阶段,这种区分在诉讼活动中是无意义的。

此外,核证性标准在逻辑上不成立。符合关系成立的前提是关系项的相互独立性。法官对案件事实的认识来源于证据,认识与证据之间只存在命题是否足以融洽解释证据的问题,不能满足成立符合关系的条件。如果要谈符合也只能是认识与外在的事实间的符合,主张命题与证据符合是一种逻辑错误。

张先生也没有解决保证意义上的真与核实意义上的真如何贯通的问题。张先生认为保证意义上的真是命题与事实符合,后又主张诉讼中的真是核实意义上的真,此种真是命题与经验证据或科学证据符合。认定案件事实的只有证据,那么是否意味着我们只能得到核实意义上的真,而永远无法得到保证意义上的真呢?或者,二者何时、何种条件下能够合一呢?如果我们没有办法使二者合一,主张保证意义的真有何意义呢?它如何"保证"案件事实贴近生活事实真相呢?张先生回避了二者如何贯通的问题。实际上,在坚持符合论的前提下,也是难以做到的。因而,这样的证明标准区分是无意义的。

最后,有效性标准也是不成立的。法官心证的形成是实体法规范与事实融合的过程,实体法规范是心证形成的"指导形象"②,证据信息根据实体规范要求组合成犯罪图景,脱离实体规范要求的事实在诉讼中是无意义的。因而,实体规范内在约束着法官认定事实的范围。程序规范是法官心证形成的外在约束,为心证的形成提供了"法的空间",如对非法证据的排除,证据经质证方可采用等。但无论实体性规范还是程序性规范,都无法正面确定最终结果的真实性,它们只能从反面确认结果是否满足了法的要求。如被告人是否达到刑事责任年龄没有查明,即没有满足实体法规范的要求,不能作出有罪认定,但如有证据证明,这并不妨碍认定被告杀人行为的真实性。也就是说,在最终的事实评价上,实体规范只能从形式上评价事实认定范围上是否完备,程序法规范只能评价事实认定是否正当,它们与事实的真性都是不相关的,不能作为真的标准。

---

① 金岳霖:《知识论》(上),商务印书馆2003年版,第907页。
② [日]小野清一郎:《犯罪构成要件理论》,王泰译,中国人民公安大学出版社2004年版,第19页。

2. "确信无疑"与"可重复性"——诉讼证明的双重标准

我们否定了心证事实与案件事实直接符合的可能性,但我们不反对追求案件事实真相的努力。以事实真相为基础是刑事诉讼不变的追求,即使程度上有差别。那么,在心证事实与案件生活事实无法直接比照的情况下,如何判断心证事实为真。笔者认为应同时满足两个标准:"确信无疑"与"可重复性"。

(1) 确信无疑——根植于司法心理学的证明标准

确信无疑包含两个层面:所谓"确信"即"合情确信",是采用确证法,从正面界定;"无疑"即"排除合理怀疑",是采用反证法,从反面界定。

合情确信作为证明标准,是心证形成过程引发的要求①。现代心理学研究表明,法官形成心证的过程是一个在审判中获得的信息基础上选择、组织故事的过程。法官在接触案件的最初阶段就会根据案件个别情况和个人经验,对案件情况作出大致设想,即提出一个犯罪故事,这甚至可以说是借助直觉完成的。然后再看有关证据是否支持这一结论。如果不行,再试着以其他故事组织证据。在这一过程中,故事框架决定着证据的取舍和证据的意义。现代刑事诉讼强调证据裁判,然而现代心理学的研究证明,若将其绝对化就是不切实际的幻想。在心证形成中,除了证据对故事的支撑外,法官会不自觉地将类似案件的经验运用进来,还会根据故事框架完整性的需要用推测弥补故事情节之间的缝隙。在一项模拟审判研究中,研究者发现作为判决基础的信息中,只有55%来源于本案的审判过程,45%是根据推测作出的。有学者甚至认为,刑事审判中出现的真相是根据正当理由得出的结果而非证据揭示的东西。在故事形成过程中,经验,特别是常识发挥着至关重要的作用。常识不但直接填充故事之间的缝隙,而且是评价证据的基础。根据锚定陈述理论,一个证据能否被评估为合格证据,取决于其最终能否锚定于常识上,即使科学证据也不例外。如DNA 证据可靠性很高,其根源在于个体基因的独特性这一常识。如某项证据不能以常识为落脚点,该证据就不能作为合格证据,如测谎证据,根本原因在于人们对作为其基础的生理学知识的意见分歧。因而,法官有罪确信能否形成的关键在于法官能否根据经验和常识相信故事合乎情理。有关研究证明,这种确信并不是证据依次组合,而是一种概括的确信,是对故事整体的相信,即使某些证据单独来看可以作出其他合理的解释,但所有证据集合后法官结合有关知识和经验符合情理地相信有一个很好的故事存在,他们就会作出有罪判决。

---

① 笔者曾详细分析了心证形成过程的三种模式:假说检验模式、故事模式和锚定陈述模式,并认为故事模式和在其基础上发展起来的锚定陈述模式有大量的司法心理学研究成果支持,能合理地解释司法实践,是符合司法实际的。详参拙作:《自由心证研究——以刑事诉讼为中心》,四川大学2005年博士毕业论文,第5章。

这种有罪判决就是以"一致性"为基础作出的。作为人文科学，事实认定无法以有效性作为直接的检验真性的标准，即"实践检验标准"在诉讼活动中是不适用的，而只能以有效性保障的经验、常识、科学知识等为根据判断，达到确信时即作出有罪判决。

可能有人认为合情确信有点不安全。是的，与更严密的数学论证比较，合情确信的基础是概率性的经验和常识，因而，合情确信也是概率性的。但是，不论你愿意承认与否，我们就生活在这样的一个世界之中，我们的生活大部分依赖于经验和常识，即使我们意识到这样的问题，我们很大程度上也是无能为力的，正如我们不能抓着头发离开地球一般。因而，在这不确定的世界里，追求绝对的标准是不现实的。如果审判者基于证据一致、真诚地、符合情理地相信被告有罪，作为有罪判决就是合理的。实际上，他们也是这样做的。

与传统的"内心确信"表述比较，"合情确信"更强调确信必须是有根据的，是符合人类社会情理的，更肯定了确信的客观方面，而对心证客观性的重视是当今各国的趋势。当今大陆法系国家对"内心确信"的理解已含客观之意，但从这一词语在我国的历史命运看，它还是相当容易引起误解。因而我们放弃"内心确信"而采用"合情确信"的表述。

而"排除合理怀疑"则是确信的保障，它使心证者在确信某一观点成立时从反面检视自己的确信是否有可怀疑的余地，谨慎地对其他可能性加以考察。从英美证明标准的发展看，正反结合的表述也许代表着一种趋势。①

采用"确信无疑"作为证明标准，意味着我们放弃了心证事实与案件生活事实直接符合的要求，承认证明只能从主观方面设定标准。只要证明是合情合理的，不存在合理的怀疑，使事实发现者达到确信的程度，就可以认定有罪。那么，司法真的无法揭示真相吗？我们并不认为如此。如上文所述，由于作为认识依据的经验、常识和科学知识大都可以直接通过实践检验其有效性，如果恰当运用，据此作出的判断极有可能接近生活事实。但在具体案件中，我们又是无法直接检验的，只能是有根据的"确信"。这对于司法来说也就够了，这也是司法中可以追求的"真"。

（2）可重复性——克服司法恣意的核实标准

可重复性，是指法官根据证据评价得出的结果，如果由第三人进行审理，应得到类似（并非完全一致）的结果。它实质强调的是事实认定的社会共识性。

①可重复性是心证客观化的必然结果。自由心证在大陆法系国家确立初

---

① 陈永生："排除合理怀疑及其在西方面临的挑战"，载《中国法学》2003年第2期，第160页。

期，强调事实认定者的个人确信，以此作为事实判断的唯一根据，但它带来的司法恣意驱动了心证客观化的努力，其中最主要方法的是要求法官心证应受到经验法则的约束。经验法则的基本特征在于普遍共识性，虽然其有一定的波动范围，但总体上是有规律可循的。由此，合理的法官心证应是大体上可重复的。

②可重复性是核实心证真性的直接方法。知识应具备公共性，纯个别的判断不能视为真，它必须具有可重复性。虽然追求事实真相不是司法的唯一目的，但案件结果必须具备某种程度的真性并不是过分的要求。心证结果作为对生活事实的认识，要具备真的特征，也应当是可重复的。客观真实说追求认识与客体的符合，以符合性保证不同主体的共识性。否定了符合论后，学者几乎都忽略了法官对事实判断的共识问题，证明标准多设定为审判法官个体的"排除合理怀疑"。这是以司法独立为出发点的，但是司法独立不等于司法独断，仅强调法官个体的无怀疑不但不符合真命题应具有共识性的要求，也潜伏着个体法官心证滥用的风险。因而，否定符合论后，个体法官心证真性的检验必须借助于人际标准。心证的可重复性是检验经验法则、伦理法则运用是否适当的直接手段，是检验法官心证是否为真的核实标准。

可重复性作为证明标准，一方面要求法官心证形成过程应以社会认可的规则作为判断的根据，另一方面要求在最终作出决断时检视自己的确信是否为社会所认同，特别是否为法官职业共同体所认同。这无疑对个体"确信"形成了制约。那么，二者发生冲突的情况下如何解决，德国判例经历了由强调"主观确信"到强调"高度盖然性"（可重复性），再到强调"主观确信"的过程。① 从德国最高法院的判例演变可以看到，从主观方面对心证加以要求是自由心证的本质要素，难以彻底废弃。设想从社会生活的盖然性上对法官加以限制，要求法官在盖然性达到一定程度时即应得出确信，这一定程度上违背了自由心证的内在要求。对事实的认定首先是审判法官的职责，无论案件事实呈现何种程度的清晰性、明白性，如果审判法官没有对此进行具体的认识和判断，永远不能作出有罪认定，不能以第三人的认识取代法官的判断。因而，审判法官的"确信无疑"是刑事证明的首要标准。但自由心证不是随意的意见和相信，如果审判法官的确信明显偏离社会共识，基于有利被告人的原则，也不应作出有罪认定。也就是说，有罪认定应同时具备"确信无疑"和心证的"可重复性"两项条件，缺一不可。

---

① 参见雷万来：《民事证据法论》，瑞与图书股份公司1997年版，第88~91页。

非法证据排除规则的理论基石：历史流变与比较评析

林喜芬*

非法证据排除规则，是指具有侦查权的执法主体因搜证手段或执法方式违反宪法或法律的规定，侵犯公民宪法权利或法定权利，从而导致所获取的证据不被法院采纳，即不具有证据能力的证据规则。非法证据排除规则最早产生于美国，后来传播至世界其他国家，并最终在一定程度上被国际人权法与联合国刑事司法准则所吸收。一路走来，在制度构设及蔓延的维度上显现出强劲的生命力。但尽管如此，事物的普遍性并不足以证成事物的合理性，也不足以证成我国应采行该制度，为此，理论的思索似乎应深入到该规则的理论基石。

目前，在西方法域的理论话语中，非法证据排除规则的理论基石主要存在着宪法权利说、司法廉洁说、吓阻违法说等学说。如在美国，按照程序法学界通行的观点，非法排除规则主要是建基于"抑制违法侦查"、"救济公民权利"、"惩罚违法行为"、"维护司法廉洁"、"弘扬法治理念"等理论基石之上的。① 在证据法学界，也有类似的主张，排除规则应当为以下目的而适用：（1）向曾经遭受到政府的不合理的搜查或扣押的人提供有效的救济；（2）阻止警察在获取证据过程中的非法行为；（3）孤立搜查证签发程序的严格化；（4）避免使法官因为考量以违法的方式获得的证据而造成其他的对宪法的违

---

* 四川大学法学院诉讼法学博士研究生

① Rolando V. del Carmen Criminal Procedure: Law and Practice, Wadsworth Publishing Company Belmont, California, 56 – 67.

反;以及(5)维持司法的尊严。① 在日本,关于非法证据排除规则的理论依据主要有三种观点:一是规范说(又称宪法保障说),即主张使用违法收集的证据是违反程序的;二是司法廉洁说,即主张使用违法收集的证据是司法机关背叛了公民的信赖;三是抑制效果说,即主张为了抑制将来的违法侦查,排除违法收集的证据是最佳的方法。"尽管有各种各样的批评,但是排除法则是根据上述三种理论建立起来的。"② 我国台湾地区学者林钰雄也总结列举了发现真实说、保护个人权利说、公平审判说、导正纪律说等。③

非法证据排除规则的理论基础决定着非法证据排除规则的制度构建。在我国当前,刑诉法和证据法领域对非法证据排除规则的理论基础的认识还显得不够深入,学界在论证和构筑非法证据排除规则的改革学说中,基本上是未加区分地将西方法域(尤其是美国法域)中上述几种流行的理论基石一齐搬运到中国,并将之共同作为未来非法证据排除规则的理论基石。然而,应当注意的是,各国在构筑非法证据排除规则时对理论基石的选择,却是有着其本土的历史脉络和现实考量的。一方面,从发生学的角度看,美国非法证据排除规则在发生和演化的每一历史阶段对理论基石的选择基本上都是单一的,并经历了从宪法保障说、到吓阻/司法廉洁二元说、再到吓阻违法一元说的观念史流变,其中蕴涵着深刻的法理流变和权力策略;另一方面,从比较法的角度看,当前美国与其他西方法治国家的非法证据排除规则在制度构筑方面所选择的理论基石也是单一的,而且,两大法域所选择的理论基石存在着相应的特征差异(前者选择吓阻违法说,后者选择综合性司法廉洁说)和具体成因。可以说,对这些理论论域的疏忽造成了我国学术认知上的误区和制度构建上的混乱,亟待反思。

为此,在本文中,笔者将首先以美国法域为切入点,对美国非法证据排除的理论基石进行纵向的梳理和反思,力图能够厘清美国联邦最高法院在选择非法证据排除规则理论基础时的观念史流变历程,并对其中所蕴涵的权力策略进行深度反思;其次,以比较法为视角,对美国与其他各法治国家的非法证据排除理论基础进行横向的比较与分析,力图能够甄别出各种理论基础的特征差异与发展前景,并对各自所具有的运行局限进行评析;最后,以中国法域为落脚点,通过考察我国刑事司法实践中大量存在的执法公权力和司法公权力均存在严重的不规范运作权力的现象,力图总结出一条较为适合中国的非法证据排除

---

① [美]斯特龙主编:《麦考密克论证据》,汤维建等译,中国政法大学出版社2003年版,第325页。
② [日]田口守一:《刑事诉讼法》,刘迪等译,法律出版社1999年版,第243页。
③ 林钰雄:《刑事诉讼法》,元照出版公司2004年版,第525~528页。

理论基础。

一、美国非法证据排除规则理论基础的历史流变

(一) 美国联邦最高法院的观念史流变之判例梳理

在美国,创制与发展非法证据排除规则的法律渊源是联邦宪法第四修正案。然而,该宪法第四修正案本身却并没有任何关于非法获取的证据是否应当排除的规定,也没有任何迹象显示应当创制一套非法证据排除规则,甚至连支撑证据排除动议申请的理论依据都难以找寻,因此,在美国,创制和发展非法证据排除规则理论基础的历史性重任是由美国联邦最高法院分担和完成的。

从观念史的角度分析,尽管美国联邦最高法院在司法判例中针对非法证据排除规则理论基石的选择和设定并不是明晰可见的——没有界限明确的时段划分,① 但是,也并不是毫无迹象可寻,美国学术界基本上将联邦最高法院的观念史流变分梳为以下几个阶段:

1. 从依附第五修正案到依附第四修正案

最早涉及非法证据排除规则的法院判例是 Boyd v. United States (1886)、Adams v. New York (1904)、Weeks v. United States (1914)。尽管这三个司法判例所包含的非法证据排除规则之理论基础不太明确,但基本上勾画出一条从依附第五修正案向依附第四修正案的变迁趋势。

最早涉及非法证据排除规则的是 Boyd v. United States 案 (1886)。其实,该案并非是一个刑事法案例,相反是一个关于税收罚款的诉讼案件,它不仅不涉及警察行为,也没有所谓的搜查或扣押发生。它的启动是因为两个纽约商人因进口 35 箱厚玻璃板违反了进口和税收法。在该民事罚款诉讼审判中,政府为找出货物清单来证明厚玻璃板的质量和价值,在传票中表示,如果这两个商人不提出所要求的文书,就被推定为自认。后来,被告人提交了货物清单,并因该证据而被定罪。在上诉程序中,被告指出,强迫性地提交货物清单违反了第四和第五修正案。值得注意的是,从案件事实的角度讲,Boyd 判例与第四修正案几乎没有关联。但是,在本案的判决意见中,Bradley 大法官运用了一些聪慧的技巧和策略将论题转换到第四修正案涉及的问题上来。他推理认为,因为如果传票不被遵循,传票中记载的事项将会产生效力,因此,这无异于强

---

① 尽管被希望在早期的判例中能将该规则的理论基石叙述清楚,但不幸的是,早期美国联邦最高法院的判决意见在为何要确立和适用非法证据排除规则方面却语焉不详,没能为构建非法证据排除规则的理论基石提供素材、视角和指引。如曾任大法官的 Potter Stewart 所指出的,"事实上,早期美国联邦最高法院的任何判决都未曾为非法证据排除规则提供全然清晰的理论基础,证立这法则的司法理由看起来都在随着时间的推移而潜移默化的变迁,甚至很大程度上是大法官们自身所未能清楚意识到的。" Potter Stewart, the Road to Mapp v. Ohio and Beyond: The Origns, Development and Future of the Exclusionary Rule in Search - and - seizure Cases, 83 CLLUM. L. REV. 1365, 1372 (1983).

迫被告人提交私人文书。进而他得出结论，强迫性地要求提交私人文书属于第四修正案规制的范围，因为它"影响了搜查或扣押的目的和对象"。经由这样的理论建构，Bradley 大法官进一步将证据的排除与"第四、第五修正案的交叉联袂关系"勾连起来。他指出，这两条修正案互促互生。无论如何，Boyd 判例都是美国非法证据排除规则构筑的起点，但应当注意的是，在 Boyd 判例中，法院判决的侧重点在第五修正案，或者说，此案中证据的被排除主要依附的是第五修正案，而非第四修正案。在 Bradley 大法官看来，扣押私人文书在本质上等同于强迫文书的所有者提供文书中包含的证言，也就违反了第五修正案反对自证其罪的宪法权利。将第四修正案拉入到 Boyd 判例的判决意见中，也许只是为了增强论证、引出判决结果而已。也因此，Potter Stewart 分析指出，"Boyd 案并非旨在宣称非法证据的排除对第四修正案权利的保障是必要的；相反，排除非法证据的理念乃是生发于这样的信念：采纳私人文书作为证据将违逆第五修正案，该修正案正是旨在保护被追诉人在审判中的权利。"①

第二个涉及非法证据排除的判例是 Adams v. New York（1904）。这是一个刑事诉讼案件，但在非法证据排除问题上，这是一个相反取向的司法判例。在该案中，被告人 Albert Adams 因非法赌博被逮捕和定罪，他的定罪很大程度上是因为法院采纳了警察在搜查赌博用具时所扣押的私人文书。Adams 的辩护律师依据 Boyd 案提起上诉，声称该文书乃是违反第四和第十四修正案而扣押获取的，因此，采纳这些证据违反了第四和第十四修正案。在法院书写判决意见时，执笔的 Day 大法官认为出示文书并没有违反第四或第五修正案，他暗示到：非法扣押的证据在用于指控被追诉人罪名成立的情形下当然是有证据能力的，应当限制证据资格审查程序的适用范围。他区分了 Boyd 案件情形，即认为只有在涉及强迫性地要求提交文书时才涉及违反第四和第五修正案的情形。由此，非法证据排除规则似乎已被该判例否弃了。

有意思的是，在十年之后的 Weeks v. United States（1914）② 中，几乎是同样的案情，Weeks 也是被指控非法赌博罪，被告的辩护律师同样提起上诉，声请非法扣押的证据由于违反第四修正案应当被排除。执笔判决的同样是 Day 大法官。但富有戏剧性的是，这次的法院意见在形式上是全体法官一致通过，而判决意见的内容却与 Albert v. Adams 截然相反。在该判决中不仅实质性地确立了非法证据排除规则在刑事司法程序中的制度地位，而且将其理论基础明

---

① Potter Stewart, the Road to Mapp v. Ohio and Beyond: The Origins, Development and Future of the Exclusionary Rule in Search – and – seizure Cases, 83 CLLUM. L. REV. 1365, 1373 – 1374 (1983). 另见 Boyd v. United States, 116 U. S. 639 – 641 (1886) 其中大法官 Miller 和首席大法官 Waite 的协同意见。
② Weeks v. United States, 232 U. S. 383, 392 (1914).

确性地从依附第五修正案转换为依附第四修正案，为非法证据排除规则理论基石的进一步厘清奠定了基础。在判决意见的书写过程中，Day 大法官同时讨论了第四修正案的历史和 Boyd 案判决的论证语言。一方面，他强调第四修正案的历史表明，它特别注重保护私人文书；另一方面，他区分了 Boyd 案和 Weeks 案：Adams 的辩护律师乃是在审判程序中提出声请，并旨在避免证据的提交；而 Weeks 的辩护律师乃是在审前程序中提出声请，并旨在要求返还私人文件和财产，而第四修正案要求政府返还被非法扣押的财产。

由此可见，自 Weeks 案以来，美国联邦最高法院对非法证据排除规则的论证已经开始转移到以第四修正案为制度基石，一如 Potter Stewart 所分析，"在 Boyd 案中，证据排除基本上是第五修正案反对强迫性供述的附带产品，因此，只有诸如文件或书之类的供述性证据应当被排除，毒品或枪支之类的违禁品不被排除；在 Weeks 案中，证据排除乃是依附于第四修正案包含的政府应当返还错误扣押的财产，因此，该规则应用于与财产有关的情形，不仅同样适用于诸如文件或书之类的供述性证据，还适用于除那些违禁品之外的为被追诉人所享有的财产。"①

当然，在此之后，Adams 案的论证理论以及以第五修正案为论证基石的判例仍然时隐时现。确切地说，Weeks 判例开启了以第四修正案来论证非法证据排除规则的先河，但此后还是经历了数年的努力和许多判例的洗礼。如在 1925 年的 Agnello v. United States 案中，联邦最高法院便重新审视了 Boyd 案和 Weeks 案中对非法证据排除规则的限制，在该案中政府从被追诉人 Agnello 的房屋中非法扣押了一罐可卡因，法院引证 Weeks 案和 Adams 案之间的区别，并暗示指出，由于可卡因不能像私人文书一样由被追诉人所有，也不会像私人文书一样可能导致自证其罪，因此，被追诉人不能依据第五修正案反对自证其罪权利来排除该证据（可卡因）。言外之意，法院的结论也许是"应当将依据第五修正案判断证据是否排除的 Adams 判例推广到适用证据排除规则的所有实践"。② 尽管这样的反复并未影响到非法证据排除规则投入到第四修正案怀抱的大趋势，但美国联邦最高法院仅仅引证第四修正案而非第五修正案来论说非法证据排除规则的理论基石，却还是 20 世纪 20 年代的事情，对此，大法官 Potter Stewart 指出，"使证据排除规则与第四修正案勾连在一起，公允地说，

---

① Potter Stewart, the Road to Mapp v. Ohio and Beyond: The Origins, Development and Future of the Exclusionary Rule in Search – and – seizure Cases, 83 CLLUM. L. REV. 1365, 1375 (1983).

② Potter Stewart, the Road to Mapp v. Ohio and Beyond: The Origins, Development and Future of the Exclusionary Rule in Search – and – seizure Cases, 83 CLLUM. L. REV. 1365, 1376 – 1377 (1983).

这一历史使命基本完成的时间差不多是 1925 年左右。"①

2. 从宪法保障说到吓阻/司法廉洁说

Weeks 案不仅将非法证据排除规则的理论基石从第五修正案引向第四修正案，同时也启动了以"宪法保障说"理论作为非法证据排除规则理论基石的步伐。所谓宪法保障说，乃是指非法证据排除规则是宪法第四修正案的重要组成部分；它具有宪法位阶；人民声请非法手段获取的证据予以排除的权利是一种宪法权利；进而，如果采纳这些经由非法方式获取的证据，宪法第四修正案的权利也将形同具文。

在观念史上，1914 年的 Weeks 案乃是最早宣称"非法证据排除规则是一种宪法保障的基本权利"的判例。法院判决指出，"宪法第四修正案既然已经明文规定禁止不合理的搜查、扣押和逮捕，那么，如果仍然允许法院使用此种违反宪法规定而获取的证据，无疑是在否认宪法所保障的基本权利。……如果信件和私人文件可以被不当的搜查、扣押，并据以作为指控公民犯罪的证据的话，那么宪法第四修正案所规定的保障公民免于不合理的搜查、扣押的权利将形同具文，也将变得毫无意义。"并且，该宪法权利是基本性的、根本性的，也是普适于所有人民的，"宪法第四修正案的作用是在美国的法院、联邦官员运用其权力和职权时，将他们置于有关运用这种权力和职权的限制及约束之下，同时永久保护人民，他们的人身、住宅、文件和财产不受以法律为幌子的不合理搜查和扣押。这种保护对于所有人都是相同的……"②

在 1921 年的 Gouled v. United States 案的判决中，联邦最高法院也指出，"法院采纳违反宪法获取的证据是违背宪法第四修正案的"。③ 在 1928 年的 Olmstead v. United States 案也在引证和延续 Weeks 案中宪法保障说的理论传统。当时首席大法官塔夫特（Taft）所执笔的判决写道，"Weeks 案的斗争结果……是彻底宣称联邦宪法第四修正案……真切地禁止采纳联邦执法官员经由违反第四修正案而获取的证据。在 Weeks 案中……法院对此尤为强调并将之作为法院的宪法律令，认为除非将这些非法证据予以排除，否则第四修正案宪法权利的保护将受到极大的损抑"。④

然而，宪法保障理论的言说在 Wolf v. Colorado 案（1949）中已经开始发生转变，联邦最高法院的判决逐渐转向支持吓阻违法理论和司法廉洁理论，在

---

① Potter Stewart, the Road to Mapp v. Ohio and Beyond: The Origins, Development and Future of the Exclusionary Rule in Search – and – seizure Cases, 83 CLLUM. L. REV. 1365, 1377 (1983).
② Weeks v. United States, 232 U. S. 383 (1914).
③ Gouled v. United States, 255 U. S. 298 (1921).
④ Olmstead v. United States, 277 U. S. 462 – 463 (1928).

后面的阶段，吓阻违法理论和司法廉洁理论交迭发展、相辅相成。

在 Wolf v. Colorado 案（1949）中，尽管最高法院的判决仍然指出第四修正案权利的重要性，即宪法第四修正案权利的保障是任何一个自由社会的核心要义，也是自由秩序原理所蕴涵的应有之义。但是，判决也明确地将非法证据排除规则从宪法第四修正案的条文中剥离了出来，它从一项宪法基本权利演变为一种单纯的权利救济机制，从一种宪法位阶的规则蜕变为一种非宪法位阶的规则，从宪法第四修正案条款必不可少的组成部分沦为一种由司法创制的旨在实现宪法第四修正案条款的、可选择的救济方式。判决指出了救济侵犯第四修正案权利的几种可能而可行的选择措施，认为该规则并非内涵于宪法。Weeks 不应当被解读为规定了非法证据排除规则的宪法地位，该规则仅仅相当于一种司法创制的救济机制，仅此而已。① "该法则并非源自于宪法第四修正案的明确规定/要义；它并非明确蕴涵于宪法第四修正案的权利策略，而仅仅是一种司法发展。"② 在奚落完非法证据排除规则的宪法效力之后，Wolf 案进而表达了吓阻违法理论和司法廉洁理论，尽管还不是很明确。吓阻违法理论的提出，基本上是联邦最高法院宣称必须救济第四修正案宪法权利，以及必须提炼一种救济措施来应对和制裁警察违宪行为的副产品；而就司法廉洁理论而言，它的提出完全是意料之中的事情，因为它在 Weeks 案中就有了隐约的影子，"由执法人员以非法方式搜查和扣押的趋势不应得到法院判决的承认。法院必须始终支持宪法。……法院和其他相关人员将犯罪分子绳之以法不应借助牺牲宪法第四修正案权利的方式来实现，如果真的这样，以牺牲宪法第四修正案的方式来操作，那么，司法机关纵然不是公开违法，也肯定是间接违法"。

明确确立吓阻理论和司法廉洁理论二元说的是 Elkin v. United States 案。在该案中，联邦最高法院一方面明确阐释了司法廉洁说作为非法证据排除规则理论基础之一。法院判决发展了霍姆斯大法官在 1928 年 Olmstead v. United States 案中的反对意见，在该案中霍姆斯大法官描述了任何法官或立法者思考排除法则价值时所需面对的困境，"我们必须考量两个因素，这两个因素我们不能兼而得之，只能择而取之：一方面，罪犯应当被查获，并且最终所有的现存的证据都应当得以运用；另一方面，公权力本身在审查非法获取的证据时，又不能培植和鼓励其他违法犯罪"。③ 以霍姆斯大法官的论证为基础，Elkin v. United States 案法院明确指出，在判断非法获取的证据是否具有证据能力的问

---

① Audrey S. Brent, Illegally Obtained Evidence: an Historical and Comparative Analysis, 48 SASK. REV. 1, 21 (1983).

② Wolf v. Colorado, 338 U. S. 25, 28 (1949).

③ Olmstead v. United States, 277 U. S. 470 (1928) (Holmes, J., dissenting).

题上,"联邦法院不应当成为故意违反宪法规范和侵犯宪法基本权的共谋者"。① 另一方面,法院还明确阐释了吓阻违法说,"非法证据排除规则的目标是预防,而非恢复。它的目的是通过排除非法证据来剥夺违法取证的动机——这种实现尊重宪法保障的唯一的、有效而可行的路径——实现吓阻效力"。② 从而确立了司法廉洁说与吓阻违法说二分天下的理论局面。

3. 从吓阻/司法廉洁说到吓阻违法说

一种事物的历史使命永远是有限的。尽管 Mapp 案在构建非法证据排除规则体系的制度史上是无比成功,也是名垂青史的,并与 Miranda v. Arizona 案一起被誉为导引"刑事程序正当化革命"的基准判例;但是,Mapp 案在构建非法证据排除规则体系的观念史上却是苍白的。确立吓阻理论和司法廉洁理论二元说的司法判例是此前的 Elkin v. United States 案,而确立吓阻违法说一统天下的司法判例则是此后的 Linkletter v. Walker③ 案,Mapp 案夹在中间却似乎是"搅局"的,什么理论都包含,又什么理论都不是。"Mapp 案在确立非法证据排除规则的理论基础问题上不是最不成功的,也至少是最混乱的判例"。④

那么,是什么原因造成了 Mapp 判例在理论上的混乱呢?这与它所肩负的使命,即致力于将非法证据排除规则由美国联邦推广适用于各州,有很大的关联。在 Mapp v. Ohio 案中,非法证据排除规则在制度运作的范围上被推延到各州刑事程序,但在非法证据排除规则的理论基石的塑成上也付出了巨大的代价。可以说,在某种意义上,也正是因为它在制度史上取得成绩的困难决定着它在理论基础问题上是混乱的、折衷的,是经由力量和意见博弈的结果。在 Mapp 案中,法院判决所涉及的理论基础包括了上述所有三种学说:宪法保障说,即排除规则直接内涵于宪法;司法廉洁说,即通过证据排除来保存公权力的廉洁;吓阻违法说,即通过证据排除来吓阻未来的公权力违法。

具体而言,第一,尽管宪法保障说在理论基础上已经开始发生动摇,但为寻求其他问题上的妥协,当时执笔多数意见的克拉克大法官仍然在判决中写下了诸如"非法证据排除规则是第四和第十四修正案的本质部分"、"宪法第十四修正案正当法律程序的实质保障,应延伸到联邦和各州刑事程序中的违法搜

---

① Elkin v. United States, 364 U.S. 206, 223 (1960).
② Elkin v. United States, 364 U.S. 206, 217 (1960).
③ Linkletter v. Walker, 381 U.S. 618, 636 – 37 (1965).
④ Mapp 案蕴涵着诸多理论问题,该案例在表面上看来极其简单,"美国联邦最高法院处理的案件很少有被描述为'简单的',然而,Mapp 案的到来似乎成为一个例外",但这只是表象而已,美国联邦最高法院当时对该案的论题的界定与论点的转换经历了复杂的转换,参见: Dennis D. Dorin, Marshaling Mapp: Justice Tom Clark's Role in Mapp v. Ohio's Extension of the Exclusionary Rule to State Searches and Seizures, 52 Case W. Res. 401, 412 – 432, (2001).

查、扣押;并基于理性和真理的考量,排除此种违法搜查、扣押所获取的证据,乃是赋予人民基于宪法所享有的基本权利保障"①之类的言词,将非法证据排除规则视为宪法第十四修正案正当法律程序保障的重要范畴。第二,美国联邦最高法院也明确采用了司法廉洁说和吓阻警察违法说的理论话语。就司法廉洁说而言,"如果法院在审判中使用警察非法取得的证据,相当于在为警察执法机关的非法行为提供理据,也就在司法层面上宽容庇护了政府侵犯公民宪法权利的行为,甚至在间接意义上鼓励了政府在未来执法中进一步的非法行为"②;就吓阻违法说而言,美国联邦最高法院还指出,"利用行政惩戒或者利用民事侵权赔偿等方式在吓阻警察违法宪法规定和侵犯公民基本权方面已被证实是彻底的失败,完全起不到有效制止警察违法行为的制度效果,因此,只有将非法获取的证据予以排除才是有效吓阻警察违法的唯一制度路径"。③

应当说,司法廉洁说在美国的理论命运是相对悲惨的。从 Elkin v. United States 案确立至 United States v. Calandra④案中消亡仅仅存续了十年左右。在1961年 Mapp 案以后的判例中,大量的判决将吓阻理论作为证成非法证据排除规则的唯一理由,并在判决中或者忽视,或者排斥司法廉洁理论的正当性地位,认为"虽然本院判决常引用司法廉洁之必要的字眼,唯在特定的场合,决定是否要排除执法人员违法收集的证据,司法廉洁仅扮演着有限的角色"。⑤如在1965年的 Linkletter v. Walker⑥案中,联邦最高法院指出,非法证据排除规则的目的是旨在吓阻警察违法,并拒绝遵循 Mapp 案理论基础的拘束力,认为如果遵循的话将导致吓阻效果的丧失。⑦ 伯格大法官入主美国最高法院之后,在1971年 Bivens v. Six Unknown Agents 案中,便开始不遗余力地主张废弃非法证据排除规则,他所认为的非法证据排除规则的理论基础正是吓阻理论,"十分清楚的是,非法证据排除规则乃建基于吓阻理由"。⑧ 在1974年 United States v. Calandra⑨案中更为明确地阐述了吓阻违法理论。在该案中,联邦最高法院的多数大法官采用了下述立场:即非法证据排除规则"是一种司

---

① Mapp v. Ohio, 367 U. S. 643 (1961).
② Mapp v. Ohio, 367 U. S. 651 (1961).
③ Mapp v. Ohio, 367 U. S. 643 (1961).
④ United States v. Calandra, 414 U. S. 338 (1974).
⑤ Stone v. Powell, 428 U. S. 465, 485 (1976).
⑥ Linkletter v. Walker, 381 U. S. 618, 636-637 (1965).
⑦ Steven Cann & Bob Egbert, The Exclusionary Rule: Its Necessity in Constitutional Democracy, 23 HOW. L. J. 299, 305 (1980).
⑧ Bivens v. Six Unknown Agents, 403 U. S. 388, 415 (1971) (Burger, C. J., dissenting).
⑨ United States v. Calandra, 414 U. S. 338 (1974).

法创制的权利救济机制,其设置的目的就是旨在通过其吓阻效果来保障第四修正案的宪法权利。"自 Calandra 案之后,在 1974 年的 Michigan v. Tucker① 案、1975 年的 Brown v. Illinois② 案以及 1976 年的 Stone v. Powell③ 案中,最高法院又连续性地重述吓阻理论作为非法证据排除规则理论基础的支配地位。

4. 从吓阻违法说④到利益权衡分析方法

在吓阻违法说确立独尊地位的同时,United States v. Calandra⑤ 案也同时明确确立了利益权衡的分析方法。所谓利益权衡的分析方法,是指在吓阻违法说的前提下,通过权衡非法证据排除规则在某些程序类型或程序阶段如果适用,其吓阻违法的收益与带来的社会成本情况,以决定证据排除规则是否适用的分析方法。利益权衡的分析方法最终在 1976 年的 United States v. Janis⑥ 案和 1976 年的 Stone v. Powell⑦ 案中得以全面发展。⑧

利益权衡分析方法其实在 1969 年的 Alderman v. United States 案中就已经被涉及,该案的判决意见一方面强调吓阻违法说;另一方面,也涉及利益权衡的分析方法,怀特大法官反对秉持任何吓阻非法搜查都是宪法第四修正案训命的观点,并进而第一次指出,"法院在判定是否适用非法证据排除规则时应当权衡适用证据排除的成本与收益。"⑨ 在 1974 年的 United States v. Calandra 案中,联邦最高法院明确了 Alderman 案中适用的利益权衡方法,在判断是否在特定的程序类型或程序阶段适用非法证据排除规则时,必须权衡它给刑事诉讼的程序功能造成的预期损害,以及它通过排除证据所达到的可能吓阻效果。⑩ 在 1976 年的 United States v. Janis 案中,法院通过利益权衡认为将具有相关性的证据排除适用于后续的民事税务诉讼程序不会具有吓阻效果,因此,不适用非法证据排除规则。一如学者 Wesley MacNeil Oliver 所分析,法院并不试图描述在税务诉讼程序中排除证据的特有成本,也不旨在用一般性的标准来描述排除规则的制度成本,而是抽象地、带有意识形态意味地指出"排除法则通过

---

① Michigan v. Tucker, 417 U. S. 433, 447 (1974).
② Brown v. Illinois, 422 U. S. 590, 599-600 (1975).
③ Stone v. Powell, 428 U. S. 465, 486 (1976).
④ "To Deter Unlawful Conduct on the Part of Law Enforcement Personnel and to Close the Doors of our Courts to Illegally Obtained Evidence".
⑤ United States v. Calandra, 414 U. S. 338 (1974).
⑥ United States v. Janis, 428 U. S. 433 (1976).
⑦ Stone v. Powell, 428 U. S. 465, 486 (1976).
⑧ Wesley MacNeil Oliver, Toward a Better Categorical Balance of the Costs and Benefits of the Exclusionary Rule, 9 Buff. Crim. L. R. 201, 203, (2005).
⑨ Alderman v. United States, 394 U. S. 165 (1969).
⑩ United States v. Calandra, 414 U. S. 338, 349 (1974).

排除具有相关性的证据给执法官员在实现社会利益方面强加了大量的制度成本"。①

(二) 美国联邦最高法院的观念史流变之深度反思

大法官 Potter Stewart 曾指出"排除规则的证成理由似乎在随着时间的推移而慢慢演化着——对此,甚至往往连身在其位的大法官们都没有明确的意识和反思②"。这种观点无疑是有道理的,也是具有针对性的,尤其适用于美国联邦最高法院摸索证据排除规则理论基石的早期阶段。但后来,联邦最高法院有意识地抛弃司法廉洁说、力挺吓阻违法说,并将利益权衡的分析方法作为吓阻违法说的重要理论组成部分,无疑都体现着较为明显的理论选择。在笔者看来,这不仅仅是联邦最高法院在理论进路上的判例选择,更体现着权力的博弈和策略的争斗。

1. 在理念选择方面,联邦最高法院逐渐降低或减少着对基本权的维护力度和保障范围

抛开非法证据排除规则自 Mapp 案以降从联邦层面推延适用到各州层面的制度史不论,在观念史上,即对非法证据排除规则的理论基石的选择方面,联邦最高法院经历了从宪法保障说、到吓阻/司法廉洁二元说、再到吓阻违法一元说,最后迈向利益权衡的分析方法。笔者看来,美国联邦最高法院在筛选排除规则理论基石的历史进程中体现出以下理论倾向:

第一,美国联邦最高法院对基本权的维护力度呈现出越来越弱的趋势。起初,联邦最高法院所筛选的宪法权利保障说,是把排除规则视为一种宪法训命,将其提升到宪法位阶的高度,认为排除规则是人民应当享有的宪法权利。所谓宪法位阶,是指具有宪法规范的效力,在法律体系中居于优先性地位。一方面,从消极的意义上讲,任何国家行为,包括立法行为、司法行为和行政行为都不得违反该宪法训命;另一方面,从积极的意义上讲,宪法训命对立法趋向和立法内涵有指涉功能,即法律必须积极地充实和发展该宪法训命,使之落到实处、变得具体。因此,如果排除规则具有宪法位阶的效力,则在刑事司法层面,不仅充担刑事侦查、起诉职能的执法官员不能实施非法侵权和非法取证行为,而且为了遵循宪法训命,担纲刑事审判的司法官员也不能采纳这些非法方式获取的证据。在刑事立法层面,立法者不仅不能限缩、废弃排除规则,因为它是一种宪法训命,而且,还要进一步发展排除规则。

---

① Wesley MacNeil Oliver, Toward a Better Categorical Balance of the Costs and Benefits of the Exclusionary Rule, 9 Buff. Crim. L. R. 201, 223, (2005).

② Potter Stewart, the Road to Mapp v. Ohio and Beyond: The Origins, Development and Future of the Exclusionary Rule in Search – and – Seizure Cases, 83 CLLUM. L. REV. 1365, 1372 (1983).

显然，这样的规则效力是任何国家刑事司法和刑事立法都不能承受的，及至司法廉洁说和吓阻违法说的登场，排除规则已经永久性地远离宪法位阶，而沦为一种与宪法权利相区别的救济性机制。当然，尽管司法廉洁说和吓阻违法说均旨在降低排除规则的法律位阶，使之回到权利救济机制的地位，但司法廉洁说在保障基本权的力度上仍然高于吓阻违法说。这主要是因为司法廉洁说和吓阻违法在着眼点和处理对象上存在较大差异：一方面，前者的着眼点是现实发生的公权力程序违法行为或程序侵权行为；而后者着眼点则是未来可能发生的公权力程序违法行为或程序侵权行为。另一方面，前者的处理对象是裁断公权力之间的联袂关系，以维护司法者的护法角色；后者的处理对象则是推断在特定程序类型或程序阶段适用该规则是否可能规制潜在的程序违法行为或程序侵权行为。一种是关注现实的、必须决断的；另一种则是关注未来的、裁量推断的。试想如果眼下已经发生一起程序性违法行为，刑事执法官员经由非法的方式获取了证据，司法官员面对该情形，如果秉持司法廉洁说，推理逻辑是这样的：由于程序性违法行为已经现实发生，而司法者是护法者，又岂能与执法者共谋违法？由此，非法证据一般都会被予以排除；而依据吓阻违法说，推理逻辑则是另一番景象：尽管程序性违法行为已经现实发生，但司法者排除证据是否就能吓阻未来的同种违法呢？在该程序类型或程序阶段适用排除规则所起到的吓阻效果是否很大呢？由此，证据是否得以排除，司法公权力是否会偏袒具有同质性的执法公权力也就不好估测了。由此，司法廉洁说在基本权的保障力度上要高于吓阻违法说。

第二，美国联邦最高法院对基本权的保障范围也呈现出越来越小的趋势。如前所述，如果运用宪法保障说来支撑排除规则，在基本权的保障范围上会更加广泛。因为具有宪法效力的排除法则应当被适用于联邦和各州，应当被适用于刑事司法和其他司法——应当被适用于存在公权力和私权利辩证统一的任何领域，以及可能发生程序性违法行为或程序性侵权行为的任何地方。同样，若选择司法廉洁说，排除规则至少也应当适用于任何涉及公权力之间联袂关系的情形，或者司法者需要确认自身护法者角色的情形。因此，至少在整个刑事诉讼场域都应当获致适用和认准。尽管有学者会提出反证认为美国早期（Mapp判例及其之前的时代）的排除规则虽选择宪法保障说或司法廉洁说，却并没有被推广适用于各州。但这并不能否定，这只是"理论在哪一天能逐步普遍应用于实践"的时间问题。后来美国联邦最高法院通过吓阻违法说取代宪法保障说和司法廉洁说，大踏步地限缩着排除规则的适用范围，不仅剥夺了该规则在刑事程序以外的诉讼程序类型的适用，而且，还剥夺了它在诸如大陪审团程序、量刑程序、弹劾程序等程序阶段的适用，甚至，还设置了在刑事证据排除听审中的种种例外,如 Massachusetts v. Sheppard 案和 United States v. Leon 案中创制了善意例外,在 Nix v. Williams 案中创制了必然发现例外,在 Wong Sun v. United States 案中创制了污点稀释例外,在 United States v. Crews 案中创制了独立来源例外,等等。尽管这些例外规则有其内在的合理性和科学性,但很多学者已经指出这些例外都是纵容警察滥权的源流,为进一步限缩基本权的保障范围开启着方便之门①。

2. 在权术运用方面,联邦最高法院逐渐趋向于使用功利主义方法,重视现实利益的权衡和考量

采行吓阻违法说给联邦最高法院创设非法证据排除规则的例外提供了基点。一如前述,吓阻违法说为美国联邦最高法院创设非法证据排除的各种例外提供了理论基点。对此,James Stribopoulos 教授就指出,"联邦最高法院在把吓阻理论转化为非法证据排除规则的支配性理论基础的同时,已经开始将该有缺陷的学说运用于限缩非法证据排除规则适用范围的系统工程了。"② 但尽管如此,联邦最高法院更大程度的目标则是通过利益权衡的分析方法实现的,在权衡过程中不仅没有起到应有的限控公权力和遏制警察违法的制度功效,反而把被追诉人的基本权保障悄然声息地给吞噬了。

第一,美国联邦最高法院的策略将利益权衡的分析方法视为吓阻违法说的重要组成部分。"如果吓阻是非法证据排除规则的目的所在,则审判法院应当在特定的诉讼案件中权衡排除证据的损耗与排除证据所带来的收益之间的关系。"在 Calandra 案中,美国联邦最高法院就明确表示,在决定非法证据排除规则是否应当适用的情形下,应当运用利益权衡(cost – benefit)的分析方法。通过采行利益权衡的分析方法,法院决定排除规则不应当在大陪审团程序中排除违宪获取的证据,在法院看来,通过在庭审程序中排除证据已经起到足够的吓阻效果了,因此,在大陪审团程序中适用证据排除动议没有任何额外吓阻收益。"自 Calandra 案判决以降,利益权衡的分析方法已经被接续性地适用于很多情形:这其中或者是旨在限缩非法证据排除规则的适用范围,或者旨在拒绝延伸非法证据排除规则的适用效力。"③

第二,美国联邦最高法院经由适用利益权衡的分析方法,在基本权实现和

---

① Wesley MacNeil Oliver, Toward a Better Categorical Balance of the Costs and Benefits of the Exclusionary Rule, 9 Buff. Crim. L. R. 201, 203, (2005).

② James Stribopoulos, Lessons from the Pupil: A Canadian Solution to the American Exclusionary Rule Debate, 22 B. C. Int'l & Comp. L. Rev. 77, 101 (1999).

③ James Stribopoulos, Lessons from the Pupil: A Canadian Solution to the American Exclusionary Rule Debate, 22 B. C. Int'l & Comp. L. Rev. 77, 110 (1999).

权力行使之间已经开始倾向后者。经由判例法考察,在判断是否适用非法证据排除规则和适用该规则是否会起到吓阻功效的问题上,利益权衡的分析方法已经广泛适用于诸如大陪审团听证程序、减刑假释听证程序,以及量刑程序等,并起着否定证据排除规则适用的消极作用。"如果发现法院推理认为经由违宪或违法的方式获取的证据在某些程序类型中可以被采纳的话,那一定是基于利益权衡(cost - benefit)的考量"①,一个有多年司法实践经验的治安官指出,"最高法院多年来在加强非法证据排除规则刚性效力的唯唯诺诺与畏缩不前,不得不让我怀疑法院,尤其是联邦法院,是否真的如我们所愿地试图去控制和限缩执法机关的权力。"②

因此,从权力运作的角度讲,在剥夺证据排除法则宪法位阶的同时,如果说吓阻违法说为限缩证据排除法则的适用范围提供着潜在的契机;利益权衡的分析方法则是较为明显地,也是有意图地压制着证据排除法则的制度功效。

3. 在政策导向方面,联邦最高法院逐渐趋向于较为保守的法院组阁与司法政策

第一,针对非法证据排除规则的理论基础,美国联邦最高法院的判例选择和权力策略的转换与时代背景的变迁有着较大的联系。在采行宪法保障说的岁月里,正值美国民权意识勃兴的起点,也正开始关注宪法修正案权利,以及这些宪法权利对刑事司法程序的指涉功能,因此,将非法证据排除规则视为一种宪法保障也就不足为奇了。换言之,此时正值话语张扬和话语实践阶段,为催促"制度实践"的展开,对"话语实践"张扬的过分一点也符合历史的通性。及至司法廉洁说和吓阻违法说的出现,美国刑事程序宪法化革命已经进入高潮,此时,尽管仍一定程度上需要借助宪法保障说来将非法证据排除规则推行至各州,但"宪法位阶或宪法化是一种制度成本"的意识也在逐渐加强,因此,在降低非法证据排除规则的法律位阶的同时,拓展非法证据排除规则的适用范围成为联邦最高法院这一时段的权力策略。采取司法廉洁和吓阻违法二元说,也许正是为了加强非法证据排除规则在脱离宪法保障说之后的理论说服力。在司法廉洁和吓阻违法的共同支撑下,虽然非法证据排除规则也得以在 Mapp 案中拓展到各州,但也带来了一定的负面后果,即美国全国的犯罪率迅速升高、打击犯罪的效率也下降很多。其实,司法廉洁说的短命最主要的原因就是在美国 20 世纪 60 年代至 70 年代之间,犯罪率普遍升高,人民对打击犯

---

① Joshua Dressler George C. Thomas Ⅲ, Criminal Procedure: Investigating Crime, west group 2003, p. 472.

② Gregory Howard Williams, The Exclusionary Rule: An Alternative Proposal, 23 Cap. U. L. Rev. 229, 238, (1994).

罪的诉求也在升高。于此，联邦最高法院又应于时势，逐步废弃司法廉洁说，将权力策略转移到如何限缩非法证据排除规则的适用范围，以及如何正当地创立非法证据排除规则的例外等问题上。

第二，针对非法证据排除规则的理论基础，美国联邦最高法院的判例选择和权力策略的转换还与司法政策的变迁以及法院组阁的变化有着密切联系。在确立宪法保障说和司法廉洁说的前期，联邦最高法院的大法官基本上以自由派为主导，尤其是20世纪60年代的沃伦法院，而后期将非法证据排除规则的理论基石转换为吓阻违法说和利益权衡的分析方法，则基本上是伯格法院和伦奎斯特法院的应有之物。在入主联邦最高法院之前，沃伦·伯格就是沃伦法院刑事程序革命最重要的批评者之一。担任首席大法官后，在 Bivens v. Six Unknown Agents 案的反对意见中便开启了他反对前任法院司法政策的历程，这其中当然也包括非法证据排除规则的理论基础。"通过从吓阻的视角去关注非法证据排除规则，并通过强调利益权衡的分析方法，伯格法院有效地限缩了该法则的制度效力。"①

当然，造成后期联邦最高法院（伯格法院）选择吓阻理论作为单独的理论基础的原因。除了跟伯格法院的权力策略和制度取向有着直接关系外；早期联邦最高法院在非法证据排除规则理论基础上的杂乱无章也不能逃脱干系，"正是由于非法证据排除规则缺乏一个清晰可见的理论基础，才默许了伯格法院将精力集中到吓阻理论上，并将之作为该法则的唯一证立理由，进而将之转化成影响非法证据排除规则本身继续适用的最大威胁。"②

二、各国非法证据排除规则理论基础的比较评析

（一）司法廉洁说：其他法域排除规则理论基础的模式界定

1. 其他法治国家非法证据排除的理论基础是司法廉洁说，而非吓阻违法说。经过上述针对美国非法证据排除规则理论基石的判例史梳理，我们可以得知，在美国当前所盛行的乃是吓阻违法说，当然，其中包含了利益权衡的因素和方法。那么，是否其他法治国家的非法证据排除规则之理论基石也是如此呢，我们也需要对之进行相应的比较和评析。

对此，我们发现，在美国热衷于吓阻违法说的同时，其他西方法治国家在非法证据排除规则的理论立场上却是另一番景象。在英格兰、加拿大等英美法系国家和德国、苏格兰等大陆法系国家中，吓阻违法说并非是构建非法证据排

---

① Yale Kamisar, The "Police Practice" Phase of the Criminal Process and the Three Phases of the Burger court, in THE BURGER YEARS 143, 161 – 163 (H. Schwartz ed., 1987).

② Lane V. Sunderland, The Exclusionary Rule: A Requirement of Constitutional Principle, 69 J. CRIM. L. & CRIMINOLOGY 141, 148 (1978).

除规则的主导理论基础；相反，确保司法和整个法律系统的廉洁性才是引导这些国家重新审视非法获取证据的证据效力的关键。① 如果说吓阻违法说与这些法治国家证据排除规则的理论基石存在什么相关性的话，它至多也仅仅是维系司法廉洁说的副产品。"毫无疑问，吓阻未来的非法取证行为是证据排除规则的一个欲求的附带结果，但却绝非是促生非法证据排除规则的动力源头。"②

一方面，在如何对待非法证据排除规则的问题上，其他英美法系国家并没有与美国保持一致，并没有一窝蜂地采行吓阻违法说；相反，其他英美法系国家所采行的乃是司法廉洁说。在加拿大，明确确立非法证据排除规则及其理论基石是加拿大自由大宪章，"当损害或抵触大宪章中所保障的权利或自由的违法行为发生时，法院须在判定是否排除这些违法行为获取的证据问题上，综合考量所有因素，最终得出在司法程序中采纳该非法证据是否会损抑到司法管理的声誉"。学者 James Stribopoulos 就指出，该条文与美国非法证据排除规则有两大基本不同：一是加拿大证据排除规则明确表示其理论基石是司法管理的廉洁性，"吓阻违法说至今仍埋藏在地下"。二是该条款在本质上并非一项"规则"；相反，它赋予法院在特定个案中权衡是否排除非法证据的自由裁量权，也就是说，是否采纳该证据应端视它是否损害司法廉洁性。③ 在英格兰，英格兰司法和制度经验显示出的一大特征就是：吓阻未来的警察违法并非创立、发展非法证据排除规则的主要动因；相反，其主要原因却更像是因允许政府从自身非法行为中获益而产生的不满。

另一方面，在传统大陆法系国家中，由于对实体真实的珍惜和重视，在构筑和发展非法证据排除规则的进程中，更是选择了较具裁量性的司法廉洁说。在德国，理论话语上首先确认了非法证据排除规则可能会伤害到实体真实的弊端，"寻求将判决建立在'真实'的事实基础上的程序制度必然不情愿排除相关证据；通过要求排除一些证据，法律迫使法庭人为地缩小判决的事实基础，并且可能导致法官知道（或认为）没有反映'真相'的判决"。但同时，也遵循了现代刑事诉讼制度的程序正义之理念，即"不惜任何代价来调查真相并不是刑事诉讼法的原则"。④ 为了消解两种目的考量的紧张关系，德国诉讼理

---

① James Stribopoulos, Lessons from the Pupil: A Canadian Solution to the American Exclusionary Rule Debate, 22 B. C. Int'l & Comp. L. Rev. 77, 117 (1999).

② James Stribopoulos, Lessons from the Pupil: A Canadian Solution to the American Exclusionary Rule Debate, 22 B. C. Int'l & Comp. L. Rev. 77, 88 (1999).

③ James Stribopoulos, Lessons from the Pupil: A Canadian Solution to the American Exclusionary Rule Debate, 22 B. C. Int'l & Comp. L. Rev. 77, 119 (1999).

④ ［德］托马斯·魏根特：《德国刑事诉讼程序》，岳礼玲、温小洁译，中国政法大学出版社2003年版，第187~188页。

论界也是主张司法廉洁说,将是否应当排除非法证据的权力付诸法官对综合因素的考量。由此,其一,在法律规范层面,"不论是基本法还是刑事诉讼法,都没有规定有哪些重要利益束缚着寻求真相的义务,以及在哪些情况下它们会导致可获得的证据的排除"。另一方面,在司法运作层面,涉及非法实物证据是否应当排除的问题时,法院秉持的理论基石是司法廉洁说——法院的基本立场是,对于违法搜查、扣押获取的实物证据并不一概予以排除,是否排除由法院根据平衡个人利益和社会整体利益的需要加以裁量。在苏格兰,尽管吓阻违法说是一个重要因素,但它并非苏格兰非法证据排除规则的单一理论基石。相反,苏格兰法院还强调针对受害者的公平。如果当局允许非法获取的证据进入庭审,并被采纳,将会从侵犯被追诉人法定权利中获得益处,被追诉人的公平待遇就受到了极大的损抑。①

2. 其他法治国家采行的司法廉洁说是综合性司法廉洁说,与美国理论界的司法廉洁说不同。然而,这里需要引起注意的是,其他西方国家中所采行的司法廉洁说与前述美国法域所盛行的司法廉洁说并不一样,甚至可以说,两者之间存在着很大的差别。整体上,鉴于美国的司法廉洁理论主要考量的是司法机关不得与执法机关同流合污的廉洁性,笔者称之为"单变量"的司法廉洁说;而其他西方法治国家的司法廉洁理论除此之外,还需考量诸多因素,笔者称之为"综合性"司法廉洁说。具体而言,美国的"单变量"司法廉洁说考量的因素和对象只是司法公权力与执法公权力之间的联袂关系,即如果司法公权力认准了执法公权力的非法行为以及经由非法行为获取的收益,那么,司法公权力的行为也是一种间接非法行为。而其他法治国家的综合性司法廉洁说考量的因素和对象则较多元,虽然主要涉及司法公权力与执法公权力之间的联袂关系,但还应考量其他诸如审判的公正性、非法侵犯的程度以及排除证据的制度功效等因素。

如果仅仅从概念论证的角度讲,两种司法廉洁说的推理逻辑似乎存在着很强的近似性,但是,从两种理论学说的功能效力的角度讲,则就大相径庭了。在上文已经述说到,美国法域中的"单变量"司法廉洁说乃是一种比"吓阻违法说"更为注重被追诉人之权利保障和司法机关之廉洁性的学说理论。在20世纪六七十年代,美国联邦最高法院正是为了应对司法实践中较为吃紧的犯罪情势,为了更大限度地减少证据损耗,才摒弃"单变量"司法廉洁说,进而才开始选择吓阻违法说。相反,其他西方法治国家的"综合性"司法廉

---

① James Stribopoulos, Lessons from the Pupil: A Canadian Solution to the American Exclusionary Rule Debate, 22 B. C. Int'l & Comp. L. Rev. 77, 90 (1999).

洁说则是一种相对较为温和和宽松的学说理论；由于该学说不仅需要考量采纳非法证据给司法机关带来的非廉洁性形象，而且需要考量放纵违法罪犯给整体刑事司法机制带来的不良后果，甚至还需要考量司法机关排除非法证据与制裁那些实施违法行为的警员的比例性等因素。为此，可以说，这是一种更为综合性，也更为注重整体刑事司法运行效果及正当性的学说。在某种意义上，其他西方法治国家也正是为了避免美国法域那种极端的运作模式——"违法＝排除"，才选择要采行和运用"综合性"司法廉洁说。

（二）局限与趋势：不同法域排除规则理论基础的比较评析

1. 美国吓阻违法说仍然显得较为僵硬和严苛，表现出通过容纳利益权衡方法来补充的发展趋势。尽管在美国语境中，吓阻违法说与宪法权利说和单变量司法廉洁说相比，显得较为和缓，但是，与其他西方国家相比，美国所选择的吓阻违法说仍然决定了其制度建设方面的"原则排除＋例外允许"的规则模式。也正是因此，美国学界针对"原则排除＋例外允许"的规则模式提出了诸多质疑，认为其过于僵硬和严苛。

从吓阻违法说的初衷而言，在美国联邦最高法院采行吓阻违法说之初，其着眼点主要是看非法证据排除规则是否具有吓阻效果，即适用非法证据排除规则是否有利于吓阻未来的公权力非法行为。进而，在非法证据排除规则的理论发展和制度建设进程中，逐渐形成了两个层面的适用情形：一方面，在通常情形下，法院一旦发现警察在执法过程中存在违宪取证的行为，就应当将该违法获取的证据予以排除，以达到吓阻未来类似非法行为的效果；另一方面，在例外情形下，由于法院认为在某些特定的程序类型或程序阶段中，将非法证据予以排除的做法并不会产生多大的吓阻收效，因此，不适用非法证据排除规则。

然而，这种"原则排除＋例外允许"的规则模式尽管用意比较明确，操作起来也相对可行，但是，毕竟这种"一刀切"的方法论还是存在着局限——在法益冲突如此激烈的场景中，通常情况下适用排除规则，例外情况下不适用排除规则的做法还是显得有些僵硬和严苛了。其一，在通常情况下，法院发现了非法取证行为，适用非法证据排除规则也能够起到很好的吓阻效果，那么，是否就一定应当排除非法证据呢?！如果被追诉人所涉嫌的罪名是极为骇人的绑架罪或恶性谋杀罪，是否就一定要坚持排除非法证据而让罪犯逍遥法外呢?！在此意义上，尽管在美国对程序正义和基本人权较为关注，根植于美国私权自治和"大社会、小国家"的民主理念也较为支持从预防未来公权力继续违法的角度进行考量的吓阻违法说，但毕竟将非法获取的证据一般性或原则性地排除，而不顾及该规则的成本与收益之平衡，以及个案的具体情况，也显得过于严厉而僵硬。其二，同理，在例外情况下，是否法院在个案或特定情况下适用排除规则起不到多大的吓阻效果,就一定不应当排除非法证据了呢?!其实,从长远的角度讲,如警员的善意执法等例外情况,如果不给予一定的限制或警示的话,反而会助长警察组织懈怠在警员法律素养或执法纪律方面的培训。

鉴于传统吓阻违法说的仍显僵硬和严苛的弊端,美国联邦最高法院在20世纪70年代以降,越来越开始注重利益权衡之分析方法的引入,使之与吓阻违法说有机地结合在一起。尽管如前所述,其中蕴涵着一些相对保守的大法官试图摒弃非法证据排除规则的图谋,但客观上,基本上体现出通过权衡、考量来减缓排除规则在适用上的僵硬性。自此,吓阻违法说已经不再是传统意义上排除非法证据"是否"会产生吓阻效果的问题了,而毋宁是演化为当代意义上排除非法证据"在多大程度上"会产生吓阻效果的问题。换言之,在没有引入利益权衡分析方法之前,法院一旦认为排除非法证据将产生一定的吓阻效果,原则上就应当适用排除规则,而现在除了会产生一定的吓阻效果还不够,还需要判断排除非法证据的吓阻效果能够超出排除非法证据所产生的不利后果或所耗费的预期成本。这样一来,在司法实践中,吓阻违法说仍显僵硬的弊端就大大减少了:一方面,在拓展或限缩非法证据排除规则的适用范围时,如例外规则的设置,因法院进行上述利益权衡,例外规则的设置(至少在功能意义上)就变得更加合理。另一方面,在进行程序性裁判的过程中,法院也因为采用利益权衡方法而更关注个案当中的考量因素。

2. 其他法治国家的综合性司法廉洁说流于恣意,表现出通过司法判例寻求客观化标准的发展趋势。其他法治国家的综合性司法廉洁说主要着眼于个案当中侦控公权力的程序性违法行为是否达到了损抑司法廉洁的程度。由于它专注于个案,因此,在很大程度上缓和了美国吓阻违法说在对待违宪取证行为原则排除的严厉态度。在制度运行上,一方面,秉持综合性司法廉洁说可以权衡诸多相关变量和因素,不仅使得司法决策能兼顾实体正义和程序正义,而且通过赋予司法机关证据排除的自由裁量权,还可以增强市民社会对中立、公正的法院的信任和法院的制度权威;另一方面,秉持综合性司法廉洁说,其他法治国家还将非法证据排除规则的应用范围推延至违宪行为以外的其他非法行为。这些制度功绩得到了理论界的认可,甚至使得大量学者主张美国应引进该学说以修订美国的非法证据排除制度。[①]

然而,由于对实体真实的强调乃是任何国家刑事诉讼制度的核心要义,诉

[①] James Stribopoulos, Lessons from the Pupil: A Canadian Solution to the American Exclusionary Rule Debate, 22 B. C. Int'l & Comp. L. Rev. 77 (1999). Donald V. MacDougall, The Exclusionary Rule and its Alternatives: Remedies for Constitutional Violations in Canada and the United States, 76 J.

诸权衡很可能导致法院因为重视实体真实而轻视程序正义,也很可能导致法院因为与追诉公权力同质而偏袒后者。再加上,综合性司法廉洁说比美国吓阻违法说所要权衡的因素更多,因此,变数也就更大,这无形中增加了综合性司法廉洁说的恣意性和不确定性。

鉴于此,尽管立法上还没能作出进一步的发展,但其他西方法治国家也开始质疑和反思综合性司法廉洁说不确定性的弊端,并致力于发展出一套相对客观的审核基准。以加拿大为例,在综合性司法廉洁说创始之初,司法实践经验表明,当待排除的非法证据是实体争议的关键性证据时,法院很少会因为确保司法廉洁而排除该证据;相反,恰恰是考量了大量相关因素认为,放纵犯罪、忽视实体真实才是对司法廉洁的最大损害,程序正义和基本人权也因此没有得到张扬。鉴于这种混乱局面,加拿大最高法院在后来的科林斯判例中确立的三步审查标准,才一定程度上缓解了综合性司法廉洁说的恣意性弊端。但尽管如此,权衡性因素较重的综合性司法廉洁说若想在司法实践中大展红运,还必须将权衡的标准具体客观化。

三、我国非法证据排除规则理论基础的模式选择

(一)我国非法证据排除规则理论基础之立场设定

1. 中国非法证据排除规则理论基石之选择,应要批判性地注重本土情状。理论选择指导着制度架构。正如一种制度不能强人所难,理论选择也要契合司法实践。这种契合有两方面的要求:一是待选取的理论模式不能给刑事司法运行带来巨大障碍。法律不能强人所难,即使是拥有强大公权力作为后盾的警察机关,在司法实践中也经常有很多难言之隐。证据排除法则旨在吓阻警察违法行为,将这些潜在的违法行为导入法律的轨道,但如果遵循法律的要求将威胁到警察的人身安全等急迫利益时,证据排除规则的吓阻功用就可能不再起作用了。"如果警官认为遵循法律的要求将会威胁他的人身安全,他就不太可能因为在较为遥远的将来他们的行动成果可能面临法律的质疑而无视这种危险的存在","这些警官的同僚及直接上司的期望也有可能与法律的要求发生冲突,并且在获得这些警官的响应方面会与证据规则展开有力争夺。"① 二是也是更重要的,待选取的理论模式也要有利于根治当前的刑事司法困境。在我国当前,刑事司法实践中集中表现出两大弊症:

第一,侦诉公权力恣意实施程序性违法行为。这主要表现在:一是刑讯之风盛行。刑讯逼供,是对犯罪嫌疑人基本人身权利和人格尊严的严重侵犯,历

---

① [美]斯特龙主编:《麦考密克论证据》,汤维建等译,中国政法大学出版社2003年版,第316~317页。

来为法治国家刑事诉讼程序所弃绝,然而,在我国侦查实践中,刑讯逼供长期以来却禁而不绝,近年频繁出现的刑事冤案,如"杜培武"案、"佘祥林"案等,莫不与侦查实践中盛行的刑讯逼供之风存在着直接关系,其存在的普遍程度及其所造成的严重社会危害,甚至已经动摇到侦查程序存在的正当性基础。而刑讯逼供之所以屡禁不止,除了侦查员的素质低下外,根本原因还在于现行侦查程序中一系列以人权保障为导向的重要制度设计如沉默权、律师在场权、侦查讯问同步录音录像制度,尤其是非法证据排除规则的缺位。二是非法搜查、扣押、监听较为普遍。如果说非法讯问具有残酷性,再加上非法讯问极易导致冤假错案的发生,非法讯问还可能在理论界和实务界受到声讨,只是危害到隐私权和财产权的非法搜查、扣押、监听等的舆论环境就没那么乐观了。在我国侦查实践中,非法搜查、扣押、监听等取证方法基本上是普遍现象。同时,控诉机关对这些非法证据的大量使用也变相地鼓励着侦查机关的上述程序性违法行为。

第二,司法公权力随意纵容程序性违法行为。在我国,刑事司法公权力和刑事侦诉公权力的联袂关系,比其他任何国家都要密切。这导致虽然刑诉法明确禁止非法取证,相关司法解释规定排除非法方式获取的言词证据,但司法公权力却没能起到制约或制裁侦控公权力的作用。具体而言,在诉讼理念上,司法公权力与侦诉公权力一样,均奉行实体真实至上的诉讼理念。在刑事诉讼制度中,"准确及时地查明案件事实真相"被作为司法公权力和侦诉公权力共同的首要任务,或者说,刑事诉讼的根本使命就在于查明有罪人的嫌疑并予以惩罚和排除无罪人的嫌疑并予以释放。这就是广为接受的"以事实为依据,以法律为准绳"的诉讼理念,"这是我国长期以来刑事诉讼的一条重要经验,是正确惩罚犯罪,防止错案,保障无罪的人不受刑事追究的重要原则。是否犯罪,罪重、罪轻,要以事实为根据。"① 在权力配置上,司法公权力与侦诉公权力在中国实行的是配合制约原则。中国公、检、法三家在配合制约原则的指导下,重配合和协调,轻制约和监督。由此,一旦出现非法取证和非法侦查的现象,一旦非法获取的证据被申请要求排除,司法公权力总是表现出与侦诉公权力相亲和的一面。从制度上来说,法院往往会主动考虑侦检机关的现实利益,由于法院的无罪判决会被作为衡量侦检机关是否办了"错案"的标准,进而作为决定侦检人员国家赔偿责任的根据,因此,法院判决无罪时通常会很"慎重"。② 在程序运行上,司法公权力对侦诉公权力的程序性违法行为以及辩

---

① 顾昂然:《新中国的诉讼、仲裁和国家赔偿制度》,法律出版社1996年版,第7页。
② 陈瑞华主编:《刑事辩护制度的实证考察》,北京大学出版社2005年版,第124页。

护律师提出的程序性争议申请缺乏必要的关注、审查和裁断。在程序性争议的审查裁断问题上，实践中法院的立场并不积极，这导致体现程序正义的程序性制裁不仅不能得到侦诉机关的理解和支持，同样也难以得到司法机关的很好贯彻。司法公权力不仅对侦诉公权力的程序性违法行为极度忽视，而且对辩护律师提出的程序性申请的裁判立场也极为消极。有实证研究表明，辩护律师提出的请求排除刑讯逼供所获取的证据的采纳率仅为 8.7%，请求排除威胁、引诱、欺骗等非法方法获取的证据的采纳率为 31.7%，请求排除侦查机关在搜查、扣押、鉴定、监听、勘验检查中以重大违法获取的证据的采纳率为 21.6%，这些都远远低于实体性辩护意见的采纳比率——罪轻辩护意见的采纳比率为 60%～70%。①

总之，如果欲通过非法证据排除规则来较为适恰地治理这些顽疾，就必须选择一套较为契合的理论基础。我国非法证据排除理论基础的选择也应当有利于治理上述两大弊症。

2. 中国非法证据排除规则理论基石之选择，应当反思性地借鉴他域经验。当下中国已经嵌套在一个相互沟通、相互借鉴的"世界结构"之中，因此，其他法域的理论资源对于中国证据排除法则的构建不仅是必要的，而且应当成为重要的参考系。尽管对中国的深入体察和实证研究是必要的，但人类的历史经验有些是共通的。况且，我们当下也没有那么多的时间去"摸索经验"。在非法证据排除规则的理论基石的型构进程中，即使是该制度的发源地，一如学者所言，"美国联邦最高法院无论是在 Mapp 案之后将吓阻理论定位为非法证据排除规则的主导性理论基础，还是自 United States v. Calandra 案以降经由吓阻理论来限缩非法证据排除规则的适用范围，都是在缺乏明确性实证证据的情形下作出的理论选择。"② 在此意义上，"大胆的假设是必要的"。但尽管如此，借鉴他域资源应当是反思性的。

第一，在理论学说上，宪法保障说已经不再具有制度建构上的正当性。宪法保障说曾为人类提供过一幅张扬基本人权和程序正义的美好图景，但毕竟在制度领域实践起来却问题重重。一则从比较法的角度讲，所有西方法治国家都没有采行宪法保障说。二则从发生学的角度讲，它的出现只是非法证据排除规则在初始创立时，急需一种理论来提供话语正当性的应急之作。三则也是更重要的，宪法保障说不符合制度经济原则。宪法保障说将非法证据排除规则视为一种宪法权利。它虽然给予非法证据排除规则宪法位阶的高位效力，但这种机

---

① 陈瑞华主编：《刑事辩护制度的实证考察》，北京大学出版社 2005 年版，第 124～131 页。
② Myron W. Orfield, Jr. The Exclusionary Rule and Deterrence: A Empirical Study of Chicago Narcotics Officers, 54 U. Chi. L. Rev. 1016, 1017 (1987).

制的运行却需要大量制度成本。一方面，当前尽管各国均设置有非法证据排除规则，但在理论上，作为一种权利救济机制，它还没有绝对性地超越其他替代性机制。如果以宪法保障说为基础来构建非法证据排除规则，很可能导致对更好的权利救济机制的扼杀，即使出现更好的机制，通过修宪的制度成本也比修法的制度成本更高。另一方面，宪法保障说要求排除一些程序类型和程序阶段中存在的非法证据，这无疑也是我国现阶段所不能接受的制度成本。

第二，在比较法制上，美国和其他法治国家现行的理论基础均不能照搬。就美国现行的吓阻违法说而言，尽管它容纳了利益权衡方法，缓解了制度运行较为僵硬的弊端，但仍存在以下问题：一是利益权衡方法的引入解决了一定的问题，也造成了一定的问题，在缓解僵硬性的同时，又可能给恣意权衡留下借口。二是利益权衡方法的引入本质上是伯格法院的权力策略，其目的并非旨在让非法证据排除规则运行得更好，而是旨在彻底摒弃非法证据排除规则。三是一如前述，对某些故意性或者恶意性的程序性违法却缺乏制裁。四是它的关注点主要在于吓阻侦控公权力未来的程序性违法行为，对司法公权力的护法角色较为信任，而中国当前不仅侦控公权力恣意违法，司法公权力也极为纵容。就其他法治国家现行的综合性司法廉洁说而言，尽管通过司法判例确立了一定的权衡标准，但以考量各种因素为核心的综合性司法廉洁说，仍然无法避免在制度构建后出现恣意权衡而忽视程序正义的结果。中国在进行选择时直接照搬也是存在问题的：一是综合性司法廉洁说虽说旨在实现司法廉洁，但经过一番司法权衡和个案考量，关注如何吓阻侦控公权力未来违法的成分已经微乎其微，不太符合我国司法公权力与侦控公权力联袂关系紧密，较为纵容后者的司法现状。二是综合性司法廉洁说的良好运行依赖一个高素质的法官群体，而我国刑事法官整体素质尚有待提高。三是采行综合性司法廉洁说的法治国家，尤其是英美法系国家，一般是通过司法判例来确立客观化标准，而我国当前却并没有判例制度。

（二）我国非法证据排除规则理论基础之模式选择

非法证据排除理论基础具体模式的选择直接关系到中国未来非法证据排除规则的制度类型，也关系着中国是否能够达到有效治理当前司法顽疾的预期效果。基于以上反思，笔者认为：我国在非法证据排除的理论基础上，应当借鉴其他法治国家的综合性司法廉洁说，并辅之以单变量司法廉洁说；容纳利益权衡的分析方法，但辅之以一定的客观化基准。具体而言：

1. 借鉴其他西方法治国家的综合性司法廉洁说。之所以在理论选择上要借鉴其他西方法治国家的综合性司法廉洁说，而非美国法域的吓阻违法说。主要基于以下三个原因：第一，尽管我国当前侦控公权力的程序违法和程序侵权行为较为普遍，也急需治理，但根本原因在于司法公权力的把关不严，因此，有必要在程序理念上秉持司法廉洁的学说。第二，如果单纯从理论的角度讲，似乎美国式的吓阻违法说较为客观，在制度建构上也倾向于自动排除非法证据，而综合性司法廉洁说因权衡的因素太多而流于恣意，在制度建构上也倾向于不确定性，但从制度运行的角度讲，无论是美国式吓阻违法说还是综合性司法廉洁说均容纳利益权衡方法。第三，也是最为重要的，由于美国的刑事程序规范多数是经由联邦最高法院司法判例构成的，Weeks 案和 Mapp 案发展的非法证据排除规则所规范的主要对象乃是违宪行为，所以美国才会在理论基础上采行较为客观的吓阻违法说，并在此指导下设置自动排除模式，而我国刑事非法证据排除规则所要规制的不仅包括违宪行为，还包括违法行为，层次较为多元。一般而言，刑事诉讼法典中的程序性规则和权利规范较多，如果针对每一个违反刑事诉讼法的公权力行为（无论是重大的，还是轻微的；实质性的，还是技术性的；侵犯宪法权利的，还是侵犯法定权利的）都给予证据排除的制裁效果，则刑事诉讼也不易在实践中展开。

2. 辅之以单变量司法廉洁说，乃旨在减少综合性司法廉洁说的不确定因素。单变量司法廉洁说不仅可以指导我国立法，也可以指导我国司法，即当司法机关面对一些恣意、故意以及恶意的程序违法或程序侵权行为，或者针对基本权的核心领域实施的程序违法或程序侵权时，在制度上要求其积极地斩断其与侦控公权力之间的联袂关系，从而起到维护司法公正和司法廉洁的功能。尽管如此，美国现行的理论基础，容纳了利益权衡方法的吓阻违法说，仍然存在弊端，它过于强调对侦控公权力的约束，而忽视了对司法公权力护法角色的维护，在某些情形下亟须通过排除非法证据来实现司法廉洁。如依据非法证据排除规则的例外规则，在某些程序类型或程序阶段由于排除非法证据的吓阻效果低于导致的制度成本，则非法证据不被排除；但是，恰恰在这些例外规则中，可能出现很多警察故意的，甚至恶意的宪法性侵权行为，对于这些滥权行为仅仅因"没有吓阻功效"或者"吓阻效果的收益低于制度成本"，便不适用证据排除也是说不过去的。对此，一如学者 Daniel G. Prokott 指出，对减刑、假释听证程序中的那些故意的或恶意的宪法性侵权行为不能仅仅因吓阻违法说而不适用证据排除，此时，还应当考量适用司法廉洁说予以补充。①

3. 容纳利益权衡的分析方法，不仅符合非法证据排除规则的制度机理，也符合西方法治国家的制度经验。一方面，从制度机理的角度看，非法证据排

---

① Daniel G. Prokott, Deterrence and the Preservation of Judicial Integrity: the Problems with the Decision in Pennsylvania Board of Probation and Parole v. Scott, 524 U. S. 357 (1998) and Why the Exclusionary Rule should Apply in Probation and Parole Revocation Proceedings in Minnesota, 23 Hamline L. Rev. 249 (1999).

除规则本身是一种政策性的制度机制，它的制定与运行均仰赖于对各种价值因素的权衡和考量，因此，容纳利益权衡是建构和运行非法证据排除规则的必然；另一方面，从制度经验的角度看，无论是采纳吓阻违法说的美国，还是采用综合性司法廉洁说的其他法治国家，均一定程度上容纳利益权衡分析方法的存在。对于我国而言，非法证据排除规则的制定和发展尚处于摸索阶段，因此，容纳利益权衡不仅可以在立法层面，根据具体的情势，实现法制的发展和变迁，从而减少立法滞后现象，如可以在不能及时修改法律时，通过司法解释有限度地调整排除事项和排除例外的范围；而且可以在司法层面，在具体个案中通过扩大待考量价值因素的范围，从而减少个案司法的不合理性。

4. 当然，需要注意的是，排除标准的客观化仍然是我国今后的重大理论课题，尤其是对利益权衡分析方法的客观化。一旦非法证据排除规则在我国得以系统化确立，由于存在利益权衡的介入，无论是侦控公权力如何进行执法取证，还是司法公权力如何裁断证据是否排除均需要一套系统而科学的客观化基准来指导。

论英美证据特权规则的理论基础

王剑虹*

证据特权,也称为证人作证特免权、证人拒证特权或者拒绝证言权,是指在法定情形下,特定公民享有拒绝作证或制止他人作证的权利。① 证据特权规则是英美法系中的一项重要的传统规则,而有关此规则的理论基础也有较多的讨论,本文就试图通过考察英美国家证据特权的理论基础的发展,对有关证据特权规则的理论基础进行分析与评价。

一、证据特权规则的基本内容:以英美法系为中心

在英美法系国家,按照特权所保护的具体事项进行分类,证据特权在学理上可以分为以下几种:

(一) 基于职业的证据特权

这类证据特权的产生是基于职业的原因,是为了维护特定职业的从业者与其服务对象之间的信任关系而产生的一类特权,主要包括律师职业特权、医生—患者特权、牧师—忏悔者特权及新闻记者特权。

律师职业特权分为两个部分的内容:一是关于律师与委托人之间秘密交流的律师—委托人特权,二是律师与诉讼中第三人之间交流的律师—第三人特权。所谓律师—委托人特权是指在刑事诉讼和民事诉讼中,即使律师具有证人的适格性,仍然能够就其因提供法律服务而从委托人处知悉的委托人的秘密信息拒绝作证。② 所谓律师—第三人特权则是指律师就其在提供法律服务的过程中与证人、专家等的交流信息的拒绝作证特权。

而医生—患者特权则是指,医生就其与病人就医时的一些秘密交流享有拒

---

* 西南政法大学讲师,重庆市人民检察院法律政策研究室主任助理,刑事诉讼法学专业博士研究生
① 何家弘主编:《证人制度研究》,人民法院出版社2002年版,第216页。
② 王进喜:《刑事证人证言论》,中国人民公安大学出版社2002年版,第97页。

绝作证的权利。值得注意的是，即便在英美法系地区，不同的国家在此特权方面的法律规定也存在一定的区别。如在加拿大，医生与患者之间的特权属于个案特权。而在美国对此特权则是普遍认可，甚至将此特权进一步细分为一般性的医生—患者特权及精神病治疗人员—患者特权。

牧师—忏悔者特权也被称为宗教交流特权，即神职人员就其在行使宗教职责时得知的情况享有拒绝作证的特权。

新闻记者特权则是特指新闻记者就其新闻信息之来源享有拒绝作证的特权。

（二）基于亲属关系的证据特权

在英美法系国家，基于亲属关系的特权主要包括婚姻关系特权及父母—子女特权。所谓婚姻关系特权，也被称为夫妻特权或配偶特权，其具体内容包括婚内交流特权及婚姻证言特权。婚内交流特权是指在刑事诉讼或民事诉讼中，夫妻双方无论谁是诉讼当事人，均有权拒绝向法庭泄露双方在婚姻存续期间互相的秘密交流信息。而所谓婚姻证言特权则是指在刑事诉讼中，配偶一方是案件的被告人，另一方作为证人有权不作出不利于对方的证词。父母—子女特权则是指父母与子女之间的秘密交流信息，作为证人的父母或子女有权对此拒绝作证。

（三）基于公共利益的证据特权

基于公共利益的证据特权，也称为公共利益豁免，其基本含义为，如果公职人员所知晓的案件情况或掌管的资料属于公务秘密，泄露这一秘密会招致公共利益的损害，则该公职人员享有免予凭证的权利。①

（四）证人不自证己罪的特权

证人不自证己罪的特权，也称为反对被迫自我归罪的特权，为普通法的一个重要原则，其来源于"任何人无义务控告自己"的古老格言，其含义是指如果证人回答政府机构的提问将会暴露于自证其罪所造成的"真实的和可估计到的危险"之中，那么他就可以拒绝作证。

二、证据特权规则产生之初的理论基础：早期的人本主义理论

在英美的法律发展历史上，最初并不存在所谓的拒绝作证的特权，而只有对特定证人作证资格进行一种限制。这种对作证资格的限制在一定程度上也阻碍了证据特权规则的发展。② 以婚姻关系特权为例，因当事人的配偶没有作证的资格，故法庭就没有必要提出有关婚姻交流特权的问题。但是，如果因此就

---

① 何家弘主编：《证人制度研究》，人民法院出版社 2002 年版，第 248 页。
② Charles Alan Wright & Kenneth W. Graham, Jr., Federal Practice and Procedure: Evidence § 5572, at 467 (1982).

认为，早期的证人资格限制规则完全排除了有关特权问题的提出，这种观点似乎有失偏颇。比如，即使配偶并未出庭作证，如果对方当事人企图要求披露配偶之间在审判前的一些书面的交流内容，这时就会产生特权问题。① 到了 16 世纪，英国逐步放宽了对证人的资格限制，而开始提出有关特权保护的问题：首先，英国的法院承认律师—委托人特权规则，在 1577 年英国就有判例提及这种特权。②在 19 世纪早期，特权规则就正式成为英国法中一项固定的规则。其次，在司法实践中，虽然大多数法庭在当时并没有正式认可婚姻关系特权，但却仍然赋予当事人阻止其配偶作证的权利，③ 这在某种意义上，这也能够给予婚姻秘密交流一定有效的保护。

最早有关证据特权规则的理论基础是早期的人本主义理论。比如伊丽莎白一世早期的判例就认为，设立律师—委托人特权的主要目的在于维护"律师的誓言"及"绅士的尊严"：如果一名律师发誓要保守秘密，而且他的委托人对这个律师充满了信任，那么此律师就必须要对委托人的信任负上相应的义务。律师未经授权泄露其委托人的秘密则是一种不道德的出卖和卑鄙的背叛行为。到了 19 世纪，著名评论家 Edward Livingston 宣称，如果律师可以随意向外界泄露其当事人的隐私，那么广大公众对于"公正，荣誉及人性的信念"就会发生"彻底的动摇"。④ 简而言之，设立证据特权的目的就在于能够确保专业人员能恪守其职业准则及职业伦理。

人本主义理论同样也可以解释有关婚姻关系特权的正当性问题：如果强迫人们对其"亲密的生活伴侣"提出不利的证言，这无疑是有悖于自然规律与人性的，同是也违反人们所应有的"仁慈"及"情感"，所以在道义上应当排斥强迫配偶之间的互相作证。

三、证据特权规则理论基础的发展：向功利主义理论的转化

（一）功利主义理论

功利主义理论，又被称为"实用说"，此观点认为"司法正义之追求为人们所需要且企盼，公众有权要求任何人作证，只有在符合以下四个条件时才牺牲司法正义的需要而赋予拒绝证言权：（1）其所拒绝陈述之内容，必须基于互相依赖不会被泄露出去之情况所得知。（2）此种信赖为维持双方完整关系

---

① Fleming James, Jr. et al., Civil Procedure § 5.1 (4th ed. 1992).

② Christopher B. Mueller & Laird C. Kirkpatrick, Modern Evidence - Doctrine and Practice § 5.8, at 459 n. 1 (1995) [citing Berd v. Lovelace, 21 Eng. Rep. 33 (Ch. 1577)].

③ Bent v. Allot, 21 Eng. Rep. 50, 50 (Ch. 1579 – 1580); Richard O. Lempert, A Right to Every Woman's Evidence, 66 Iowa L. Rev. 725, 726 – 727 (1981).

④ Edward Livingston, The Complete Works of Edward Livingston on Criminal Jurisprudence 461 (1873).

的重要要素。(3)基于公众意见,(政府)有努力维护此种关系的必要。(4)因泄露所带来的双方关系的损害必须大于因获得其证言所产生正确司法裁判的利益。"①

早期的人本主义理论向功利主义理论的转化始于18世纪,如当时著名学者Coke认为允许配偶间互相作证可能会导致"夫妻关系的分歧和不和谐",1736年Lord Hardwicke也提出限制配偶间互相作证之目的在于"维护家庭的和谐"。②与此同时,在适用律师—委托人特权的判例中,其所依据的理论则发生了明显改变:根据人本主义理论,律师—委托人特权的正当性在于律师应尊重委托人秘密的"荣誉与尊严",从而维护律师的职业伦理与尊严。但是,18世纪英国的法庭对此则作出了不同的解释,比如,在1776年的一个判例中,法庭就明确指出,虽然律师"作为一个有尊严的绅士",其职业伦理不允许他泄露其委托人的秘密,但这并不能成为律师—委托人特权存在的唯一正当性理由。从另一个角度来看,律师—委托人特权与委托人的行为之间存在一种因果关系③,即正是由于律师—委托人特权的存在,委托人才会向律师进行充分的咨询,并尽量向律师提供一些重要信息。根据这种理论,证据特权就成为了一种实现某种人们所期望的社会行为的工具。具体而言,功利主义理论的出发点是对行为的假设,即如果证据特权是维持某种"应受保护的社会关系"所必需的工具,④如果没有律师—委托人特权,委托人就不会选择向律师咨询;如果没有医生—患者特权,病人也不会选择向医生咨询。

有人认为证据特权规则的行使可能会导致对案件真相发现的阻碍,但是功利主义理论的支持者们却认为,证据特权的行使在一般情况下不会影响案件真实情况的发现。虽然从表面看,如果适用证据特权规则,似乎会因此而排除一些可能有助于案件真实发现的证据,不过,从功利主义理论角度来看,如果没有特权规则的存在,被排除的证据一开始就不可能存在。比如,在1976年的Fisher v. United States 一案中,主审法官就认为,律师—委托人特权倾向于保护"某种信息……而没有这种特权,这种信息就不可能形成"。⑤在1996年的Jaffee案中,以Stevens法官为代表的多数派对证据特权规则作出了如下的评论:

---

① 吴巡龙:《新刑事诉讼制度与证据法则》,学林出版社2005年版,第245页。
② Barker v. Dixie, 95 Eng. Rep. 171 (K. B. 1736).
③ Jack B. Weinstein & Margaret A. Berger, Weinstein's Federal Evidence § 504.03 [4] [a], at 504-510 to -511 (2d ed. 1997).
④ John Henry Wigmore, Wigmore on Evidence § 2285, at 527 (McNaughton rev. 1961).
⑤ 425 U. S. 391, 403 (1976).

否认心理医师—患者特权,并不一定有助于真实的发现。其原因在于,如果否定这种特权,那么心理医师与其患者之间的秘密交流受到消极影响,患者可能就不会对医生披露某些秘密信息……也就是说,如果没有这种特权的存在,有些言词证据根本就不可能存在。这种未说出口的"证据"自然不会对真相的发现产生任何的积极效应,就如同说出口而又受到特权保护的证据一样。① 1998年的Swidler & Berlin一案的判决中也涉及了律师—委托人特权的问题,主审法官也同样认为"如果没有特权,委托人就不会主动与律师作某种秘密信息的交流"。②所以,按照功利主义理论的观点,证据特权的存在并不会妨碍真相的发现,司法制度也并不会因为证据特权规则的存在而付出相应的代价。

(二) 功利主义理论与早期的人本主义理论的区别

功利主义理论与早期的人本主义理论具有本质区别。早期的人本主义理论认为,不应当强迫专业人员实施其职业伦理及社会伦理所禁止的行为。比如对于律师—委托人特权规则,根据早期的人本主义理论的观点,设立此证据特权的唯一目的就是要强化绅士的行为准则以及律师的尊严感,作为特权的享有者,律师可自行决定主张或放弃特权。而功利主义理论则认为,设立特权规则的目的在于鼓励非专业人员实施某种被期望的社会行为,如向专业人员咨询某些专业问题以及向专业人员提供某些信息,从而确保专业人员能适当完成其咨询任务,所以非专业人员(如委托人或患者)应被界定为特权的享有者。

特权享有者不同,则其面临同样问题时所作出的选择也会有所区别。以医生—患者特权为例,假如一个患者告诉医生自己患有某种危险的强传染性的疾病。如果根据早期的人本主义理论的假设,那么医生应为特权的享有者,这种特权是包括保密义务在内的医生职业伦理的附属物。③因此,医生可以选择主张或放弃此特权,但是从职业伦理角度来看,如果医生明知病人的病情严重而且有传染性,那么他更倾向于作出披露病人病情的选择,否则就会可能对社会公众的健康产生很大的风险。但是,如果根据功利主义理论的观点,病人为证据特权的享有者,那么病人则更倾向于对自己的病情加以保密,而无论其是否认为自己的病情会对公众健康产生风险。也就是说,如果病人享有"特权",他也就更愿意为了自己的利益主张特权要求医生不向外界披露自己的病情。

---

① 518 U. S. 1, 11-12 (1996).

② 524 U. S. 399, 408 (1998).

③ Robert M. Gellman, Prescribing Privacy: The Uncertain Role of the Physician in the Protection of Patient Privacy, 62 N. C. L. Rev. 255, 257, 267-270 (1984).

(三) 功利主义理论的缺陷

虽然对功利主义理论持赞同观点的人士为数不少,但功利主义理论也存在一些缺陷:

首先,对于某些证据特权,仅适用功利主义理论则无法对其作出充分合理的解释。比如对于牧师—忏悔者特权,采用功利主义理论就难以对其作出令人信服的解释。如果忏悔者是真正的信徒,那么即使没有特权规则的存在,他仍然会与神父作出这种忏悔的交流……因为虔诚的宗教信徒们相信,只有履行忏悔的义务,他们才能实现对自己灵魂的永恒救赎。再如,罗马天主教的信徒就认为,要想得到宽恕及救赎,人们就必须对自己的行为上及思想上的过错进行忏悔。教徒们所关心的是牧师对自己行为的评价,而不是忏悔内容被公开以后会对自己产生何种消极影响。在他们看来,履行忏悔义务远比其忏悔被公之于众而引起的财产损失或短暂的人身自由的丧失更为重要。正如一位著名的法官所指出来的一样,"也许宗教信徒们认为这些问题比他们的生命或今世的命运更为重要"。① 所以对于一名虔诚的宗教信徒而言,即使没有牧师—忏悔者特权规则的存在,他们与牧师之间的交流也可能会继续存在。所以,功利主义理论所假设的行为前提在牧师与忏悔者之间并不存在(即没有特权的存在,忏悔者就不会向牧师忏悔)。无论有无此特权的存在,都不会影响牧师与忏悔者之间的交流以及信任关系。

其次,实证研究也对功利主义理论的行为假设提出了质疑。固然,我们可以用心理学的方法来解释人类的某些行为动机,但是仅仅依靠心理学来研究人类的行为动机则是远远不够的。② 诚如澳大利亚的一名著名学者所说,"几乎没有任何经过实证的证据"表明:证据特权的缺位会普遍阻止患者向医生或心理医生提出咨询或进行信息交流。向专业人员提出咨询的非专业人员更关注的是,他们的交流信息是否会被披露给一些未经授权的除法庭以外的机构或人士(如雇主或保险商),而并不是太关注其信息是否会在法庭上被披露。③ 非专业人员在决定是否向专业人员披露某种信息时,他们更倾向于依靠专业人员

---

① Wheeler v. Le Marchant, 17 Ch. D. 675, 681 (Chancery Div. 1881); see also Brian C. Reid, Confidentiality and the Law 91 (1986).

② Deana A. Pollard, Unconscious Bias and Self–Critical Analysis: The Case for a Qualified Evidentiary Equal Employment Opportunity Privilege, 74 Wash. L. Rev. 913, 999 (1999).

③ Paul S. Appelbaum et al., Confidentiality: An Empirical Test of the Utilitarian Perspective, 12 Bull. Am. Acad. Psychiatry & L. 109, 113 (1984). (其中报告说,对一引起精神病院的患者的调查表明,大约43%的门诊病人及33%的住院病人会关注精神病医生是否会在未经授权的情况下将自己的有关信息披露给法院,而76%门诊病人及83%的住院病人会关注的是精神病医生是否会擅自将自己的有关信息披露给雇主。)

的职业伦理修养来对此信息进行保密。① 有关研究也表明，大部分的非专业人员在决定是否与专业人员形成某种机密关系或向其披露某种信息时，他们所依赖的并不是证据法则。这些非专业人员更倾向于关注"眼前"的实际问题，而并不会太多地考虑自己的有关信息是否会在未来的某个不确定的时间被公布。比如，如果一个病人正处于某种剧烈的病痛之中，或者担心自己即将死亡，那么病人是否会因为没有医生—患者特权的存在而选择不如实告知医生有关自己的病情？显然，病人更关注的应当是如何缓解自己病情的问题，而不会因为没有特权规则或担心自己的病情会被泄露而拒绝告知医生自己的病情。

最后，功利主义理论也很难依据规范的方式来对特权规则加以充分解释。功利主义理论依赖于人们的某种主观心理状态，即人们对于某种隐私权的期待。从此角度看，功利主义理论与 Harlan 法官在 Katz v. United States 一案中提出有关受第四修正案保护的隐私权观点有类似之处。② 在 Katz 案中，法庭以"隐私权"作为第四修正案的适用基础。同时 Harlan 法官详细地说明，提出这种观点是基于两个因素：第一，被搜查者是否以其行为"表明其对自己隐私权有一种真实的主观期待"。第二，被搜查者对自己隐私权的这种主观期待"在客观也被社会公众认为是合理的"。后来的一些判例对这种观点提出过一些质疑，认为第四修正案的保护并非绝对取决于被搜查者对隐私权的主观期待之明示。Katz 案判决后十多年以后，Blackmun 法官在 Smith v. Maryland 一案中作出了这样的解释：

"Katz 案中所采取的双重考察标准对第四修正案保护来说，可能是不适当的。打个比方，如果政府突然在国家电视台宣称，所有的家庭从此以后都可能会受到无证搜查，那么人们从此以后就不会对自己的住宅、文件及财产抱有任何的隐私权之期待。与之相似，如果一个来自极权国家的难民并未意识到美国这个自由国度的传统，而错误地认为警方可以持续监听他的电话，那么他对其通话的内容自然也不会存有任何主观上的隐私期待权。在这种情况下……在确定第四修正案的保护范围时，这些主观的期待显然不会产生任何有意义的作用……在确定在这类案件中是否存在一种对隐私的合理期待时，采取规范标准的考察方法可能要更为恰当。"③ 同样，"政府"也可能"突然在电视上向全国

---

① Daniel W. Shuman et al., The Privilege Study (Part Ⅲ): Psychotherapist – Patient Communications in Canada, 9 Int'l J. L. & Psychiatry 393, 407 (1986)（指出在接受调查的患者中，只有17%的人声称自己是因特权的存在而将某些信息告诉医生，其他的人则认为自己是因为相信医生的职业伦理修养才将信息告知医生。）

② 389 U. S. 347 (1967).

③ Id. at 740 n. 5.

通告……从此以后法庭可以强制披露公民与其牧师、律师、精神科医师及配偶之间交流的信息内容"。如果功利主义理论是特权规则存在的唯一正当性依据,那么政府的这一通告就会对特权规则产生毁灭性的打击,因为此通告会摧毁人们对于有关秘密的全部期待。由此可知,出于同样的原因,证据特权的保护也需要一个坚实规范的依据,而不是仅仅依赖那些所谓的特权拥有者的某种主观思想状态。功利主义理论则正是以这种主观表现为其基础依据,所以这种理论欠缺一定的规范性。

虽然功利主义理论存在上述的种种缺陷,但是在很多情况下,这一理论还是具有相当的价值的。比如在 Jaffee 案及 Swidler & Berlin 案中,这一理论就能很好地解释特权规则存在的正当性与合理性。在 Jaffee 案中,一位警察射杀了一名公民。① 在此事件发生以后,死者的遗属向这个警察及雇佣警察的市政当局提起了诉讼。而这位警察因为这一事故发生后曾向心理医生作了大约五十次的心理咨询。作为警务人员,涉案警察无疑受过一定的法律培训而且对证据特权规则也应当颇为熟悉,此时这位警察应当比较关注她与心理医生的交谈被披露的可能性。

与之相似,在 Swidler & Berlin 案中,委托人自己就是一名律师,对证据特权规则相当的熟悉。② 他因涉嫌职务犯罪而被调查,然后他也就此问题咨询其私人律师。在咨询期间,他特别询问其律师是否能对他们之间的交流保守秘密。基于这些事实,根据功利主义赋予相关人员特权的确是有意义的。上述分析也说明,功利主义理论并非一无是处,它所需要的是在一定程度上的补充和修正。

四、现代人本主义理论:对功利主义理论的补充

虽然目前英美国家的理论界与实务界认为证据特权规则的理论基础是功利主义理论之观点仍占主流地位,但是也有一些现代人本主义理论的支持者们试图以新的人本主义理论,即自主权理论来对特权规则的理论基础加以解释。

(一)现代人本主义理论:以自主权理论为中心

所谓自主权是指个人享有免受限制的自由权。自主权理论源于著名哲学家康德的一个理念,即政府必须把"尊重公民的自主权作为终极目标",政府不能成为某个集团达到某种目的的工具。③ Brandeis 法官在 Whitney v. California④ 一案中在对此观点进行了明确的阐释,"民主的国家要以人们能自由地实现自

---

① 518 U. S. 1, 4 – 5 (1996).
② 524 U. S. 399, 401 (1998).
③ Great Books of the Western World: Kant 272 (R. Hutchins ed., 1952).
④ 274 U. S. 357 (1927).

己的价值为终极目标……为了能给其公民以自由施展自己才能的空间，民主国家就要对私人领域与公共领域作必要的区分。这种区分就正好能够构成自主权的中心理念……"① Blackmun 法官也指出，在自由民主的国度，必须要认可一种有限的"个人私人空间"的自主权，②在此私人空间范围内，个人有权自主地作出自己生活的选择。根据自主权理论，公民有权选择其个人生活的计划，也有权自行选择自己认为"幸福的生活"。③ 这样，个人就能根据自己的生活偏好作出自由的选择，而且这种自主选择自己所偏好的生活的权利会得到特定的宪法保护——也就是说，较之以正当程序为依据来禁止政府的无理专横的行为，从而实现对公民权利某种程度的保护，直接依据宪法对公民的权利进行积极的宪法性保护，其程度与强度要相对更高，如根据美国宪法规定，对涉及健康、法律、家庭及道德的自由选择应当赋予更高程度的保护。④

但是，在某些情况下，人们却缺乏有关作出自主生活选择的某些信息与专业知识，所以他们就有必要与自己的家庭成员进行一定的信息交流或向牧师、医生、律师等专业人员进行咨询。具体而言，在以下两种情况下，人们有进行咨询或交流的需要：

第一，如果某些专业人员拥有人们作出生活偏好选择所必需的专业技能，那么人们就需要向他咨询。如人们为了决定是否信仰某种宗教，就会向资深的宗教人士咨询；为了决定是否接受某种治疗，人们就会向富有经验的医生咨询；在生活中遇到了法律纠纷，人们则会向专业的律师咨询。在所有的这些情况中，人们通过向专业人员进行咨询这种方式能够促进自己进行有效自主选择的理智性。

第二，人们在必要时也可能需要向自己的家庭成员交流一些信息从而作出某种选择。对家庭人员的爱护是人类的一种自然本能。同时从利益角度来看，一个家庭就是一个利益共同体，每个家庭成员的利益往往具有相当的一致性，所以某个家庭成员的某种生活选择会对整个家庭或其他家庭成员产生一定的影响，那么当该成员作出某种选择的时候，就有可能会与其他的家庭成员进行一些具有私密性的交流，这种交流在一定程度上也类似于出于咨询的目的而与专业人员的信息交流。

但是值得注意的是，这种咨询或交流也可能会让人们处于一种两难的境地，一方面，当人们向专业人员咨询某种问题或向家庭成员交流某个信息的同

---

① Raymond Wacks, The Poverty of "Privacy", 96 L. Q. Rev. 73, 79 (1980).
② Webster v. Reproductive Health Servs. , 492 U. S. 490, 548 (1989).
③ Joseph Kupfer, Privacy, Autonomy, and Self-Concept, 24 Am. Phil. Q. 81, 82 (1987).
④ Roe v. Wade, 410 U. S. 113, 168 (1973).

时，接受咨询的专业人员或家庭成员会出于某种顾虑而对请求咨询者的个人选择产生一定的限制甚至强迫，另一方面人们如果不进行这种咨询或交流，则会因自己对缺乏某种专业知识或其他家庭成员所知道的有关信息的了解而难以作出明智的生活选择。

那么如何才能避免这种两难的情况？Joseph Raz 教授在其 1986 年的著作《自由的德性》中所提出的积极的自由理论则对此问题给出了一个解决方案。Raz 认为，在一个自由民主的国度里，国家对个人的义务并不仅限于尊重私人的消极权利，它还同时应当履行促进和强化公民的自主权的积极义务。因此，在 Raz 看来，自由民主的社会应当营造一种强化人民的个人自主权的环境，国家也应当采取多种途径来实现这一目标。比如政府可以通过扩展公民选择范围而使所谓的选择的自由更有意义。另外，国家还可以通过抑制可能会对自主权产生风险的问题来确保公民自主权的实现。当然，一个自由民主的国度不可能也不应当试图消除所有可能对自主权产生的威胁，但是，如果出现对人们的基本生活选择的自主性可能产生重大威胁的问题时，国家还是应当采取积极的措施来消除它们。①

具体到公民的咨询与交流问题，因人们对某些问题的咨询或交流行为往往会影响到他们某种选择的自主作出，所以国家应当确保其公民能与他人形成某种私密的咨询性或交流性关系来促进这种咨询或交流行为，从而使公民的自主权可能面临的干扰风险最小化。为实现这个目的，国家就必须营造有利于这种信任关系的外部条件：

首先，人们必须能够确信自己可以向专业人员或家庭成员诚实地披露所有相关信息，而这些信息则正是专业人员为了帮助人们作出明智选择时所必需的信息。如果人们不能或不敢告诉专业人员或家庭有关事实，那么专业人员或家庭成员的建议就可能是"无用的，甚至可能会产生一些误导"。② 要想得到有效的忠告或建议，人们就与专业人员或家庭成员的交流或信息披露就必须受到一定的保护，只有这样人们才能会觉得自己与专业人员或家庭成员进行自由的秘密交流是安全的，而这正是促进人们作出更为明智的自主选择的必要因素：人们可以自由向专业人员或家庭成员披露有关某种选择的所有信息，从而就能充分利用专业人员的专业知识而自主地作出更为明智的生活选择。

其次，专业人员或家庭成员也应当敢于自由地向请求咨询者们提出自己认为正确的忠告或建议，而无须担心因这些交流的公开而受到某种社会制裁。如

---

① Joseph Raz, The Morality Of Freedom, Oxford : Clarendon Press, 1986, 1081 – 1115.
② Edmund M. Morgan, Foreword to Model Code of Evid. 1, 26 (1942).

果专业人员或家庭成员忠实于向自己提出咨询的人员,那么他就不可能会因为自己的利益或其他人的利益而提出一些不当的建议。如果某种选择能够有利于请求咨询人的利益,那么专业人员应当有权详细地对此加以阐明,即使这一选择可能与社会主流观点相悖。但是,如果专业人员知悉自己与请求咨询人之间的交流可能会被公之于众,那么这就可能促使专业人员改变自己的建议,并因此而改变请求咨询人的选择。与之相反,如果专业人员确信他与请求咨询人之间的秘密以及他的建议不会被泄露,那么其委托人就能作出更为客观而独立的选择。简而言之,证据特权规则就能为人们与专业人员之间的咨询关系加以保护,从而实现公民的自主权。

(二) 现代人本主义理论对功利主义理论的补充:扩张与限制

1. 证据特权的扩张

在前文提及医生—患者特权时,曾指出采取功利主义理论难以充分合理地解释此特权存在的正当性理由。比如根据功利主义理论的观点,"如果一个患者折断了一条腿,他怎么可能会因为没有医生—患者特权而犹豫是否向医生提出咨询?"① 另一方面,从现代人本主义理论的观点考察,医生—患者特权的存在则是具有充分正当理由的:无论一个人的生活计划是什么,身体的健康总有助于其继续这个生活计划。患者经常需要通过专业医生的帮助来恢复身体的健康,这样才能使自己有能力实施自己的生活计划。而为医生—患者之间设定一个特定的隐私领域就能使得病人对自己的病情及有关的治疗方案能够享有更好的知悉权,从而在作出自主的选择。通过这种途径,宪法的保护也就自然应当扩展到医生特权的范畴。②

与之相似,适用现代人本主义理论能在一定程度上扩展家庭成员之间的特权范围。根据功利主义理论,在美国大多数州只承认婚姻关系特权,目前只有爱达荷、明尼苏达及马萨诸塞州以制定法的形式规定了父母—子女的秘密交流特权。③ 因为根据功利主义理论,年幼的孩童不可能认识并理解有关特权规则的具体内容,故证据特权规则的存在不太可能会影响孩子们就其与父母之间的信息进行保密的意愿。但是,目前也有一些学者根据现代的人本主义理论对于亲属特权之范围过于狭窄的问题提出了一些质疑。比如人们可以通过自己对生活的选择而作出有利于自己家人的决定,而为了充分了解家人的利益,决定者就有必要与自己的家人进行交流。而与之交流的家庭成员不一定仅限于其配

---

① Ronald L. Carlson, Edward J. Imwinkelried & Edward J. Kionka, Evidence in the Nineties 812 (3d ed. 1991).

② Griswold v. Connecticut, 381 U. S. 479, 485 (1965).

③ 王进喜:《刑事证人证言论》,中国人民公安大学出版社2002年版,第181~182页。

偶，他们还可能是父母、子女，或者兄弟姐妹。尤其是在子女们作出人生的重大决定时，父母常常是他们最重要的"专业咨询人员"。在 Smith v. Organization of Foster Families for Equality & Reform 一案中，联邦最高法院就强调了要通过实质的正当程序来充分保护"人们对家庭生活作出自主个人选择的权利"。① 在2000年的 Troxel v. Granville 一案中，Stevens 法官也宣称，像父母一样，子女在宪法上也可以保护家庭的利益。② New York 法庭则明确指出，"宪法上的隐私权"可以作为认可父母—子女特权的依据。③

2. 证据特权的限制

按照功利主义理论的观点，人与人之间的交流特权在性质上应当具有绝对性。虽然特权也可以放弃，也可能受到例外的限制，但是如果人们在交流以后，如果有人提出需要交流的信息公开，此时特权就必然会发生作用。如果特权在此时发挥不了作用，那么非专业人员在与专业人员交流时就会认为，他们的交流内容在以后可能会因法庭强制要求而被披露，那么这种想法就肯定会阻止非专业人员与专业人员进行交流及倾诉。

与之相对照，现代人本主义理论则可以促使法庭将更多的特权定位成一种有限的或有条件的权利。根据此理论，证据特权的依据源自主权或信息自决权，这些权利并不具有绝对性，即人们在实现自己的隐私权或个人自主权时，如果这种权利在行使的过程中会损害其他人的合法权益，那么国家也可以对此加以限制，"无论行为的性质如何，但如果这种行为在没有正当理由的情况下侵犯了其他人的合法权益，那么就应当对这种行为加以控制"。④ 所以，作为确保自主权实现的证据特权无疑也不是绝对的，而是一种相对性的权利。

---

① 431 U. S. 816, 842 (1977).
② 530 U. S. 57, 80, 87 - 91 (2000).
③ New York v. Fitzgerald, 422 N. Y. S. 2d 309 (N. Y. County Ct. 1979).
④ Darien A. McWhirter & Jon D. Bible, Privacy as a Constitutional Right 52 - 53 (1992).

● **诉讼法理**

论犯罪嫌疑人知悉权

关倚琴*

一、绪论

（一）对犯罪嫌疑人知悉权的界定

1. 知悉权的提出

知悉权又称为知情权、了解权，美国新闻编辑肯特·库伯在1945年1月的一次演讲当中提出知悉权这一概念，其基本含义是公民有权知道他应该知道的事情，国家应最大限度地确认和保障公民知悉、获取信息，尤其是政务信息的权利。① 在1949年《德国基本法》第5条规定了"人人享有……无阻碍地以通常途径了解信息的权利"。知悉权被视为现代宪政国家公民的一项基本宪法权利，它的实现程度直接反映了一个国家的民主宪政水平。

我国学界对知悉权的定义更多的是从公法和民法的角度来进行的，有学者认为：知悉权属于基本人权的重要组成部分，其内涵有狭义和广义之分。狭义的知情权仅指公民"获得官方的消息、情报或信息的权利"。② 广义的知情权是指公民"寻求、接受、传递信息和思想的自由"，其对象包括官方与非官方的消息、情报或信息。也有学者认为，知悉权属于公民"表达自由"和"政治自由"的权利范畴，是指公民对国家重要决策、政府重要事务，以及社会上当前发生的与普通公民利益密切相关的重大事件，具有了解和知悉的权

---

* 重庆市人民检察院第一分院检察官
① 黄娟："论民事诉讼中当事人的'知情权'"，载《法学评论》2004年第1期，第145页。
② 颜海娜："试论构建与完善公民知情权的保障机制"，载《理论导刊》2002年第5期，第14页。

利。① 还有学者认为：所谓知悉权，就是指获得真实情况的权利，也即在不危害国家安全、不侵犯社会公共秩序、不损害他人商业秘密和不侵犯他人隐私的前提下，对其依法必须、应当知道或者可以知道的事情，都有获得、知情、取得相关信息的权利。这种权利是每个公民（自然人）与生俱来的权利，它是人权的一个重要组成部分。②

刑事诉讼法上的知悉权是宪法意义上知悉权的延伸，有学者认为，刑事司法中知情权指知悉刑事诉讼中与自己利益相关或与自己有特定关系的人相关信息的权利。与此相对应的则是国家专门从事刑事司法活动的机关及其人员所承担的提供这些信息的义务。③ 本文要论及的是刑事诉讼中犯罪嫌疑人知悉权的问题。本文仅对刑事诉讼程序中犯罪嫌疑人的知悉权加以讨论。笔者认为刑事诉讼中犯罪嫌疑人的知悉权为：在刑事诉讼中，犯罪嫌疑人依照法律规定应当享有的获知有关信息的权利。

2. 对犯罪嫌疑人知悉权含义的具体分析

对于犯罪嫌疑人知悉权首先要分析的是主体的问题。本文讨论的犯罪嫌疑人知悉权主体是处于刑事诉讼侦查和审查起诉阶段的犯罪嫌疑人。

在公诉机关提起公诉后，受到刑事程序追诉的被告人不属于对本文知悉权的主体范畴。但需要指出的是，在本文当中会涉及许多关于国际准则和其他国家法律中对"犯罪嫌疑人"知悉权的规定，国外的这些规定并非仅仅针对犯罪嫌疑人，还针对"被追诉者"、"被审查者"甚至是在预审程序中的"被告人"。而我国犯罪嫌疑人知悉权的建立恰恰许多地方需要借鉴国外"非犯罪嫌疑人"的知悉权的规定。其原因在于，这些国家的刑事诉讼程序同我国的刑事诉讼在制度上所存在的差异：我国采用的是强职权主义刑事诉讼模式，特别是在提起公诉前的侦查阶段，为了破案需要，司法机关对犯罪嫌疑人采取了相当严厉的强制措施。比如，逮捕在国外不过是强制犯罪嫌疑人到案的手段而已，一般只会带来较短时间的人身监禁。而在我国逮捕则会直接导致持续羁押、限制人身自由以及追诉机关讯问犯罪嫌疑人以获取口供等后果。另外我国现行刑事诉讼法没有设置预审程序，案件由公安机关或检察机关立案后，如果犯罪嫌疑人被逮捕，那么从逮捕开始直至审判之时他们一直是处于持续、长时间的羁押状态。这种情况就使得我国的犯罪嫌疑人同其他国家中的"被追诉

---

① 包兴荣："关于信息公开与我国政治文明建设的思考"，载《厦门特区党校报》2004年第5期，第31页。
② 翁树忠："谈谈犯罪嫌疑人（被告人）的获知权"，载《中国司法》2001年第3期，第38页。
③ 张建伟：《刑事司法：多元价值与制度配置》，人民法院出版社2003年版，第115页。

者"、"被审查者"甚至于在预审程序中的"被告人"所处的法律境地①相同或者相类似②。具有相同诉讼地位的主体所享有的诉讼权利也应该相同。所以，知悉权作为国际上刑事诉讼被追诉者的一项重要诉讼权利也应该同样地被赋予我国犯罪嫌疑人，其权利内容和范围也应当一致。因此，建立我国犯罪嫌疑人知悉权制度时必须对国外"非犯罪嫌疑人"知悉权制度加以借鉴，而且这种比较和借鉴具有合理性。

其次，对犯罪嫌疑人知悉权的客体，有学者根据《公民权利和政治权利公约》第9条第2款的规定③将知悉权定义为：犯罪嫌疑人、被告人有权获知公诉机关采取强制措施的理由及其指控犯罪的内容、性质及理由的权利。④ 也有学者将刑事诉讼中的知悉权界定为：在刑事诉讼中，诉讼参与人依照法律的规定获知案件的有关信息，即在诉讼中处于何种诉讼地位以及享有何种诉讼权利，而代表国家的侦控机关和审判机关则对这一权利的实现负有保障义务。⑤笔者认为犯罪嫌疑人知悉权内容有更广泛的含义：

从诉讼阶段看，犯罪嫌疑人知悉权是存在于刑事诉讼的侦查阶段和审查起诉阶段。明确犯罪嫌疑人知悉权所处的时间、空间状态是分析知悉权的基础。本文所要论述的就是犯罪嫌疑人在这两个阶段中知悉诉讼权利及案件信息的权利。

从权利内容上看，知悉权制度应当包括以下几个方面的内容：一是刑事诉讼中的告知制度。告知制度是指，负有告知义务的机关依照法律必须向犯罪嫌疑人履行告知某种信息的义务。从另一个方面也就是犯罪嫌疑人享有的依法被告知某些信息的权利。二是犯罪嫌疑人依法享有的主动知悉某些信息的权利，当犯罪嫌疑人行使该权利时，其获悉某种信息的请求必须得到满足。三是对知悉权的制度保障，即权利的救济，所谓"无救济即无权利"，救济对于权利而言是不可或缺的部分。缺少救济的权利只能是幻想中的空中楼阁。

从知悉权的分类来看，除了上述按照知悉权内容的不同进行的分类外，还可以按照获悉信息时间的不同，将犯罪嫌疑人知悉权分为事前知悉和事后知

---

① 法律境地或法律处境主要是指：被羁押、被审查、被讯问以及其他的人身权和财产权在刑事诉讼程序中所处的状况。

② 例如法国刑事诉讼审前程序中的"犯罪嫌疑人"、"被告人"或"被审查人"，以及德国审前程序中的"被告"。

③ "任何被逮捕的人，在被逮捕时应被告知逮捕他的理由，并应被迅速告知对他提出的任何指控。"

④ 王奎："犯罪嫌疑人、被告人诉讼人权与诉讼权利比较研究"，载《时代法学》2005年第1期，第45页。

⑤ 刘梅湘："犯罪嫌疑人知悉权初探"，载《国家检察官学院学报》2004年第4期，第61页。

悉。以及按照知悉内容的不同分为犯罪嫌疑人对实体内容的知悉和对程序内容的知悉。

3. 对犯罪嫌疑人知悉权性质的分析

权利告知是人权保障的原则中不可缺少的部分。① 犯罪嫌疑人的知悉权是犯罪嫌疑人享有的诉讼人权的重要内容,理论界一般将诉讼人权分为防御性诉讼人权、推定性诉讼人权、救济性诉讼人权。

(1) 知悉权是犯罪嫌疑人享有的防御性诉讼人权。防御性诉讼人权,指犯罪嫌疑人、被告人对抗控诉方的指控、抵消其控诉效果所享有的诉讼权利。赋予犯罪嫌疑人知悉权,其目的在于防止国家司法权力的滥用,以权利制约权力,保护犯罪嫌疑人免受国家司法权的不当侵害,其权利性质属于诉讼人权的范畴。从其产生的目的来说是具有防御性诉讼人权的性质。从实施效果来看,知悉权使得犯罪嫌疑人能够更好地为自己寻求法律救济。防御权可以被分为两种,第一种是人权不受侵犯,这是消极的防御权;第二种是积极主张程序上的权利,这是积极的防御权。对于强制措施,犯罪嫌疑人有接受出示令状、告知嫌疑、告知辩护权的权利,犯罪嫌疑人还可以从辩护人处获得必要的信息。知悉权既是消极防御权又是积极防御权。② 其中被告知逮捕理由与被逮捕时自己具有的权利等内容具有消极防御权的功能;而要求追诉机关开示羁押理由等内容具有积极防御权的功能。③ 承认犯罪嫌疑人的知悉权是因为犯罪嫌疑人也有参加程序的权利。根据上述权利,犯罪嫌疑人对违法侦查可以提出异议,另一方面,犯罪嫌疑人可以更为积极地作出主体的判断行为。

(2) 知悉权是犯罪嫌疑人享有的推定性诉讼人权。推定性诉讼权利,指从法律中推定出来的诉讼权利,主要表现为由法律通过赋予国家侦查机关的侦查人员一定的法律义务,而在客观上使犯罪嫌疑人受益的一种特殊的权利形式。我国《刑事诉讼法》第14条规定:"人民法院、人民检察院和公安机关应当保障诉讼参与人依法享有的诉讼权利。"这条规定赋予了司法机关保障诉讼参与人享有诉讼权利的义务,而要有效保障诉讼权利的享有客观上就必然需要赋予犯罪嫌疑人知悉权,使得不知诉讼权利为何物的犯罪嫌疑人知晓他所拥有的权利。这是犯罪嫌疑人依法享有诉讼权利的基本途径。另外,《宪法》第37条规定:"任何公民,非经人民检察院批准或者决定或者人民法院决定,并由公安机关执行,不受逮捕。"该条文赋予追诉机关依法逮捕的义务,而要达

---

① [日] 谷口安平:《程序的正义与诉讼》,王亚新、刘荣军译,中国政法大学出版社1996年版,第4页。
② [日] 田口守一:《刑事诉讼法》,刘迪等译,法律出版社2000年版,第86页。
③ [日] 田口守一:《刑事诉讼法》,刘迪等译,法律出版社2000年版,第57页。

到合法逮捕的效果则需要出示法定证件，告知理由，由此，在客观上被追诉人就被赋予了知道有关的逮捕事由和法律规定的权利。

（二）赋予犯罪嫌疑人知悉权的意义

1. 知悉权是犯罪嫌疑人主体地位和控辩平衡的需要

（1）确立犯罪嫌疑人主体地位的需要

犯罪嫌疑人知悉权来源于程序主体性理论及其产生的程序参与原则。程序主体性理论特别强调刑事诉讼中的追诉对象，犯罪嫌疑人、被告人能够在诉讼过程中与控诉机关、审判机关拥有同等的主体地位，被追诉人是防御权的主体。知悉权是确认被追诉人程序主体地位行使主体权利的基础。

在刑事诉讼文明发展过程中，随着人权保护的不断加强，同世界其他国家一样，在我国，犯罪嫌疑人也经历了由诉讼客体到主体的演变过程。我国刑事诉讼法把犯罪嫌疑人列为当事人，使其诉讼主体地位在理论上以及立法中得到确认。犯罪嫌疑人在诉讼中被对待的态度以及权利的享有状况则是公民法律地位高低以及权利实现程度的反映，从中可以看到，一个国家民主化程度是一国法治化水平的重要标志。犯罪嫌疑人被视为与侦查机关对等的诉讼主体，成为对抗指控的防御者，犯罪嫌疑人由诉讼客体转变为具有独立人格的诉讼主体，是诉讼制度走向现代文明的标志，是刑事诉讼实现民主化、科学化的结果。

在现代各国刑事诉讼中，犯罪嫌疑人、被告人的程序主体地位均得到立法的承认。而这一观念的思想体系最早可以追溯到1216年的英国大宪章。正当程序的概念本身则出现于爱德华三世的时代。原来这一词语只是用来指刑事诉讼必须采取正式的起诉方式，并保障被告人接受陪审裁判的权利，后来扩大了其适用范围，意味着在广义上"剥夺某种利益时，必须保障他享有被告知和陈述自己意见并得到倾听的权利，从而成为英美法中人权保障的根本原则"。① 虽然正当程序的观念与程序正义的观念本身由于其多义性难以在理解上予以准确的区分和把握，但两者有一点是重合的，即"恰当的告知和听取"。② 可见，知悉权的提出是与辩护权的行使同步产生的，而且，刑事被追诉人的知情权是一切程序性权利展开的基础，也是被告人通过自己的活动参与诉讼影响裁判的基础。没有知悉权其他的权利只能是空中楼阁，不知晓权利内容自然无法行使权利和保障权利的享有。知悉权是犯罪嫌疑人主体地位的必然要求。

---

① ［日］谷口安平：《程序的正义与诉讼》，王亚新、刘荣军译，中国政法大学出版社1996年版，第31页。

② 高一飞："不能简化的权利——评刑事简易程序中的国际人权标准"，载《现代法学》2002年第8期，第65页。

（2）实现刑事诉讼控辩平衡的需要

其一，赋予犯罪嫌疑人知悉权能增强犯罪嫌疑人防御能力。

赋予犯罪嫌疑人知悉权是追求控诉力量均衡，实现程序公正的要求。刑事诉讼中犯罪嫌疑人行使诉讼人权是与有国家权力为支撑的公安机关、检察机关的侦查、审查起诉行为相对抗的。这种对抗中存在着不言自明的力量失衡。双方力量的严重失衡破坏了程序对等原则，违背了控辩双方在法律地位上相对平等的要求，使得程序的公平难以实现。要使失衡的诉讼结构恢复正常衡平，则必须客观地保证犯罪嫌疑人具有较强的防御能力，保障犯罪嫌疑人享有诉讼人权。犯罪嫌疑人诉讼人权，特别是防御权的行使必须以知悉权的享有和行使为前提，这也是赋予犯罪嫌疑人知悉权最为重要的原因之一。犯罪嫌疑人的身份是自由人被动地由侦查机关确认，被国家强制力强加于身的，他有权被告知自己的身份何时发生了变化，从何时起原有的权利会受到限制，并且有权知道在身份变化后，他可以通过哪些规则来保障自己的利益。这些要求使得知悉权成为行使其他诉讼权利的基础，因为只有首先知悉权利内容才能够行使具体的权利，才能够了解自己所享有的这些权利有没有被侵犯，是如何被侵犯的，才有可能就侵权的事实提起控诉，没有对权利的知悉就谈不上对诉讼权利的享有和保护。众所周知，告知制度就直接涉及了辩护权的成立。因而，犯罪嫌疑人只有拥有依法知悉侦查、审查起诉过程中相关信息的权利，才能有效加强其在刑事诉讼中的防御能力。赋予犯罪嫌疑人知悉权是刑事诉讼结构相对平衡、保障程序公正的具体要求。

其二，赋予犯罪嫌疑人知悉权能够对公权力加以制约。

刑事诉讼特别是刑事侦查程序中犯罪嫌疑人是国家司法机关侦查、追诉的对象，在国家司法权与犯罪嫌疑人权利的相互博弈中，犯罪嫌疑人处于被支配的地位。在现代法制社会中司法机关为了侦破案件，集中强大的权力，所谓"一切有权力的人都容易滥用权力"、"绝对的权力导致绝对的腐败"，这是亘古不变的道理。要实现诉讼的公正，以合理途径发现真实就必须防止权力滥用。一般而言，以权力制约权力和以权利制约权力这两种途径是防止国家权力滥用所必须采用的方法。设置犯罪嫌疑人知悉权制度则是以权利制约权力的重要手段。赋予知悉权的同时，建立有效的权利保障机制，提供有效的权利救济，规定侵犯犯罪嫌疑人知悉权的行为将导致不利的诉讼后果，从而从根本上对公权力形成有效的制约机制。赋予犯罪嫌疑人知悉权，对于平衡诉讼力量、防止国家司法机关权力的滥用是必要的。

2. 知悉权是实现实体公正的需要

诉讼活动发展史表明，控辩双方的对抗是发现真实的最佳装置，而有效对抗的前提是犯罪嫌疑人、被告人能够充分地享有知悉权。

波斯纳曾说过:"对诉讼结果起决定作用的所有实质性证据都是靠侦查程序收集的,而在侦查程序犯的错误是根本不能在公开审理阶段得到顺利修正的,其结果便是,对被告人的赌注完全被下在了侦查阶段而非公开审理阶段……"波斯纳的话形象地告诉我们,侦查程序在整个刑事诉讼程序中所占有的重要地位,在这一阶段获取证据、重塑案件对查明整个犯罪事实起了决定性的作用。但正因为侦查阶段在整个诉讼程序中起的关键作用使得侦查机关对犯罪嫌疑人的侦查措施显得更加的迫切和严厉,以求通过强硬的侦查措施和手段获得关键的定案依据。在侦查阶段国家权力的行使也是最为强势的,特别在我国的侦查程序中,因为侦查机关对案件的侦破过分依赖口供,使得其在侦查阶段滥用权力违法采取强制措施、刑讯逼供的情况屡见不鲜,随之而来的冤案、错案也屡屡发生,司法机关的权威、公信力受到严重影响,严重阻碍了实体公正的实现。要做到实体的公正必然要求赋予犯罪嫌疑人有效的防御权以防止权力的滥用,而首要的是赋予犯罪嫌疑人知悉权。合理的诉讼制度构造是实现实体公正的前提和保证,也只有具有正当性的诉讼程序才是发现实体真实的最佳工具。在侦查阶段知悉权的赋予使得在保障犯罪嫌疑人基本人权的同时,能够制约公权力滥用,促使侦查机关在破案过程中能够理性对待案件、客观分析案情,最终确保准确定罪量刑。

另一方面,审查起诉阶段对犯罪嫌疑人知悉权的赋予也是实现实体公正的需要。除了犯罪嫌疑人在侦查阶段的被告知的权利外,知悉权还包括犯罪嫌疑人通过侦控机关向辩护律师开示证据或者律师的阅卷权来实现对侦控方掌握的证据材料的知悉。只有了解侦控方的证据,被追诉者才能够进行相应的防御准备,才能够避免庭审时的证据突袭,防止在国家权力支撑的巨大优势下庭审出现一边倒的局面。法官也只有通过控辩双方有效的辩论才能充分查明案件事实,准确定罪量刑。

二、各国立法及国际司法准则对于犯罪嫌疑人知悉权的规定

(一) 国际司法准则对犯罪嫌疑人知悉权的规定

1966年12月16日,第21届联合国大会通过了《公民权利和政治权利国际公约》(以下简称《公约》),并于1976年3月23日生效。《公约》确立了包括无罪推定;被逮捕者有权立即知悉逮捕原因并应被迅速解送到司法官处在合理期间内审讯或释放;不得强迫自证其罪;有权要求组成独立的、不偏袒的审判庭进行公平、公正的审判;对贫穷者提供法律援助;禁止酷刑或施以残忍的、不人道的或污辱性的待遇或刑罚;当被指控为犯罪时,有权为自己辩护等一系列的国际准则。其中就对赋予犯罪嫌疑人知悉权进行了具体的规定。

《公约》第9条第2项规定了应当对被逮捕人的告知:逮捕理由、指控内容以及法律顾问协助权利三项内容。对于告知的方式,《公约》第14条第3项(a)做了相应的规定:对受到刑事指控的人应"迅速以一种他懂得的语言详细地告知对他提出的指控的性质和原因"。与之相对应的,联合国人权委员会对《公约》第14条作出一般解释:"在有关司法当局决定对怀疑犯有刑事犯罪的人或者公开宣称其犯罪的人采取司法程序步骤时,必须通知当事人被控犯罪的性质和理由,必须说明犯罪触犯的法律和依据的犯罪事实。被告人被告知的材料不包括指控所依据的证据在内。"①

除了《公民权利和政治权利国际公约》之外,《欧洲人权公约》也对犯罪嫌疑人知悉权做了相应的规定。《欧洲人权公约》第5条第2款规定:"任何被逮捕的人,都必须尽快用他能听懂的语言告诉他被逮捕的原因以及对他的任何指控。"

由此可以看出,赋予犯罪嫌疑人的知悉权主要由两个方面组成:一是对逮捕理由和指控内容的知悉,其中包括当事人所实施的犯罪事实、被控犯罪的性质、理由以及所依据的法律;二是对诉讼权利的知悉,主要是获得法律协助的权利,等等。

(二)各国立法对犯罪嫌疑人知悉权的制度设置

世界许多国家如美国、英国、加拿大、法国、德国、日本等,对犯罪嫌疑人的知悉权均有相应的规定,知悉权主要通过侦查、追诉机关的告知义务和犯罪嫌疑人参与诉讼以及通过诉讼程序对证据加以知悉三个途径得到实现。由于大陆法系和英美法系国家司法制度的差异,各国对应的知悉权设置也有所不同。

1. 美国

在美国,对犯罪嫌疑人知悉权的保护主要体现在宪法和刑事诉讼的规则上面。而美国刑事司法制度的最大特点,就是将一些直接涉及公民人权和自由的诉讼行为上升到宪法的高度,为公民在刑事诉讼中的权利提供宪法性的保障。这些保障集中体现在宪法前十条修正案(又称为《权利法案》)中。知悉权的内容具体体现在联邦宪法修正案第6条里,它将犯罪嫌疑人的知悉权规定为:"告知控告性质和理由的权利"。而《美国刑事诉讼规则》(以下简称《规

---

① 对于《公约》的规定有两点需要说明:

其一,《公约》第9条第2项规定"被控情况"的迅速获知,是实现有充分时间和条件进行辩护的基础。要求告知必须为被告人留下充分的准备辩护的时间。

其二,为了公共利益、特别免除条款或者国家机密而禁止查阅某些案件的卷宗是允许的。犯罪嫌疑人没有查阅卷宗的无限权利,即被告人及其律师是有条件地查阅相关卷宗。

则》）则具体规定了在刑事诉讼程序进行当中，犯罪嫌疑人在哪些方面享有知悉的权利。

（1）追诉机关的告知义务

①被逮捕时的告知

逮捕时的告知主要体现在"米兰达规则"当中。对被逮捕的犯罪嫌疑人而言，在被警察讯问以前，享有被告知"米兰达规则"的权利。1966年6月13日由首席大法官沃伦主持庭审的"米兰达诉亚利桑那州"一案，最后以5：4通过的针对米兰达上诉请求的裁决意见书。该裁决意见书表明：当一个人被羁押或者被当局采取任何其他实质性的方式剥夺自由并被讯问时，反对自我归罪的特权就受到威胁。为保护这项特权，必须采取程序性的保障措施，应当采取其有效的方式来通知某人有保持沉默的权利，并确保这项权利的实施受到认真的保护。因此，犯罪嫌疑人应当被告知：他享有保持沉默的权利，他所说的任何话将被用做法庭审判中不利于他的证据，他有权请律师，如果他请不起律师，那么如果他愿意，在任何讯问开始之前他可以被指定一名律师。在讯问的全过程都应提供行使这些权利的机会。该裁决还规定，在作出这些告知并提供相应的机会之后，一个人可以明知地、理智地放弃这些权利，自由地回答问题或者作出陈述。但是，如果没有这些告知或者在审判中控方未能证明被告人放弃了这些权利，那么由此讯问所得到的任何证据都不可以用来反对他。

米兰达警告规定的犯罪嫌疑人知悉权包括以下内容：（1）享有沉默的权利。同时应当解释放弃权利的后果——如果不能保持沉默那么他所说的任何话会将会被用做在法庭上反对自己的证据。（2）有权请律师、同律师协商和被讯问时律师在场的权利。并且要附带告知：如果他请不起律师，将会被免费指定一名律师。

告知的方式，既可用口头形式进行，也可以通过书面的形式作出。但实务上一般要求应尽可能采用书面形式，如果事后因为告知方式的问题控辩双方就警察是否告知了沉默权发生争议，证明已经告知的责任应由控方承担。

逮捕时知悉权的保障：排除未经告知进行讯问所得的任何证据。

需要指出的是，最高法院在科罗拉多州诉斯普林判决中规定，警察没有积极义务告知被讯问人他们意图讯问的有关犯罪——即使将要进行的讯问是关于一个与后来的讯问所包含的内容极其不同的事项。因为最高法院认为，既然被告人已经被告知他有权保持沉默并且他所说的任何话都可能用做指控他的证据，那么他拥有明知且明智地放弃第五修正案特权所必需的所有信息。

另外，对入室逮捕的告知美国法也有规定：在进入房屋对屋内的人实施逮捕之前，警察通常必须告知他们的授权和目的。只有在紧急情况下，当警察

"合理怀疑敲门并宣告到场可能对自己或他人具有危险性"时，才可以无须事先告知而进入房屋。①

②搜查过程中的告知

舒涅克诉巴斯达蒙特一案中，联邦最高法院裁决意见书规定了搜查时告知的义务。嫌疑人在被进行有证搜查时有权知悉自己的人身及财产的法律处境，知悉能够拒绝被搜查的权利，执行人员如果未向犯罪嫌疑人宣布以上内容将会构成非法搜查。当事人也能以不知晓享有拒绝的权利为由阻止控方使用搜查而得来的证据。

因此，搜查过程中搜查人员应当告知的内容包括：1）人身和财产的法律处境；2）享有拒绝被搜查的权利。

搜查中知悉权的保障：未经告知构成非法搜查，适用非法证据排除规则。

之所以警察在执行搜查证时在进入建筑物之前应当告知其身份及目的，原因在于：1）减少暴力危险，因为不作任何告知的进入可能使个人认为他的安全受到威胁并促使他采取抵抗措施；2）它通过最大限度降低进错房屋的机会而保护隐私，即使没有错误，也给房屋里面的人短暂的准备时间；3）它通过给予所有人容许警察官员的机会防止损害房屋。

当然，告知也有例外，有些情况下警察可以不受通常告知要求的限制。有些法院曾使用关于何时不必告知的"毛毯规则"。例如，有些州认为重罪毒品案件总是伴随着破坏证据和对警察进行人身伤害的危险，因此在这种情况下，不经告知进入住宅就具有合理性。但在理查德诉威斯康星州一案中，最高法院裁决，只有当警察"合理地怀疑"在特殊情况下敲门和告知是危险或者无用的时候，或者允许破坏证据将防止有效的犯罪侦查的时候，他才无须告知。在美国，少数司法管辖区通过了司法官签发特别授权的搜查证的立法，司法官基于对防止毁灭证据或伤害执行官员的需要的证明来签发须事先告知而进入的搜查证。②

③被告人初次到庭时的被告知

根据《规则》第5条（a）（b）、第58条（b）（2）的规定。在美国刑事诉讼程序中，依逮捕令执行逮捕的官员，或者未持逮捕令执行逮捕的其他人员，应当无不必要延误地将被捕人解送至最近的联邦治安法官处。

对于违反轻罪和其他轻微犯罪的被告人，在初次到庭时，法庭应当告知：

---

① ［美］伟恩·R.拉费弗等：《刑事诉讼法》，卞建林、沙丽金等译，中国政法大学出版社2003年版，第125页。

② ［美］伟恩·R.拉费弗等：《刑事诉讼法》，卞建林、沙丽金等译，中国政法大学出版社2003年版，第234页。

指控和法律规定可能判处的最高刑罚，以及特殊罚款、归还和赔偿的内容；获得律师帮助的权利；如果被告人无力委托律师，请求指定律师的权利，但是因被控的罪行轻微不要求指定律师的除外；保持沉默的权利，和被告人所作任何陈述可以被用做不利于被告的证据；由地区法院的法官进行审理、判决和科刑的权利，但是被告人同意由治安法官审理、判决和科刑的除外；由陪审团审理的权利，但是被控的罪行轻微的除外；如果被告人被拘押，并且被控犯轻罪而不是轻微的犯罪，依法进行预审的权利，以及被告人在一般情况下可以获得审判前释放的权利。

如果对被告人提出的指控，不属于联邦治安法官审判时，治安法官应当告知被告人：对他提出的控告和有关的宣誓书；有获得律师帮助的权利，或者如果被告不能得到律师，有权要求指定律师；一般情况下，被告人可以获得审判前释放；不要求被告人作陈述，被告人所作的任何陈述可以用来作为不利于被告人的证据；有权要求预审。

与前文不同的是，初次到庭时的告知由治安法官履行义务。内容上看，对于程序权利的告知更加详细。由于不涉及侦查目的和控辩双方强烈的利害冲突，法律也没有对违反告知义务的不利后果加以规定。

（2）犯罪嫌疑人通过参与诉讼程序实现知悉

美国法对于审判前的羁押实行"逮捕前置主义"，并且以控方提出请求为前提。司法官在命令羁押之前必须举行听审，以确定是否应当将犯罪嫌疑人予以羁押。在听审过程中，控方对羁押理由承担证明责任。被告人应当被给予作证、提供证人、反询问证人或以提交文件等方式提供信息的机会。由此可见，被追诉人能够在听审程序中知悉控方证据。

除此之外，在司法官员签发的羁押令上的记载也让被追诉者获悉：羁押所依据的事实和理由；能够获得与其律师秘密协商的适当机会等权利。

（3）通过证据开示实现对证据的知悉

预审程序又被称做"证据先悉"程序，是正式审判前程序。美国法规定在开庭审判之前①，由辩方向控方申请证据开示，控方应当按照法律规定的证据开示范围向辩方开示证据。如果有新的证据，控方有继续开示的义务。如果控方没有按照规定开示证据，则辩方可以向法院提出明确的开示申请，要求法院命令对方开示申请中所列证据。证据开示是被告人知悉控方的证据内容，加强诉讼防御的重要措施。

---

① 根据《美国联邦刑事诉讼规则》第12条（b）（3）的规定，请求按照第16条的规则开示证据必须在审判之前提出。在美国刑事诉讼中，证据开示主要在起诉前的预审阶段和起诉后的审前动议提出阶段进行。本文讨论的是在预审阶段进行的证据开示。

对于开示内容《规则》第 16 条规定，政府方应透露的证据有：①被告人的陈述。根据被告人的请求，政府应公开：任何由政府掌握、保管或控制的有关被告人书面陈述或口头陈述记录及其副本；被告人在回答与被控罪行相关的大陪审团的调查时被记录的证词；被告人其他在逮捕前后回答讯问所作的陈述。当被告人是公司、合伙、协会或者劳工组织时，法庭可以根据被告人的申请，同意让被告人了解证人在大陪审团调查时所作证词的记录。②被告人的先前记录。③文件和有形物品。④检查、实验报告。

违反开示义务将导致以下的诉讼后果：由法院命令立即开示证据；宣布延期审理排除未经开示的证据及其相关证据；宣布审判无效；指示陪审团推认本可依未开示的证据证实的事实；驳回起诉；等等。

2. 英国

在英国，也是通过告知义务、诉讼参与以及证据开示三个方面赋予犯罪嫌疑人知悉权。知悉权制度设置较有特点之处在于英国对侦控机关的告知义务规定得更加的详细、周密。不仅对犯罪嫌疑人被逮捕、被羁押、被搜查、被讯问时的权利予以告知，同时还对辨认、录音以及提取标本时的告知义务进行了规定。笔者仅就这方面的内容进行说明。

（1）告知中的特点①

①对于讯问时的告知，内容同美国相似，但英国法要求告知必须以书面的形式进行。在对嫌疑人提出指控后，必须交给他一份书面通知，在通知书的开头部分要载明指控的具体犯罪及其他必要事项。

②逮捕、羁押的告知。首先应当告知法律处境和理由，如果其后被决定羁押，则其有权要求羁押官告知羁押理由。对被延长羁押的，被羁押人有权要求告知继续羁押的理由。除此以外，被追诉人还有权知悉其享有将自己被逮捕的事实及羁押的地点告知他的亲友的权利。如果这些权利的行使被迟延，则应告知被羁押者引起告知迟延的原因。

③被提取指纹及其他标本时的知悉权。在提取指纹之前，当事人须被告知提取指纹的原因。在提取嫌疑人的体内标本时，必须告知：无合理原因而拒绝提供标本，将在他受审时对他产生不利；他有免费取得法律建议的权利；嫌疑人有权知悉他被提取标本的原因，及提取标本的授权。

④被辨认时的知悉权。嫌疑人有权知悉辨认的目的，有权知悉他是否必须参加辨认，如果拒绝参加辨认将会产生何种诉讼后果，在辨认程序中他享有何

---

① 以下对英国刑事诉讼中告知义务的规定主要参见英国《1984年警察与刑事证据法》第2条、第15条、第16条、第28条、第29条，以及《1984年警察与刑事证据法执行守则》之《守则A》第2.4条，《守则B》第4.2条，《守则D》第3.1条、第5.11条，《守则E》第4.2条之规定。

种诉讼权利，辨认的结果如何等。

⑤被录音时的知悉权。警官对会见的嫌疑人进行录音的，警官应当告知：正在对这次会见进行录音；他本人及在场的其他警官的姓名及警衔（在询问涉及恐怖活动的调查时，应说明他的授权令或其他身份的号码而不是姓名）；警告嫌疑人"你不必非说什么，但是，如果你对提问不作回答，将会不利于你稍后出庭所依赖的辩护，你所说的任何话都应提供证据"；有要求自由的权利；获得独立的法律建议的权利；通过电话与事务律师交谈的权利。

（2）知悉权的保障机制

英国法对犯罪嫌疑人知悉权的保障，也是通过适用非法证据排除规则来实现的。警察机关在讯问犯罪嫌疑人时必须遵循有关规定，否则，警察所取得的证据将有可能在审判时被法官排除。至于警察在实施搜查、辨认等侦查措施时不履行告知义务，致使犯罪嫌疑人未能享有知悉权的，其后所获得的证据是否被排除，将由法官根据是否破坏"程序公正性"而进行自由裁量。①

3. 法国

同英美法系国家不同，由于没有庭前证据开示制度，法国对犯罪嫌疑人知悉权设置是由告知义务、诉讼程序参与和律师阅卷权三个部分组成。笔者将分别对三个部分加以论述。

（1）追诉机关的告知义务

法国对犯罪嫌疑人权利保护的设置主要体现在对个人自由的保障上。1993 年的法律规定了许多重要的保护个人自由的保证，后来的立法广泛地保留了这些保证。侦查机关告知义务的法定化、明晰化，意味着侦查机关必须把嫌疑人作为诉讼主体对待，尊重其各种权益，这不仅有利于嫌疑人的权利保护，而且对于侦查机关是一种有力的约束。

①拘留过程中的告知

犯罪嫌疑人在被拘留之后，将被告知：1）享有将受到拘留的事由通知他人的权利。2）享有要求指定医生为其进行身体检查的权利。3）拘留开始后 20 小时情况下请求律师帮助的权利。4）在拘留结束后 6 个月内向检察官了解结果的权利。5）拘留时进行身份核查过程中，被扣留人应被告知：有权要求将对自己进行的此项查核行动报告共和国检察官，而且有权随时与自己家属或自己选择的任何人联系。6）对于现行犯罪的犯罪嫌疑人，警察当局有义务告

---

① 刘梅湘："犯罪嫌疑人知悉权初探"，载《国家检察官学院学报》2004 年第 4 期，第 67 页。

知对被拘留的现行犯享有××权利。7）沉默权的告知。①

告知方式：对以上权利的告知应当在笔录中加以载述，并由当事人旁注签字。如果当事人拒绝签字，其拒绝的理由应当加以记载。可见，同英美相比，法国对于告知的方式上的程序要求更加严格。

②共和国检察官的告知

1）共和国检察官本人将其提出的立案侦查意见书告知当事人，并通知当事人在预审法官听取其陈述时，可以得到由其本人选择的律师或依职权指派的律师的协助。2）共和国检察官确认被逮捕者的身份后，应当告知被逮捕者受到指控的事实。

（2）预审法官的告知

法国刑诉法规定，预审法官对案件进行审查，如果受追诉者是在共和国检察官提出意见书或受害人的告诉中指名控告的人，那么预审法官应当告知该人"对其实行审查"，由此，被告知者人也被称为"受审查人"。

预审程序当中，预审法官应当对受审查人告知以下内容：1）受审查人的法律处境、被控罪名。2）律师协助权。3）讯问条件：预审法官应当告知受审查人只有在受审查人同意的情况下才能立即对其进行讯问；只有其律师在场时，才能征求受审查人是否同意。4）拒绝陈述权。5）享有完成或者撤销预审的请求权。

除了当庭审查外，预审法官可以通过发送建议函对当事人进行审查。通过建议函告知受审查人上述内容。告知方式均以书面形式实施，要求记入笔录当中，以建议函方式进行的告知应当有由受审查人签名并保存其副本。

预审法官还负有告知鉴定结论的义务。可以通过传唤、挂号信的方式进行。如果受审查人在押，则鉴定结论由监狱机构的主要负责人进行通知，并将由当事人签字的收据原件寄送预审法官。

(3) 律师的知悉权利

首先，在拘留的过程当中，追诉机关对犯罪嫌疑人律师也负有一定的告知义务。律师在与受到拘留的人谈话之后，应当被告知受到追查的犯罪的性质。

其次，作为大陆法系国家，辩方对证据的知悉主要通过律师的阅卷权实

---

① 2002年3月4日的法律将被拘留人的沉默权改为"侦查机关应当告知被拘留人可以在作出声明、回答侦查人员提出的问题或保持沉默之间进行选择"。这种技术性变化，无疑兼顾了权利保护和侦查效率两个对立的价值目标。2002年3月4日的法律对告知例外进行规定：如果有不可克服的情节，侦查机关可以不履行告知义务。由此一定程度上减轻了侦查机关的告知压力。参见陈卫东、刘计划、程雷："法国刑事诉讼法改革的新进展——中国人民大学诉讼制度与司法改革研究中心赴欧洲考察报告之一"，载《人民检察》2004年第10期，第62页。

现。法律规定,鉴定结束后,当事人的律师可以查阅诉讼案卷,也可以在案卷保管处查阅案卷中的任何文件。在预审程序中,如果受审查人已经在押,其律师可以自由地与受审查人互通意见,律师还可以当场查阅案卷。对受审查人进行第一次到案讯问之后,在每个工作日诉讼案卷应随时提交律师查阅、使用,但以保证预审法官预审时的正常工作为条件。各方当事人的律师均可自费取得所有或者部分案卷文书、材料,但只能供本人使用,不得制作复印本。

由于法律赋予了律师能够同受审查人互通意见的权利,所以,律师知悉的内容也能够合法地被受审查人获悉,因此,在法国律师的知悉等同于受审查人的知悉。而由于受审查人本人无权得到送阅的案卷,因此,律师的介入对受审查人自我辩解具有重要的积极意义。

知悉权的保障:由于在法国刑事诉讼法中规定:"不尊重《刑事诉讼法典》第116条所涉及的权利……会引起无效"。① 以及违背《刑事诉讼法典》的任何规定或有任何其他有关刑事诉讼程序规定的实质性诉讼行为,如果侵害了有利害关系的一方当事人的利益,均视其无效。因此,在法国刑事诉讼程序中,侵犯或者剥夺犯罪嫌疑人的知悉权,将会导致追诉机关所进行的诉讼行为的无效。

4. 德国

作为另一个重要的大陆法系国家,德国的知悉权制度和法国一样是由告知义务、诉讼程序参与和律师阅卷权三个部分组成,诉讼参与程序和律师阅卷的规定同法国相似,而在侦控机关的告知义务方面德国具有不同于其他国家的特点。

德国一审刑事诉讼程序一般分为:准备程序、中间程序以及(主要)审判程序。准备程序又称为侦查程序,由检察官主持。在准备程序中检察官可以自行着手或者让区法院或警察人员从事。中间程序是指当检察官已将起诉书向审理法院提出后,到该法院完成对审判程序是否应当开启加以裁判的程序。对德国犯罪嫌疑人知悉权设置的讨论主要集中于准备程序和中间程序之中。

首先,德国侦控机关的告知义务早于其他任何一个国家,在德国,最早的告知义务始于对犯罪嫌疑人身份的确认。德国法中,为了确认每一个犯罪嫌疑人的身份都应当采取必要措施。告知内容是犯罪嫌疑人所涉嫌的犯罪行为。人别讯问适用于"作为被告而被讯问之前",因而早于"米兰达规则"对告知的要求。需要注意的是,在接受人别身份讯问时,如果被告对案情连带做了陈

---

① [法]卡斯东·斯特法尼:《法国刑事诉讼法精义》,罗结珍译,中国政法大学出版社1999年版,第633页。

述，但此时并没有被告知有拒绝陈述的权利，那么，事后被告人如果不愿对案情加以陈述，则他先前所作的案情陈述将不得作为证据使用。

其次，逮捕时的告知是通过逮捕令实现的。逮捕令应当写明：被指控人；犯罪行为、实施行为的时间、地点；犯罪行为的法定要件和适用刑罚的规定；逮捕的理由。被逮捕人通过逮捕令上记载的内容来获悉相关信息。

再次，在德国，搜查时的告知分为事前和事后两种。搜查前应当告知被搜查者搜查的目的。搜查后应当对被搜查人作出书面通知，通知必须阐明搜查的理由，涉及对犯罪嫌疑人搜查的还要列明犯罪行为。

最后，对犯罪嫌疑人进行讯问时的告知内容包括：所犯罪嫌、涉及罪名；律师协助权①；沉默权；能够申请收集证据的权利。

法律规定，如果警察只是进行"广收资讯"的一般性询问，则不需要告知拒绝回答权；而一旦警察在询问某人时，发现有"具体迹象显示"他可能是实施犯罪的人时，该询问就变成了对嫌疑人的"讯问"，因而需要提出权利警告。实践中警察不得假装成私人的身份对嫌疑人问话，借以规避法定的权利告知义务，否则，所获得的嫌疑人陈述不具有证据能力。

作为对知悉权的保护，德国刑事诉讼法规定，如果没有告知被告人享有律师协助权，那么追诉机关所获得的证词不得作为证据使用。但是，对于违反沉默权告知义务情况下所获得的证言能否作为证据使用，理论界曾存在争议，最终，联邦最高法院规定，警察违反了《刑事诉讼法典》第136条的告知规定，将会导致所获得的证据无法使用的不利法律后果。

（三）知悉权一般性标准的建立

如上所述，犯罪嫌疑人知悉权制度的建立，不外乎由侦控机关的告知义务、犯罪嫌疑人对诉讼程序的参与以及对证据的知悉三个方面组成。笔者希望通过对各国规则的总结，归纳出犯罪嫌疑人知悉权的一般性标准。

1. 规则的总结

（1）通过告知义务赋予犯罪嫌疑人知悉权的情况一览表

---

① 法律赋予被告人能够随时地，包括在讯问之前，与由他自己选定的辩护人进行讨论的权利。

国别	被拘留、逮捕时	侦查、讯问过程	被搜查时	解交法官及预审时	鉴定结论
美国	1. 米兰达规则 a. 沉默权 b. 请律师帮助权利 2. 入室逮捕告知	米兰达规则	1. 人身及财产的法律处境 2. 警察身份 3. 搜查目的	初次到庭告知：1. 指控内容 2. 沉默权 3. 律师帮助	
英国	1. 已被捕、羁押的事实和理由 2. 将被捕事实及地点告知他人的权利	1. 沉默权 2. 知悉被辨认、录音、提取标本	1. 警察身份 2. 搜查目的、实施搜查的依据 3. 入室搜查的申请者姓名、签发日期、搜查场所		
德国	1. 被指控人 2. 犯罪行为、实施时间、地点 3. 适用刑罚 4. 逮捕理由	1. 罪名、适用处罚 2. 沉默权 3. 与辩护人讨论权 4. 可申请收集证据 5. 证明有利事实	1. 搜查目的 2. 搜查理由 3. 犯罪行为	1. 不利情况 2. 沉默权 3. 抗告、法律救济权	
法国	1. 通知他人拘留事项的权利 2. 指定医生检查身体权 3. 了解结果权	1. 立案侦查意见书 2. 受指控事实 3. 律师帮助权		1. 已立案、受审事实、罪名 2. 律师帮助 3. 沉默权 4. 每个诉讼阶段以及权利告知	通报鉴定结论

（2）犯罪嫌疑人通过参加诉讼程序享有的知悉权

在国外的预审程序会对犯罪嫌疑人是否应当予以羁押或者交付审判进行听审。例如，英国法律规定：警察将犯罪嫌疑人逮捕后，是否有必要继续进行羁押必须向治安法院申请签发羁押令状。对此申请，治安法院一般要举行专门的听证程序。警察与嫌疑人作为控辩双方参与听审，并发表意见、进行辩论。由此可见，通过听审程序，犯罪嫌疑人及其辩护律师能够从控方获得案件相关证据信息。与此类似的德国、法国等大陆法系国家也均有被追诉人参加诉讼程序的规定，被追诉人通过对庭前审查诉讼程序的参与，能够知悉控方所掌握的与案件相关的证据。因而，犯罪嫌疑人对诉讼的参与也成为知悉权的一个重要组成部分。

（3）犯罪嫌疑人对证据材料的知悉

①英美法系中对证据的知悉

在英美法系国家，犯罪嫌疑人的知悉权除了表现在追诉机关的告知义务和犯罪嫌疑人对听审程序的参与以外，证据开示也是实现犯罪嫌疑人知悉权的一个重要渠道。

英、美等国诉讼法中规定了证据开示的规则，证据开示是当事人主义诉讼模式的产物，也是对抗式诉讼构造的要求。其目的是为了避免证据突袭、保障诉讼程序的公正性，等等。犯罪嫌疑人以及辩护律师通过庭审前控方对辩方的证据开示知悉与案件相关的信息。证据开示成为英美法系国家犯罪嫌疑人获悉案件信息的另一条法定途径。

②大陆法系中对证据的知悉

同英美法系国家不同，德、法等国没有在刑事诉讼中规定证据开示的规则，取而代之的是对辩护律师阅卷权的规定。同法国一样，德国刑事诉讼中辩护人有权查阅移送法院的，或者在提起公诉情况中应当移送法院的案卷，有权查看官方保管的证据。在程序的任何一个阶段，都不允许拒绝辩护人查阅被告人的讯问笔录、法院调查活动笔录、鉴定人的鉴定。① 由于法律同时赋予了辩护律师同犯罪嫌疑人互通意见的权利，所以，律师知悉的内容也能够合法地被受审查人获悉。在大陆法系国家，律师通过行使阅卷权能够获悉与案件相关的资料和信息，对于犯罪嫌疑人而言，律师作为给予其法律帮助的诉讼代理人，他的责任就是提供给犯罪嫌疑人及时、有效的法律帮助和救济，保障犯罪嫌疑人的诉讼权利。律师的知悉同犯罪嫌疑人知悉权的目的是一致的，从另一角度来说，它也是犯罪嫌疑人知悉权的组成部分，二者是统一的。

2. 一般性标准的提出

综观各国对知悉权的规定，我们能够获悉在国际司法实践当中赋予犯罪嫌疑人知悉权的一般性标准：

（1）告知义务的一般性标准

①告知内容

1）实施拘留、逮捕时应当告知：a. 其所处的法律处境；b. 律师帮助权；c. 沉默权；d. 拘留、逮捕的理由，包括所涉嫌的犯罪事实和罪名。

2）侦查讯问过程中应当告知：a. 沉默权；b. 律师帮助权；c. 指控事实。

3）搜查时应当告知被搜查者：a. 搜查者的身份；b. 搜查目的；c. 搜查理由和依据；d. 人身、财产的法律处境。

4）预审法官应当告知受审查人：a. 受审事实及罪名；b. 沉默权；c. 律师帮助权；d. 以其他方式寻求法律救济的权利。

5）羁押时应当告知：实施羁押、延长羁押的事实和理由。

---

① 《德国刑事诉讼法典》，李昌珂译，中国政法大学出版社1995年版，第147页。

②告知方式

既可采用口头告知，也可采用书面告知的方式。但是，为了便于控方在庭审时证明追诉行为是依照诉讼法规定的程序合法进行，一般采用书面的告知方式。告知还应当使用犯罪嫌疑人听得懂的语言进行。

③对告知的监督措施

如若违反法定的告知义务会导致两种不利的诉讼后果：一是追诉机关所进行的诉讼行为无效；二是未经告知获得的证据无效，不能作为证据使用。

（2）犯罪嫌疑人参与诉讼审查程序享受知悉权

无论是英美法系国家还是大陆法系国家，刑事诉讼程序中均设置了犯罪嫌疑人通过参与预审程序以及审前羁押的听审程序获悉与案件相关的内容以及控方的证据信息。在预审程序中预审法官的告知，以及在预审和审前羁押程序当中控辩双方的辩论都赋予了犯罪嫌疑人及其律师对控方证据以及案件情况的进一步知悉。英美法系通过证据开示以及大陆法系通过律师阅卷的方式使得犯罪嫌疑人及其辩护律师实现了对控方证据的知悉。

三、我国犯罪嫌疑人知悉权现状及与国际标准的差异

（一）我国现行刑事诉讼立法和司法实践中对犯罪嫌疑人知悉权的规定

我国刑事诉讼立法对犯罪嫌疑人知悉权的规定主要体现在如下条文中：

1. 对律师帮助权的告知

《刑事诉讼法》第 33 条第 2 款规定：人民检察院自收到移送审查起诉的案件材料之日起三日以内，应当告知犯罪嫌疑人有权委托辩护人。《人民检察院刑事诉讼规则》（以下简称《规则》）第 315 条对告知的方式做了进一步的说明：告知可以采取口头或者书面方式。口头告知的，应当记明笔录，由被告知人签名；书面告知的，应当将送达回执入卷。

对于讯问时对律师帮助权的告知，《规则》第 145 条规定，检察人员第一次讯问犯罪嫌疑人后或者对其采取强制措施之日起，应当告知犯罪嫌疑人可以聘请律师为其提供法律咨询、代理申诉、控告或者为其申请取保候审，并将告知情况记明笔录。1998 年 5 月 14 日发布的《公安机关办理刑事案件程序规定》第 36 条、第 37 条规定：公安机关在对犯罪嫌疑人依法进行第一次讯问后或者采取强制措施之日起，应当告知犯罪嫌疑人有权聘请律师为其提供法律咨询、代理申诉、控告，并记录在案。对于涉及国家秘密的案件，公安机关应当告知犯罪嫌疑人聘请律师须经公安机关批准。

2. 对鉴定结论的告知

《刑事诉讼法》第 121 条规定：侦查机关应当将作为证据的鉴定结论告知犯罪嫌疑人、被害人。《规则》第 205 条规定：用做证据的鉴定结论，人民检

察院办案部门应当告知犯罪嫌疑人、被害人。该条还规定：告知犯罪嫌疑人、被害人或被害人的法定代理人、近亲属、诉讼代理人的鉴定结论，可以只告知其结论部分，不告知鉴定过程等其他内容。

3. 对于诉讼权利的告知

《规则》第26条规定：人民检察院作出驳回申请回避的决定后，应当告知当事人及其法定代理人如不服本决定，有权在收到驳回申请回避的决定书后五日内向原决定机关申请复议一次。第253条规定：讯问犯罪嫌疑人或者询问被害人、证人时，应当分别告知其在审查起诉阶段所享有的诉讼权利。

4. 拒绝取保候审理由的告知

《规则》第40条规定：被羁押的犯罪嫌疑人及其法定代理人、近亲属和聘请的律师向人民检察院申请取保候审，……经审查不符合取保候审条件的，应当告知申请人，并说明不同意取保候审的理由。

5. 对于拘留、逮捕的告知

《刑事诉讼法》第64条、第71条进行了非明示的规定：公安机关拘留人的时候，必须出示拘留证。拘留后，除有碍侦查或者无法通知的情形以外，应当把拘留的原因和羁押的处所，在24小时以内，通知被拘留人的家属或者他的所在单位。公安机关逮捕人的时候，必须出示逮捕证。逮捕后，除有碍侦查或者无法通知的情形以外，应当把逮捕的原因和羁押的处所，在24小时以内通知被逮捕人的家属或者他的所在单位。

（二）我国犯罪嫌疑人知悉权与国际标准的差距

我国对犯罪嫌疑人知悉权的规定并没有如同西方国家一样由侦控机关告知义务、犯罪嫌疑人对诉讼的参与以及证据开示或者律师阅卷组成。法律明文规定的只有上述的几项告知义务。可以说在我国犯罪嫌疑人知悉权制度处于一种缺失的境地。

1. 告知制度同国际上犯罪嫌疑人知悉权的一般性标准的差距

（1）对犯罪嫌疑人实施拘留或者逮捕时没有明确规定告知内容。其一，法律没有明文规定侦查机关的口头告知义务，其二，尽管刑事诉讼法第64条、第71条、第111条规定公安机关拘留、逮捕犯罪嫌疑人以及进行搜查时必须出示拘留证、逮捕证、搜查证（在执行逮捕、拘留的时候，遇有紧急情况，不另用搜查证也可以进行搜查）。但是，法律却没有明文规定出示的拘留证、逮捕证应当记载的内容。因而，在被实施拘留或者逮捕的时候，犯罪嫌疑人明确了解案件信息及权利信息存在困难。

（2）讯问时没有规定完整的告知义务。我国刑事司法传统是"坦白从宽，抗拒从严"，司法实践中侦查机关对待讯问的对象一贯要求其"老实交代问题，争取从宽处理",往往忽视了对犯罪嫌疑人应当享有什么样的权利告知。除了对律师帮助权的告知外,在讯问时对犯罪嫌疑人的首要"告知"仍是"如实回答侦查人员的提问",其次才是"对与本案无关的问题有拒绝回答的权利"。①

（3）我国对实施羁押的理由和撤销羁押、延长羁押的理由和救济权利均没有规定告知义务。尽管我国《刑事诉讼法》第64条、第71条规定，犯罪嫌疑人被拘留或逮捕后，除有碍侦查或无法通知的情形以外，应把拘留或逮捕的原因及羁押的处所，在24小时以内通知被拘留或逮捕的人的家属或者所在单位。但这一规定能否等同于犯罪嫌疑人的知悉还存在问题，因为法律并没有赋予家属或者工作单位告知犯罪嫌疑人上述内容的权利。另外，由于法律对何为"有碍侦查"，何为"无法通知"缺乏明确的规定，在司法实践中侦查机关为满足自身需要，往往对有碍侦查或无法通知的情形作出随意性比较大的解释，一方面不严格履行24小时以内的通知义务，另一方面，即使在24小时以内通知了其家属或所在单位犯罪嫌疑人已被拘留或逮捕，也不告知羁押场所和采取强制措施的原因。同时，有关法律也未具体规定延长羁押的理由，更未规定犯罪嫌疑人如何对可能发生的因为非法拘留或逮捕导致的非法羁押提出控告的程序和寻求救济的途径。

（4）《规则》第253条尽管规定了犯罪嫌疑人在被讯问时应被告知其在审查起诉阶段享有诉讼权利，但并没有具体说明应当告知犯罪嫌疑人在审查起诉阶段所享有哪些诉讼权利。没有落到实处的法律规定其必然结果就是导致该条规定在司法实践中难以得到履行。②

（5）对采取限制人身自由、通信自由和财产权利的强制性措施所依据的事实和法律缺乏知悉的途径。从刑事诉讼法规定的情况来看，限制人身自由、通信自由和财产权利的措施主要有取保候审、监视居住、搜查、扣押、冻结等，侦查机关对犯罪嫌疑人适用取保候审、监视居住、搜查等措施时，并不需要说明理由和依据，在冻结犯罪嫌疑人存款、汇款或者扣押犯罪嫌疑人的邮件、电子邮件后也根本不进行解释。因此，犯罪嫌疑人几乎无从知晓侦查机关

---

① 参见我国《公安机关办理刑事案件程序规定》第180条之规定。
② 据笔者调查，浙江等地检察院规定了在侦查贪污贿赂案件过程中，在第一次采取强制措施的时候就要通过犯罪嫌疑人权利义务告知书告诉犯罪嫌疑人有核对笔录、申请回避、辩解、聘请律师、申请取保候审的权利，以及审查起诉阶段享有聘请律师、对鉴定结论等可以提出疑义的权利等，并由犯罪嫌疑人阅读后签名捺印。重庆市人民检察院第一分院也要求承办人在审查起诉阶段讯问嫌疑人时，应当向嫌疑人出示权利义务告知书，并由嫌疑人阅读后在上面签名捺印。尽管如此，但由于我国刑诉法规定的不明确以及违背该条的法律后果未加以规定，在我国大部分地区的检察系统并没有同样的规则加以实施。这也体现我国司法系统在程序操作上的地区性差异。

为什么要对他采取这些强制措施以及对他采取这些措施的法律依据是什么。

（6）告知方式上没有进行规定。我国法律除了对检察机关负有向犯罪嫌疑人告知享有律师帮助权的义务规定了具体的告知时间和方式外，没有对犯罪嫌疑人其他权利的告知在告知方式和告知时间上作任何具体规定。

（7）缺乏最基本的制度保障机制。"无救济即无权利"，而我国法律缺乏对追诉机关告知义务的监督机制，侦控机关违反告知的义务并不会导致什么不利的法律后果。由于缺乏法律的制约，就导致我国法律当中仅有的几个告知义务的条文也难以履行。

2. 我国犯罪嫌疑人无法通过参加司法审查程序享有知悉权

同国际刑事诉讼一般规则相比，我国缺少正式审判前的听审和预审程序，犯罪嫌疑人通过参与这些程序了解案件情况和控方证据信息就根本没有可能。

一方面，我国正式审判之前没有西方国家的预审程序，犯罪嫌疑人被侦查机关拘留、逮捕后，经过公诉机关对的审查起诉案件就直接被交付法院审判定罪量刑。整个刑事诉讼过程并没有中间程序的存在，因而，犯罪嫌疑人及其辩护律师无法通过预审途径进一步知悉案件信息。

另一方面，我国对于审前羁押缺失司法审查程序。在国外，逮捕和羁押在适用程序方面是明显分离的，逮捕不过是以强制方式使嫌疑人到案的一种措施，它一般只会带来较短时间的人身监禁。如果要对嫌疑人、被告人实施较长时间的监禁，即采取羁押的措施，必须通过司法机构的审查和授权。首先警察或者检察官对犯罪嫌疑人实施逮捕之后，必须在尽可能短的时间内将犯罪嫌疑人提交给司法官员，然后司法官员经过听证或者讯问听取控辩双方的意见或者辩论，就羁押的理由和必要性进行审查，然后就是否羁押以及羁押的期限作出裁决。并告知被羁押人羁押的理由、期限，如果延长羁押同样需要告知其延长的理由和期限等内容。因此，犯罪嫌疑人通过参与对羁押的听审程序就能够获知与案件相关的信息，程序的参与和司法官员对羁押理由、期限的告知构成了犯罪嫌疑人知悉权的一个重要部分。

但是在我国，对审前羁押没有形成一个独立的、封闭的司法控制系统，羁押是依附于刑事拘留和逮捕两种强制措施存在的。羁押在我国并不是一种法定的强制措施，它只是由刑事拘留和逮捕的适用所带来的持续限制嫌疑人、被告人人身自由的当然状态和必然结果。对嫌疑人采取拘留、逮捕就会形成较长时间的人身监禁。而对拘留、逮捕的审查只是侦控机关单方面的审查批准，是对嫌疑人的单方司法行为。因而在我国的羁押中没有，也无法履行外国刑事诉讼中的审查程序。犯罪嫌疑人没有机会参与对羁押的审查程序，法律也没有规定对羁押理由和期限的告知，更没有对延长羁押时间以及寻求司法救济内容的告知，犯罪嫌疑人对羁押的知悉在我国是缺失的。

3. 律师阅卷制度同国际犯罪嫌疑人知悉权一般性规则的差距

律师通过行使阅卷权了解案情和控方掌握的相关证据来保障犯罪嫌疑人诉讼权利，是犯罪嫌疑人享有知悉权的一个重要的组成部分。我国尽管也规定了律师的阅卷权，但同大陆法系国家的一般规则相比较却存在很大的差异。

（1）律师阅卷内容同国外相比具有局限性

法律规定上，我国《刑事诉讼法》第36条规定：辩护律师自人民检察院对案件审查起诉之日起，可以查阅、摘抄、复制本案的诉讼文书、技术性鉴定材料，可以同在押的犯罪嫌疑人会见和通信。其他辩护人经人民检察院许可，也可以查阅、摘抄、复制上述材料，同在押的犯罪嫌疑人会见和通信。《规则》第319条进一步规定，诉讼文书包括立案决定书、拘留证、批准逮捕决定书、逮捕决定书、逮捕证、搜查证、起诉意见书等为立案、采取强制措施和侦查措施以及提请审查起诉而制作的程序性文书。技术性鉴定材料包括法医鉴定、司法精神病鉴定、物证技术鉴定等由有鉴定资格的人员对人身、物品及其他有关证据材料进行鉴定所形成的记载鉴定情况和鉴定结论的文书。

由此可见，我国法律尽管对律师在审查起诉阶段的阅卷权有所规定，但却将律师能够查阅的内容限定在非常狭小的范围之内，即只能查阅拘留证、逮捕证、搜查证等诉讼文书和技术性鉴定材料。可以说这些诉讼材料和鉴定材料对于辩护成败是无关痛痒的，这同国外律师能够查阅同案件有关的证据材料的规定相距甚远。

（2）律师阅卷的知悉同犯罪嫌疑人的知悉相分离

在大陆法系国家刑事诉讼立法中，均明确规定了律师同犯罪嫌疑人互通意见的权利，使得律师同犯罪嫌疑人能够合法交流其通过阅卷或者其他方式获悉的内容，使得辩护律师的知悉和犯罪嫌疑人的知悉相等同。

但是，我国法律仅仅规定了律师的阅卷权利，对于律师同犯罪嫌疑人交流方面却没有做全面的规定。没有了法律作为行为的保障和依据，律师同犯罪嫌疑人的交流在我国的刑事诉讼司法实践当中变得异常脆弱。加之实践中为避免律师同犯罪嫌疑人单独见面交流，而设置侦控人员在场以及对谈话内容实施监控、录音等措施，更加使得律师知悉同犯罪嫌疑人知悉相互脱节。因而，笔者认为在我国并不具有通过律师阅卷权实现犯罪嫌疑人对证据知悉的情况。

（三）在我国设置犯罪嫌疑人知悉权制度的几个难题

由上文可知，我国刑事诉讼同国际上对犯罪嫌疑人知悉权的一般性标准相比存在很大的差距。而这种差距的形成是由我国的刑事诉讼现有体制造成的。笔者通过阐述上述差距的制度原因，加深我们对这一制度建构背景的理解和认识。

1. 我国侦查秘密原则环境中难以建立犯罪嫌疑人知悉权

侦查秘密原则是世界各国刑事诉讼程序奉行的一项重要原则，它在刑事诉讼侦查过程中起着相当重要的作用。案件侦破过程中犯罪分子为了逃避打击，常常进行各种反侦查活动，例如伺机窥探犯罪侦查工作的内情，打探侦查信息，从而采取相应的对策与侦查机关对抗，等等。如果侦查行动或侦查活动所获知的相关事项被不当泄露，就可能引起犯罪分子毁灭证据、与同伙订立攻守同盟，或导致犯罪分子携款潜逃，或引起犯罪分子对检举人、控告人打击报复，或引起犯罪分子对证人进行威胁、恐吓和利诱使其不敢作证或作伪证。这种后果是严重的，将会极大地危害侦查活动的顺利进行，并最终导致打击犯罪的目的不能实现。所以，为了避免上述情况的发生，根据侦查的内在规律和原则，侦查活动应当具有一定的秘密性，因而在侦查过程中采取秘密原则。另一方面，各国为了遏制侦查阶段因为侦查程序的不透明性、神秘性导致的暴力取证、刑讯逼供、威胁利诱等损害公民合法权利的现象的发生采取了一系列的重要措施，即有条件的增强侦查活动的透明度和加强犯罪嫌疑人的正当防御能力。侦查秘密原则和防御权的赋予本身是并行不悖的，二者均是现代侦查制度的要求。但在我国的刑事司法中却缺乏对防御权的重视，为了成功侦破案件，无论是立法还是司法实践都尽可能避免对犯罪嫌疑人防御权的赋予。作为对立双方，对犯罪嫌疑人的防御权的加强就必然会加剧侦查机关侦破案件的难度，这在追求案件真实、实体公正，有效打击犯罪的我国刑事诉讼价值取向是无法接受的。不仅如此，我国侦查实践中，侦查机关为了提高破案率、追究犯罪还借助侦查秘密原则的名义滥用侦查权。在我国这样片面追求秘密侦查的诉讼背景下，保障犯罪嫌疑人知悉权存在难题。

（1）我国的侦查秘密原则下律师知悉能否等同于犯罪嫌疑人知悉

在前文中，我们提到律师的阅卷权是犯罪嫌疑人知悉权的重要组成部分，其中一个重要的原因就在于法律赋予了律师同犯罪嫌疑人交流沟通的权利，律师能够将其知悉的案件及证据情况告知犯罪嫌疑人，二者的知悉是统一的，律师的知悉权能够等同于犯罪嫌疑人的知悉权。但是在我国实施的侦查秘密原则之下，律师成为保守案件秘密的义务主体，尽管修改后的刑事诉讼法规定了，律师在侦查阶段就可以提前介入，但却没有赋予律师能够告知犯罪嫌疑人案情的权利。失去了立法上的保障，律师对犯罪嫌疑人的告知就变成"非法"。另一方面，司法实践中侦查机关也为律师的告知设置重重的障碍：其一，动辄以案件涉及国家秘密为由拒绝律师的会见。其二，即使律师能够会见当事人，侦查机关也对会见的全过程进行监听和录像或者在会见时派侦查人员在场以避免律师同犯罪嫌疑人的"沟通"。所以在我国律师即使会见了犯罪嫌疑人也不能涉及案情,又碍于侦查人员在场更无法交流,现在的律师会见犯罪嫌疑人所起的作用往往只是通知犯罪嫌疑人"家属为你请了律师、家里一切都好让你放心",或者是"你和家里有什么事情需要我们代为转达(当然不能涉及案情)",等等。其三,以《刑法》第306条"律师伪证罪"阻碍律师的告知。庭审前阶段辩护律师帮助犯罪嫌疑人洗脱嫌疑是其工作职责所在,为了给犯罪嫌疑人提供有效的辩护而向其透露相关案件信息是不可避免的,而《刑法》第306条则是悬于律师头顶的一把利剑,辩护人稍不留意就会身陷囹圄。在司法实践中侦控机关常以犯罪嫌疑人、被告人的所谓揭发、检举材料为线索或主要依据,查办和确认辩护律师实施教唆犯罪嫌疑人、被告人翻供的行为进而以伪证罪追究辩护律师的刑事责任。但是,据统计这些年因伪证罪被判入狱的律师,最后80%都被无罪释放。出现上述情况的原因,一是我国立法上规定不明确,在律师能否告知犯罪嫌疑人其所知悉案情上产生立法盲区;二是侦控机关防范意识过重,过度追求侦查秘密性。当然,在律师行业中有个别律师缺乏职业道德也是形成上述状况的因素之一。可以说,在我国的侦查秘密原则下律师知悉无论是从立法上还是从司法实践上看都是同犯罪嫌疑人知悉相分离的,这造成了我国犯罪嫌疑人知悉权的一大缺失。

(2) 如何在我国的侦查秘密原则下使侦查机关履行告知义务

作为另外两个负有保守秘密义务的主体,公安机关、检察机关对犯罪嫌疑人的告知义务也同秘密侦查原则相冲突。侦查机关作为侦查行为的主体,通过对犯罪嫌疑人的讯问,对证据的调查收集破获案件是其工作的必然要求。特别在讲求"破案率"的政策下,为了更好地完成工作任务,给予犯罪嫌疑人越少的防御权、侦查行为能够越秘密地进行,就越有利于案件的破获。在我国侦查仍然是刑事诉讼的中心阶段,审查起诉和审判一定程度上不过是对侦查结论的审查和确认。法庭上大量采用的不是被告人当庭所作的供述和辩解,也不是证人亲自出庭所做的证言,而是侦查人员在侦查阶段通过单方面的讯问和询问所制作的口供笔录和证言笔录。这一现实不仅强化了侦查在刑事诉讼中的核心地位,也使得侦查阶段获取证据,特别是犯罪嫌疑人的口供对于最后定罪量刑具有重要意义。所以,在以侦查为中心的诉讼格局中,任何导致证据特别是口供获取困难的改革都会遭到严重的阻碍。对犯罪嫌疑人知悉权的赋予同样会导致侦查的低效率以及促成反侦查力量的强大,必然会遭到强烈的抵制。

2. 程序性制裁的缺失难以对犯罪嫌疑人知悉权加以保障

我国刑事诉讼没有建立专门的程序性裁判机制,犯罪嫌疑人知悉权难以得到有效保障。对我国刑事诉讼程序的监督主要通过检察机关进行,然而,检察官本身与案件有着直接的利害关系,其监督缺乏最起码的中立性和超然性。而且在一定范围内检察机关还充当侦查的主体,更难以对自己的违法行为实施监督,因此,"检察监督"对犯罪嫌疑人权利保障方面的作用极其有限。在检察监督之外,修改后的《刑事诉讼法》第 191 条规定了二审法院对一审法院违反法律规定的诉讼程序加以撤销原判、发回重审的程序性制裁措施。但是对于审判前阶段侦控机关的违法行为除了最高法院颁布的《关于执行〈中华人民共和国刑事诉讼法〉若干问题的解释》第 61 条之外没有确立任何的程序性制裁措施。该司法解释规定"严禁以非法的方法收集证据。凡经查证确实属于采用刑讯逼供或者威胁、引诱、欺骗等非法的方法取得的证人证言、被害人陈述、被告人供述,不能作为定案的根据"。这是迄今为止有关非法证据排除的唯一规定。

程序性违法行为的裁判者只能由法院担任,无论由公安机关还是检察机关充当裁判都将违背"不得担任自己案件的法官"这一程序正义原则。然而我国法院并未就程序性违法行为举行专门的司法裁判活动,对于刑事强制措施以及诉讼整个过程是否具备合法性,法院也从来不作司法审查和司法裁判。可以说,我国刑事诉讼中并没有建立任何针对保障犯罪嫌疑人权利的程序性的裁判机制。[1]"无救济即无权利",没有对侵犯犯罪嫌疑人知悉权行为设置相应的程序性制裁措施,知悉权就难以得到保障,权利的设置也只能是空有其名。然而在我国现有的刑事司法制度下法院能否将其司法裁判权延伸至对犯罪嫌疑人知悉权的保障上面是令人质疑的问题。

3. 现有的侦查制度决定犯罪嫌疑人难以实现对羁押的知悉

如前所述,在国外,是否对嫌疑人采用羁押等强制措施要通过听审程序决定。犯罪嫌疑人可以通过参与听审获悉案件信息,嫌疑人对听审程序的参与以及司法官员对羁押理由、期限的告知是犯罪嫌疑人知悉权的重要组成部分。但在我国的侦查制度下,由于没有一个独立的,封闭的羁押控制系统,羁押是依附于刑事拘留和逮捕两种强制措施存在的。只要侦查机关对嫌疑人采取拘留、逮捕的强制措施必然会导致对犯罪嫌疑人形成较长时间的人身监禁。对于是否应当采取拘留或逮捕措施,只需要侦控机关单方面进行审查和批准,犯罪嫌疑人无法涉足,它只是对嫌疑人的单方面司法行为。由于这种侦查制度,就决定了在我国就审前羁押问题无法实行外国刑事诉讼中的司法审查程序,犯罪嫌疑人无法通过参与对羁押的审查程序就是否羁押同侦查机关进行辩论,从而获悉

---

[1] 陈瑞华:《问题与主义之间——刑事诉讼基本问题研究》,中国人民大学出版社 2003 年版,第 243 页。

案件相关信息。另一方面，独立的羁押程序的缺失也导致无法通过立法对审前羁押这一司法状态规定告知义务。犯罪嫌疑人既无法得知对其实施羁押的理由和期限，也无法得知延长羁押的依据，更无法获知如何对非法羁押加以控告寻求法律救济。

四、建构我国的犯罪嫌疑人知悉权制度

（一）在我国设置犯罪嫌疑人知悉权的必要性

1. 这是加强我国犯罪嫌疑人诉讼主体地位的必然要求

我国刑事诉讼法把犯罪嫌疑人列为当事人，使其诉讼主体地位在理论上以及立法中得到确认，但是，我国刑事审判前程序的超职权模式所具有的封闭性、专权性特点决定我国采用的是典型的纠问式侦查体制，侦、辩力量严重失衡，犯罪嫌疑人主体地位也未能得到真正的实现。而知悉权作为犯罪嫌疑人的一项基本的权利，是实现其他权利的基础，更是强化犯罪嫌疑人诉讼主体地位的重要内容。如果不能知悉足够的信息，犯罪嫌疑人就无法知道自己权利被侵犯的事实，也就无法很好地行使自己的权利，更无法同破坏、侵犯自己权利的人或者行为进行抗争。因此，设置犯罪嫌疑人的知悉权既成为犯罪嫌疑人诉讼主体地位的要求，也是实现犯罪嫌疑人主体地位的保障。

2. 这是强化我国犯罪嫌疑人防御权的要求

侦查阶段赋予被追诉方一定的防御性权利是保障侦查程序正当性的必要条件。各国宪法或者刑事诉讼法中都对有关的诉讼权利进行明确、具体的规定，而犯罪嫌疑人的知悉权正是其中的重要组成部分。但在我国的刑事诉讼法中并没有相关的规定，相反侦查机关还可以以妨碍侦查为由，对犯罪嫌疑人的辩护准备活动施加限制和干预。犯罪嫌疑人在侦查阶段只能处于被动的服从和配合地位，没有自由的选择权。实践中，侦查机关在采取专门调查活动和强制性措施时，一般都不履行告知义务，而是直接自行作出有关的决定或者实施有关的侦查措施。被追诉方的诉讼权利与侦查权力严重失衡。因此，有必要对我国犯罪嫌疑人的防御权进行加强，而首要的任务就是明确犯罪嫌疑人的知悉权，因为知悉权是犯罪嫌疑人行使其他权利的前提和基础。

3. 这是增强侦查透明度的要求

正如前面所谈到的，我国奉行侦查秘密原则，但是我国强职权主义下的侦查秘密原则同其他国家却是不同的。各国为了遏制在侦查活动中的暴力取证、刑讯逼供、威胁利诱等现象，在实行侦查秘密原则的同时还有条件地增强侦查活动的透明度和加强犯罪嫌疑人的正当防御能力。主要体现在：（1）实行强制侦查令状制度，由法院对侦查机关的活动实施监督；（2）赋予犯罪嫌疑人防御权；（3）赋予律师更多权利，从而提供嫌疑人更有效的帮助，并监督侦查活动；等等。犯罪嫌疑人知悉权就是上述措施中重要的组成部分。这些措施的设置使得侦查秘密原则在合理、合法的范围内得到适用。① 而我国的侦查程序却缺乏对犯罪嫌疑人防御权的赋予和对侦查行为的监督，从而导致行政权横行和侦查权的滥用。要使我国的侦查秘密原则具有正当性也同样需要增强侦查活动的透明度，而赋予犯罪嫌疑人知悉权正适应了这一要求。赋予犯罪嫌疑人知悉权，让犯罪嫌疑人和辩护律师了解案件和诉讼的相关信息，不仅是防止犯罪嫌疑人正当权益遭受非法侵害的重要屏障，还是增强侦查透明度，保证我国侦查程序正当性的要求。

（二）借鉴国际一般性规则设置我国犯罪嫌疑人知悉权制度

笔者以国际上对犯罪嫌疑人知悉权的一般性规定为基础，对我国犯罪嫌疑人知悉权的建构提出自己的设想。

由于我国与西方刑事诉讼制度的差异，尽管正式庭审前被追诉者的称谓有所不同，但我国犯罪嫌疑人承受的强制措施、诉讼状态同西方受审查人、被告人有交叉重合之处。因而，在此不仅对侦查程序中被追诉者的知悉权加以借鉴，还要对国外预审、听审程序中被追诉者的知悉权进行必要的借鉴。

1. 侦控机关告知义务的设置

（1）告知的内容

第一，实施拘留、逮捕时应当告知犯罪嫌疑人：a. 其所处的法律处境；b. 拘留、逮捕的理由，包括所涉嫌的犯罪事实和罪名；c. 律师帮助权。

需要说明的有两点：其一，因为我国刑事诉讼法并没有赋予犯罪嫌疑人、被告人沉默权，因而为了避免理论冲突，无论是在实行强制措施还是对被追诉人加以讯问之时均没有规定对沉默权的告知义务。其二，刑事诉讼法规定犯罪嫌疑人在被侦查机关第一次讯问后或者采取强制措施之日起可以聘请律师为其提供法律帮助。而要求侦查机关对犯罪嫌疑人实施拘留、逮捕之时就告知其律师帮助权同法律规定略有出入，但笔者认为采取强制措施之初对律师帮助权的告知对于加强犯罪嫌疑人的防御权来说是必要的。

第二，侦查讯问过程中应当告知：a. 律师帮助权；b. 指控事实。

第三，搜查时应当告知被搜查者：a. 搜查者的身份；b. 搜查的目的；c. 搜查的理由和依据；d. 搜查后应当告知其人身和财产的法律处境。

第四，对犯罪嫌疑人的邮件、电子邮件、电报实施扣押；对犯罪嫌疑人存款、汇款进行冻结的，应当在事后告知犯罪嫌疑人上述对象的法律处境。一般来说，可在侦查终结以后进行告知。

---

① 赵爱华、唐磊："侦查秘密性原则"，载《四川警官高等专科学校学报》2003 年第 1 期，第 48 页。

第五，羁押时应当告知：实施羁押、延长羁押的事实和理由。

由于我国拘留、逮捕同羁押没有相分离，在现有的侦查制度下只有加强对逮捕、拘留事由的告知来达到对羁押事实和理由告知的效果。但羁押作为审判前最严厉的一种强制措施，是对犯罪嫌疑人人身自由的剥夺，对于犯罪嫌疑人权利保障非常重要。所以，将审前羁押纳入司法审查范围，告知犯罪嫌疑人实施羁押、延长羁押的事实和理由并赋予犯罪嫌疑人寻求司法救济的权利势在必行。

（2）告知方式

告知方式可以采用口头方式也可以采用书面方式。侦查机关的口头告知应当主动进行，书面方式告知主要通过出示拘留证、逮捕证以及情况告知书进行。拘留证、逮捕证上应当载明指控罪名。情况告知书中应当记载法律规定的在这一诉讼阶段应当告知的内容，并由犯罪嫌疑人阅读后签字捺印。

2. 犯罪嫌疑人对控方证据材料知悉程序的设置

为了改变法官"先判后审"、"先定后审"的诉讼现象，我国1996年刑事诉讼法对案卷移送方式加以改变，将"卷宗移送主义"改变为"复印件主义"，但在控辩双方证据知悉方面却并未确立如英美法国家的证据开示制度。审查起诉阶段赋予律师的阅卷权也并非是全卷阅卷，因而，在新刑诉法的规定下律师查阅案卷、获悉相关涉案信息的难度比刑诉法修改前更为困难，无形之中限制甚至剥夺了辩护律师从控方全面了解证据的权利。在这样的背景下，对如何实现犯罪嫌疑人对证据材料的知悉，笔者提出了两种方案加以考虑。

（1）通过维护并增强律师的阅卷权保障犯罪嫌疑人对证据材料的知悉

要通过律师阅卷实现犯罪嫌疑人对控方证据材料的知悉，必须做到以下两点。首先，扩大律师在人民检察院阅卷的内容。将律师阅卷范围从一般的诉讼文书和鉴定材料扩大到控方所掌握的一般的证据材料上来（涉及他人商业秘密或者国家重大机密除外）。以此保障律师阅卷权能够落到实处，律师能够真正获悉涉案的证据材料而不仅仅是些无关痛痒的内容。其次，须从立法上赋予律师同犯罪嫌疑人沟通交流的权利，使得辩护律师向犯罪嫌疑人告知其所掌握的案件情况和证据信息的行为合法化。有了法律的明文规定，律师对证据材料的知悉才能同犯罪嫌疑人的知悉相统一，从而真正实现犯罪嫌疑人对证据材料的知悉权。

（2）通过在审查起诉阶段设置证据开示制度实现犯罪嫌疑人对证据的知悉

证据开示的基本含义是指，庭审调查前在双方当事人之间相互获取有关案件的信息。① 审查起诉阶段刑事证据开示是指在人民检察院对案件审查起诉阶段,公诉人、被害人的诉讼代理人与犯罪嫌疑人、辩护人之间,依照一定程序和原则,进行刑事案件证据交换或展示的活动。在侦查终结移送审查起诉后,案件的基本证据情况已为检察官掌握,控方证据已基本成形,在这种情况下,检察官应当及时向辩护人开示证据,从而保障辩护律师的阅卷权,防止诉讼突袭、维护控辩平衡。通过证据开示程序犯罪嫌疑人和辩护律师能够获悉控方掌握的证据信息,从而有效做好防御准备。审查起诉阶段证据开示制度要点在于:a. 开示地点:检察院。由于公诉人的办公地点相对比较集中和稳定,因此将证据开示的地点设在检察院,由检察官主持,控辩双方作相互的证据开示比较适宜。b. 开示范围:检察官应当开示其掌握的、在侦查阶段形成的一切证据材料(如果证据内容涉及他人商业秘密、国家重大机密,一旦开示将损害国家、他人利益,将不利于其他案件的侦查、起诉的证据,检方可以拒绝开示)。由于辩护律师自审查起诉之日起就可以进行调查取证,因此,在人民检察院审查起诉之日起至提起公诉之日这个期间,辩方如果已经收集到的证据材料,也应及时向控方开示,如不在犯罪现场等证据,从而有助于检察官准确提起公诉,避免错诉。c. 如果在开示证据的过程中,双方产生矛盾无法调和,公诉人应宣布证据开示程序暂时中止。证据开示中止后,争执各方应尽快将有关争执情况、争执的事项和原因以书面形式提交法院,法院在接到争执各方提交的材料进行裁决。对法院的裁决,争执各方必须遵行。

3. 犯罪嫌疑人知悉权保障机制的设置

"无救济即无权利","有违法则必有制裁"这是亘古不变的真理,要真正实现犯罪嫌疑人的知悉权,必然需要建立完整严密的权利保障机制。有效防止侦控机关侵犯犯罪嫌疑人知悉权的必要途径则是建立我国对于侵犯犯罪嫌疑人知悉权的程序性制裁机制。

所谓程序性制裁,是指刑事诉讼法针对程序性违法行为所建立的程序性法律后果。程序性违法行为是指警察、检察官、法官违反刑事诉讼程序的行为。从制裁方式上来看,程序性制裁主要通过宣告程序违法者的证据、行为或裁决丧失法律效力的方式来发挥惩罚违法者的作用。② 我国现行的程序性制裁有两类:一是针对非法证据的排除规则;二是针对一审法院违反法定诉讼程序行为的撤销原判、发回重审制度。要建立针对犯罪嫌疑人的程序性裁判程序机制需要做到以下几点:

---

① 龙宗智:《相对合理主义》,中国政法大学出版社1999年版,第258页。
② 陈瑞华:《问题与主义之间——刑事诉讼基本问题研究》,中国人民大学出版社2003年版,第243页。

首先，由被告人提出申请发动程序。我国现有的两种程序性制裁均强调法院对程序性违法的主动制裁，但是，没有利害关系人提出申请的情况下法院不可能获知程序性违法的发生，不可能主动排除非法证据或者撤销原判、发回重审。对于犯罪嫌疑人知悉权保护同样如此，只有通过被侵权人的申请法院才能获悉违法行为的发生从而启动程序性制裁机制。

其次，只有法官能作为程序性制裁机制审查的主体，侦控机关同调查事项有利害关系因而无法扮演审查者的角色。接受申请后法官应当举行庭审，就申请事实听取控辩双方的意见，从而判断侵犯公民知悉权的行为是否存在。

最后，法官通过审查，如果侦控机关行为的确侵犯了犯罪嫌疑人的知悉权，则对其采取程序性制裁措施。对于违反讯问时的告知义务而侵犯犯罪嫌疑人知悉权的，由该行为收集到的口供适用非法证据排除原则。在实施其他强制措施时侵犯犯罪嫌疑人知悉权的，如果严重破坏了程序公正性原则，则通过该行为收集的证据为非法证据，禁止其作为指控证据使用。

规律·系统·角色
——检察一体的定位分析

曾 军[*] 师亮亮[**]

检察一体，又称"检察一体制"、"检察一体化"、"检察官一体"，有时也称为"检察一体主义"或者"检察一体原则"。尽管称谓不一，但其指向都是检察权科学合理配置所形成的稳定权力结构。检察一体这种权力结构不仅关涉到检察体制的结构性平衡，更关涉到中国政治发展在权力和法治这两个向度上的现实契合。为此，我们需要对检察一体的权力结构进行多维度的定位分析，以期为中国检察体制的改革提供一个整体性的思路。

一、检察一体——中国特色司法规律的内在要求

规律是客体内部诸要素之间的和环境条件之间的本质联系及其整体性的必然联系。[①] 司法，按照传统观点，就是法院的裁断。司法规律也可理解为审判权运行时发生的各种必然的联系。这样的观念主要植根于西方国家三权分立式的宪政模式，即立法权、行政权、司法权三权分立。在西方学者及政治家看来，司法权归法院或法官独享，而检察机关则隶属于行政机关，其权力的行使也正是基于行政权要对司法权制约的三权分立观念。在西方的概念语境中，司法规律仅仅是审判权的规律，检察权的规律一般视为行政规律的范畴。然而，司法之于中国的意义有别于西方，其范围不能限于单一的审判，而应是"代表国家对危害统治秩序的行为进行追究，以强制力将国家意志付诸实施的活

---

[*] 重庆市人民检察院第五分院研究室主任
[**] 重庆市人民检察院第五分院研究室干部
[①] 杨景发：" 从真理的定义问题说起——不应将规律概念作为真理的定义概念"，载《陕西社会主义学院学报》1995年第3期。

动"。① 也就是说中国的检察活动也是属于司法范畴的。推而论之，中国特色的司法规律包括审判权和检察权两种权力的运行规律。审判机关为司法机关是各国的通例，无须多议，检察机关被称为司法机关则由中国的具体条件所决定。中国检察机关作为司法机关不仅有明确的政策②和宪法渊源，也有相应的历史传统。中国实行的是"议行合一"的宪政体制，有别于西方三权分立式的模式。宪法明确规定人大是权力机关和立法机关，政府是行政机关，检察院和法院同属司法机关。从政策性文件和宪法的规定可以看出，我国的检察权是属于司法权性质的，而且检察权是与立法权、军事权、行政权和审判权相区别而独立存在的。历史传统和现实国情决定，权力的集中统一行使是中国权力运行规律的主流，即中央统一领导地方的单一制式的治理模式。检察权的行使也要遵循中国权力统一行使这个规律，即检察权要统一行使。同时，中国目前还是一个发展中国家的实际也决定了检察效率的不容忽视。检察独立、统一、高效是世界检察制度的一般规律，同时也是中国司法规律的重要组成。但也要看到，中国检察权与西方检察权不是呈一一对应关系。西方的检察权是以公诉权为蓝本构建起来的，其权力体系的核心是公诉权。中国的检察权力体系繁杂，除了公诉权，还有职务犯罪侦查权、诉讼监督权、逮捕权等一系列的权力。中西检察权的差异，折射出中国检察独立、统一、高效的状况也要有别于西方国家。检察一体是一个舶来品，是检察独立、统一、高效的助推器，是世界检察制度的一般规律，也是检察制度现代化的显著标志。检察一体对于中国特殊检察权的独立、统一、高效的作用，不仅反映了规律的普遍意义，也反映了中国特色司法规律的内在要求。因此，尊重中国特色司法规律，强化检察一体在目前中国更是显得尤为必要。

（一）检察一体有助于检察独立

检察独立作为一项制度安排，有其深刻的理论依据。首先，检察独立符合现代的宪政秩序。现代宪政秩序的主要体现就是权力的分立与制衡。近代权力分立与制衡理论的集大成者孟德斯鸠在其名著《论法的精神》中系统阐述了权力分立与制衡理论，他认为，国家存在的目的在于实现公民的政治自由，而"政治自由是通过三权的某种分野而建立的"。③ 孟德斯鸠的理论折射出了现代宪政秩序中权力构架和运行的一般规律，即权力必须分立且相互制衡。权力分立和制衡是一条普世的权力规律，三权分立仅是一种表现方式。在中国，权力

---

① 吴磊：《中国司法制度》，中国人民大学出版社1988年版，第43页。
② 江泽民同志在党的十五大报告中曾经指出，推进司法改革，要从制度上保障司法机关依法独立公正地行使审判权和检察权。这可视做检察机关为司法机关的政策依据。
③ ［法］孟德斯鸠：《论法的精神》，张雁深译，商务印书馆1961年版，第155页。

的配置与行使也要符合权力分立和制衡的规律。权力是一种结构，反映的是特定社会中的政治关系：即各种权力主体在政治权力格局中的地位。检察独立与司法独立一样，也是一种国家权力的结构原则。其所指向的是在国家权力体系中，检察权应具有的宪法法律地位。通过检察权在权力系统中的独立地位，形成对侦查和审判的有效制约，防止警察的恣意和法官的擅断，进而维护整个权力系统的稳定。其次，就检察权对社会所起作用的主要方式——"判断"而言，它至少形式上必须是自主和中立的，否则判断就不能称其为判断。而自主和中立要求向制度安排的过渡过程必然趋向检察独立，因为只有独立才能保证"判断"的客观和中立。然而权力结构不是绝对稳定的，而是各种权力主体相互斗争、相互妥协的动态平衡过程。在中国，由于体制、传统、观念等诸多因素合力的影响，检察权还没有真正独立。它一直摆脱不了其他权力的挤压和侵蚀的命运。检察权独立原则虽已经我国宪法确立，但由于缺乏制度性保障，以致其不能对其他权力予以制衡，相反的恰恰是其他权力在制衡检察权。细细剖析，不难发现，检察权的分散化和多元领导体制正是造成其弱势不能独立的症结所在。检察一体正是中国弱势检察权谋求独立的历史和制度回应。检察一体的制度性安排将分散的检察权集中起来形成一个独立的整体，可使检察权摆脱其他权力尤其是行政权和中国特有的地方权力的倾轧，使检察权真正在权力结构中占有一席之地，真正实现了权力结构的自我否定和自我完善，对诸权形成了制衡，稳定了权力结构，最大限度地实现了判断的中立和客观，最大化了公民的自由。

（二）检察一体有助于检察统一

检察统一是现代国家政治制度的基本原则之一，其基本理念在于：主权国家的统一系于法制的统一，而法制的统一系于司法的统一，检察统一则是司法统一的重要组成部分，基于我国单一制的政体，法制的统一更具意味。首先，检察统一是秩序价值的内在要求。所谓秩序，"意指在自然界与社会进程运转中存在着某种程度的一致性、连续性和确定性"。① 由于我国正处于转型的嬗变之中，因此目前秩序之于我国的意义更为重要。检察机关追诉犯罪、保障人权的职能充分发挥是秩序建构的必要条件。因此，检察统一是中国现代社会获得一致性、连续性和确定性不可或缺的条件。其次，检察统一是国家统一的内在要求，它不仅是国家的统一意志即法律及其价值的社会实现形式，而且是国家进行社会整合和控制的现实体制。正因为如此，当今世界各国无论是集权的还是分权的，也无论是联邦制的还是单一制的，其检察系统毫无例外地都趋向

---

① ［美］博登海默：《法理学—法哲学及其方法》，邓正来译，华夏出版社1987年版，第207页。

于统一。即使像美国强调检察官独立的国家，通过联邦宪法也建构了一个统一的联邦检察系统。最后，检察统一是法治的必然逻辑。法治的基本要义之一是：人人皆受法律的统治。而法律的统治即法律的平等适用和实施没有司法统一则是不可想象的。基于此，统一构成了中国现代检察结构的制度原则之一。它要求在统一的检察制度架构内建立自成体系的不依附于地方权威的组织和运作系统。中国是一个单一制的大国，检察统一对它具有非常特别的意义。司法地方保护主义的存在和发展证实，现行制度及其运作中存在着一种与检察统一相对立的异己力量。这种异己的制度力量表现为地方检察机关在组织关系上严重地受制于同级的其他党政机关，它不仅在管辖区域上与这些党政机关完全重叠，而且在人、财、物等重要问题上也依赖于它们，这种制度现状无疑强化了检察权的地方化趋势。在这种制度状态下，很难要求检察机关统一、公正地行使检察权，也很难维护国家法制的统一和有效实施。检察一体本身就要求检察统一，同样，检察统一也是检察一体的应有之意。检察一体的制度安排目的和价值追求之一就是要保证检察的统一，这里的检察统一，既是检察机关的统一，进而也衍生出检察权的统一行使。

（三）检察一体有助于检察效率提高

效率也是值得考量的一个重要因素。经典法谚"迟到的公正就是不公正"正是效率价值的生动诠释。一个低效率的检察制度对秩序、公正、人权都是极端有害的，低效率的检察制度是对公正的亵渎，本身就是不公正的化身。在中国这样一个发展中国家，强调效率更有着深刻的现实依据。依据经济学的理论，检察机关为追诉犯罪、保障人权所投入的各种人力、物力就是成本，而其产出则是犯罪得到追诉，人权得到维护。产出与投入之间的比率就是效率。检察效率的提高无非就是扩大产出与投入的比率，就是要尽量减少投入、增加产出。社会资源的有限性，尤其在中国这样一个发展中国家，不可能期许把大部分的资源投入到检察机关。然而，随着我国法治进程的不断加快和公民对司法不断提高的预期，现实对检察产出的要求不减反增，特别是在中国目前反腐倡廉之风愈演愈烈之际，人民群众对检察机关的要求也越来越高。而且，当今中国犯罪区域化、国际化、专业化的趋势越来越明显，优化检察内部资源，形成规模效应，提高检察产出就显得十分的现实和必要。检察一体的制度安排正是顺应这个现实和要求的产物。检察一体要求检察系统整合检察资源，通过内部资源的优化合理配置，包括技术设备的共用、信息的共享、人才的调配等手段，使得有限检察资源的效用放大，增加检察产出，提高检察效率；检察一体也要求各级检察机关的制度之间保持协同性，保持制度间必要张力的同时减少制度之间的摩擦，从而在制度层面提高检察效率。

二、系统论——检察一体的定位分析

（一）系统论概述

从词源上看，"系统"一词源于拉丁语"systema"，其中"sys"是"共同"的意思，"tema"是"放在……位置"的意思，复合为一个词是"群"与"集"的概念。① 因而在英文中，"system"则有多种含义，诸如体系、系统、体制、制度、方式、程序、机构、组织，等等。② 因此，从词源出发系统与整体天然具有紧密的关系。

系统论作为方法论，其运用的前提只有一个——即对象的整体性。正是基于这样一种普世的广泛前提，系统论自生发以来在各个学科部类都得到了广泛的应用，发挥了巨大的影响，直到成为一门贯穿社会科学与自然科学的"横断科学"。在这一点上，贝塔朗菲的名言也许是相当有教益的："当我们讲到'系统'时，我们指的是'整体'或'统一体'"。③ 钱学森的意见我们也应当重视，"什么叫系统？系统就是由许多部分组成的整体，所以系统的概念就要强调整体，强调整体是由相互关联、相互制约的各个部分所组成的"。④ 系统论方法就是根据系统的性质、关系、结构等，把研究对象有机地组织起来，构成模型（即一个系统），研究其功能。它着重从整体上揭示系统内部各要素之间，以及系统与外部环境之间的多种多样的联系和关系，从而把握系统的结构和功能，其最终目的是系统的优化。一般而言，系统有四个特征：（1）集合性。由两个或两个以上可以相互区别的要素组成。（2）相关性。各要素之间相互联系，相互作用。（3）目的性。构成系统是为了一定的目的。（4）环境适应性。任何系统都存在于一定的环境之中，它必然要与外部环境交换物质、能量和信息，以适应外部环境的变化。⑤

（二）检察一体的系统论分析

依据系统的特征来判断，检察一体的要求其实就是把检察机关看成是一个整体的组织。各级检察机关就是这个系统的基本要素。由于各级检察机关的职能都是通过检察权的行使来完成的，因此各个检察机关之间在行使职权时会不可避免发生各种关系和作用。检察一体将检察机关形成一个整体系统的目的就在于充分地发挥检察机关追诉犯罪、保护人权的职能。检察机关不管是作为一个整体的系统，还是系统的基本要素，都在运动过程中与外部环境发生信息、

---

① 吴世宦：《法治系统工程学》，湖南出版社1988年版，第2页。
② 邹珊刚：《系统科学》，上海人民出版社1987年版，第46页。
③ ［奥］贝塔朗菲：《一般系统论》，清华大学出版社1987年版，第178页。
④ 钱学森等：《论系统工程》，湖南科学技术出版社1982年版，第204页。
⑤ 曹俊德："信息论·控制论·系统论"，载《思想政治工作研究》1985年第2期。

能量和物质的交换。中国的检察一体就是指全国的各级检察机关作为一个整体统一行使检察权。"整体"其实就是系统的意思。从这个意义上讲,检察一体其实就是整个检察机关如何系统化的问题。

由于我国的检察机关处于既受上级机关领导,又受同级人大的监督,还要受同级党委的领导的实际境域,因此在对检察一体进行系统论的定位分析时,应以内部与外部两个维度为视角展开。内部的视角定位于检察系统自身的关系分析,着重于上下级检察机关之间和不相隶属的检察机关之间在检察一体的语境下的权力关系。而外部的视角则是定位于检察系统中的基本要素(检察院)与外部环境的关系,着重于如何协调检察院与其他机关的关系来维护一体化的检察系统。两种维度定位的根本目的都在于优化整个检察系统的组织结构,使检察权的行使符合中国特色的司法规律,即前文所述的独立、统一、高效的规律。

1. 内部视角

检察系统内部主要存在两种关系。一是上下级检察机关的关系。二是不相隶属的检察机关之间的关系。

第一,关于上下级检察机关的关系。检察一体要求上下级检察机关之间形成一个以上命下从为核心的整体。可见,上命下从是上下级检察机关构成系统的普遍联系。一般来说,"上命"主要包括以下三个方面:(1)指挥监督权,主要体现在上级检察机关有权指挥和监督下级检察机关正确履行职责;(2)事务调取权,即上级检察机关有权将其指挥、监督下的下级检察机关正在办理的事务交由自己办理;(3)事务转交权,即上级检察机关有权将其指挥、监督下的下级检察机关正在办理的事务转交给其他检察机关承办。以上三项权力的行使,目的在于使上下级检察机关形成一个系统,整体发挥检察职权。按照系统论的观点,某个系统要充分、有效地发挥其功能,首要的条件就是系统要保持一定的稳定性。系统要稳定需具备两个条件。一是系统内部诸要素之间要协调。要求诸要素的组合要达到系统的稳定和优化,系统的功能要大于各要素功能之和。二是系统要与外部环境保持适度的关系。要求外部环境不能影响甚至破坏系统的稳定,而应是对系统功能的维护。检察系统的功能,从宪法的角度来理解,就是要保证法律的统一实施。检察一体的核心在于权力的配置。以上三项权力的配置在中国特有的制度背景下最多只能实现检察一体的"形",还不能实现检察这个系统的稳定,相应地,检察这个系统的功能发挥也会受制。这是因为系统外的一些足以影响系统稳定的因素还没有被整合到系统中来。在我国检察机关多元领导体制的特殊背景下,对检察系统的稳定起着重要作用的人、财、物三项权力还掌握在检察系统外的多个部门,而且这些部门呈水平垂直交叉分布状态。人、财、物三项权力主要指的是人事任免权、编制权和财政权。检察机关不是抽象的机关，而是由活生生的"人"组成的，并且具体案件及事务的完成也要由具体的人来操办。自然地，检察机关在履行职能时便难免不会受制于掌控人、财、物权力的相关部门或个人，检察职能的履行也就可能偏离本来的轨道。由于人、财、物三项权力的缺失，上级检察机关与下级检察机关的关系离一体化的要求还有一定的距离，上级检察机关的"上命"往往得不到"下从"，因此整个检察系统的功能发挥也就受到了影响。鉴于此，真正的检察一体是应当将人、财、物三项权力整合到检察系统内部。

第二，不相隶属的检察机关之间的关系。不相隶属指的是两个检察机关之间不存在领导和被领导的关系。不相隶属的检察机关也是检察系统的基本要素。此时，用系统论的方法来分析检察一体要解决的就是这些检察机关之间如何配合的问题。按照系统论的基本观点，各个要素组合形成的系统的功能要大于单个要素功能之和。在检察一体中，就是要求这些检察机关的组合要相互配合，内部资源配置最优化，以达到 1＋1＞2 的效果。目前跨区域犯罪日渐增多，这就要求检察机关尤其是不相隶属的检察机关之间加大配合的力度和广度。但目前关于不相隶属的检察机关之间的合作的规定还仅仅是抽象的原则，为适应新形势打击犯罪的需要和推进检察一体的改革，应完善这方面的规定。

2. 外部视角

外部视角审视检察一体，侧重于外部环境对检察系统的影响。按照系统论的观点，检察一体形成的检察系统是一个开放的系统，它不可避免会与外界环境发生信息、能量和物质的交换。在检察一体的视角中，检察系统与外部的关系主要集中在检察系统与外部机关的关系上。我国特殊的体制要求，检察机关要受上级机关的领导、同级人大的监督、同级党委的领导。而财、物等调配的权力又直接归于行政机关的控制。在多种权力的包围下，检察机关一体的程度较低。人大对检察机关的监督来源于宪法的规定，符合我国的政体和国体要求，符合中国特色的司法规律。但人大监督的方式应予以转变，监督权的界限也应予以明确。按照司法规律，人大的监督应重点于事后的监督和抽象的监督。事前的监督极易破坏检察权的行使，对检察一体的破坏也很大。抽象的监督是基于对检察机关总体的监督，而不是个案的监督，否则就有越俎代庖的嫌疑。共产党对检察机关的绝对领导是不容置疑的。在检察一体中，检察机关作为一个整体接受中国共产党的领导是正确的，但不能机械地认为接受党的领导就是要将检察系统拆分为若干部由各级党组织来领导。如果这样就很容易将检察权地方化，检察权的行使就没有统一性可言。从小的方面看，容易导致追诉标准的不一，从大的方面看，就容易导致司法的不统一，进而破坏法治进程。同时，党的领导也应限定在思想、组织和政治的领导，而不能无限扩大。关于财政权等问题，根据本文以上的论述，应整合到检察系统内部。具体来说，就是成立全国性的检察预算，使检察机关的财政与地方财政脱钩。

三、检察一体的角色分析——检察官、检察长和检委会的权力分界

检察一体系统中的角色包括检察官、检察长和检委会。在检察一体中，系统所承载的功能最终会毫不例外地落在它的角色身上，角色的职权及相互的关系对检察一体的功能发挥是至关重要的。同时，这三种角色本身也是检察一体这个系统中的基本要素。因此，对这三种角色的关系定位对于尊重司法规律，优化检察一体有着重要的意义。

关于检察官的角色分析，在中国特色检察一体的制度背景下，主要探询的是检察官的定位，这里主要包含两方面的问题，一是检察官的独立与否的问题；二是检察官、检察长和检委会的关系问题。

（一）检察官是否应独立

检察官的独立与否的问题来源于检察官性质的争讼。即检察官到底是行政官还是司法官，抑或是两种性质兼有。关于检察官的性质，目前理论界达成的共识是检察官兼具司法和行政的双重属性。龙宗智教授认为："所谓司法性主要指两点，一是独立判断和裁决，二是以适用法律为目的。所谓行政性则主要体现于上命下从的纵向关系，以及追求行为本身的目的，只是将法律当做行为的框架。"[①] 从检察官的双重属性审视，可以得出检察官要独立的结论，但还不能独立到完全司法官的程度。反过来看，检察官的行政性也不能无限放大，绝对的检察一体就会沦为行政一体。应当说，片面强调检察官司法属性和行政属性两种倾向各有利弊：一般来说，强调司法属性，有利于加强其身份保障和独立性，最重要的意义在于防止行政干预，贯彻法制原则；同时也有利于确认其法律维护者的地位，防止其"当事人化"，以促进检察活动的客观公正。另一方面，强调行政属性，则便于贯彻"检察一体制"，提高组织性，保证效率。同时可以防止检察官的妄自尊大，防止破坏控辩平衡，损害审判权威，出现有的学者所担心的"行使权力时与国家整个权力系统不协调"的问题。[②] 因此，正确的定位应是在检察官的司法属性与行政属性之间保持适度的张力。问题的关键在于找出一个适当的分界点，既能保持检察官一定的独立，又能保持检察一体的稳定。由于社会科学的特殊性和人的认知能力的历史局限性，分界

---

① 龙宗智："试论检察官的定位"，载《人民检察》1999年第7期。
② 夏邦："中国检察院体制应予取消"，载《法学》1999年第7期。郝银钟先生所著"检察机关的角色定位与诉讼职能的重构"一文（载中国政法大学出版社1999年版《刑事法评论》第4期），对检察权属于行政权也有主张和论说。

点的确定也不可能与自然科学的那种精确相提并论。关于检察官独立的界限问题，其实也就是本文接下来要讨论的检察官、检察长和检委会关系的问题。

（二）检察官、检察长和检委会的关系

从系统论的角度看，检察官独立的程度取决于与之有紧密关系的角色的关系定位。即检察官的独立程度问题实质就是与检察长和检委会之间的权力划分问题。这里有一个问题需先澄清，检察一体中上命下从绝不能理解为上级对下级的绝对控制，也不能狭隘地得出检察长权力至上的结论。鉴于检察一体的体制，检察官一般应该服从检察长的指令，这也是检察官行政属性的必然体现。但检察长的指令也不能是绝对的，也必须受到必要的限制。

根据各国的规定，检察长的指令一般受到三种限制：第一种限制是法定主义即法制原则对指令的限制。对于违法的指令，检察官可以拒绝服从。第二种限制是对追诉行为指令权的特别限制。当检察官拒绝服从上级的指令而自行采取追诉（起诉、不起诉和撤回起诉），这一决定在诉讼法上仍具有效力，检察长不能更改这一决定。对此法国的规定是："检察院的首长在没有上级命令的情况下或者不顾上级的命令，仍然可以进行追诉，并且在没有上级指令或者不顾其已接到的指令而开始进行的追诉，仍然是合法的、有效的；反过来，即使检察院的首长已接到下达的命令，如其仍然拒绝进行追诉，上级则不得取代他们，并替代他们进行追诉，例如，当检察长禁止共和国检察官进行公诉时，共和国检察官仍然可以采取追诉行动，并且可以有效地提请刑事法院受理案件；反过来，如果检察长命令共和国检察官进行追诉而共和国检察官加以拒绝，检察长并无可能取代共和国检察官自行进行追诉。"① 第三种限制是检察官在庭审中的言论自由权对指令权的限制。根据法国、德国等多数国家的检察制度，下级检察官虽然在其提出的书面意见（如公诉书）中应当按照接到的指令办理，但是，在法庭上仍然可以说明自己的感受与看法，并且可以提出与其书面意见不同的口头意见。②

我国的检察官办案机制采取的基本上是审批制度。③ 审批制度是典型的行政权运行模式。案件审批制度常常被狭隘地理解为检察一体的特征。但从检察权的双重属性可以看到，案件审批制无限放大了检察权的行政属性，而无视其司法属性。在这样的机制下，检察官唯上命是从，不能发挥其对案件的独立判断，从认识论讲也违背了案件"亲历性"这个基本司法规律。同时，这样的

---

① ［法］卡斯东·斯特法尼等：《法国刑事诉讼法精义》，罗结珍译，中国政法大学出版社1998年版，第125页。

② 龙宗智："论检察权的性质与检察机关的改革"，载《法学》1999年第10期。

③ 尽管也有主诉检察官的制度，但办案主流仍是审批制度。

机制也容易造成案件责任的不明确。经过多级的审批后，看似案件质量得到了保证，但出现错案后，由于参与主体的多元化，集体承担责任的美好初衷最后极易落到无人承担责任的窘境。因此，有必要对我国这种完全行政式的检察官办案审批制度进行改革。主诉检察官制度的实施，可以说是开了一个好头，但还不够。目前的主诉检察官制度的行政主导色彩还很浓。主诉检察官制度一定程度上使检察官脱离了部门领导，诸如科长、处长对检察官独立判断的干涉，但在检察长的层面上，其行政下级的地位并没有得到根本的改变。为了保障检察官独立，有必要对检察长和检察官之间的权力进行新的调适。调适的重点，应是限制检察长对检察官的指令权。首先，对检察长违法指令的拒绝，在我国的检察机关中业已确立，问题的焦点已经转移到保障违法指令拒绝权行使的配套制度上。其次，关于追诉行为指令权的特别限制，由于我国检察官的独立正在起步以及检察官的监督体系还不完善，因此国外的做法不能机械的套用，但对其进行合理的改造加以利用则完全可能。例如，对于检察官坚持追诉的案件，检察长无权下令停止追诉，倘若追诉不正确，则由检察官承担相应的责任即可；对于检察官决定不予追诉的，检察长认为有追诉必要的可以要求其追诉，当然检察官也有权拒绝接受追诉指令，倘若检察官拒绝的，检察长有权将其更换，相应的被替换的检察官也就不再承担案件的责任。在利用西方成熟做法进行权力重构时，也应看到我国检察权的特殊性。我国的检察权具有司法和行政的双重属性，各个分支权力的属性也大不等同，诸权中司法属性最明显的莫过于公诉权，上述的种种改革措施也是依据公诉权的司法属性所提的，不能认为是检察权配置的常态。例如，侦查权则表现出有别于公诉权的景象，我国检察机关依靠自己的侦查力量对自侦案件的侦查（不同于其他国家检察官指挥、监督司法警察实施侦查），强调侦查的效益，重视严密的组织协调。侦查的目的性以及严密的组织性要求，检察官在侦查权的行使方面应该遵循行政权力行使的规律，实施完全的检察长指令。因此，在定位检察官与检察长的关系时，不能片面地强调检察官的独立，也不能片面地强调检察长的指令，而是应该依照检察权的特征，将其分解，针对检察权分支权力的个性，实施权力的划分与配置。基于分支权力的个别属性，因地制宜。相应地也可以得出，检察一体也不是抽象绝对的一体，而是充分考虑个别属性的具体的检察一体。

检察官的独立状态也与检委会的角色紧密相关。检委会是检察院在检察长的主持下的议事决策机构，主要任务是按照民主集中制的原则，讨论决定重大案件和其他重大问题。目前理论界对检委会的存废主要有三种观点：（1）废除检委会；（2）弱化检委会职能，将其变为咨询、建议机构；[①]（3）保留检

[①] 姜菁菁："检察委员会机制改革初探——论独立行使检察权问题"，载正义网。

委会,使其成为最主要的权力机构。① 本文赞同第三种观点,保留检委会,使其成为最主要的权力机构。检委会是中国特色检察制度的重要组成部分,尽管它在运行过程中存在着一些弊端,但废除或是弱化其职能却是不妥的。检委会制度是行政属性很强的一种制度,它是检察一体中不可或缺的。因为按照检察一体上命下从的要求,检察长在检察机关中拥有相当大的权力,完全依靠检察官个体的权力来对检察长的权力进行内部制约是不大可能的,因此共和国的检察制度设计者们考虑利用检察委员会的形式在检察机关内部对检察长的权力形成一定的约束。而且从系统的角度来看,检委会设置有利于检察机关内部人才资源的优化,也有利于充分发挥检察机关的整体人才优势,保证案件的质量。但在新的形势下,对检委会的改革也是必不可少的。在检察一体的体制下,检察官应服从检委会的决定,这是一条基本原则。但检察官的独立性同样不容忽视。为此,有必要对检察官与检委会的关系进行重构。首先,检察官的案件提请权应予相应的前置。目前,检察官要将案件提交检委会讨论决定需要经过部门负责人和分管检察长同意两道程序。这样的程序不仅效率低下,而且检察官的独立性也会经受部门负责人的干涉。检察官的案件提请权的前置就是检察官认为案件重大符合检委会讨论决定的范围时,可以跳过部门负责人直接将案件提交给分管检察长审查,经分管检察长同意后即可提交检委会讨论决定。其次,当检委会的决定与检察官的判断矛盾时,检察官有权拒绝执行检委会的决定。这样既充分体现了检察官对案件的独立判断,也使得案件责任得以明确。当然检察官如果改变自己的最初判断,转而同意检委会决定,也可以继续执行检委会决定。当检察官拒绝执行检委会决定时,检委会有权行使替换权,即将办理案件的检察官替换为其他认可检委会决定的检察官,此时被替换的检察官也应放弃对案件的办理。

四、结语

检察一体是推进我国检察体制改革的必由之路。检察一体不仅符合普适的检察权配置规律,更符合当今中国独特的体制所呈现出的司法性规律。任何一项制度要发挥其良性功能,都不能脱离现实条件的约束。我国法治进程的加快和社会治理方式的转变,已经为检察一体的确立初创了一些条件。但也要看到,条件虽初立仍不成熟完善的现实。检察一体的构建是一项系统的工程,这就要求在建构过程中,要充分考虑各种因素和制约条件,切忌过分迷信检察一体而将之推向极端。

---

① 谢于成、黄基盛:"重构检察委员会的思考",载广西壮族自治区检察院网站,http://www.gxjc.gov.cn。

刑事被害人国家救助制度构建问题研究[*]
——以检察机关对刑事被害人的救助为视角

| 薛 培[**] 叶永革[***] 程济新[****]

犯罪是社会历史发展进程中一种复杂的社会现象，犯罪行为不但具有刑事违法性，还具有严重的社会危害性，它不仅破坏了社会秩序和经济秩序，侵犯了受国家法律保护的各种合法权利，还直接使社会公众的人身、财产、心理受到损害。我国法律规定，犯罪人在必须承担相应的刑事责任之外，还应根据损害程度对被害人[①]进行一定的民事赔偿。目前，我国刑事案件被害人（以下简称被害人）在法律上的救济途径或者说是公力救济途径主要是通过诉讼（刑事附带民事诉讼或单独就民事赔偿提起民事诉讼）加以解决，而通过走现有的公力救济途径，被害人可能获得赔偿的时间大多是在诉后。但是，在我国现有的法律制度框架内，因被执行人（加害于被害人的罪犯及其近亲属）往往没有执行能力（现实的情形是多数犯罪一般往往由经济条件先天较为困顿或个人物质经济匮乏无法满足个人需求而导致，这在普通刑事犯罪中所占的比例极高，故犯罪后犯罪嫌疑人绝大多数也无力对被害人予以赔偿），这将会使得

---

[*] 本文系四川省成都市人民检察院 2008 年度资助重点研究课题研究成果（项目编号：cdsjcykt 0807）。

[**] 四川省成都市人民检察院法律政策研究室调研科科长
[***] 四川省蒲江县人民检察院反贪污贿赂局局长
[****] 四川省蒲江县人民检察院法律政策研究室主任

[①] 刑事诉讼中的被害人，是指正当权利或合法利益遭受犯罪行为的直接侵害，并因此而参加刑事诉讼，要求追究犯罪嫌疑人、被告人刑事责任的人。被害人是犯罪行为的直接受害者，与案件结局有直接利害关系。参见程荣斌主编：《中国刑事诉讼法教程》，中国人民大学出版社 1997 年版，第 104 页。

许多刑事附带民事判决成为空判而使判决流于形式,刑事判决中的民事赔偿几乎大半以上成为"法律白条",被害人只能得到很少或根本得不到任何赔偿,"据初步统计,大约有80%以上的被害人无法实际获得赔偿"。① 即或有部分罪犯能够对其施加侵害的被害人予以赔偿,"但罪犯的赔偿对于巨额的损失而言,只是象征性的。"② 这就必然致使多数被害人及其家属处境艰难困顿,特别是那些确实难以承担被害损失之重负的被害人,若不能通过其他渠道获得补偿而安顿下来,很可能会使他们对社会产生怨怼和对立情绪,从而游离于主流社会之外,从而形成一股社会不稳定力量,由此对社会产生极大的负面影响,甚至会公然转化为与社会进行对抗。③ 因此,为保障被害人合法权益,彰显司法人文关怀,化解社会矛盾冲突,促进社会和谐发展,从根本上建立刑事被害人国家救助制度,通过公力救济的形式对被害人进行补偿救助具有极为重大的法律意义和社会意义。

一、现实映象——刑事被害人获取法律救济及国家救助存在的缺陷

应当说刑事诉讼的发展历史就是国家追诉职能由职权主义向当事人主义方向发展,并进而使当事人权益得到更加充分保障的历史。纵观我国自1997年近十余年刑法、刑事诉讼法修改以来的刑事立法和司法现状,给人印象最深刻的无疑是被告人、犯罪嫌疑人权益保障机制的更加完善和发展。然而令人遗憾的是对刑事诉讼的另一当事人——刑事被害人的权益保障却没有得到相应的均衡协调性发展,基本处于被忽略乃至被无视的状态。虽然自1997年刑事诉讼法修订以来,我国在立法上赋予了被害人当事人的诉讼地位,并明确了相应的诉讼权利。但是,由于制度设计上存在的缺陷,导致司法实践中制度可操作性不强,被害人享有的诉讼权益得不到应有保障,使被害人及其亲属也难以得到赔偿所承载的正义,"人们总习惯性地认为国家对罪犯适用刑罚就是对被害人最好的精神安慰,事实上,对刑罚手段的过分依赖将忽略或忽视被害人的合法权益,是对刑法功能的误解"④。这主要体现在两个方面:一是被害人追诉权行使受限制。我国刑事诉讼中被害人仅仅扮演了公诉机关进行指控的辅助者角色,从属于检控方,⑤ 这导致被害人依然告状难,没有独立的上诉权,被害人的知情权得不到很好保障,等等,由此制约了被害人追诉权的充分行使。此外,法律对防止在办案过程中刑事被害人隐私被侵犯,避免被害人因反复被害

---

① 王军辉:"中国刑事补偿制度浅研究",载《法制与社会》2007年第6期。
② 周欣、袁荣林:"刑事被害人国家补偿制度初探",载《中国人民公安大学学报》2005年第2期。
③ 参见孙谦:"构建我国刑事被害人国家补偿制度之思考",载《法学研究》2007年第2期。
④ 冉飞:"从实例看刑事被害人国家补偿",载《法制与社会》2007年第5期。
⑤ 张洪敏:"刑事被害人权利保护的若干问题研究",载《理论观察》2007年第3期。

回忆而再次"被害人化"的规定和措施几近空白,使不少被害人为了免受"二次伤害"而被迫选择放弃追诉权的行使。二是被害人求偿权保障不充分。相对于被害人遭受的伤害,我国刑事立法和司法实践对被害人损失的求偿权保护十分有限。无论是我国刑法还是刑事诉讼法,均无例外地将被害人的求偿范围限定在遭受的直接物质损失的范围之内,对于心理迫害、人身伤残、死亡造成的间接损失和无形损失即精神损失,均被排除在被害人赔偿请求范围之外。而在我国的民法理论和实践中,一般涉及人身的民事案件中,侵权人都必须承担充分的物质损失和精神损害赔偿责任。① 很显然,在比侵权性质更为恶劣的刑事案件中,犯罪行为给被害人及其亲属造成的精神损害远甚于民事侵权。按照"举轻以明轻重"的法理,犯罪人更加应当承担精神损害赔偿责任。由此而言,立法的规定显然不利于对被害人利益的保护。而在司法实践中,执法的现状和效果也不甚理想,许多刑事附带民事案件,法院虽然作出了判决,被害人家属却没有得到任何赔偿。越是犯罪性质严重、后果严重的刑事案件,附带民事诉讼部分判决的执行率越低。这由此而带来的一系列问题,已经影响到社会的和谐与稳定。在建构和谐社会的历史进程中,更加充分、完善地注重刑事被害人的权益保障、通过国家对刑事被害人予以救助无疑成为了新的历史形势下的重要任务。不管是理论界还是实务界都在呼吁尽快建立刑事被害人国家救助制度。

二、理论渊源——刑事被害人国家救助制度理论现状与建立意义

所谓刑事被害人国家救助制度,也称为刑事被害人补偿制度,是指"在犯罪者无力赔偿被害人损失时,由国家出资补偿被害人,以帮助被害人摆脱罪犯给其造成的悲惨状况"。② 即当被害人遭受犯罪侵害,且又无法从犯罪人处获得损害赔偿的被害人及其近亲属之时,国家通过法律程序给予被害人一定救济的制度。当然本文所说的被害人指的是生命、身体、财产等权益直接受到犯罪侵害的自然人,不包括受到犯罪侵害的法人和其他组织。

事实上,单纯依靠刑事司法使被害人从犯罪人那里获得赔偿的几率是十分有限的。现实社会中,有相当数量的被害人及其家人因为得不到应有的赔偿而陷入了生活的困境,跌入了痛苦的深渊,成为不折不扣的社会弱势群体。谁可以站出来帮助被害人?谁应当站出来替被害人分忧?尽管从许多个案上来说被害人及其家属因社会群体的鼎力相助而遗忘了伤害的记忆,使生活迈入了正

---

① 李大庆:"试论刑事犯罪被害人的精神损害赔偿",载《山西高等学校社会科学学报》第19卷第6期。

② 周光权:"刑事被害人的国家补偿",载《法学家茶座》(第十六辑),山东人民出版社2007年版,第4页。

轨，但占绝大多数的被害人及其家属由此而滑向了深渊，这是无可回避的话题。因而考量实施被害人救助制度的主体，我们只能得出一个结论，即答案只能是以国家为主、以社会公众为辅。这是因为，国家作为社会公众所聚联的共同性组织，其天然性使命和责任必然负有保护其成员免遭犯罪侵害的义务。从国家权力的构成正当性和稳定性来看，在惩罚犯罪方面，国家是不可能允许私力救助的，因此，当被害人不能从犯罪人处得到应有的赔偿时，国家就应当给予被害人以救助。自20世纪中期以后，被害人在各国刑事诉讼中的地位日益受到重视，特别是在第二次世界大战结束以后，国际性人权保障运动的主要内容之一就是加强被害人在刑事司法领域中的人权保障，刑事被害人国家救助制度已然成为一种正式的法律制度并在全世界范围内得以广泛确立，[1]主要从设立国家补偿制度、被害人援助与救助、被害人参与刑事司法和强化加害人赔偿责任四个方面展开。[2]不仅新西兰、英国、美国、加拿大和澳大利亚等国先后通过立法建立了犯罪被害人补偿救助制度，部分亚洲国家和地区，我国香港特别行政区、澳门特别行政区、台湾地区也相继建立了全面的刑事被害人救助补偿制度，在立法上制定相关配套法律予以明确，在司法实践中积累了大量的操作经验。这些国家或地区相继建立了被害人保护机构或协会团体组织，给予被害人不同形式和不同来源的救助服务，并成为各国刑事司法政策和社会保障的一个有机组成部分。如美国为被害人提供的协助方案达数千个，服务内容包括：紧急服务（包括医疗、庇护所、食物、安全性修复、紧急财务协调、交通运输服务、现场安慰咨商、危机处理等）；调解、个人支持服务（包括雇主或房东介入协助、财物归还、恐吓保护、被害人影响申明、法律咨询、申请救助及赔偿协助等）；法庭相关服务等，极为详细周到，不同的方案适用于不同的被害人。[3]目前，体现被害人人权保障国际标准的公约主要是1985年联合国大会通过的《为罪行和滥用权力行为被害人取得公理的基本原则宣言》，该《宣言》规定了被害人取得公理和公平待遇、赔偿、补偿及援助的基本原则。在获得（社会）援助权方面，《宣言》第14条作了原则性规定："受害者（被害人）应从政府、自愿机构、社区方面及地方途径获得必要的物质、医疗、心理及社会援助。"此外，《世界人权宣言》、《公民权利和政治权利国际公约》等文件中也有不少有关被害人人权保障的内容。我国1996年修改的刑事诉讼

---

[1] 1957年英国大法官玛格丽·弗瑞首先提出建立被害人补偿救助制度。参见许永强：《刑事法制视野中的被害人》，中国检察出版社2003年版，第170页。

[2] Joanna shaplan, et al, Victims in the Criminal Justice System, Gower Publishing Company Limited, 1985, p.2. 转引自张鸿巍主编：《刑事被害人保护问题研究》，人民法院出版社2007年版，第45页。

[3] 麻国安："国外被害人援助历史简介"，载《上海法学研究》2007年第2期。

法顺应国际潮流，对被害人的权利保护有了很大发展。尽管如此，但还存在诸多不足，被害人的权利从根本上说还没有得到切实有效的保障，法律的规定与现实的需要还存在很大差距。

在当今世界，保障人权越来越受到各国公众、政府和国际组织的重视，是各国公认的基本准则。刑事诉讼中的人权保障包括被害人在内的人权保障，牵涉到人的生命、自由和财产等重要权利，是人权保障的重要内容。从犯罪的发展历史来看，复杂多变的社会态势和犯罪发展决定了人人都有可能成为被害人。作为刑事诉讼当事人之一的被害人的人权保护状况不仅反映一个国家刑事法治的公正程度，也是对一个国家政治文明、法治文明水平的反映。① 刑事法律以化解人际矛盾、解决社会冲突、恢复法律秩序、衡平各方利益为其重要价值目标，惩罚犯罪和保障人权是不可分割的两个方面。把刑事法律制度、刑事政策的重心从以犯罪人为中心转移到真正实现犯罪人与被害人双方的相对平衡基点上，建立刑事被害人权益保障机制，加强被害人的人权保障，这一方面是完整地实现刑事诉讼原则和目的的根本要求，另一方面体现了"以人为本"的刑事司法理念，无疑有助于公平和正义的实现，是依法保障公民基本人权的一种富有积极意义的探索。

目前，各国对刑事被害人救助制度的理论基础存在各种的不同学说，大致有国家责任说、社会契约说、社会福利说、社会保险说、社会援助说以及诉讼参与说等，但其明确的中心就是"被害人权利保障的核心应是加强并保证他的程序参与权"②。上述各种学说大多从自身立场出发，对国家应该对刑事被害人予以补偿救助，从而实现社会的公正、公平进行了充分论证。虽然我国学界对此尚未达成统一认识，但基本上认同国家责任说，"不管国家产生的根源是什么，无论是社会契约论还是阶级斗争说，都不能排除国家保护和救助弱者的义务"③，即"在所有的个人权利中，最重要的是平等的权利，也就是关怀和尊重的平等权利。政府必须不仅关怀和尊重人民，而且要平等地关怀和尊重人民"。④ 国家责任说的主要观点在于：作为国家，是在自然状态下人们出于对建构社会安稳的公共秩序的角度考虑，人们通过与国家订立契约的形式让渡个人权力由此而形成的一个集合体，国家因此而拥有管理与处置各种公共事务的权力，由国家代行包括惩罚犯罪等诸多权力，而国家在享有此权力的同时，作为与权力相对等的职责就是要保护人们的人身财产安全，即有责任保护公民

---

① 参见郭彦："刑事被害人国家救助制度刍议"，载《政治与法律》2007年第3期。
② 陈光中、江伟：《诉讼法论谈》，法律出版社1998年第2卷，第28页。
③ 房保国：《被害人的刑事程序保护》，法律出版社2007年版，第363页。
④ [美]罗纳德·德沃金：《认真地看待权利》，哈佛大学出版社1977年版，第272~273页。

免予遭受犯罪的侵害,① 如果被害人受到了犯罪侵害,则应当认为是国家未尽到对犯罪预防控制和惩治的责任,对公民保护失败,因此致使国家违背自身义务。② 国家基于社会契约和妨碍赔偿两方面的原因,应当对公民受到的损害承担救助补偿责任。同时,国家对维护社会治安、防止犯罪、保护公民的生命健康与财产负有应尽义务与责任。如果国家未尽到职责,导致公民成为被害人,在被害人不能从犯罪人那里获得赔偿时,国家就应担负由此产生的相应后果,对公民予以经济补偿。再者,国家负有增进社会公共福利以确保公民基本需要的职责。当公民遭到犯罪侵害,且犯罪人没有经济能力予以赔偿,国家应当运用社会福利机制予以救助,使得被害人摆脱困境,使被害人尽早从被害的阴影和困顿之中摆脱出来,让他们逐步回归到正常的生活状态之中去,借此消除被害人及其家属仇视、报复社会的不良因素,促使社会走向良性循环。即"国家必须建立各种制度和程序、制订计划、利用一切资源来满足这些要求。人权概念意味着社会必须建立起个人可诉诸的救济体系,使他们权利受到损害时获得应有的赔偿"。③

在我国,应当建立刑事被害人救助体制的基本根源在于现有的救助补偿体系尚不够完备且需改进完善。一般来讲,刑事被害人的救助方式大致有三种,即私力救助、社会救助与国家救助。私力救助是指对在刑事附带民事诉讼案件中附带的民事赔偿请求,由犯罪人对被害人进行赔偿。就目前实际情况来讲,犯罪人往往因为经济困难而导致难以实行;④ 社会救助多为社会公众自发捐助,这种救助方式没有具体操作规范与法律指导,资金的取得与使用缺乏有效监督,导致实践操作存在漏洞。因此,在犯罪人赔偿难以执行、社会救助不规范、越来越多的"法律白条"难以兑现、被害人权利往往得不到充分保障、与司法救济的合理性相去甚远的法律困境下,刑事被害人国家救助制度应当尽早建立就被提到议程上来。⑤ 虽然有人认为我国经济落后,尚不具备建立这一制度的物质基础。这个观点实质上是对国家补偿救助制度适用条件、适用对象的片面理解。我们知道,无论国家刑事司法制度如何强大,也不能让被害人生

---

① Vera Bolgar: The Concept of Public Welfare (J). American Journal of Comparative Law 1959.
② 参见约翰·洛克:《政府论》(下),叶启方等译,商务印书馆1964年版,第77页。
③ [美] 路易斯·亨金:《权利的时代》,吴玉章、李林译,知识出版社1997年版,第2~4页。
④ 据1992年《中国法律年鉴》提供的数据表明,我国每年发生的刑事犯罪近200万起,破案率为62%左右,也就是说我国每年有70万~80万被害人根本不可能从罪犯那里得到赔偿。考虑到犯罪的增长因素,十多年来,就会有近千万被害人得不到任何赔偿或补偿。载《中国法律年鉴》1992年版,第861页。
⑤ 参见王祥磊、金瑞芳:"刑事诉讼的人权保障:被害人的视角",载《安庆师范学院学报》(社会科学版) 2005年第2期。

活在被人遗忘的环境,独自沉沦在痛苦之中并忽略他们的合理诉求和意思表示,因为这种忽略会使国家利益与被害人及社会公众利益格格不入,在个别时候还会形成激烈的对抗。因此,在当今日益全面发展的社会,"如果不建立在刑事诉讼中反映出犯罪被害人的意思的制度,则刑事诉讼法便会游离于国民之外而失去信任"。① 实际上,目前所有实行国家救助的国家,都对被害人国家救助的条件、范围、适用对象等有严格的限制,只有符合法定条件,确实需救助的人才能获得国家救助,这样能够得到救助的人只是极少数,绝大多数是从犯罪人处获得直接赔偿,国家救助仅是作为对被害人法律救济的一种补充。随着我国市场经济的逐步发展,法治建设的不断推进,因此,我们可以说在我国建立刑事被害人国家救助制度的时机已基本成熟。

三、实践探索——检察机关建构刑事被害人国家救助制度之发轫

虽然目前我国还没有建立正式的刑事被害人国家救助制度,但已有不少地方法院或检察院在办案过程中,发现刑事被害人因受犯罪行为所侵害而造成生活、医疗上的巨大困难,有出于同情、有出于地方政府的善政,也有出于减少刑事申诉的考虑,给予了被害人一定的经济补偿,以缓解一时之困。② 这些基层检察院及法院对刑事被害人救助机制进行的有益的探索和实践,一定程度上已引起了高层的重视。③

2008年2月25日,中国首家刑事案件犯罪嫌疑人家属、被害人救助中心在山东省菏泽市牡丹区检察院挂牌成立。该院制定了《刑事案件犯罪嫌疑人家属、被害人救助制度》,在救助申请条件、程序及救助方式等方面作了明确规定,并成立了"救助中心领导小组",办事机构设在院办公室,具体负责救助工作。

除此之外,江苏省、河南省和四川省的检察机关也在刑事案件被害人救助方面进行了制度建设的尝试。目前江苏省吴江市、昆山市、常州市等地的检察院开始了特困被害人救助制度的探索;河南省检察机关已经在11个分院开展了刑事被害人救助工作,共救助被害人48人,发放救助金近120万元;④ 四川省成都市检察院会同当地工会、团委、妇联、民政、教育、残联等八个部门联合制定了《关于建立刑事被害人救助机制的意见(试行)》,依法保护刑事

---

① [日]大谷实:《刑事政策学》,黎宏译,法律出版社2000年版,第309~310页。
② 邓红阳:"救助刑事被害人、政府'埋单'",载《法制日报》2008年5月30日;杜萌:"无锡立法救助刑事被害人的背后",载《法制日报》2008年6月10日。
③ 据悉,最高人民检察院已于2008年4月完成了《关于建立刑事被害人国家救助制度的调研报告》及《中华人民共和国刑事被害人国家救助法(建议稿)》,并称呈送到了有关部门。全国人大办公厅也已将建立刑事被害人国家救助制度列为2008年重点办理的11项建议之一。
④ "蔡宁代表呼吁——设立刑事被害人补偿专项基金",载《检察日报》2008年3月4日。

案件被害人及其家属的合法权益，截至 2008 年 1 月 11 日已救助 166 人。①

以江苏省昆山市检察院和四川省成都市检察院的实践为例，可以看出目前这项制度的大体内容：（1）适用前提，都只适用于进入检察机关办理程序的案件。昆山市检察院是在刑事诉讼案件进入检察环节的期限内，即自公安机关移送审查批捕起至法院判决前的这段时间内提供救助；成都市检察院则对于进入检察机关案件中急需救助的被害人及其近亲属给予帮扶。（2）救助对象和条件，都设定为人身伤害类犯罪的刑事被害人。昆山市检察院对因犯罪行为导致人身损害而陷入医疗、生活困境的被害人提供紧急救助；成都市检察院对遭遇抢劫、绑架、强奸、杀人、伤害等重大犯罪且符合失去劳动能力、失去正常收入等条件的被害人提供救助。（3）救助方式两地有所不同。昆山市检察院主要是提供救助基金；成都市检察院则联合八个部门分工合作，具体而言，检察院负责刑事案件中涉及的被害人相关材料的收集、评估，启动救助机制并向民政、教育、劳动保障等相关政府职能部门发送救助建议书，再由相关政府职能部门实施相应的救助。（4）启动方式。昆山市检察院主要是主动启动，成都市检察机关对刑事被害人救助的启动主要是通过主动发现和被动受理两方面进行。（5）资金来源与管理。昆山市检察院设立的救助基金来源于干警的捐款，有望通过政府专项拨款的方式加以固定。成都市检察院没有设立专项基金。

当然，从两地的实践也可以看出一些不足：（1）没有考虑被害人对遭受犯罪所负责任的大小，若由于被害人诱发犯罪行为造成人身伤害的或互相侵害的，则不应补偿。（2）没有考虑被害人已经取得的经济援助或其他援助的情况。

同样，从 2004 年开始全国各地也有许多法院实施了刑事被害人救助机制。如山东省淄博市中级人民法院、四川省彭州市人民法院、四川省绵竹市人民法院、山东省青岛市中级人民法院、福建省福州市中级人民法院等出台了相应的法规，规定政府或法院给予符合一定条件的被害人以一定数额的资金救助。

除此之外，一些地方政府部门也有救助刑事被害人的先例，主要针对危害社会公共安全的案件中的被害人。如新疆维吾尔自治区乌鲁木齐市政府对 1999 年 "东突" 分子制造的乌鲁木齐市爆炸案中受伤的被害人及死亡被害者的近亲属、河北省石家庄市政府对 2001 年罪犯靳如超在石家庄市第二棉纺厂爆炸案中被害人以及遇难者家属、西藏自治区政府对 2008 年发生在拉萨市的 "藏独分子暴乱" 中遇害的被害人以及遇难者家属都发放过补助金。

---

① "救助被害人——成都经验有望全省推广"，载《成都日报》2008 年 1 月 11 日。

在各部门救助被害人的过程中,检察机关扮演着积极的角色,作出了有益的尝试。因为部分被害人是发案后才陷入生活困境,同时很多被害人并不知晓社会救助的途径。而等待法院判决获得赔偿是一个相对比较漫长的过程,及时让被害人及其近亲属从痛苦和困顿中解脱出来无疑是对他们最大的帮助。由检察机关来牵头,在刑事案件的批捕或起诉阶段就能发现需要救助的被害人并启动救助程序,对迫切需要经济救助的被害人无疑是必要的,并且可以在最大限度上避免被害人因得不到赔偿而产生负面情绪及行为。

总之,检察机关的救助试点工作的实践和探索,为国家相关立法奠定了坚实的群众基础和实证基础。但是将社会各种力量集中起来形成相对比较完备的救助体系,相信必然会对被害人的救助更全面。因此,笔者认为,救助刑事被害人应专门制定一部"刑事被害人国家救助法"来加以统一确认。

四、制度设计——刑事被害人国家救助制度的范围与原则

刑事被害人国家救助制度作为在被害人及其家属通过刑事附带民事诉讼难以获得损害赔偿的情况下,由国家在一定的范围内按照法律程序给予物质经济弥补的方式,在建构和谐社会中具有重要的作用。① 在传统的国家刑罚正义观念之下,国家救助制度的设立一般被视为国家未尽义务所导致的一种责任。而从恢复正义的角度来看,国家救助制度乃是社会修复功能的一个具体体现,通过来自于国家的公共救助,不仅会弥补被害人的利益损失,而且能调节被害人失衡的心理状态,使社会关系和秩序较易复归到和谐的状态。"建立国家补偿制度,应当通过制定专门的《刑事被害人国家补偿法》来实现。规定补偿组织、补偿对象、补偿范围、补偿方式、补偿标准、数额计算、补偿程序,资金来源及其管理等。"② 确定刑事被害人国家救助制度,首先要解决下列问题,哪些刑事被害人需要国家进行救助?国家救助制度是不是应当适用于所有刑事案件、所有没有得到足够赔偿的被害人,还是应当限于对部分生活困难,没有得到,也得不到被害赔偿的被害人?国家救助的救助标准如何确定?国家救助是对刑事被害人全方位的救助还是仅限于满足他们基本生活需要?对刑事被害人的国家救助怎样发放?要用哪些监督以保证其公正?这些问题都需要进行探讨予以明确。

因此,在确立刑事被害人国家救助制度时,需要明确刑事被害人国家救助的具体救助范围与核心。刑事被害人有诸多权利需要国家救助,特别是处于弱势群体的被害人。同时,被害人需要救助的情况,也不仅只存在于法院阶段的

---

① 参见秦策:"恢复性正义理念下的被害人权利保护",载张鸿巍主编:《刑事被害人保护问题研究》,人民法院出版社 2007 年版,第 49 页。

② 张绍谦译:"美国制定联邦犯罪被害人法",载《世界法学》1985 年第 4 期。

诉讼环节，同时体现在司法运行的各个环节，在案件处于公安机关长期不能侦破阶段、案件送达检察机关进行审查而因为证据不足仅能决定不起诉嫌疑人阶段、案件进入法院审理阶段、司法判决下达执行阶段都可能出现需要国家救助的被害人。我们所探讨的刑事被害人国家救助制度的核心问题主要针对执行判决时，犯罪人确无赔偿能力，而犯罪行为对被害人造成重大经济损失，导致其生活面临困难的情况下，以国家名义支付被害人一定的补偿，对没有基本生活保障的被害人进行必需的医疗救助、心理救助或救急资助。

　　刑事被害人国家救助制度的实行，需要有基本原则予以指导。首先，被害人国家救助应当遵循"由重及轻原则"。如在日本，就把被救助对象确定为由于暴力犯罪导致生命或健康遭受损失的被害人。① 从目前来讲，就我国现实的经济条件，对所有刑事被害人进行补偿的要求尚不可能一一满足，所以应当先对那些受损严重、生活困难的被害人予以国家救助，使其尽快恢复对国家与法制的信任，重新融入正常社会生活，其后再逐步扩大到对其他刑事被害人的救助；其次，应当坚持"最后救助保障原则"。并不是每个不能获得刑事赔偿的被害人都能获得国家的救助与补偿，国家救助基金管理机构应当对刑事被害人的家庭经济状况、财产状况、对于损害承担能力的强弱等具体问题通过法定程序予以详细审核之后，确认这个家庭或者被害人确实具有巨大的经济困难，或陷入了极端贫困的状况，不能自救或得到社会救助之后，才能启动实施的以国家为救助主体的一种救助形式，具体而言，刑事被害人救助应当更多地考虑人身伤害类犯罪的刑事被害人，救助对象主要是：因被抢劫、绑架、杀人、强奸、故意伤害等重大侵犯人身权利的刑事犯罪造成刑事被害人死亡或者重伤、残疾，丧失全部或部分劳动能力，且无其他收入来源的；被害人因遭受犯罪行为的侵害致伤、致残而需要花费巨额医疗费用，而本人无力支付的；刑事附带民事赔偿又很难得到执行，被害人家庭失去正常收入来源且家庭收入低于当地最低生活水平保障线的；遭受巨大经济损失，生活特别困难的；被害人死亡，因赡养、抚养、扶养无着而严重影响其家庭正常生活的。即如果被害人能够承受得起该不幸遭遇、生活未陷入贫困，国家就不用予以补偿，这就是所谓的"保护生活理论"。最后，应当实行"部分补偿原则"。救助额度问题是救助制度实行的一个重要问题。就救助深度来讲，国家救助制度是否应当对被害人不能得到赔偿予以全额补偿？国家救助制度应当强调对无法得到赔偿，失去生活基础与生活能力的被害人提供基本的生活与医疗保障。这也是一个公平与现实经济条件权衡的问题，从现实可能性讲，国家救助制度在刚刚起步的阶段，应

---

① 杨万年：《刑事被害人问题研究》，中国人民公安大学出版社2002年版，第18页。

宜先从救助刑事被害人基本医疗与基本生活费用、被害人心理安慰与疏导、被害人子女就学费用减免等方面开始做起。

五、立法建议——刑事被害人国家救助制度的立法问题

现阶段我国对刑事被告人因经济条件无法对被害人及其近亲属予以经济赔偿问题尚未建立起有效的救助补偿机制。刑事被害人获得救助补偿的途径一般有两种：一是争取民政部门救助解决经济补偿问题。二是通过社会捐助和相应救助基金解决经济补偿问题。但是，这两种解决办法没有相应制度保障，实践中也难以操作，因此很可能会出现刑事被害人得不到救助补偿或者救助补偿很少的情形。基于现实考虑，国家立法机关应当尽快制定刑事被害人国家救助制度，并协调相关配套的成文立法，对刑事被害人国家救助制度的法律基础、基本原则、执行方式与程序、监督机构予以明文规定，通过全局性立法予以支持。

对于建立刑事被害人国家救助制度途径，理论界与实务界人士提出了两种提议。其一，是直接对现行《刑事诉讼法》予以修改，增添相关规定，直接予以适用；其二，是形成单独立法，通过立法制定《刑事被害人国家救助法》。但是，被害人国家救助制度的制定既涉及实体问题又涉及程序问题，国家救助应当是在刑事诉讼终结后，被害人不能从犯罪人那里得到应得赔偿之后才能启动的国家救助程序。因此，仅在刑事诉讼法中予以补充或是设立单行法规都不能使国家救助制度全面实行。应当双管齐下，既对现行的刑事诉讼法、国家赔偿法进行修改补充，也应当通过立法设置单独的刑事被害人国家救助法。

在具体的立法过程中，应当对以下几个问题予以特别关注：一是实施国家救助的前提。虽然被害人享有请求国家救助权，但这并不等于一定能够获得国家救助。只在符合前提条件的情况下这种权利才能够得到支持。例如，犯罪人责任无法追究导致被害人无法要求损害赔偿或判决下达后，犯罪人无任何可供执行的财产导致被害人无法实现赔偿请求权的情况。二是救助对象应当只限于重大刑事犯罪案件中的被害人与其近亲属。例如，故意杀人致死案中的被害人近亲属。三是刑事被害人国家救助范围应当仅限于物质性损害，具体包括对实际物质性损害予以补偿与对相关的隐性物质损害予以补偿，例如，伤残补偿、死亡补偿和对死者生前抚养或赡养的人员补偿等，因刑事被害人救助制度目的主要在于解决刑事被害人及其近亲属的生存危机，是不得已的救济，所以对于刑事被害人的非物质性损害的救助不应纳入其中。四是救助条件要求被害人确实是无法从犯罪人处或其他途径得到充分补偿，同时，要求被害人既没有实体上的过错（即被害人在犯罪行为时是无挑衅、过失等），也没有程序上的过错（如被害人案发后不即时报案甚至瞒案不报、不积极与司法机关合作等）；对于被害人因犯罪侵害导致生活极度困难或者需要支付巨额医疗费用的，应给予优先赔付。

基于以上基本原则，参考国外的立法经验，笔者认为在建立我国刑事被害人国家救助制度之时可作如下设计：

第一，在补偿救助条件和补偿救助对象上，可参照1985年联合国《为罪行和滥用权力行为被害人取得公理的基本原则宣言》第11条规定，当无法从罪犯或其他来源得到充分补偿救助时，会员国应当设法向下列人员提供金钱上的补偿救助：一是遭受严重罪行造成的重大身体伤害或身心健康损害的被害人。二是家庭成员特别是由于这种伤害而死亡或身心残疾的被害人的受养人。同时，借鉴其他国家立法规定，我国可将补偿救助对象仅限于自然人，一种是被害人本人，另一种是由于被害人被害死亡或身心残疾的被害人的受养人。自然人包括我国公民或在我国境内遭受犯罪侵害的外国人、无国籍人。补偿救助条件可规定为：一是无法从罪犯或其他来源获得充分物质保障。即被害人或受养人没有实际从罪犯处得到赔偿救助，也没有社会保险或社会捐助等其他补偿救助来源。二是补偿救助获得范围仅限于遭受严重暴力犯罪侵害生命、健康遭受极大损害的被害人，财产犯罪的被害人不属于补偿救助范围。三是被害人对其被害负有责任或责任很小，但如果被害人是未成年人、老人、基本或完全丧失劳动能力者，国家应根据其生活来源情况，给予适当补偿救助，而不应考虑其责任大小。如法国刑事法院在受理交通事故造成过失杀人或过失伤害案件时，如果被害人的年龄不满15岁或已超过60岁，无论是否有过错，都可以得到补偿救助。四是必须及时报案，并且与司法机关积极合作。

第二，补偿救助方式为一次性现金补偿，以便于操作和执行。

第三，补偿救助数额的计算，可以参照《民法通则》、《国家赔偿法》、《交通事故处理办法》等，制定统一的标准，规定补偿救助最高和最低数额。对于被害人与加害人之间有亲属关系的，原则上不予补偿救助；对于被害人及其收养人因其被害而从其他途径获得补偿救助的，国家可以补偿救助不足的差额部分。

第四，补偿救助资金的来源。"资金不足"是反对者的主要理由，也是怀疑者担心的原因。因此，在立足国情的基础上，筹集足够资金，十分重要，补偿救助资金的来源，可以设立专门的补偿救助基金，资金的来源可以确定四条选择，一是国家对犯罪所判处的罚金和变卖罚没物品所得的钱款；二是从海关及其他行政机关的罚款，没收非法所得及变卖非法款物中，每年按一定比例提取的钱款;① 三是社会捐助及财政拨款;四是犯罪人缴纳。对此可以借鉴瑞典的做法,令被判管制或拘役的罪犯向专门基金缴纳一定的金钱,既可起到惩罚犯罪的目的,又可充实专门基金。对于假释的罪犯也可作为一个条件,令其缴纳一定数量金钱。"早在1990年,意大利法学家加罗法洛在布鲁塞尔国际监禁代表大会上就提出请求'有条件自由'的囚犯,也可作为一个条件,令其缴纳一定数量金钱。应向被害人支付相当比例的补偿,并把这看做是囚犯本人的一个确实无疑的悔悟信号。"② 对所筹集的资金,由国家委托专门机构对该项基金进行管理,实现资金不受贬值并尽可能保值乃至增值。

第五,补偿救助的程序,由被害人提出书面的申请,补偿申请的时间只要被害人能证明自己受到的侵害达到一定程度就可以申请,不应限定在刑事被告有罪宣判后。此外,还可借鉴美国一些州的做法,在被害人提出的国家补偿要求获得解决之前,先向被害人提供一部分应急性贷款。

第六,补偿救助受理机关和决定机关,可授予市级人民检察院国家补偿救助委员会。补偿救助程序的设计应当体现方便、快捷的原则,避免被害人在补偿救助程序中身心再度被害。

第七,完善被害人参与诉讼委托代理制度。为确保被害人作为当事人有效地参与诉讼,修改后的刑事诉讼法赋予了被害人从审查起诉之日起即可委托诉讼代理人的权利,从而使被害人能与公诉机关进行有效的配合与制约。例如,由于被害人死亡或强奸犯罪的女性不能出庭,导致不能依法行使自己的权利,便可由其委托代理人代理其出庭,维护其合法权益。此外,"刑事被害人委托代理人,也是使被害人免受再次被害的需要。犯罪被害人不仅会受到犯罪行为的侵害,在刑事诉讼中,还存在再度侵害的问题,一方面,由于警察、检察官、法官、被告人的辩护律师的诉讼活动,被害人为维护自身的权益必须被动地回答叙述所遭受的痛苦经历,其中有些经历属于被害人的隐私或有辱被害人的人格,从而使被害人再次经受心理上的伤害;另一方面,由于国家专门机关官员的不当态度和方式,被害人也可能因此会在司法活动中受到心理伤害。"③ 这说明,法律为被害人设立参与诉讼代理制度是很有必要的。

第八,刑事被害人救助补偿应把握的基本原则。根据司法实践,在对刑事

---

① 当前,对非法活动或犯罪行为所产生的财物没收后,大多进行焚毁、碾碎等方式,虽然体现了执法者的执法决心,但却是社会财富的巨大浪费;无论是假冒伪劣产品,还是用于非法活动的财物,其本身都是有一定价值的。对这些物品进行适当的处理、包括变现,将是解决国家补偿资金不足的很好方式。详见郭龙:《高空摔黑车,好一场作秀》,大河网2008年5月9日。

② [意]加罗法洛:《犯罪学》,耿伟等译,中国大百科全书出版社1996年版,第19~68页。

③ 郭建安主编:《犯罪被害人学》,北京大学出版社1997年版,第270页。

被害人进行救助之时，救助机构在全面履行救助义务时应做到：一是主动获取救助信息与被动受理救助信息相结合，使救助体现均等性；二是有限救助与依法救助相结合，体现救助的规范性；三是物质救助与精神救助相结合，实现救助的全面性；四是内部聚力与外部协作相结合，增强实效性。

六、运作模式——刑事被害人国家救助制度资金的取得方式

被害人国家救助制度建立的宗旨是为权利受到侵害的被害人在经济上得到一定补偿，使其受损的权利在一定程度上能够得到恢复，促使其及早从遭受侵害的困境中摆脱出来，回归社会。因此，救助资金来源则成为被害人救助制度建设亟待解决的问题。

一般来讲，国际上通行的做法是设立救助被害人公共基金、刑事被害人救助专项资金。通过政府财政拨款、社会募捐（通过慈善机构向社会募捐发行被害人救助彩票）以及犯罪人缴纳（如罚金、服刑人员的部分劳动收入、罚没收入等）统一纳入募集资金。部分学者提出，中国可以考虑国外立法方式，通过国家财政拨付、社会各界慈善募捐等方式，建立专门的救助款项予以分配管理与使用。基于我国现实国情，国家救助资金来源应当为国家财政拨款、社会团体赞助与群众慈善捐助等多方途径。国家救助资金的主体应当为国家财政预算，其次可以通过社会团体赞助与群众慈善捐助以及从罚金、罚没财产、诉讼费中抽取等渠道进行筹集。也可以参照国外立法，由服刑人员劳动报酬中扣缴部分收入拨入救助资金当中。应当考虑单立专门的国家救助基金管理机构，鉴于国家救助基金的重要性，对救助基金的分配不宜采用地方司法机关"包办"的方式，而应当通过国家财政来按比例划拨，通过专门基金管理机构、独立账户、公开运作与统一管理，来维护国家救助体系的公平、公正，维护社会捐助的公信度。

七、制度规范——刑事被害人国家救助的认证、支付与监督

我国学术界与实务界对刑事被害人国家救助制度的认证、支付与监督机关指定存在较大的争议。有学者提议应当由法院担任救助的认证机关，民政机构为支付机关，检察机关予以监督。有学者提出国家救助的确认机构应当为民政部门或其他司法行政机关或在检察机关内设立专门管理机构。一般来讲，在检察机关内部成立专项的刑事被害人国家救助管理机构应当较为合理和妥当。首先，刑事被害人国家救助制度是一种司法救助活动，救助权力的行使由司法机关而不是地方行政机关来行使更具合理性，检察机关代表国家对刑事案件被害人予以法律救助更符合法治人文关怀的主旨。其次，在检察机关内部设立的专项刑事被害人国家救助管理机构的成员，由检察机关调派专门人员与人民监督员、法学专家与其他社会各界代表人士共同参与管理更为妥当。同时，对犯罪

人无法支付的赔偿金予以补偿的活动显然已经不属于法院解决争议、审理案件、执行判决的职权范围，检察机关对刑事被害人在犯罪人不能支付赔偿金导致生活困境的情况下，代表国家对刑事被害人予以救助的活动，应当认为是在法律监督过程对司法执行缺憾的一种补救。最后，检察机关作为法律监督者，直接对国家救助资金的使用管理实行即时监督，使得刑事被害人能够尽快获得国家救助，对法院判决执行不能予以补救。何况，补偿金的定义是一种国家性质的司法救助活动款项，这种司法救助活动主体由监督法律执行状况的检察机关来承担并无不妥。

"社会和国家的最终目的和个人的最终目的一样，是实现最美好的生活。"① 笔者希望，随着社会经济的发展，国力的增强，我们能通过广泛的救助特别是司法救助，使刑事被害人能够尽快摆脱曾经经历的痛苦和梦魇，能与普通人一样过上安宁而祥和的生活，也更使整个社会趋于平等、和谐，真正实现"法律面前一律平等"的宪法原则，使所有人都能追求到属于自己的美好未来。

---

① ［英］鲍桑葵：《关于国家的哲学理论》，汪淑钧译，商务印书馆1995年版，第188页。

● 程序专论

贩毒案件中运用诱惑侦查的问题与对策

陈莺[*] 胡胜[**]

  贩毒案件因其高度的隐蔽性、组织性以及此类犯罪分子高超的反侦查能力,对传统侦查手段提出了巨大的挑战,特别是该类犯罪分子具有极强的反侦查意识,往往千方百计地对贩毒证据加以隐匿,使得侦查机关在收集证据时存在相当的难度,证据的获取途径较为狭窄,于是各种特殊的侦查方法也应运而生。诱惑侦查就是被司法实践证明了的侦破此类高难度案件的有效措施之一,它可以使整个犯罪过程都在侦查机关严密监控下,犯罪嫌疑人很难毁证、匿赃、逃脱,也难以翻供翻证,在贩毒案件侦破过程中有很好的效果。[①] 为此,诱惑侦查在贩毒案件的侦查中得到越来越广泛的运用。但是,诱惑侦查同样也是一把"双刃剑",尤其是其不当运用更难免会产生侵犯被侦查者合法权益、危及司法伦理道德之弊端,因此也给司法实践带来了许多困惑与争议,亟待分析、论证和研究、解决。

  笔者认为,诱惑侦查是打击犯罪所不可或缺的侦查手段之一,固然具有一定的合理性,但必须对其加以适当的规制和约束,并赋予被侦查者相应的权利救济途径,以防止侦查权力的滥施,并希望能以本文引起司法界同行对此一问题的关注,达到抛砖引玉,展开探讨的目的,为早日建立健全我国侦查圈套及

---

 [*] 浙江省杭州市人民检察院检察官
 [**] 浙江省台州市椒江区人民检察院检察官
 [①] 张提生、伍继纯:"论贩毒案件的证据认定",载《云南警官学院学报》2004年第1期,第35~36页。

其合法辩护制度提供充实的理论依据。

一、诱惑侦查的运用现状及存在的法律问题

(一) 二则贩毒案件的侦破过程引发的思考

案例一：2007年12月12日，陈某（举报贩毒线索并协助侦查的人员）与"小阳"（未查明身份）电话联系购买毒品海洛因，"小阳"找到犯罪嫌疑人贾某让其将一包海洛因送到开元大酒店大厅，贾某害怕被抓，临时打电话给陈某改变交易地点，后在一中学边路上以400元的价格将一包海洛因（净重0.4克）贩卖给陈某，交易结束后即被守候的公安人员当场抓获。①

案例二：犯罪嫌疑人胡某曾因吸毒被劳动教养二次，多次被戒毒。2008年1月27日，协警童某多次打电话给胡某联系购买毒品，开始时胡某称自己并非"卖东西"的，后来才答应卖给童某两包毒品。当天22时许，胡某按照约定时间到达商务大酒店八楼，将两包冰毒（经检验系甲基苯丙胺，共0.94克）以每包500元的价格卖给童某，后在离开酒店时被侦查人员抓获，并当场从其身上缴获冰毒八包（经检验系甲基苯丙胺，共3.46克）。②

实践中，上述两名犯罪嫌疑人均已因涉嫌贩卖毒品罪被批准逮捕。当然，仅从该二则案例所显示犯罪嫌疑人实施的行为来看，其行为无疑已构成贩卖毒品罪，因为该罪是一种实行犯，只要犯罪嫌疑人实施了贩卖毒品的行为即构成该罪。而所谓贩卖毒品，是指有偿转让毒品或者以贩卖为目的而非法收购毒品③，其中的有偿转让毒品，即指行为人将毒品交付给对方，并从对方获取物质利益的行为，其既可能是行为人请求对方购买，也可能是对方请求行为人转让；既可能是直接交付给对方，也可能是间接交付给对方，在间接交付的场合，如果中间人认识到是毒品而帮助转交给买方的，则该中间人的行为同样也属于贩卖毒品。

但是，我们对上述两起案件的侦查过程加以分析，却不能不引起我们对贩毒案件侦查中犯罪嫌疑人人权保障危机的反思。不难想象，如果在案例一中陈某系出于为自己制造立功条件的目的，而涉案的"小阳"也系其"同伙"，那么犯罪嫌疑人贾某便完全有可能是陈某所炮制贩毒案件中的牺牲品，而案例二中则折射出凡有吸毒前科及毒品来源的违法人员随时都有可能因受侦查人员引诱而陷入贩毒犯罪的危险境地。

(二) 我国诱惑侦查的由来及存在的法律问题

诱惑侦查又称侦查圈套，是指"为了侦查'隐蔽且无被害人之犯罪'，侦

---

① 该案例摘自台州市椒江区人民检察院台椒检捕审 [2008] 21号卷宗。
② 该案例摘自台州市椒江区人民检察院台椒检捕审 [2008] 66号卷宗。
③ 张明楷：《刑法学》，法律出版社2003年版，第869页。

查以及协助侦查的有关人员,以实施某种有利可图的行为为诱饵,暗示或诱使他人进行犯罪,待犯罪行为实施时或结果发生后,拘捕被诱惑者的特殊侦查手段"①。其在英美法系国家又被称为"警察圈套",由于这种侦查手段"可以使整个犯罪过程都在侦查机关的严密监控之下,绝无犯罪嫌疑人毁证、匿赃、逃脱之虞,而且案件一经侦破,所有的调查取证工作也几乎同时结束,案子破得干脆利落、耗时短,也难以翻供翻证"②,因而受到了我国侦查机关的青睐,并被频频运用于制贩毒品、假证、假币等隐蔽性犯罪的案件侦查之中。

国内侦查机关对诱惑侦查的运用起始于20世纪90年代之前,当时只是个别警察偶尔搞点此类"小动作",例如故意在路旁放一辆不加锁的自行车,发现有人顺手牵羊时,便上前抓个现行,从而提高自己的破案记录。20世纪90年代开始,缉毒工作的任务越来越艰巨繁重,缉毒警察开始普遍运用诱惑侦查这种侦查手段并取得了明显的成效③,最高人民法院对此也采取了宽容的态度,仅指示下级法院对具有引诱犯罪情节的涉毒案件从宽处罚④。这样一来,其他警种便也都纷纷仿效缉毒警察而在各类刑事案件甚至其他案件中运用起了诱惑侦查这种方法,一时全面开花。例如,湖南省平江县一公安派出所与"三陪女"合作,设圈套抓嫖客罚款创收;江西省某县检察院与一包工头合谋行贿抓捕受贿人;甘肃省临夏、临洮、兰州三地警察与"灰色特情"马进孝合谋,炮制出制贩毒品大案。面对空前活跃的诱惑侦查,国家终于出面干预,干预的方式是由人民法院以滥用职权罪对实施诱惑侦查的警察定罪判刑,马进孝之流的"特情"也被绳之以法。⑤

侦查机关使用特情人员开展秘密侦查,对犯罪分子设下侦查圈套,在案件

---

① 储槐植:《美国刑法》,北京大学出版社1996年版,第128页。转引自聂昭伟、魏云燕:"论陷阱抗辩的证明责任分配",载《四川警官高等专科学校学报》2007年第1期,第28页。

② 马滔:"诱惑侦查之合法性分析",载《中国刑事法杂志》2000年第5期,第69页。

③ 在2002年,仅我国西南部某市公安机关就破获毒品案件1783起,其中81%的案件侦破使用了诱惑侦查的方法。据广西桂林某检察院统计,该院在1998年至1999年6月受理毒品、假币两类犯罪案件94件,其中80.85%的案件运用了诱惑手段。1993年至1998年,云南省警方在贩毒案件侦查中,使用诱惑侦查措施破获预备贩毒案件548起,缴获毒资8592万元,相当于将4吨多的精制海洛因堵在境外。可见,诱惑侦查在打击此类犯罪中发挥着举足轻重的作用。参见张小川:"我国诱惑侦查之现状及法律规制",载《湖北警官学院学报》2007年第3期,第36页。

④ 最高人民法院法[2000]42号《全国法院审理毒品犯罪案件工作座谈会纪要》就毒品案件中特情引诱犯罪问题作了较为具体的规定,认为运用特情侦破案件是有效打击毒品犯罪的手段。尽管在此过程中的"犯意引诱"实质上是"犯意诱发型"侦查圈套,纪要也只是认为对具有这种情况的被告人应当减轻处罚,而"数量引诱"则属于"机会提供型"侦查圈套,对这种情况下的被告人应当从轻处罚。很显然,虽然最高人民法院对因特情引诱而致的毒品犯罪确立了区别普通毒品犯罪进行处罚(即从轻、减轻)的原则,但对特情引诱犯罪及所获证据的适法性显然系肯定态度。

⑤ 曹莉萍、杨子明:"古今中外诱惑侦查态势比较",载《社科纵横》2007年第3期,第95页。

的侦破中往往能够起到积极的促进作用，对此自然毋庸置疑。但是，在司法实践中，侦查机关有时也难免会因为掌握的情报不实而错误地对一个无辜者（即本无犯罪故意的人）设置侦查圈套，主动、积极地为其实施犯罪提供机会、制造条件而诱发其犯罪意念，致使其最终实施了某种犯罪行为。在这种情况下，诱惑侦查引发的一系列法律问题就值得我们深入思考和探讨：诱惑侦查的运用是否具备合法依据？侦查机关由此获得证据的效力应如何确认和采信？陷入侦查圈套而实施犯罪的人是否应对该行为承担全部刑事责任？陷入侦查圈套者及其辩护人能否因此而作无罪或罪轻的辩护？对陷入侦查圈套者定罪量刑应把握什么原则？侦查人员诱使他人犯罪的行为又该如何定性？司法机关应当怎样确保这种侦查手段的正当运用？等等。

二、运用诱惑侦查的合理性和合法性根据

（一）司法实践中运用诱惑侦查具有合理性

毒品犯罪通常没有直接、明显的受害人，不容易引起社会公众的注意，而在毒品交易中双方都是获利者，因此具有高度的隐蔽性，依靠传统的被害人报案，然后进行勘查、排查、搜查等传统侦查方法已经很难甚至不可能侦破该类案件。① 同时，毒品犯罪还具有流动性、组织性、毒品犯罪人员的流窜性等特点，毒品本身又是消耗品，一旦被吸毒人员吸食就无法提取作为证据，这些都决定了此类案件的取证难度极大。另外，缉毒队伍专门化程度较低，科技含量偏低，加之目前刑事证据立法不完善，缺乏行之有效的证据规则等问题都严重制约了打击毒品犯罪的力度，导致我国虽然对毒品犯罪始终保持高压严打态势，但毒品危害及毒品犯罪形势却越来越严峻。因此，日益严峻的犯罪形势要求侦查部门采用更有效的侦查手段，诱惑侦查作为一种侦破贩毒案件的新型、有效措施才随之应运而生。

应该看到，侦查机关采用诱惑侦查的手段侦破犯罪案件，其最终的目的仍在于保障人权，而且还是保护最大多数人的人权。试想一下，如果不适当地设置一些侦查圈套，那么很多贩毒案件就无法侦破，这无疑是对犯罪的放纵和变相鼓励，其结果必然是使大多数人的利益受到侵害。因此功利主义②在实践中占了上风，诱惑侦查事实上已被广泛地应用于侦查活动之中，这也正是应对当前日益复杂的犯罪形势的必然选择！

---

① 祝卫莉、朱飞：" 贩毒案件中的诱惑侦查之合法性分析 "，载《福建公安高等专科学校学报》2006 年第 3 期，第 17 页。

② 理论界对诱惑侦查的取舍存在两种截然相反的观点，即肯定说与否定说，其争论的实质就在于功利和正义两种不同价值的冲突。肯定说侧重于社会利益的维护，" 追求最大多数人的最大幸福 "，否定说则侧重于私人利益的维护，主张 " 公民权利神圣不可侵犯 "。

(二) 司法实践中运用诱惑侦查具备实质合法性

所谓合法性是指符合法律的规定并按法定的程序实施,从其本质的角度来理解就是指应当合乎法律程序的精神实质,即公平、正当、正义之法理①。笔者认为,看待诱惑侦查措施在我国司法实践尤其是贩毒案件中的适用是否合法不能仅仅依据我国《刑事诉讼法》中有无明文规定,而应结合毒品犯罪这种新型犯罪的迅猛发展趋势、造成的实际危害、在侦查过程中适用的必要性,从侦查贩毒案件中适用诱惑侦查措施的方法、程序、结果是否适当来分析其合法性。

1. 方法的合法性

我国《刑事诉讼法》对侦查方法合法性的要求集中体现在第 43 条——即规定"严禁刑讯逼供和以威胁、引诱、欺骗以及其他非法的方法收集证据"。顾名思义,在诱惑侦查中当然含有欺骗、引诱的因素,但笔者认为就侦查领域和法律制定的本意而言,对此的理解不能过于绝对。在整个侦查过程中,侦查人员所要查清、证明的正是犯罪嫌疑人所极力隐瞒、破坏的犯罪事实和证据,在这一对矛盾的冲突中,如果不适当地使用一些计策或谋略,很难想象案件的侦查结果会是怎样。就贩毒案件中运用诱惑侦查的司法实践来看,无论是顺向式还是逆向式诱惑侦查②,其中都难免存在欺骗或引诱的情形,但这种欺骗和引诱如果保持在仅仅是让犯罪嫌疑人误认为侦查人员就是购买或出售毒品的吸、贩毒人员,则犯罪嫌疑人犯意的产生、贩毒行为的实施便完全是其主观支配之下进行的,在这种情况下的适度欺骗或引诱自当为法律所允许,因为即使犯罪嫌疑人不跟侦查人员交易毒品同样也会跟其他吸、贩毒人员进行交易。

2. 程序的合法性

诱惑侦查当属秘密侦查的范畴,按照我国现行法律、法规的规定,公安机关使用秘密侦查措施的程序一般都是由侦查人员根据案件侦查需要逐级报请审批,经一定级别的公安机关负责人批准后才能实施。由于我国的侦查体制与英美法系国家不同,我国对侦查权的制约主要以内部制约为主,以外部的检察院制约为辅,这是由我国目前的法律体制所决定的,不能因为侦查体制与国外不同就认为公安机关的侦查行为有悖程序正义。当然,如果认为我国的程序法规

---

① 刘方权:《法治视野下的强制侦查》,中国人民公安大学出版社 2004 年版,第 223 页。
② 从贩卖毒品行为的概念来看,在贩毒案件中适用诱惑侦查可能存在两种方式,即顺向式诱惑侦查和逆向式诱惑侦查。所谓顺向式诱惑侦查,是指面对持有毒品而寻找买家的犯罪嫌疑人,侦查人员扮成毒品买家,在交易过程中将犯罪嫌疑人与毒品人赃并获,而逆向式诱惑侦查则是指面对筹集或携带巨资,主动寻找毒品卖主,准备购买大量毒品的犯罪嫌疑人,侦查人员假扮成毒品卖主与其联系、交易,在交易过程中将犯罪嫌疑人抓获。

定存在缺陷需要改进那是另一回事,至少在修改之前不能认定目前侦查机关实施的诱惑侦查违反程序法。

3. 结果的合法性

如若毒品案件侦查中采取的侦查措施在方法、程序方面都是合法进行的,那么侦查的结果也必定是合法的!尤其是在贩卖毒品案件中,一旦实施诱惑侦查措施成功,不仅能够侦破案件,实现法律的最终目标——维持社会生活的正常秩序,同时还能体现出其特殊的价值——防卫价值。一方面,因为侦查人员的介入,使得毒品最终没有流入社会、造成实际危害,这就体现出其社会防卫价值;另一方面,也因为侦查人员的介入,使得原本可能既遂的贩毒行为被制止于预备、未遂状态,这在客观上也减轻了犯罪嫌疑人的预期罪责,保障了犯罪嫌疑人的个人利益,这又体现出诱惑侦查措施的犯罪人防卫价值。因此,适当地适用诱惑侦查措施既可以实现其诉讼价值,也可以实现其防卫价值。[①]

(三) 诱惑侦查已被世界上诸多国家确定为合法

诱惑侦查的运用起始于何时,已难以考证,但作为一种正式的侦查方式则开始于大革命时期的法国,路易十四为了镇压阶级革命,设置陷阱以诱捕革命党人。美国联邦调查局在第二次世界大战期间,也曾采用这种手段进行反间谍工作。"二战"后,这一侦查手段又被广泛运用于查禁卖淫、赌博、贩毒等犯罪当中,自20世纪60年代起又扩大至侦缉行贿、受贿、犯罪组织和窃取产业情报等犯罪。

1981年,美国司法部制定了《关于秘密侦查的基准》,明确规定了诱惑侦查实施的许可条件、原则、程序等,以成文法的形式规定了诱惑侦查的合法性。法国于1992年制定了针对毒品犯罪的特殊诉讼程序,通过豁免司法警察为侦查目的而介入毒品犯罪的刑事责任的方式,承认了诱惑侦查手段的合法性,德国立法对诱惑侦查也有相应规定。英国也非常谨慎地讨论过诱惑侦查的合法性,该国的法官们认为:"为了诱捕罪犯,仅仅为实施犯罪提供机会或者诱因是合法的,这犹如加入了一个已经安排好了的,并且必定实施的犯罪一样。"

诱惑侦查在国际性文件中同样也得到了认可。为了打击贩毒活动,1988年在联合国禁止非法贩运麻醉药品和精神药物公约会议的第6次全会上通过了《联合国禁止非法贩运麻醉药品和精神药物公约》。该公约第11条规定了"控制下交付"的诱惑侦查手段,即在侦查中一旦发现贩毒者手中拥有大量毒品

---

① 祝卫莉、朱飞:"贩毒案件中的诱惑侦查之合法性分析",载《福建公安高等专科学校学报》2006年第3期,第17~18页。

急于寻找购买对象,侦查人员便可设计购买,在毒品"成交"过程中,查获毒品并缉捕贩毒者。①

三、应建立健全规范诱惑侦查的法律制度

如前所述,诱惑侦查本身具有相当的合理性,既为严峻的犯罪侦查现实所需要,同时又具备实质上的合法性要件,美、英、日、法、德等国也均对其作了相应规定,认可其合法性,这是我们不可否认的。但是,目前我国的诱惑侦查既未受到应有的监督,又无相应的法律规范,这就容易导致侦查人员滥用侦查权,甚至会放纵他们依仗公权力参与犯罪活动,从而产生破坏法制、侵害公民权利的严重后果。

当然,我们不能因为诱惑侦查在我国实践中出现的问题即急于否定其合理性和合法性,正确的态度应该是借鉴国外先进的立法和司法实践经验,建立并完善我国的诱惑侦查制度,在立法上明确规定以下几个方面的内容,以对这种不良后果起到相应的制衡作用。

(一)诱惑侦查的运用主体

美国司法部1992年修正的《联邦调查局关于秘密侦查的基准》规定,只能在有实施诱惑侦查的侦查人员参加的情况下,才能适用于使用秘密情报人员、与警方合作的证人以及其他合作者的侦查活动。在英国实施诱惑侦查的主体则包括警察或者其他官员以及他们的代理人。

在德国,有权进行诱惑侦查的是依法派遣的秘密侦查员。德国《刑事诉讼法典》规定了秘密侦查员制度,在采取其他侦查方式将成效渺茫或者是十分困难的情况下,以及案情特别重大应该派遣并且用其他措施将难以奏效的情况下,允许派遣秘密侦查员侦查犯罪行为。在法国,有权进行诱惑侦查的主体为司法警官或其授权的其他司法警察。②

因此,作为一种秘密侦查手段,诱惑侦查只能由国家侦查机关或代表其行使职权的人运用,其他任何个人和组织均不能成为其实施主体。在我国,诱惑侦查的实施人员应当限定为侦查人员及为侦查犯罪而与其合作的暂时行使侦查职能的人员,包括提供情报的"特情"、"线人",以及为侦破犯罪案件需要而参与诱惑侦查的某些犯罪团伙的成员等。

(二)诱惑侦查的适用对象

美国联邦最高法院通过判例对诱惑侦查的适用对象进行了限制,即"必须重视考察有无将侦查对象作为诱惑目标(target)的合理根据,即将被诱惑

---

① 张丽红:"诱惑侦查对我国司法实践的启迪",载《贵州警官职业学院学报》2007年第1期,第91页。

② 参见李哲:"诱惑侦查的条件及其正当性研究",载《诉讼法论丛》(第8卷),第191~192页。

者持有犯罪倾向或犯意作为阻却诱惑侦查违法性的合理根据"。① 在大陆法系国家，一般认为诱惑侦查不是为了"制造"犯罪人，而是为了发现犯罪参与者，所以，通常将具有足够证据证明犯罪事实已经展开并可能继续进行下去作为其适用的前提条件。

与此相应，诱惑侦查的适用对象一般也必须是已经有证据证明正在参与犯罪或实施犯罪的人员。② 日本学者也坚持要求，"在诱惑侦查时必须存在犯意这种客观情况，即犯罪嫌疑。在这个阶段，虽然没有犯罪嫌疑，但预测将来会犯罪，也不允许适用这种诱惑性侦查"。③

在我国，关于诱惑侦查适用对象的立法建构也应当借鉴各国的普遍标准，将之限定在适用于有犯罪嫌疑的人员，包括已经被立案的犯罪嫌疑人，以及尚未立案但存在犯罪嫌疑的人员，即诱惑侦查的实施对象必须有合理的根据或迹象表明其已有犯罪倾向并的确准备实施犯罪或已经实施犯罪，正在准备实施新的犯罪。

具体而言，在法律规定的案件范围内，诱惑侦查的适用对象可分为以下两种情况：一是有合理迹象表明某人将要实施、正在实施或者已经实施了犯罪行为；二是对于某一阶段在某一地区连续发生的某些严重犯罪案件，在使用常规侦查手段无法侦破的情况下，实施该犯罪的未知的犯罪人可以成为诱惑侦查的适用对象。

（三）诱惑侦查的适用范围

在英美法系国家，基于其判例法的传统和执法人员充分的自由裁量权，对诱惑侦查的限制主要集中于程序方面，很少对诱惑侦查适用的案件范围加以限制。而大陆法系国家在其严格的法定主义的限制下，对于诱惑侦查的范围大多给予具体规定，如在德国，诱惑侦查的适用范围就由《刑事诉讼法典》明文规定，日本也通过《麻药管理法》、《鸦片法》以及《枪炮刀剑类所持等管理法》等法律规定对于与麻药有关的犯罪、侦缉不法鸦片、武器交易的犯罪进行侦查时可以使用诱惑侦查手段。

日本学者认为，在被侵害的法益很大，侦查比较困难的无被害人犯罪中，允许使用诱惑侦查。而且，这种诱惑侦查必须是极少可能被政治犯利用的犯罪，不包括杀人、伤害等侵犯人身的犯罪。④ 最近，日本通过一系列对付有组织犯罪的法律，采取不同于一般犯罪的方法与手段，例如，对付一般犯罪如果

---

① 马跃："美、日有关诱惑侦查的法理及论争之概观"，载《法学》1998年第11期，第17页。
② 宋英辉、吴宏辉：《刑事审判前程序研究》，中国政法大学出版社2002年版，第280页。
③ [日] 田口守一：《刑事诉讼法》，刘迪等译，法律出版社2000年版，第33页。
④ [日] 田口守一：《刑事诉讼法》，刘迪等译，法律出版社2000年版，第33页。

使用窃听等密侦手段就被认为是对通信秘密与个人隐私的侵犯，使用这种手段获得的证据以非法证据予以排除。但对有组织的犯罪则可以适用。①

我国在法律传统上接近于大陆法系，执法机关的自由裁量权极其有限，而且我国目前的执法现状也不适宜类似于英美法系的做法。因此，我国应当借鉴大陆法系国家的经验，对适用诱惑侦查的案件范围加以严格限定。具体而言，我国对诱惑侦查适用的案件范围应当限于以下几类：

1. 适用常规侦查手段难以侦破或者有重大危险的无被害人犯罪案件，如贩毒、走私、不法武器交易、制贩假证等犯罪。无被害人犯罪没有特定的公民作为被害人，而且往往行为双方都是犯罪人，加之此类犯罪多在秘密状态下完成，案件细节只有行为人自己知道，因此此类案件的发现与侦破都十分困难。在此情况下，可以考虑适用诱惑侦查的手段。

2. 在集中的时间内或特定的区域内连续发生的特定类型的犯罪。在某些传统型犯罪如强奸、杀人、抢劫、盗窃等案件中，由于作案人连续作案，其犯罪经验的积累使得反侦查的能力相应提高，在侦查机关运用其他侦查手段难以侦破案件时，迫于该犯罪较大的社会危险性而产生的尽早破案的需求，侦查机关可以考虑采用诱惑侦查的措施。

3. 有组织犯罪等社会危害性较大的犯罪。对于有组织犯罪而言，其犯罪组织严密，犯罪活动系统性强，并具有较强的反侦查能力，还有一些犯罪组织以合法的形式存在，常规侦查手段往往难以奏效。因此，对于上述案件，在运用常规侦查手段难以侦破的时候，可以采用一定的诱惑侦查手段。但是，对于杀人、强奸等暴力性犯罪，对于可能造成侦查人员伤亡的诱惑侦查的适用应当慎重，不能因为对于侦破犯罪的盲目追求而牺牲侦查人员的健康甚至生命。②

诱惑侦查的运用是出于侦破特殊案件的需要，因为这些案件的侦破难度较大，依靠一般的侦查方法往往很难找到突破口。也就是说，只有在采取其他侦查方法不能有效侦破案件的情况下，方可实施诱惑侦查，如果任意扩大其适用范围，则有滥用侦查权之虞。

(四) 诱惑侦查的适用程序

在程序上应当加强对诱惑侦查的限制，完善检察机关对侦查手段、方式、方法的监督力度。由检察机关负起对诱惑侦查实施全面监督的职责，侦查机关运用诱惑侦查必须履行严格的审批手续，其欲实施的诱惑侦查必须经过检察机关批准，否则不得运用。当然，在紧急情况下，侦查机关可以立即实施诱惑侦

---

① 樊崇义、储槐植、陈兴良、王新环："关于诱惑侦查法律问题的对话"，载《检察日报》2001年1月18日第3版。

② 李哲："诱惑侦查的条件及其正当性研究"，载《诉讼法论丛》（第8卷），第194页。

查,但必须在合理的时间内向检察机关说明情况。在具体实施中则必须对实施诱惑侦查的整个过程予以技术监控,进行全程录音录像,一是可以固定证据,二是可以防止非法取证。

(五) 诱惑侦查的法律后果

应在法律上明确规定因陷入侦查圈套而实施犯罪行为者的罪责,将诱惑侦查纳入量刑时酌定从轻、减轻或者免除处罚的情节考虑。如果诱惑侦查违法,侦查人员是否需要承担刑事责任,国外存在两种不同的立法例,一种是规定侦查人员应负教唆责任,如英国;另一种是侦查人员不承担刑事责任,如美国。[①] 在这个问题上,我们应该借鉴美国的做法,因为侦查人员实施诱惑侦查的行为无论如何都与犯罪有着本质的区别,所以侦查人员不应该为其诱惑侦查行为而承担刑事责任。

四、应建立诱惑侦查合法辩护的救济制度

诱惑侦查是一种特殊的侦查方法,实践中出于同犯罪作斗争的需要被大量使用,但拥有权力的人都容易导致滥用,而滥用诱惑侦查这种方法又会导致破坏法制、侵害公民权利的严重结果。为了彻底阻止诱惑侦查在实施过程中的危险性,保障受到侵害的案件嫌疑人的合法权益,法律应当许可把诱惑侦查作为免罪和罪轻辩护的理由,建立相应的法律救济制度。由于我国司法工作者对待侦查人员运用诱惑侦查的态度与英美国家的警察圈套理论在保障公民权方面的价值取向有很大的差异,其结果是我国的审判实践中很少有辩护律师以警察引诱犯罪为由作无罪辩护,法院也几乎没有因为侦查手段不当而宣告被告人无罪。[②] 如果我国立法能够对运用诱惑侦查的法律后果等问题作出明确规定,必将有助于司法公正的最终实现。

所谓诱惑侦查合法辩护,是指陷入侦查圈套者可以以其犯罪行为是在侦查人员或其协助者的引诱、劝导下实施为理由,提出罪轻或者无罪的辩护意见。在美国,被告人可以以警察圈套为由作无罪辩护。在英国,警察圈套不能作为被告人无罪辩护的理由,但法官在量刑时可以考虑警察圈套这一事实而减轻刑罚。在德国,诱惑侦查超出了合理的范围,所收集的证据视为非法证据予以排除。在日本,实践中警察圈套一旦成立,应对被告人作出无罪判决,而理论界对此却有不同的认识,提出了非法证据排除说、免诉说、驳回公诉说等不同的

---

① 张丽红:"诱惑侦查对我国司法实践的启迪",载《贵州警官职业学院学报》2007年第1期,第92页。

② 郑金焱:"我国司法实践中的'警察圈套'问题",载《湖北经济学院学报》(人文社会科学版) 2007年第2期,第110页。

主张。①

侦查机关运用诱惑侦查使本无犯罪意图的被告人实施犯罪，从情理上讲，责任并不全在被告人，因为落入圈套的不光是贪婪的罪犯，还有被诱骗的普通公民。金无足赤，人无完人，这世上既有人视不义之财如粪土，也有人见利忘义、为趋利而不计后果，置禁止性法律规定于不顾。对后一种人，引诱他犯罪并非十分困难之事，可我们为什么要引诱他犯罪呢？天下无罪，岂不更好！任何人都无权通过设计圈套而把一个清白无辜的人变成罪犯，政府就更不应该诱导公民去犯罪，这便不能不引发对诱惑侦查进行合法辩护是否合理和必要这一法理问题的进一步思考。

（一）诱惑侦查合法辩护是保障公民人权的客观需要

有权利就有保障，有损害便有救济，这是法治社会的重要标志之一。现代法制文明的主要成果之一就是警察办案也必须遵循严格的操作规程，对严重违反者允许提出"合法诉讼之抗辩"②。在刑事诉讼领域，强制措施法定与侦查手段法定的目的不仅在于确保办案的质量，更是保障涉案嫌疑人权利的现实需要。很难想象，不受制约、节制的侦查权不会侵犯公民的合法权益，不会制造冤案、错案。

事实上，"由于诱惑侦查自身的特点和弊端，难免会有不当的诱惑侦查行为在实际中出现"③，从而使得一个没有任何犯罪意图的公民产生犯意并进而实施犯罪，如果政府因此而拘捕并对他实行刑罚，那么就是政府滥用权力而陷民入罪！因为"国家只能打击和抑制犯罪而不是制造犯罪，这是国家行为的基本界限"④。为了彻底阻止这种危险性，从结果意义上保障受侵害当事人的合法权益，便有必要完善刑事证据规则，建立相应的诱惑侦查合法辩护法律救济制度。

（二）诱惑侦查合法辩护是司法平等原则的必然要求

平等适用刑法，是法律面前人人平等的宪法原则在刑法中的具体化，它要求刑法规范在其应当得到适用的所有场合对任何人都给予公平的适用。按照刑法原理，如果是普通公民诱使他人犯罪，必然会被作为共同犯或教唆犯加以处罚，而在侦查人员的诱导甚至参与下实施犯罪的场合，却只是对陷入侦查圈套而实施相关行为的人定罪处刑，对犯罪的引诱者则不加任何限定和约束，这显

---

① 张丽红："诱惑侦查对我国司法实践的启迪"，载《贵州警官职业学院学报》2007年第1期，第92页。
② 马滔："诱惑侦查之合法性分析"，载《中国刑事法杂志》2000年第5期，第71页。
③ 张小川："我国诱惑侦查之现状及法律规制"，载《湖北警官学院学报》2007年第3期，第39页。
④ 龙宗智：《上帝怎样审判》，中国法制出版社2000年版，第211页。

然是不公平的。

当然，司法人员负有揭露犯罪、与犯罪作斗争的法定职责，但是他们同样也没有挑起犯罪、诱使犯罪的特权，否则也应承担相应的违法责任。反之，既然侦查人员或特情人员（线人）在诱使他人犯罪的场合无须承担责任，那么当然也应允许本无犯意而陷入侦查圈套的被告人以此为由作无罪或者罪轻的辩护。

（三）诱惑侦查合法辩护体现罪刑相适应的刑法原则

罪刑相适应，也称罪刑相当、罪刑均衡，其基本的含义是刑罚的轻重与犯罪的轻重相适应。① 在诱惑侦查中，被诱惑者实施的犯罪行为完全处在警方的周密安排和控制之下，基本上不具有危害社会的现实可能性，因为该犯罪的后果一般情况下并不会发生，陷入侦查圈套者的犯罪目的也就不可能得到最终实现，按照刑法理论该行为最多也就只能构成不能犯的犯罪未遂，但实践中此类控制下的犯罪却往往待其行为实施完毕后方予拘捕并一概按既遂犯定罪处刑，这显然与其本身的社会危害性大小不相适应。

而且，侦查圈套的设置者在该犯罪行为的实施中往往起主导作用，而被诱入的被告人则可能仅仅起到一种次要或辅助的作用，在这种情况下，理论上的形式主犯乃是侦查人员或其协助者（即特情人员），但由于其无须也不可能被追究刑事责任，那么所有的罪责必将由被诱惑陷入侦查圈套者一人承担，对其适用刑罚时应当从轻、减轻或者免除处罚的从犯必减原则在此自然也就没有了适用的余地。因此，主观恶性较轻甚至根本没有而被诱入侦查圈套的被告人对此实有提出无罪或者罪轻辩护的必要和正当理由。

（四）诱惑侦查合法辩护符合非法证据的排除规则

诱惑侦查的运用从某种意义上说与法定的"正当程序"相悖，由此收集证据的正当性便值得怀疑，通过这种"非法"手段取得的证据便可视为"非法获得的证据"而不得作为诉讼的合法根据。

我国刑事诉讼法律虽无非法证据排除规则的规定，但也在《刑事诉讼法》第43条中明确规定司法人员必须依照法定程序收集证据。若非法的有罪证据的效力不能得到承认，那么陷于侦查圈套而实施犯罪者作无罪或罪轻辩护就是合理合法的。

（五）诱惑侦查合法辩护是对司法人员滥权的限制

运用诱惑侦查固然是一种有效的破案手段，通常也是出于同犯罪作斗争的需要，但目前诱惑侦查既未受到应有的监督，也无相应的法律规范。这就容易导致侦查人员滥用侦查权，产生破坏法制、侵犯公民权利的严重后果，甚至会

---

① 张明楷：《刑法学》，法律出版社2003年版，第70页。

放纵他们依仗公权力参与犯罪活动。以权利制约权力本就是防范权力滥施的重要手段之一，在我国刑事法律中建立诱惑侦查合法辩护制度，便可以对这种不良后果起到相应的制衡作用。

五、诱惑侦查合法辩护的成立要件及认定

建立诱惑侦查合法辩护制度的目的不在于否定诱惑侦查的功效和作用，而在于抵消其不当运用所带来的消极作用。在司法实践中，也并非只要侦查人员一设圈套，因此而陷入侦查圈套者就可以以此作为无罪或罪轻的辩护理由。这是因为，结合国内外的研究成果可以将诱惑侦查分为机会提供型诱惑侦查和犯意诱发型诱惑侦查两类，而这两种诱惑侦查有着本质的差异，被诱惑实施犯罪者的责任自然也应有所区别。

所谓机会提供型诱惑侦查，是指侦查机关针对已有犯罪意图的人，为获得对其提起刑事诉讼的证据而诱使他实施犯罪行为，当其真的被诱惑实施犯罪时，立即将其拘捕并付诸刑事制裁，这时所谓的侦查圈套在犯罪嫌疑人实施犯罪行为的过程中并无决定性的主导作用。而所谓犯意诱发型诱惑侦查，指的则是在采取诱捕的侦查行为时，侦查人员通过实施主动行为或积极行为使得本无犯罪意图的人实施了侦查人员诱导的犯罪行为，在这类诱惑侦查中，侦查人员的行为在整个案件中起着决定性的主导作用，所谓的犯罪嫌疑人本来并不存在任何犯罪倾向，实质上就是侦查人员教唆或鼓励一个本应无罪的人实施了犯罪行为，从某种意义上说，这纯粹是一种人为制造的虚假犯罪行为，自然不宜被认定为犯罪。

因此，建立诱惑侦查合法辩护制度的关键也就在于如何区分上述两种不同类型的诱惑侦查，即符合哪些构成要件时方可构成犯意诱发型诱惑侦查并成立诱惑侦查合法辩护①。笔者认为，诱惑侦查合法辩护应具备以下三个构成要件：一是诱使者的身份必须是侦查人员及其协助者（即特情人员），一般公民不能作为诱使者即圈套设计人，否则构成共同犯罪。二是诱使者实施了诱使犯罪的行为，也就是说，侦查人员及其协助者不仅提供犯罪机会，还必须以积极行为去诱使被告人实施犯罪活动，这是成立诱惑侦查合法辩护的客观要件。三是陷入侦查圈套者本无犯罪意图，其犯罪念头的萌发仅仅是因为侦查人员及其协助者

---

① 在这里，本文对诱惑侦查合法辩护采较为狭义的理解，即将其对象限定于犯意诱发型诱惑侦查，因为机会提供型诱惑侦查的对象主观上本有犯意而具有刑罚可罚性。当然，无论是哪种诱惑侦查，其对象的犯罪行为一般都在公安机关的严密控制之下，犯罪的危害后果便不易产生，其社会危害程度已大大减轻，从这个意义上说机会提供型诱惑侦查的对象同样也应享有从轻处罚的辩护权利，只是对此在理论上和实践中并无太大的分歧，如最高人民法院法〔2000〕42号《全国法院审理毒品犯罪案件工作座谈会纪要》就对因特情引诱而致的毒品犯罪确立了区别普通毒品犯罪进行从轻处罚的原则，故本文无意再就此展开。

的引诱而产生，并非原先即存内心，这是成立诱惑侦查合法辩护的主观要件。

判断诱惑侦查合法辩护是否成立时应将上述三个要件综合起来考虑，缺一不可。下面笔者试举几个实例对此作进一步的分析：例一，为得到一个盗窃嫌疑人的罪证，侦查人员佯装醉酒倒在路边，故意把钱包半露在外，诱使其去偷包，在嫌疑人实施偷包行为时将其当场抓获；例二，侦查人员化装成"买主"与贩卖假币的嫌疑人联系，以查获其犯罪证据；例三，侦查人员向一个无贩毒前科的吸毒者求购海洛因，出价每克 500 元，吸毒者不同意，侦查人员一再加价至每克 1000 元，吸毒者才勉强表示同意，临时从别处购进毒品转卖给侦查人员；例四，在与例三情况类似的条件下，侦查人员才出价每克 500 元，吸毒者立即同意成交。上述四个案例中，只有例三能够成立诱惑侦查合法辩护的理由，因为该吸毒者主观上本无贩毒意图，客观上也无现成毒品，完全是在侦查人员高额利润的引诱下才萌发的犯罪故意。在此，侦查人员不仅客观上提供了犯罪的机会，还积极抬高价格来诱使吸毒者贩毒，完全符合诱惑侦查合法辩护的三个构成要件。例四则不能成立诱惑侦查的合法辩护，因为该吸毒者的犯罪念头并非受引诱而临时产生，而是早已存在，这从他立即答应成交且不抬高价格的行为可以看出，而在例一、例二中，侦查人员只是为被告人提供了犯罪的机会和条件，并没有实施诱使犯罪的积极行为，自然不存在诱惑侦查合法辩护的问题。

六、实现诱惑侦查合法辩护权的制度设计

要从根本上维护和救济遭受违法诱惑侦查侵害的案件当事人的合法权益，仅仅从理论层面澄清诱惑侦查合法辩护的必要性及其成立要件还远远不够，而必须通过立法或者以司法解释的方式，进一步完善证据制度，将诱惑侦查合法辩护的构成要件明确化、法定化，同时构建相应的法律制裁、救济保障制度，为当事人提供制度性的权利保障体系。

（一）诱惑侦查程序性制裁的体系构建

诱惑侦查从本质上讲是刑事诉讼中的一种程序性行为，而"治理程序性违法的最大潜在资源在于建立较为完善的程序性制裁制度"，"否则，程序性违法就如同任何不受法律制裁的违法现象一样，将很难得到有效遏制"。[①] 所谓程序性制裁措施，是指违反刑事程序法受到法律惩罚的各种方法，这种制裁的方式是在宣告诉讼行为违法的同时作出具体的程序性惩罚决定，其作用是以此达到直接影响诉讼进程或诉讼结果的目的。笔者认为，针对诱惑侦查的特点应当明确以下几种程序性制裁措施：

---

① 陈瑞华：《程序性制裁理论》，中国法制出版社 2005 年版，第 68~69 页。

第一，终止诱惑侦查。这是一种最严厉的程序性制裁方式，即当诱惑侦查被查明严重违反法定程序时，侦查机关必须终止整个侦查行为，不管犯罪嫌疑人实际上是否有罪，都应对其作无罪处理。

第二，非法证据排除。即非法获取的证据不得作为认定案件事实的依据，所谓非法证据是指通过刑讯逼供、威胁、引诱、欺骗等手段获取的证人证言、被害人陈述和嫌疑人口供，在诱惑侦查中的非法证据特指侦查机关采取超出正当计策和谋略的欺骗、引诱手段所获取的证据。

第三，诉讼行为无效。它是指诉讼行为严重违反法定诉讼程序和规则，法律规定其不得产生预期法律效力的制裁方式，它与非法证据排除规则相比，后者只处理证据方面的问题，而它则既能处理证据问题，也能直接处理、宣告违法侦查行为的法律后果。

第四，从轻量刑处罚。所谓从轻量刑是指在诱惑侦查行为已经实施完毕而又被确认违反法律规定的程序时，不宣告该行为无效，也不因程序的违法即排除所获取的证据，而是在法院最终判处被告人有罪时，在量刑上对被告人予以从轻处罚。这一制裁措施没有完全否定诱惑侦查这种程序性违法行为的法律效力，但又确认了该行为的违法性，属于一种折衷的制裁措施。而且从轻量刑既可以部分否定违法行为所追求的诉讼效果，又能避免诉讼行为无效、排除非法证据等程序性制裁方式因完全否定违法行为的效力而可能导致实际的有罪者逃脱法网的弊病。①

（二）诱惑侦查合法辩护权的程序保障

首先，在侦查和审查起诉阶段，犯罪嫌疑人有权就侦查机关实施的违法诱惑侦查向人民检察院提出申诉或控告，人民检察院应当受理，并根据事实和法律及时进行审查。审查中，可以要求当事人及侦查机关提供相关材料，也可依职权进行必要的调查，经审查发现诱惑侦查严重违法的，应当指令侦查机关终止诱惑侦查，对已被羁押的犯罪嫌疑人立即予以释放，并依法追究有关人员的法律责任。

其次，在法院审理阶段，被告人有权以遭受非法的侦查诱惑为由提出无罪或者罪轻的辩护意见，公诉机关对此必须承担相应的举证责任，即应该提出足够的证据证明侦查机关实施的侦查行为合法，否则便可根据非法证据排除规则排除违法诱惑侦查获得的各种证据。一旦侦查机关实施的诱惑侦查被查明违法，如无其他事实法院便应作出无罪判决，并对权利遭受不法侵害的被告人按

---

① 周欣："侦查程序违法的法律制裁体系初探"，载《中国人民公安大学学报》（社会科学版）2006年第2期，第22页。

照《国家赔偿法》的规定进行赔偿。

　　笔者认为，诱惑侦查在贩毒案件中的频繁运用确是出于同犯罪作斗争的实际需要，但其带来的诸多法律问题和消极作用，又是我们必须直接面对和认真解决的。在我国刑事诉讼中建立诱惑侦查及其合法辩护的法律制度，有助于解决诱惑侦查给司法实践带来的困惑，使得审判实践有法可依，起到保护公民合法权益和完善法制建设的积极作用，同时也可促进诱惑侦查的运用走上制度化、规范化的轨道，在同犯罪作斗争的过程中进一步发挥其巨大的威力。

检察机关讯问职务犯罪嫌疑人实行全程同步录音录像制度实证研究[*]

——基于 C 市调查情况的分析

潘金贵[**] 毛建平[***] 程星玲[****]

一、引言

自 2006 年 3 月 1 日起,检察机关办理职务犯罪案件开始逐步推行讯问犯罪嫌疑人全程同步录音录像制度(以下简称讯问全程同步录音录像制度)。2007 年 10 月 1 日以后,全国各级检察机关在直接立案侦查的案件办理过程中全面推行该制度。这是检察机关践行社会主义法治理念,深化侦讯程序改革,规范侦查取证行为,加强人权保障,推动我国刑事诉讼程序现代化和文明化的重要举措。该制度施行以来,实践运行状况如何,取得了哪些成效,有哪些可取的经验,存在哪些问题,应当如何进一步改革完善,无疑都是非常值得关注和研究的问题。故此,本课题组对 C 市检察机关实行讯问全程同步录音录像制度的实践运作情况进行了初步的调查研究,力图以 C 市为视角,对侦查机关实行讯问全程同步录音录像制度涉及的相关理论和实践问题进行探讨,以便能够更好地为该制度的良性运行提供指导性意见,并为我国刑事诉讼法再修改时建立较为科学完善的讯问犯罪嫌疑人同步录音录像制度提供立法参考,推动

---

[*] 本文系西南政法大学潘金贵副教授和重庆市人民检察院第一分院毛建平副检察长共同主持的重庆市教育委员会人文社会科学研究项目"重庆市检察机关实行讯问职务犯罪嫌疑人全程同步录音录像制度实证研究"的研究成果
[**] 西南政法大学副教授,法学博士
[***] 重庆市人民检察院第一分院副检察长,法学博士,西南政法大学兼职教授,全国检察业务专家
[****] 西南政法大学 2007 级刑事诉讼法学硕士研究生

我国刑事侦讯程序的改革和发展。

C市人民检察院对于实行讯问全程同步录音录像制度高度重视。在最高人民检察院颁布了《人民检察院讯问职务犯罪嫌疑人实行全程同步录音录像的规定》之后不久，C市人民检察院就制定了《C市检察机关讯问职务犯罪嫌疑人同步录音录像实施细则（试行）》并与C市公安局联合下发了《关于在全市看守所设立检察机关侦查讯问职务犯罪嫌疑人同步录音录像侦查讯问室的通知》。C市检察机关设有一个省级院，下辖五个检察分院，每个分院下辖若干基层检察院，其中Y检察分院和W检察分院的辖区主要为C市的主城区（县）。考虑到基层检察院的案件数量相对较多，很多问题相对具有代表性，因此课题组的调研主要集中在基层检察院。同时鉴于C市经济发展水平不平衡，课题组既对经济条件较好的主城区的部分基层检察院如S区、Y区、F区和H区检察院进行了调研，也对经济条件相对较差的部分其他区县的基层检察院如K县、L县、Y县检察院进行了调研。此外，课题组还对C市Y检察分院和W检察分院以及C市检察院进行了调研。调研主要采用了问卷调查、召开座谈会、个别访谈、电话调查等方式，其中发放了调查问卷100余份，回收有效问卷70余份，涉及同步录音录像制度实施中的20个问题①；到检察机关召开座谈会5次；个别访谈和电话调查数十次。受访人员既有C市检察机关部分自侦部门的负责人，如分管副检察长、职侦局长、副局长；也有一般侦查人员，如职侦部门的业务骨干。其中课题负责人利用2007年12月为C市检察机关职侦局长（副局长）、业务骨干授课的机会进行的调研具有一定的代表性。另外，课题组还对最高人民检察院、其他部分省市检察机关实施讯问全程同步录音录像制度的有关情况进行了资料检索与数据收集，并就同步录音录像在审判中的采纳情况在少数法院进行了咨询和调查。以下主要以C市调研情况为基点，就检察机关实行讯问全程同步录音录像制度实践运作中涉及的一些主要问题进行分析和探讨，以资有益于立法和实践。

二、检察机关实行讯问全程同步录音录像制度实践运作情况的初步考察

（一）侦查人员对实行讯问全程同步录音录像制度的态度

讯问犯罪嫌疑人实行全程同步录音录像制度发源于英国，近年来在较多的国家得到采用。我国在最高人民检察院出台有关全程同步录音录像制度的相关规定之前，一些经济较为发达的省市已经对该制度进行了探索。如浙江省的检察机关在20世纪90年代后期就已经开始试行讯问同步录音录像制度。对于一项具有"舶来品"色彩的侦讯制度，该制度能否在我国得到认可和采用，尤

---

① 囿于篇幅所限，本文主要就其中部分较为突出的问题进行论述。

其是能否为一线的侦查人员所接受,确实是首先需要关注的问题之一。诚如有学者指出:"即使是在西方一些国家通用的法律或做法,即使理论上符合市场经济减少交易成本的法律和制度,如果与本土的传统习惯不协调,就需要更多的强制力才能推行下去。"① 经统计,提交有效问卷的73名侦查人员对推行讯问全程同步录音录像的态度情况如图1所示:

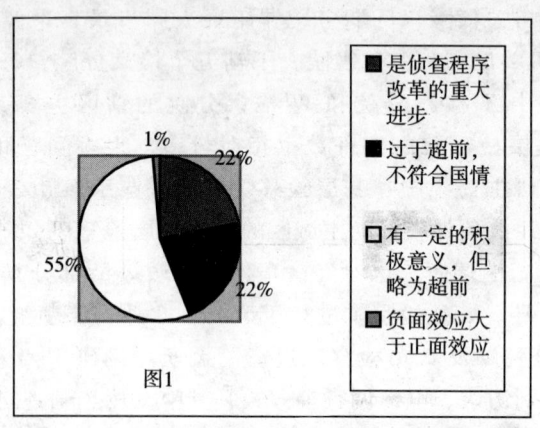

图1

从图1可以看出,认为推行讯问全程同步录音录像制度有一定积极意义,但略为超前的人数占全体人数的55%,达到40人,这表明多数侦查人员对于推行该制度基本表示赞同,但又有所保留,这很可能是基于对实践中已经出现的一些问题的反思而作出的选择;认为该制度是侦查程序改革的重大进步的人数为16人,占总数的22%,这表明部分侦查人员对于该制度是充分肯定的。此外,调查中认为该制度过于超前,不符合我国国情的人数也为16人,占22%,这表明也有相当部分的侦查人员更多地考虑了现实国情,对实行该制度持基本否定态度;而仅有1人认为该制度的负面效应大于正面效应,占总数的1%,这表明从根本上否定该制度的侦查人员只占极少数。从上述情况来看,大多数检察机关侦查人员对于实行讯问全部同步录音录像制度是认可和接受的,这表明大多数侦查人员的侦讯观念是能够跟上时代发展和改革潮流的。

(二)实行讯问全程同步录音录像对侦查工作产生的影响

一般认为,现代刑事诉讼的基本价值取向是打击犯罪与保障人权并重,但是"并重"或许更多是一种理想化的图景,二者在很多时候呈现为"不可兼得"的一种状态,这种矛盾与冲突在侦查程序体现得尤为明显。如果说实行讯问全程同步录音录像制度是检察机关在侦讯过程中加强人权保护的一种体

---

① 苏力:《法治及其本土资源》,中国政法大学出版社1996年版,第13页。

现，那么该制度对于侦查工作会产生哪些影响则是值得重视的一个问题。在调研过程中，我们发现侦查人员对于实行讯问全程同步录音录像制度对侦查工作的影响的看法还是较为客观全面的，既肯定了积极的一面，同时也认为有消极的一面。如仅就问卷调查情况来看，侦查人员认为实行讯问全程同步录音录像对侦查工作产生的影响如图2所示：

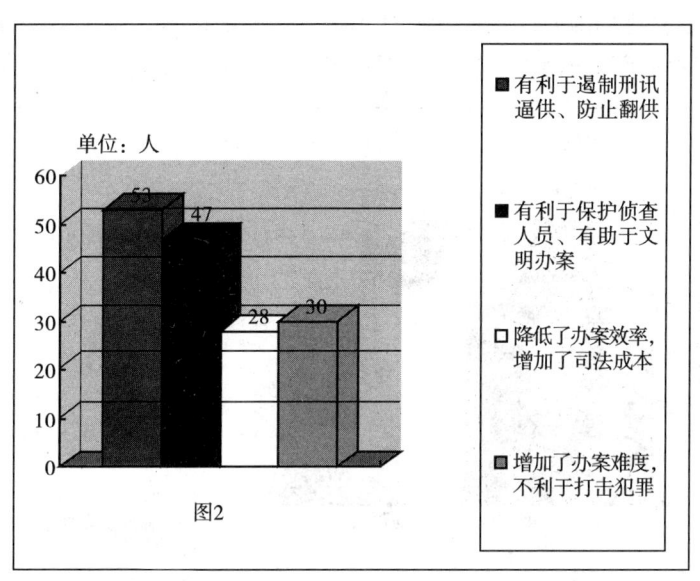

图2

从图2可以看出，多数侦查人员认为该制度的实施对侦查工作来说有利于遏制刑讯逼供，同时也有效固定了犯罪嫌疑人的供述，防止翻供，认为有利于保护侦查人员、有助于文明办案；但还有不少侦查人员认为降低了办案效率，增加了司法成本，增加了办案难度，不利于打击犯罪。特别值得注意的是，多名侦查人员对各项都作出了选择，并不是单一的仅看到制度的积极功能，而偏废了其消极面，或者是仅看到其消极面而忽视积极功能。

在调研过程中，多数侦查人员均表示该制度实施后，讯问时用语规范、行为规范乃至衣着风貌等方面都得到很大程度的改善，办案方式文明了许多，侦查人员受到犯罪嫌疑人关于刑讯逼供的申诉、控告的情况也大为减少。但是也普遍反映该制度施行后存在办案效率降低、审讯难度加大等情况。如要求审录人员分离、原带当即封存、复制录音录像带备案等需要在现场完成的操作程序，在要求注意力高度集中的审讯环境穿插附加操作事项会对审讯现场形成一定的干扰，继而对审讯造成一定负面影响。再如，全程同步录音录像在突出犯罪嫌疑人权益保护的同时在一定程度上也增强了犯罪嫌疑人的拒供心理，如有的犯罪嫌疑人就认为既然同步录音录像，侦查人员就不敢拿自己怎么样；而且同步音像资料的讯问过程全信息再现,加大了犯罪嫌疑人担心全程同步录音录像导致日后翻供困难的畏罪顽抗心理,进一步增加了突破口供的难度,如有的犯罪嫌疑人就明确表示一旦录音录像自己就不谈案情了。

(三) 实行讯问全程同步录音录像制度存在的主要困难

讯问全程同步录音录像制度实施中也遇到了不少的困难,这些困难既有人的因素,也有物的因素以及制度设计本身不科学的因素。受访的侦查人员对制度实施过程中面临的困难作出了如下选择:

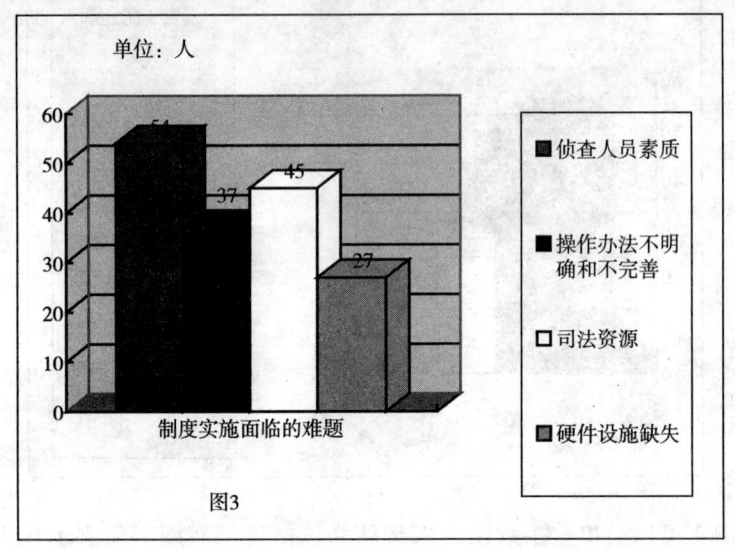

图3

可以看出,侦查人员素质有待提高是实行该制度面临的最大难题。这一点在课题组进行访谈时,一些侦查人员尤其是职侦部门的负责人多次强调。虽然在C市主城区侦查人员的总体素质较高,但在其他区县侦查人员的素质相对较低。多年的办案习惯使一些侦查人员对传统的侦讯方式还存在一定程度上的依赖,不能适应新的侦讯方式。如在传统办案模式下,部分侦查人员养成了讯问语言、行为不规范等问题,而同步录音录像使得侦查人员担心办案过程中语言不规范、程序出差错会给自己带来负面影响,这种心理在一定程度上限制了其讯问技巧的发挥。有的侦查人员甚至认为同步录音录像成为了侦查过程的一种累赘,从而尽量想办法"规避"同步录音录像。

其次是司法资源的问题。这主要体现在讯问室建设、购置设备、检察技术人员培训等方面都需要较大的司法资源投入。首先是讯问室建设问题。经济发达地区的检察院如Y区作为示范区可以建设多间符合全程同步录音录像要求的讯问室,可以同时对几个同案犯进行讯问;而经济欠发达地区如K县的讯问室建设就显得落后。特别是在一些有多个犯罪嫌疑人的窝案中，只能一个接一个地讯问，而拖延了讯问过程也不利于案件的突破。其次是设备配置存在较大差距。在经济条件较好的区县，有的配置了相当先进的录音录像设备，如Y区、H区、F区。而在经济条件较差的区县，如B区、K县、L县等侦查人员基本上还是使用一般的录音录像设备，有的区县侦查人员就使用家用便携式录像机进行录音录像。不过，在司法资源投入问题上，检察机关能否得到当地财政的大力支持有很大关系，这往往取决于检察长与当地党政领导之间的"关系"。如财政状况并不是很好的Y县检察院就投资了几十万购置了有关设备，不过Y县检察人员要使用时要经领导同意，手续较麻烦。此外，在课题组就同步录音录像制度实施中的财政经费保障问题进行的调研中，仅有11%的侦查人员认为办案经费是有充分保障的；而有38%的侦查人员认为是严重不足的；有44%的侦查人员认为基本是能够保障；还有7%的侦查人员不清楚经费保障问题。可见，经费保障总体情况并不是很理想。

最后是制度本身存在的不明确、不完善等问题。虽然如前所述，在最高人民检察院颁布了关于实行同步录音录像制度的相关规定以后，C市人民检察院立即制定了《C市检察机关讯问职务犯罪嫌疑人同步录音录像实施细则（试行）》并与C市公安局联合下发了《关于在全市看守所设立检察机关侦查讯问职务犯罪嫌疑人同步录音录像侦查讯问室的通知》，但总的看来，内容都相对较为笼统，操作性并不是很强。这从上图中有相当数量的侦查人员认为操作办法不明确和不完善可见一斑，而在调研过程中也有不少侦查人员指出了操作中反映出的若干相关规定中的疏漏。

（四）讯问全程同步录音录像对犯罪嫌疑人翻供的影响

实行讯问全程同步录音录像制度的初始动因之一是有效固定口供，防止犯罪嫌疑人、被告人翻供，增强侦讯期间获取口供的证明力，保证其证据能力。在调研中，高达89%的侦查人员认为在防止翻供方面，同步录音录像方式优于传统的笔录方式。那么在全程同步录音录像制度实施后，翻供现象是否得到减少？建立该制度的初衷是否达到？根据侦查人员的选择，我们对该制度实施后关于翻供现象的具体情况做了如下统计，如图4所示。

从图4侦查人员认为实行讯问全程录音录像制度后，犯罪嫌疑人的翻供现象没有变化，仍大量存在与认为犯罪嫌疑人的翻供现象有所减少基本等量，可以看出，实行讯问同步录音录像制度并未很好地产生遏制翻供的效果。在调研中，侦查人员就提到有犯罪嫌疑人翻供称其侦查阶段录音录像形成的有罪供述是受到刑讯逼供，而刑讯的地点就在厕所或者是停电的时候等情况。实践表明，全程同步录音录像对犯罪嫌疑人在侦查阶段对口供的固定只是增加了被告

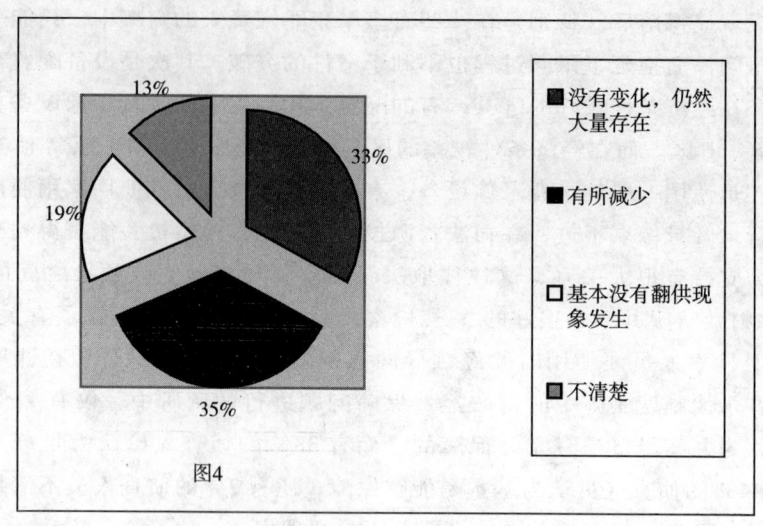

图4

人翻供的风险,而不可能从根本上解决翻供问题。犯罪嫌疑人内心的利益权衡在选择是否翻供上起到了决定性的作用,同步录音录像制度在遏制翻供上所起作用是有限的。

(五)讯问同步录音录像的"全程"的处理

《人民检察院讯问职务犯罪嫌疑人实行全程同步录音录像的规定》第二条规定:"人民检察院讯问职务犯罪嫌疑人实行全程同步录音、录像,是指人民检察院办理直接受理侦查的职务犯罪案件,每次讯问犯罪嫌疑人时,应当对讯问全过程实施不间断的录音、录像。"可见,对讯问录音录像中"全程"的基本要求是"每次讯问"、"讯问全过程"、"不间断"。实践中是如何处理同步录音录像的"全程"要求呢?从调查情况来看,侦查人员在实践中对"全程"的操作情况如图5所示。

可见,实践中对"全程"的处理存在多种方式,其中在犯罪嫌疑人承认犯罪后再进行讯问的那一次的全过程录音录像占了很大的比重,这与课题组进行访谈中获取的信息基本一致。而只对第一次讯问的全过程和最后一次讯问的全过程进行录音录像在实践中所占比例并不低。这些做法无疑都与最高人民检察院对"全程"的要求是违背的。至于有高达46%的侦查人员选择侦查期间所有每次讯问的全过程,如果从"全程"的理解上说无可厚非,但如果从实践操作的角度讲,仅就课题组调研情况来看,基本上没有真正对侦查期间所有

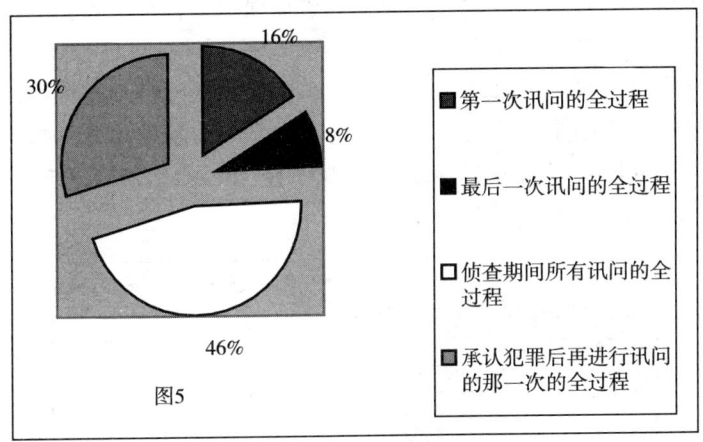

图5

讯问的全过程都同步录音录像的案例。① 在某种意义上说，对于"全程"这个问题，近半数的受访侦查人员作出了与客观事实不符的选择。实践中，绝大多数案件都是在犯罪嫌疑人作出有罪供述之后才开始录音录像，至于在此之前的讯问情况，都是按照旧的方式操作。这种"先审后录"的做法，是导致实践中不少被告人到法庭上以在录音录像之前遭到刑讯逼供为由推翻同步录音录像的供述的最主要原因。由于不能切实保证讯问录音录像的"全程"性，极大地削弱了同步录音录像形成证据的证明力，实践中，自侦案件检察机关提交法庭的录音录像资料通常会遭到辩护律师和被告人的强烈质疑，很少被法庭采纳。

（六）讯问全程同步录音录像制度的监督机制

"中国的侦查程序不具有诉讼形态，而完全属于一种超职权主义的、行政化的单方面追诉活动。"② 由于侦讯过程本身所具有的秘密性和封闭性，极易造成对犯罪嫌疑人权利的侵犯。全程同步录音录像制度的价值之一就是通过程序设计监督制约侦查权力，保障犯罪嫌疑人权利。前最高人民检察院贾春旺检察长在2007年3月向全国人大作检察工作报告时强调，要把进一步推行讯问职务犯罪嫌疑人全程录音录像制度，强化对办案工作的监督，作为推进检察体制改革，完善法律监督制度的重要内容。客观地讲，同步录音录像制度在一定程度上对侦查人员的讯问情况确实可以起到一定的监督作用。如在一些检察机关，侦查指挥室可以实时观看讯问室内的情况，并且讯问过程还可以同步传输

---

① 这是调研过程中"私下"了解的情况。实际上其他省市检察机关在讯问录音录像的实践中情形也基本相似。

② 陈瑞华：《刑事诉讼的前沿问题》，中国政法大学出版社2000年版，第33页。

至分检和市检。此种操作方式一方面有利于加强对侦查指挥人员对讯问的指挥和控制,可以及时调整讯问策略,另一方面有利于对讯问过程进行实时监督。但是,指挥人员多是本部门的领导,这种内部监督效果是很有限的。目前同步录音录像过程存在的主要问题之一就是内部监督乏力和外部监督缺失。而在如何建立讯问全程同步录音录像制度的监督机制问题上,侦查人员作出了如下选择:

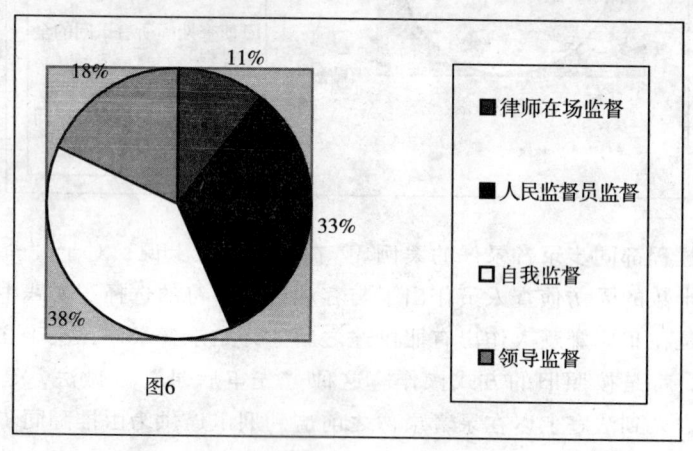

图6

由图6可见,如果将侦查人员的自我监督和领导监督方式归类为内部监督,将人民监督员监督和律师在场归类为外部监督,二者比例分别为56%、44%。赞成内部监督的比例过半,而对外部监督的方式的选择也不占少数。这表明不少侦查人员意识到加强外部监督的重要性。

目前实践中主要是依赖于检察机关的内部监督,其重点是对录制过程的监督。这主要落实在两项制度上:一是审录分离,二是审批制度。前者主要是指审讯人员和技术人员的分离,通过技术人员的独立录制来对审讯人员的讯问活动进行一定程度上的监督;后者主要是指职侦部门负责人或者分管检察长的审查批准。从调研情况来看,这两项制度尽管能够起到一定的监督作用,但也存在一定问题,如实践中存在不少由办案的侦查人员录制的现象,而分管领导的审批更多是程序性要求,所起监督效果有限。

关于律师在场监督和人民监督员在场监督都仅是一种制度设想。不少侦查人员选择人民监督员监督,或许与人民监督员毕竟是检察院聘请的有一定关系。值得注意的是,不管是在问卷调查中还是访谈中,干警都对律师在场监督的方式表示了普遍的冷淡和抵触。在调研中,一些侦查人员就明确提出,律师在场容易干扰侦查活动,容易助长犯罪嫌疑人的不认罪态度,律师讯问在场无实质性作用,并且缺乏可操作性,不应赋予辩护律师同步录音录像的在场权。

（七）刑事诉讼法再修改与建立讯问全程同步录音录像制度

我国刑事诉讼法并未规定侦查机关讯问犯罪嫌疑人实行同步录音录像制度。在有关学者提出的关于刑事诉讼法再修改的论著中早已明确主张刑事诉讼法再修改应当建立该制度。① 应当说，检察机关积极推行讯问全程同步录音录像制度为刑事诉讼法再修改建立该制度奠定了很好的实践基础。而对于刑事诉讼法修改时应否规定全程同步录音录像制度，侦查人员作出了如下选择：

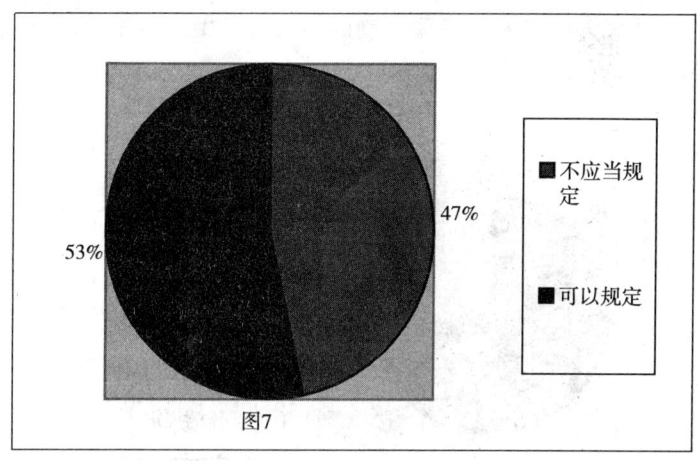

图7

可见，侦查人员对于刑事诉讼法再修改中应否建立该制度存在截然的等量对立。而其中对于侦查人员认为"不应当规定"的理由如下图所示：

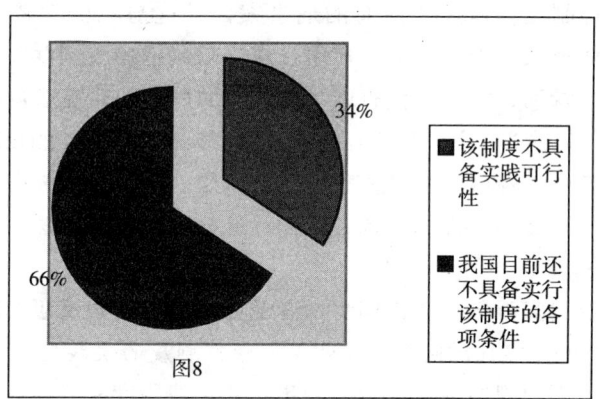

图8

---

① 徐静村主编：《中国刑事诉讼法第二修正案学者拟制稿及立法理由》，法律出版社 2005 年版，第 160 页。

从图中可以看出，一部分侦查人员认为刑事诉讼法修改时，不应当规定同步录音录像制度的主要原因在于该制度不具有实践的可行性，这实际上是从根本上否定了该制度；而大部分侦查人员则认为主要原因是我国目前还缺乏实行该制度的各项条件，亦即并不否定该制度本身，而只是更多地考虑了中国现阶段是否具备实行该制度的条件。这与前面分析的侦查人员认为制度超前有谋合之处，而几乎一半的侦查人员对该制度持否定态度，这对理论界普遍希望刑事诉讼法再修改建立该制度形成了巨大的反差。而在赞成刑事诉讼法再修改时建立讯问犯罪嫌疑人同步录音录像制度的侦查人员中，对于该制度应当如何设计看法也不一致，如图所示：

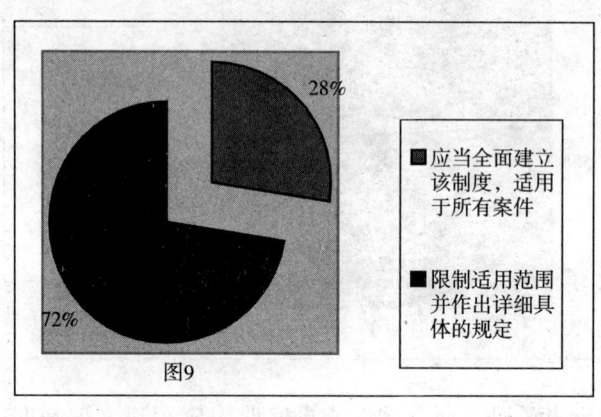

图9

从图9可见，只有少数侦查人员赞成刑事诉讼法修改时全面建立讯问全程同步录音录像制度，适用于所有的刑事案件，这与不少学者的主张是一致的。而大多数侦查人员则主张即使建立也应当限制适用范围并应当作出详细具体的规定。应当看到，大多数侦查人员还是务实的。无论是公安机关还是检察机关办理的案件，全部实行全程同步录音录像势必带来巨大的司法资源投入压力，对于一些简单、轻微的案件，犯罪事实清楚，证据充实充分，犯罪嫌疑人自愿认罪的就没有必要全程同步录音录像，这样可以节约司法成本，诉讼效率也较高。

三、检察机关实行讯问全程同步录音录像制度的实践反思与制度完善

（一）检察机关实行讯问全程同步录音录像制度的实践反思

客观地讲，讯问犯罪嫌疑人全程同步录音录像制度实践中如果确实能够得到真正的贯彻执行，对于规范侦讯行为，有效固定口供，增强口供的证明力，保障犯罪嫌疑人的合法权益有着重要的诉讼价值。但是，从调研情况来看，这项制度在实际推行中存在着一定程度上被"异化"甚而被"规避"的现象，实践效果并不理想。或许我们高估了实行讯问同步录音录像的诉讼价值而低估

了其在实际推行中可能面临的障碍和阻力，这里面有很多问题值得反思，其中有两点尤为重要：

1. 讯问同步录音录像为何会产生"全程"困境

如前所述，就调研情况来看，基本上没有真正对侦查期间所有讯问的全过程都同步录音录像的案例，很多案件只是进行了"象征性"的讯问录音录像。尽管不能说侦查人员制作的录音录像资料都存在问题，但是由于没有真正做到"全程同步"，就会导致录音录像试图起到的证明作用和证明目的如侦查人员讯问的合法性、口供的真实性等无法实现。而侦查实践中，之所以出现基本未"全程"录音录像的问题，有多方面的原因：其一是自侦案件侦查特点的影响。自侦案件尤其是贪污贿赂案件的侦破高度依赖口供，而口供的突破在很多情况下是需要一定审讯技巧的，甚至在某些情况下一些"肢体语言"（非刑讯逼供）的使用。而如果每一次都对侦查人员的讯问情况进行全程同步录音录像，侦查人员为了不给领导或同事留下非法取证的印象，不得不在讯问过程中都"中规中矩"，而如此则很可能较长时间无法突破口供，反而给领导或同事留下办案无能的印象。因此，侦查人员可能就不得不在某一次或几次的讯问中不同步录音录像而争取通过以前的讯问模式突破口供。如根据调研统计，高达89%的侦查人员认为传统讯问方式更利于突破犯罪嫌疑人的口供；高达91%的侦查人员认为同步录音录像限制了侦讯技巧的发挥。其二，侦查人员的"嫌麻烦"心理。一些侦查人员认为同步录音录像需要专门的设备要求、技术人员、专门的讯问室等条件，很麻烦，因此采取录一两次"意思一下"的方式来处理，而为了应付"全程"要求，则采取了在讯问笔录上做文章的方式来规避。如B区J镇党委书记涉嫌滥用职权和受贿一案，每次讯问笔录上都注明"根据《人民检察院讯问职务犯罪嫌疑人实行全程同步录音录像的规定》，我们对本次讯问进行全程同步录音录像，技术人员是××"，似乎确实是"全程"同步录音录像，但犯罪嫌疑人反映实际上该案只是最后侦查终结时进行了一次录音录像。其三，"全程"客观上存在一些可操作性问题。如根据《人民检察院讯问职务犯罪嫌疑人实行全程同步录音录像的规定》第12条的规定："讯问结束后，录制人员应当立即将录音、录像资料复制件交给讯问人员，并经讯问人员和犯罪嫌疑人签字确认后当场对录音、录像资料原件进行封存，交由检察技术部门保存。讯问结束后，录制人员应当及时制作全程同步录音、录像的相关说明，经讯问人员和犯罪嫌疑人签字确认后，交由检察技术部门立卷保管。"而调研中有侦查人员就反映，有的犯罪嫌疑人在签字之前提出要查看录音录像情况，否则就不签字，如果讯问了十二小时，就意味着犯罪嫌疑人就还得看十二小时的录音录像再签字。

2. 讯问录音录像资料为何在法庭上很少播放和被法庭采纳

如果侦查机关花费大量的人力、物力制作了讯问录音录像资料，但公诉时在法庭上却很少播放或者即使播放也不被法庭采纳，则讯问录音录像制度就基本丧失了其价值。

根据《人民检察院讯问职务犯罪嫌疑人实行全程同步录音录像的规定》第15条的规定："案件审理过程中，人民法院、被告人或者其辩护人对讯问活动提出异议的，或者被告人翻供的，或者被告人辩解因受刑讯逼供、威胁、引诱、欺骗等而供述的，公诉人应当提请审判长当庭播放讯问全程同步录音、录像资料，对有关异议或者事实进行质证。"而在审判实践中，检察机关制作的同步录音录像资料尽管基本都随案移送，但却很少在法庭上播放，这种现象确实值得考量。究其原因，主要有以下几个方面：一是控辩双方的诉讼技巧的影响。通常情况下，控辩双方就口供问题的辩论质证主要还是围绕讯问笔录而展开。公诉人出于指控策略考虑，基本不会要求当庭播放录音录像资料而是将其留待如果出现被告人翻供等情况再使用。而辩护人处于辩护策略的考虑，也基本不会要求当庭播放录音录像资料，因为控方的录音录像资料肯定是不利于被告人的。二是控辩裁三方都有嫌麻烦的心理。庭审时间是有限的，而播放同步录音录像很可能会耗费很长的庭审时间。如果是播放剪辑后的录音录像，往往被辩方提出质疑。如果播放全程录音录像，假设一个案件在侦查机关真正做到讯问"全程"录音录像的情况下，录音录像了五次，每次五个小时，则仅仅看录音录像控辩裁三方就得看一天，但是如果不全程看录音录像资料，在被告人翻供的情况下，侦讯行为的合法性、口供的真实性等问题就无法查明。在这种两难境地下，控辩裁三方甚至在一定情况下达成默契，不提录音录像问题或者法官直接决定不当庭播放录音录像。实践中就曾经发生公诉人提出播放讯问录音录像被法官以庭审时间有限而录音录像时间过长而拒绝的事例。

尤其值得注意的是，实践中即使少数案件中公诉机关当庭播放了录音录像资料，往往也很少被法庭采纳，就调研情况来看，法庭很少采纳检察机关提出的讯问同步录音录像证据主要有两方面的原因：一是多数法官认为刑事诉讼法没有规定同步录音录像制度，最高人民检察院制定的相关规定只是检察机关的内部操作规则，属于内部规范性文件而不是司法解释，对于法院没有当然的约束力；二是多数法官对于律师提出的检察机关并未真正贯彻"全程"录音录像因而无法认定录音录像如实记载了侦讯情况的辩护理由持肯定态度。如前所述，由于考虑到庭审效率等因素，公诉人当庭播放的录音录像资料往往都是剪辑后的，而辩护律师肯定会对剪辑后的录音录像资料的真实性提出质疑，如一个案件中笔录显示讯问了五次，每次五个小时，而当庭播放的录音录像只有半个小时，法官肯定会对检察机关的举证提出质疑，而在此情况下，如果按照《人民检察院讯问职务犯罪嫌疑人实行全程同步录音录像的规定》第15条的规定操作："人民法院、被告人或者其辩护人对讯问全程同步录音、录像资料复制件提出异议的，公诉人应当将检察技术部门保存的相应原件当庭启封质证。"则会回复到前述控辩裁三方"嫌麻烦"的问题，因此实践中一些法官就直接否定录音录像资料的证据能力和证明力。

（二）检察机关实行讯问全程同步录音录像制度的制度完善

实证研究的最终目的是解决实践中的具体问题，而具体问题的解决更要依赖于制度的完善。检察机关积极推行的讯问同步录音录像制度在实践中出现的诸多问题，最终必须通过制度建设和完善来加以破解。

1. 刑事诉讼法再修改应当明确规定讯问全程同步录音录像制度并尽量增强其可操作性

对于刑事诉讼法再修改应当明确规定讯问全程同步录音录像制度，学界基本达成一致意见，但是侦查人员对此的态度则不一，如前所述，调研中支持和反对的基本各占一半。我们认为，我国侦讯程序的改革是大势所趋，规范侦讯行为，加强犯罪嫌疑人权利保障是侦讯程序改革的一个重要方向，举措之一就是建立讯问全程同步录音录像制度。在最高人民检察院已经大力推行该制度的情况下，尽管实践中存在一些问题，刑事诉讼法再修改不规定该制度是不应当的，也是不可能的。侦查人员所需要做的是如何更好地适应改革的问题。尤其在讯问全程录音录像资料得不到法庭的认可的现实情况下，将该制度提升到法律层面更有其现实必要性。但是针对检察机关在推行该制度的过程中出现的问题，刑事诉讼法再修改在确立该制度时必须尽量增强其可操作性。不过从立法技术上看，要在刑事诉讼法典中对该制度作出非常详细的规定是不太可能的，还有待在法典制定后"两高"和公安机关通过联合司法解释的方式对其中的相关问题作出更为细致的规定。

2. 相关配套制度应当逐步完善并保证落实到位

司法制度只是社会制度之一种，司法制度能否良好运行，除却制度本身的因素外，还有赖于相关配套制度的支撑。同步录音录像制度亦然。检察机关实行讯问全程录音录像制度中遇到的一些问题，就源于相关配套制度如财政制度等的不够科学或完善。我国现在的司法资源投入模式基本上是一级政府、一级财政根据司法机关的需要划拨经费，但能划拨多少经费很大程度上取决于当地的财政状况。如调研中发现经济不发达、财政困难的偏远县基本就没有推行讯问全程同步录音录像制度，甚至有的律师曾经以该县检察机关没有按照最高人民检察院的规定实行讯问全程录音录像而主张其侦讯程序不合法，应当排除口供。作为一项有利于加强犯罪嫌疑人人权保障的举措,同步录音录像制度的推行,尤其是录音录像设施的购买、专门讯问室的建设等,离开财政支持是根本不可能的。"显而易见,权利依赖于政府,这必然带来一个逻辑上的后果:权利需要钱,没有公共资助和公共支持,权利就不能获得保护和实施。"① 我们认为,应当改革我国现行的一些财政制度,如可以考虑对司法机关的一些重大改革举措涉及的财政支持问题由国家财政或者省级以上财政直接拨付而不要过分依赖地方财政。

四、结语

赫尔曼教授曾经很精辟地指出:"我们不能陷入一种天真的法律证实主义思想,认为实际中的刑事诉讼程序任何一个方面都是与法律的规定相吻合和一致的。我们应当是把刑事诉讼程序视为是一种具有生命的有机体,它如同其他任何一个在社会中产生功能的系统一样,时刻在经受着变化,也常常以偏离法律规定的方式自己在发生变化。"② 龙宗智教授也谈道"实践背离理论,理论反对实践"的司法现象:"刑事司法存在一种内在的矛盾——它既要保持一种公正的形象及维系公民的权益,又要在运作条件十分有限、工作任务十分艰难的情况下,去发现和追究社会越轨者。"③ 讯问全程同步录音录像在理论上是一个侦讯程序中的重要的应当产生良好实践效果的制度,但是从调研情况来看,检察机关推行该制度在实践中处于一种较为尴尬的境地,与理论上的设想有相当的差距。不过,"理论反对实践,实践挑战理论,刑事司法中理论与实践这种张力结构是一个值得研究的课题"。④ 尽管检察机关实行讯问全程录音录像制度目前实践效果不是很理想,但是改革本身就是不断探索的过程,检察机关勇于探索的精神无疑值得肯定,而其中的成败得失必将为我国在立法上建立讯问全程录音录像制度积累宝贵的实践经验。

---

① [美]史蒂芬·霍尔姆斯、凯斯·R.桑斯坦:《权利的成本——为什么自由依赖于税?》,毕竞悦译,北京大学出版社2004年版,第9页。
② [德]约阿希姆·赫尔曼:"《德国刑事诉讼法典》中译本引言",载李昌珂译:《德国刑事诉讼法典》,中国政法大学出版社1995年版,第3页。
③ 龙宗智:《理论反对实践》引言,法律出版社2003年版,第2页。
④ 龙宗智:《理论反对实践》引言,法律出版社2003年版,第3页。

对主诉检察官办案责任制的反思
——暨剖析主诉检察官制度构架

王 璐[*]

早在1993年和1995年,为了增强起诉干部的责任心和稳定公诉人队伍,河南省检察机关和上海市杨浦区检察院就分别开始探索打破原来以行政审批为特点的起诉案件办案模式,实行主诉检察官办案责任制(简称"主诉制")。1996年3月刑事诉讼法修正后,推行新的庭审方式,控辩双方对抗加强,对公诉人提出了更高的要求。北京市海淀区人民检察院以及其他一些地方的人民检察院进一步试行并总结实施经验。在此基础上,1998年12月,最高人民检察院提出6项检察改革措施:一是深化检务公开;二是试行主诉检察官办案责任制;三是加强和改进检察委员会的工作;四是建立专家咨询委员会制度;五是关于干部人事制度改革;六是内设机构改革。[①] 并强调要以主诉检察官办案责任制为突破口,推动其余五项改革乃至整个检察改革的进展。2000年,主诉检察官制度在全国检察机关的公诉部门推行。主诉检察官制度推行以来,取得了一定的成效,也存在一些问题。本文拟对此进行粗浅的探讨。

一、主诉检察官办案责任制运行的利弊分析

从整体上讲,主诉检察官办案责任制的推出,建立了相对明确的责任机制,使错案追究制得以落实;淡化了公诉工作中的行政色彩,使审查起诉工作更加符合公诉工作亲历性、程序性、规范性等特点,明显提高了办案效率和质量,增强了主诉检察官的工作责任心,推动了检察人事改革,为检察工作注入了强大的活力。

---

[*] 重庆市合川区人民检察院检察长
[①] 李雪慧主编:《中国检察改革报告》,中国检察出版社2003年版。

主诉检察官办案责任制不仅在实践中产生了巨大影响,而且为法学界所广泛关注。以陈兴良教授、龙宗智教授为代表的学者们,都为主诉检察官办案责任制摇旗呐喊,认为该项制度是被"实践逼出来的"、"它适应了刑事诉讼制度发展以及司法实践的需要"、"有较强的生命力"。① 在陈兴良教授的倡导下,形成了"海淀式的主诉检察官办案模式",并由海淀区人民检察院出版了《主诉检察官办案责任制理论与实践》一书,可谓对这一模式的重大贡献。但是我们也明显地感觉到主诉检察官办案责任制存在一些问题,集中表现为:

(一) 主诉检察官的法律地位不明确

主诉检察官(简称"主诉官")的概念可以从两个层面加以理解:从制度的层面讲,它是一种岗位名称,是指在公诉部门设立的,按照规定能够行使一定办案职权和承担相应责任的检察官岗位。从人的层面讲,它是指已具备一定资格的检察员经过一定的审批程序,依照法律和有关规定,独立行使审查起诉、出庭公诉职权并承担相应责任的检察官(公诉人)。

主诉检察官概念是最高人民检察院在各地试行主诉检察官办案责任制的历史背景下提出的。由于是检察系统内部的改革,也是一种改革尝试,主诉检察官的地位并未在法律中予以明确。于是,目前的主诉检察官,甚至没有一种自我认同感,自己究竟有何职权,应该承担怎样的职责,应该得到怎样的社会评价,享受怎样的待遇,均无从知晓,自然谈不上社会认同感。社会认同感的缺失,导致了主诉检察官在对外行使权力时缺乏话语权威,因而使得部门负责人自然而然成为"垂帘听政"者,对案件的干预没有实质的淡化。社会认同感的缺失,也导致了在检察一体制模式下主诉检察官权力配置的不稳定,从理论上讲,检察长在任何时候都可以收回主诉检察官手中的权力,主诉检察官在一夜之间可能"一无所有"。实践中我们确实在"放权"后因不放心而"收权",未听取任何主诉检察官的意见。② 社会认同感的缺失,也必然导致主诉检察官岗位无法吸引人才。主诉检察官岗位的优势在于可以成为培养人才的平台,充分锻炼人的综合素质,一旦"功德圆满",任何一个部门行政领导职位的魅力都比主诉检察官的职位魅力大。主诉检察官办案责任制试图解决人才流失的初衷,似乎也成为一相情愿。

我们认为,从法制上确立主诉检察官的地位似乎还很遥远。"主诉检察官"毕竟是检察系统内部的改革,有学者甚至认为主诉检察官制度是一个过

---

① 龙宗智:"试论检察官的定位——兼评主诉检察官制度",载《检察论丛》(第1卷),法律出版社2000年版,第488页。

② 因案件质量问题,我院在试行主诉检察官办案责任制过程中,将先前赋予主诉检察官的"二次退侦"、"改管"等权限又收归检察长或检委会。

渡性的制度,最终演变为合理的检察官制度。在这个背景下,立法可能首先要解决的是检察官的定位,而检察官定位涵盖了检察系统各职能部门检察官的综合定位。对主诉检察官,要求有立法上的明确定位,可能性太低了。但在检察机关,进而在司法系统确立一种理念,给主诉检察官一个明确而独立的定位,使主诉检察官的人事任免、权力行使、权力保障均围绕这样一个定位来展开,是迫在眉睫的问题。唯此,主诉检察官办案责任制才能深化,公诉改革才能向前迈进!

(二)主诉检察官"诉"的能力没有充分发挥和体现

主诉检察官概念从其提出之日,便绝不意味着是对检察官的重新表述,而是代表着在检察官内部的进一步遴选。遴选的角度,主要是某一方面的专长;如果切中"主诉"来理解,无疑"诉"的能力必须得到充分的发挥。"诉"包括审查起诉和出庭公诉,从刑事司法理念"未经法庭审判不得确定为有罪"的角度讲,更应当强调"出庭公诉"的能力。但现实中,种种因素的制约导致了公诉工作的重点还是在审查起诉阶段,从现状看,我们目前的主诉检察官尚属于"全能型"的检察官,即除了自己办理案件外还要照顾助手办理的案件,甚至还包括完成书记员的工作。这种局面必然影响了公诉工作的专业化和严肃性。多年来,我们也试图通过跟庭考核的方式来引起主诉检察官对出庭公诉的重视,应该说从"外塑形象"的方面起到了很好的效果,但"内修素质"方面还很不到位,跟庭过程中发现了很多在目前主诉检察官素质状况下无法解决的问题。主诉检察官通过庭审展现司法公正的能力亟待提高。

(三)主诉检察官"进口"条件过宽,"出口"渠道有限,淘汰机制不健全,导致现有主诉检察官的素质不容乐观

淘汰机制是主诉检察官激励机制的一个重要方面。它不仅符合事物发展的根本规律,也符合人才发展的需要。只有通过淘汰,才能使不适应工作需要的人"出局",也才能把那些优秀人才吸引到公诉队伍中来。淘汰制度存在如下问题:一是采取综合考核"末位三名淘汰"的办法。由于综合考核标准的合理性本身值得怀疑,将非常规状态下才能适用的"末位淘汰制"适用在常规状态下,使得淘汰制度的公正性大打折扣。二是主诉检察官岗位不具有吸引力,连人才都吸引不来,更无所谓淘汰了。目前的主诉检察官主要是从原有的办案人员中产生,产生的范围有限,因此对主诉检察官水平的要求也就不高。在这种情形之下,所谓的"末位三名淘汰"也因这样或那样的原因没有真正实现。实际上,现有主诉检察官仍在一起吃"大锅饭"。他们既缺乏动力,又缺乏压力,更缺乏危机感。应该说,这样的机制不仅没有鼓励先进,鞭策后进,而且是对优秀人才的一种拒绝和否定。

（四）助手的定位不准确，主诉检察官与助手的关系未理顺，导致"助手"的办案责任心和积极性未能充分调动

所谓"助手"就是配合主诉检察官办案，为其办案提供帮助的人。实行主诉制以来，我们一直把重心放在主诉检察官身上，对助手很少研究。几年的实践证明，助手在主诉制中扮演了一个十分重要的角色。助手的作用是否发挥，直接影响到主诉官的工作业绩。助手并非是次要人物，而是与主诉官的工作重心不同。简言之，前者注重案件的审查和事务性工作，后者重在出庭。我们认为，应当赋予助手（或事务检察官）一定的权力，对助手的选拔也应当具备法定程序。对助手的定位有待重新认识。

（五）主诉检察官助手的配置不科学，导致办案效率下降

我们曾经实行了"搭档制"的办案模式，即一名主诉官带一名助手办理案件。从管理学的角度，搭档制是效率极低的一种配合方式，它过多地考虑减少人为摩擦产生阻力的负面因素，忽略了人的内在潜力因素和办案周期的因素。正因为办案的周期性，使得主诉官有条件指挥多人办案。实践证明，一个主诉官至少可以指挥3~4人同时办案。

（六）对书记员的定位和管理不当，导致书记员的作用未能充分发挥

按现行《人民检察院组织法》的规定，检察人员职称中分为检察员、助理检察员和书记员。书记员办理案件的记录工作和有关事项。从检察官的角度来讲，书记员不属于检察官的序列。而近几年书记员的产生绝大多数都是由高等院校的本科以上毕业生、通过人事局的考试后，加入检察工作行列。他们进入检察院后，便从书记员干起，然后再根据工作年限和绩效逐级晋升。在这种模式下，始终摆在书记员面前的一个目标即发展成为检察官，这样，使得书记员难以安心本职工作，而是把本职工作作为自己通向检察官的跳板。在这个过程中，他们更多地考虑锻炼自己"办案、审案、出庭"的能力，而对记录工作、秘书工作等方面的内容应付了事。

（七）管理机制不到位，导致主诉检察官行使权力缺乏监督机制

目前，对主诉检察官的管理和监督仅靠《主诉检察官办案制度》和《主诉检察官办案制度实施细则》来约束。而这两项操作规程，只规定了主诉检察官如何行使权力、行使怎样的权利，缺乏与主诉检察官办案相配套的指导、监督、服务、保障等内容的管理制度。因此，对于主诉检察官的办案质量、后续培训以及绩效考核等管理手段还没有形成体系。

二、从检察机关的内部设置看主诉检察官的地位

《人民检察院组织法》第20条规定：最高人民检察院根据需要，设立若干检察厅和其他业务机构。地方各级人民检察院可以分别设立相应的检查处、

科和其他业务机构。检察机关内部机构从职能上又分为：领导机构、业务机构、服务保障机构。

关于为什么在检察机关内部要设立如"部、厅、处、科"的业务机构，或者叫"功能单位"的问题，日本检察总长伊藤荣树精辟地指出：检察厅设置部的目的有两个，一是大体确定检察官相互之间的事务分工，根据业务分工以谋求工作效益，同时明确责任所在；二是对拥有多数检察官的检察厅，可以大体上把分担事务性质相同的检察官集中在一起，便于上级进行适当的指挥监督。①

检察官群体在检察机关各部门中扮演着不同的角色：在查办职务犯罪侦查活动中，检察官表现为行政官的角色地位；在刑事诉讼监督过程中表现为监督者的角色；在公诉活动中更多地表现为司法官的角色。在我国，公诉部门是行使公诉权的主要部门。目前理论界、学界以及实务界已经关注对公诉权的性质研究。本文立足于将公诉权定位于司法行政双重属性偏司法性之观点，论证主诉检察官的地位。

（一）主诉检察官是公诉权行使的主要主体

检察权是检察机关依法所拥有的权力。而检察官，则是依法行使国家检察权的检察人员。检察权在检察机关与检察官之间如何合理配置，是主诉检察官制度创制的理论前提。主诉检察官的权力来自于检察长的授权，体现了检察一体制的行政特性。

不过，不同国家、地区对独立性与隶属性的取向不同。有的强调检察权行使的统一，从而重视检察官的隶属性；有的则强调检察权依法行使的原则，因此注意限制检察长的指令权，保障检察官的独立性。各国对检察权的配置方式也是不同的：有的国家将检察权完全赋予检察官，并根据检察官的不同级别赋予其不同的职权；有的国家将检察权直接赋予检察长，检察长再将部分检察权委托给检察官行使；有的国家将检察权直接配置给检察机关，检察长可以将部分检察权委托给检察官行使。不管配置方式如何，其共同点是，检察官是行使检察权的主体，具有相对独立性。

行使公诉权的最大目标是保证公诉的准确提起并成功获得判决认可。但在公诉权行使过程中时常遇到责任和权力的不当配置，造成公诉权的非正常行使，公诉目标的非责任化等，使得实务界不得不研究办案机制的改革。现行的主诉检察官办案制度正是在现存制度下的变革或者说是权力的重新配置，但并

---

① 参见［日］伊藤荣树：《日本检察厅法逐条解释》，徐益初等译，中国检察出版社1990年版，第134页。

没有将主诉检察官当成是独立的诉讼主体来强调责任和配置权力。因而主诉检察官在行使权力时仍然不伦不类：一方面强调主诉检察官相对独立，但只局限于其意图符合上级的决定范围内；另一方面又表现为"行政垂直线上处于底部的一个点"，在办案中掣肘的因素太多，不利于主诉检察官依法行使职权。主要涉及四重关系，一是主诉检察官与检察院领导机构的关系；二是主诉检察官与检察长的关系；三是主诉检察官与部门领导的关系；四是主诉检察官与助手的关系。因此理顺这四重关系，既是本项改革的关键，即该制度能否继续发挥强大生命力，也是关于检察制度改革暨主诉检察官制度向检察官制度迈进的关键。

（二）主诉检察官与检察长和检察委员会的关系

由于检察长统领检察院的全部工作。从领导关系上讲，检察官应当服从检察长的领导是不争的事实。从检察理论上讲，检察长应当对重大、复杂、疑难的案件和检察工作重大事项作出决定或提交检察委员会讨论决定，对检察长的正当指令，检察官应当服从。检察长和主诉检察官的关系是领导与被领导的关系。检察委员会是检察机关的决意性机构，并且与检察长个人负责制相结合，形成了中国式检察机关内部领导体制。

在主诉检察官行使公诉权的同时，除了独立行使权力之外，还要受到来自检察长或检察委员会的领导，这种领导权力是绝对的，不可抗拒的。因此，主诉检察官与检察委员会的关系是决定与执行的关系。当检察长、检察委员会认为主诉检察官对案件的认定或处置不当，有权改变、变更、撤销主诉检察官的意见或决定。对检察长、检察委员会的决定，主诉检察官必须执行。需要研究的是当主诉检察官与检察长或检察委员会的意见不能统一时，如何处理检察长、检察委员会的决定权与主诉检察官独立权的冲突？

关于这个问题涉及正确处理坚持法治原则与上命下从的检察体制的矛盾关系问题。一方面，检察官以维护法制为使命，必须依法办事；另一方面，受上级对下级的领导关系及检察一体制的约束，他又应当服从上级的命令。上级的命令与法律规定发生矛盾时，就产生了依法办事还是听从指令的冲突。解决这一问题的基本原则是：法制原则高于一切。但不同国家的检察官因为在法律上的地位与属性不同，表现也不一样。有的强调检察权行使的统一从而重视检察官的隶属性；有的则强调检察权依法行使的原则，因此注意限制检察长的指令权，保证检察官的独立性。

从理论上讲，我国的主诉检察官应当服从检察长、检察委员会的决定（检察一体制的本质要求），但由于公诉活动的司法性质即"直接性、亲历性"与检察权的行政属性的直接冲突，使得这一冲突在实践中难以协调。因此有观点认为，检察长不同意主诉检察官对案件的处理意见，而主诉检察官仍然坚持自己意见的，在诉讼期限允许的情况下，检察长可以更换承办人，重新审查案件并提出处理意见。因为，现在的起诉书都是由承办人署名，署名意味着承担责任，而主诉检察官对他人的意见不同意，却要他承担责任显然不公平。上述情况下，主诉检察官也可以向检察长提出更换承办人的要求，也就是赋予主诉检察官对抗指令的权利。

公诉权在法制上定位于司法权兼行政权。让主诉检察官执行决定，这本身就带有强烈的行政色彩，而执行这一决定又要通过司法程序来实现，该决定是否被法院采纳又不在行政管理的范围内，因此让主诉检察官来承担该决定后果的责任，显然不公平。但从公诉权在行使的方式及本身的特征看，仍不能抹杀其具有一定的行政特征。因为检察机关的组织与活动，仍然不可避免地采取行政化的组织方式，以及具有一定行政性的活动方式，包括严密的组织、统一的行动、积极的追究等。因此，不能因为肯定了公诉权的司法性质而忽视它本身具有的行政权属性，从而强调主诉检察官权力的绝对独立。

所以在改革现有检察体制时，一定要正确对待主诉检察官的相对独立性，即在权限范围内行使独立权，凡请示上级决定的案件和事项只有服从的义务，而不能讨价还价。只是对这一决定的后果，不应当由主诉检察官来承担责任。而由作出决定的人员和机构负责。

实践中，主诉检察官往往都很尊重检察长或检察委员会的决定，也都尽可能地执行上级的指示和命令。这已经成为符合中国特色的职业道德观念。主诉检察官也能够通过道德或职业习惯的水准做到上命下从。但关键在于公诉活动只能是一种个体性操作，其他人想帮忙也帮不上的特点，以及公诉主张被裁定和被接受的特点，即使主诉检察官接受上级的决定（命令）后，或者"更换承办人"以后，也极有可能遭遇其决定不能有效贯彻从而导致公诉目的难以实现的风险，及招致无罪的风险。这种风险，不仅是主诉检察官能力发挥是否彻底的问题，而是司法权力运行规律即裁判性、终局性等司法行为不属于检察机关而直接导致的结果。因此不能因为这种命令可能会导致不良后果而削弱和动摇检察一体的根本作用，甚至动摇检察长或检察委员会的权威。若是这样，主诉检察官制度的改革会因进入"死胡同"而难以与其他制度协调或呈现孤掌难鸣之势。

主诉检察官和检察长应当分别对自己的决定承担责任。由主诉检察官依职权独立决定案件或者诉讼事项，主诉检察官对案件事实和证据认定及所作出的决定负责；由检察长或检察委员会决定的案件或诉讼事项，由主诉检察官提出建议和处理意见后，主诉检察官对案件的事实和证据负责，检察长或检察委员会所作出的决定负责。对检察长或检察委员会所作出的决定,主诉检察官应当服从。如果主诉检察官接受了检察长或检察委员会的决定意见,应当对案件的最终结果负责。下级检察官对上级的指令予以接受而招致错误,下级检察官也不得以依照上级的命令为由而逃避应承担的责任。如果主诉检察官认为检察长或检查委员会的决定明显违反法律,可以不执行或辞去在本案中的职务。但对检察长或检察委员会的"违法性"进行判断后,认为违法问题存在,应当恢复并主张主诉检察官办理本案的正确观点;如果违法问题不存在,该主诉检察官应当引咎辞职。

(三)主诉检察官与部门负责人的关系

如果说,主诉检察官与检察长和检察委员会的关系主要脉络是清晰的,它是检察体制上的两个不同层面,他们之间的关系可以用检察一体制的内容和公诉权暨司法兼行政权的理论加以诠释的话,那么检察官与部门领导的关系就变得复杂和难以理顺。原因就在于法律和制度的支持不足,理论研究不够。

部门负责人(科、处长)非法律职务。长期以来,我国检察机关的行政领导模式形成了既是行政领导又是业务领导的构架。这种结构,在"三级审批制度"下,起着相当关键的作用。不论是部门负责人还是检察长,在承办人的办案过程中,起着"定者不审"的作用。其优点在于凸显了行政性,上下高度统一,步调一致;其缺点在于极大地束缚和制约了办案人员的手脚和主观能动性,不符合司法规律。主诉检察官制度的改革正基于此产生。从各地的主诉检察官办案责任制的运行情况来看,都体现出以下显著成效:一是责任明确,主诉检察官的责任心明显增强;二是办案效率明显提高;三是淡化了司法行政化色彩,主要体现在简化了案件的审批程序。因此改善和理顺主诉检察官与部门负责人的关系,也成为此项改革的重要环节。

部门负责人的权利来源于检察长的授权。部门负责人是由检察院领导集体决策产生的,他必须对检察院(党组)集体负责,对所在部门行使管理职权。

就公诉部门而言,其工作内容包括检察事务和检察行政事务。部门负责人依据检察长的授权承担着对检察行政事务和检察事务的双重领导角色。从现行的主诉检察官制度的运行方式来看,部门负责人承担着公诉部门行政、党务和业务工作的双重领导角色。在行政上,对包括主诉检察官在内的所有检察人员(检察官、书记员和无法律职称的干部)行使日常行政管理权,包括日常工作考勤、协调工作关系等各项工作,这一切构成了检察行政事务的全部内容。在业务工作上,要对主诉检察官的办案工作负责系统的管理。如案件分配、召开主诉检察官会议,研究与案件有关的重大事项,以及将案件的不同意见提交检察长决定或向检察长建议等,这一切都是作为一个部门不可或缺的组织管理方式。即在行政上，对主诉检察官行使日常行政管理权、监督检查权、协调权等；在业务上，对主诉检察官拥有案件的分配权、建议权和提交决定权。因此，难怪有人责难公诉部门的负责人"难以摆正位置"或"角色位置难以转变"。这样"身兼数职"的体制，也使得公诉部门的负责人在左右为难的局面中难以找准自己的位置。

1. 部门负责人的权力性质。部门负责人的权力归结起来有如下方面：一是行政管理权；二是案件分配权；三是建议和提交决定权；四是监督权。就这些权力的性质而言，行政管理权属行政性质以及对主诉检察官的领导和管理没有太多的争议，但后三项权力属于什么性质，是否构成对检察官独立性的冲击，目前不论是在理论界还是实务界一直争论不休，难成定局，并且直接影响到主诉检察官制度的发展和构建。

2. 案件分配权的性质。对这一问题，目前理论界的研究并不多。龙宗智教授认为："案件分配是一种涉及业务的检察行政事务"，他认为，"司法分案权可能对案件处理方式和处理结果产生较大的影响，因为不同的法官和检察官对同一案件可能持不同的看法并采用不同的处置方式，而且不同的法官、检察官可能受其行政上的负责人的影响的程度也不同"。最终可能导致案件的处理结果不同。由此看来，分案权似乎带有"司法权"的性质。但是，由于案件分配本身，并不涉及案件的最终处理，只是"不同的法官、检察官可能受其行政上的负责人的影响的程度不同"，而且，这种分配权又是部门负责人通过行政管理的方式在行使。因此，分案权又带有强烈的"行政色彩"。

在不断完善公诉工作的同时，我们也在探索分案方式。采取案件的"大轮流分配制度"，使分案中的行政色彩降到最低限度，从源头上避免因分案或接案过程的人为因素而导致对案件结果的不公。

3. 提交权和建议权性质。提交权和建议权只有在部门负责人对主诉检察官所办案件的处理意见存在分歧时才开始启动，部门负责人可以阐述自己的意见，供主诉检察官参考。如果主诉检察官仍然坚持自己的意见应当一并提交检察长和检察委员会决定。但部门负责人的参考意见不能直接否定主诉检察官对案件的处理意见。

在实践中，有的地方将提交权划归部门负责人所有。这样的做法实际上还是继承旧的办案模式的衣钵。如果部门负责人拥有提交权并以此干涉主诉检察官的决定权，"还权检察官"的提法纯粹纸上谈兵，大有行政不当干涉司法之嫌。在主诉检察官办案制度下，案件"提交权"的主体应当是主诉检察官。部门负责人对检察事务的管理应当以"主诉检察官会议"的方式来行使。应当充分发挥主诉检察官会议制度的作用。

虽然赋予了主诉检察官办案处置权,但并不意味着主诉检察官可以独断专行,仍要发挥集体智慧的力量。对主诉检察官有权处置的案件,实行汇报制。即主诉检察官承接的案件,无论是他自己审查的还是助手审查的,在案件终结前,均要向所在的办案组汇报,而且主诉检察官的意见必须得到所有助手的完全同意,并形成记录;若存在分歧意见,主诉检察官必须交主诉检察官会议讨论。科、处长对主诉检察官提交的疑难案件,可以召集由各主诉检察官组成的主诉检察官会议进行研究、讨论。但主诉检察官会议只是一个参谋机构,其他主诉官对自己在会上就案件发表的意见仅供承办该案的主诉检察官参考,其决定权仍在主诉检察官。如果主诉检察官不同意主诉检察官会议的意见,可以直接请示分管检察长提交检察委员会研究决定。对检察长或检察委员会的意见,主诉检察官必须服从。

在管理工作中,若部门负责人认为需要主诉检察官说明案件中的某些情况时,主诉检察官应当及时说明情况;对于大案、要案或其他重大事项主诉检察官应当及时报告;只有这样,才能真正做到不仅是"还权给检察官",而且保证了主诉检察官相对独立的法律地位。

(四)主诉检察官与检察官助手、书记员的关系

在现行主诉检察官制度下,给主诉官配备了 1~2 名助手。所谓"助手"就是配合主诉检察官办案,为其办案提供帮助的检察官。主诉检察官与助手和书记员系业务上领导与被领导的关系。但是,由于多数主诉检察官还不适应当"领导"的角色,或"领导"的地位还没有充分地确立下来,以致许多主诉检察官和助手之间的关系难以理顺。或因主诉官的意图不被助手理解和有效执行从而影响工作效率和质量;或因助手的积极性缺乏相应的责任而难以调动起来从而最大限度地挖掘人的潜质。究其根本还是机制问题,即没有给助手提供施展才华的空间和舞台。

表现之一:主诉检察官对助手审查的案件应当怎样把关?实践中,呈现参差不齐的做法。一是对助手审查的案件,在受理之初就初步审查"起诉意见书",提出案件可能存在的问题;助手审查完毕后,制作详细的"审查案件报告",包括对案件事实和证据的分析,在此基础上提出初步审查意见报主诉检察官审查,主诉检察官或同意助手意见并交助手制作"起诉书"交自己签发,或提出自己不同意见与助手达成一致后,由助手制作"起诉书",或由自己制作后签发。这样的做法有利于提高效率,锻炼助手的办案能力。但对主诉检察官个人综合素质的要求较高。二是对助手审查后报自己签发的案件,唯恐出错,在看"审查案件报告"的基础上,还要将案卷材料再次审查一遍,造成重复劳动,办案效率降低,案件积压。三是过于相信助手审查后报自己签发的

案件。个别主诉检察官甚至连"审查案件报告"都不看,只对"起诉书"做一些文字上的修改,有的甚至不修改就草草签发。导致个别案件因把关不严,起诉后又撤诉的现象;有的案件起诉书存在严重质量问题,影响检察机关的整体形象。

表现之二:实行主诉检察官办案责任制后,有的助手存在办案积极性减退,责任心弱化的倾向。这些助手认为,"昨天"的我还是案件承办人,在没犯任何错误的情况下,"今天"的我连起诉书的"署名权"都被剥夺了,还要受来自主诉检察官的制约,其积极性受到极大挫伤。于是暴露出"多一事不如少一事"的消极心理,所办的案件数量减少、质量下降。

主诉检察官助手应当具备以下条件:一是应当具有检察官身份;二是依法应当享有一定的办案权和处置权;三是应当有相应的责、权、利予以保障;四是要经过一定的程序产生。结合实践经验,主诉检察官在处理与助手的关系上应当遵循"四项原则",同时做到"四多四少"。

1. 四项原则

(1) 主诉原则。主诉检察官制度的意义就在于体现司法官的"亲历性"、"直接性"的原则。如果主诉检察官不亲自办案,不出庭公诉,事事听汇报,当"二掌柜",当"跷脚老板",就违背了改革的初衷。主诉检察官就是要发挥"诉"的能力,一般情况下应当就所承办的案件,包括助手审查的案件出庭支持公诉。但对于办案任务重的部门,一些简单的案件可以指派助手出庭公诉。

(2) 审诉统一原则。主诉检察官"诉"的能力的发挥,主要依靠对案件的熟悉程度。如果对案件不熟,对证据不能了然于心,任凭"三寸不烂之舌"也难以驳倒辩护人、被告人,让法官信服。因此主诉检察官必须直接审查案件。

(3) 民主与集中原则。主诉检察官在与助手的工作交往中,应当充分听取助手的意见。常言道:"三个臭皮匠顶个诸葛亮"。何况我们有很多助手有着丰富的审查起诉的经验。诺基亚公司的总裁曾幽默地说:领导就是能够采纳最好意见的那个人。主诉检察官应当发扬民主,善于倾听不同意见,同时又能果断决策。

(4) 责任承担原则。责任意识是担当领导职能的人所必须做到的;承担责任又是一个领导最可贵的品格。主诉检察官办案组,是以完成案件为宗旨的团体。主诉检察官只有充分发挥助手的聪明才智和积极性,才能最终完成办案任务。那么,除了"以身作则"等高尚品格外,敢于承担责任是调动助手积极因素的最有效办法。既要放手让助手多办案,又要让助手放心,出现问题你会与他分担。只有形成这样的良性互动,主诉检察官与助手之间才能形成1+1＞2的格局。

2."四多四少"

(1)多指导、少代办。主诉检察官不能只顾自己埋头办案,对助手所办案件要多指导;要能够掌握每个案件的诉讼脉搏,做到案案心中有数。

(2)多阅卷、少复核。卷宗材料是事实、证据的依据。主诉检察官对本组的案件,特别是复杂的案件,做到有重点地阅卷,掌握案件的主要关键点后,再分配给助手办理,这样才能更好地指导他人办好案。对提起公诉的案件,应当亲自制作"起诉书"。因为,写"起诉书"的过程,也是进一步梳理案件事实和证据的过程,此时如果发现事实不清、证据不足时还来得及补救,避免起诉后又撤诉的情况发生。此外,对需要亲自出庭的一些较为复杂、疑难的案件,需亲自提审犯罪嫌疑人。但对于需要复核证据的,可以讲明要点后派助手去办理。这样既能把好质量关,又可以节省自己的时间。

(3)多出庭、少审查。主诉检察官应当多出庭,充分发挥"主诉"的优势和责任,可以有效地提高公诉的庭审效果。对于案件的审查可以尽量由助手负责完成。

(4)多疑难、少简单。主诉检察官要多办疑难、复杂案件或大、要案件。这样可以充分发挥"精英"效应,提高案件质量和检察机关的整体形象,维护社会的公平与正义。真正体现主诉检察官制度的终极效果。

三、对主诉检察官的选任

主诉检察官是执法主体。国家检察官学院党委书记刘佑生在谈到和谐社会的检察官素养时,总结出了八个字,即"客观、平和、谦抑、持衡"。执法的基本要求是忠诚于法律。而执法效果的优劣很大程度上取决于执法者的个人素质,它包括:扎实的法律功底、崇高的道德情操、公正的执法水平。在这里,我更强调执法者的"德行"。因为,从表面上看,主诉检察官的工作就是照搬法条。但事实上,任何法条都不能囊括所有的犯罪行为和犯罪现象,很多时候需要主诉检察官凭借"道德"和"良知"来作出判断。因为法律或规制是看得见的,不仅自己看得见,别人也清晰可见,其约束力也显而易见。但法律只能规范执法者的行为,而不能规范执法者的内心。与法律约束力不同的是道德。而道德存在于人们的日常生活中,存在于风俗和社会舆论中,是靠人的自觉能力加以遵循和效仿的,但道德只能感化执法者之心知,不能约束执法者之身形。其约束力是隐性的、看不见的。① 因此在建立主诉检察官制度的同时研究主诉检察官的道德即"德行",换言之,应当构建一个怎样的培养和产生主诉检察官的机制,已经呈现迫在眉睫之势。

（一）主诉检察官的精英化

以系统论的观点看,"公诉部门或检察机关都可以看成一个系统。系统由要素和结构组成,要优化一个系统的运作效果,无外乎改良要素或者改善结构两条途径。改良要素就是提高人员素质和加大物质投入,改善结构则主要是建立健全有关制度。"②

在主诉检察官办案责任制的运行过程中,对"结构的改善"和"提高人员素质和加大物质投入"上,下了不小的工夫,也初见成效。但力度还远远不够,改革中试图"通过赋予主诉检察官职业的一种精英化地位,改善办案一线人员的素质结构,通过建立新的办案机制,确保我国法治公正和效率进一步实现"。然而,成效甚微。现行的主诉检察官办案责任制,很难让主诉检察官们找到"精英"的感觉。他们缺乏光荣感、责任感和使命感。首先看主诉检察官的产生程序:虽然强调"宁缺毋滥"的原则,结果出现某地的检察院在贴出竞争启事后居然没有一个人报名的尴尬局面;再看责权利的配置:名义上的"放权",却如同"放风筝"一样,背后那条长长的引线,随时能够制约主诉检察官。虽然"错案追究制"写在了纸上,但真到出现问题时,往往都把责任推给了集体。对执法者的错案责任仅限定在"故意"方面,错案责任难以落到实处。形成了"懒汉日子好过"的局面。关于"利"的问题一直是既敏感又现实的问题。美国著名的心理学家亚博拉汉·马斯洛曾提出过"需要分层说"的理论,他认为人的需要分为五种,依次是:生理需要（包含物质需要）、安全需要、爱的需要、尊重的需要和自我实现的需要。在目前检察官的劳资待遇还未完全理顺的情况下,在检察官的收入情况与社会其他行业来讲处于劣势的现状下,在赋予主诉检察官责任的同时,满足其与同行业相比,物质需要不要过于捉襟见肘也是保证此项改革成功的一个保障。然而,就是这样一个简单的道理,在实践中难以有效推行。不是"补贴"不能到位,就是起不到"激励"的作用,或者形成"攀比"之势。主诉检察官实际上仍然像往常那样吃"大锅饭"。

精英,意味着具备超过普通人的素质和能力。检察官的精英——主诉检察官就要具备特有的素质和能力。如何判明精英的标准,离不开具体的专业指

---

① 参见刘佑生:"客观、平和、谦抑、持衡——关于和谐语境下的检察官",载《检察日报》2008年4月22日第3版。

② 参见刘建国主编:《刑事公诉的实践与制度构建》,中国检察出版社2003年版,第345页。

标。只有根据专业特性确定评价标准,才能真正评出该专业的佼佼者。例如,公诉工作的最大目标就是最大化地保证胜诉并成功获判。其专业的"精"应当体现在:良好的判断能力,缜密的思维能力和雄辩的说服能力。精英的地位要有明显的体现,在客观上是他们不得不谦虚谨慎、不敢懈怠,从而避免别人对自己的信赖感降低。就这一问题,美国现代管理学和组织行为学博士斯蒂芬·罗宾斯说:"一个响亮的头衔、一间大办公室,甚至一张令人印象深刻的名片都能在很大程度上激励员工,相反,如果缺少表明地位的外在东西,会使人们觉得自己无足轻重,对员工的绩效有负面的影响。"因此突出主诉检察官精英化的地位是深化主诉检察官制度改革的重要环节。

"法律是一门艺术"。"一群人从事有学问修养的艺术,共同发挥替公众服务的精神,虽然附带以它谋生,但更不失其替公众服务的宗旨"。① 这就是"法律执业"。法律执业者之一暨精英化的主诉检察官就是要具备这样的"特质"——"一手提着天平,用它衡量法;另一手提着剑,用它维护法。剑如果不带着天平,就是赤裸裸的暴力;天平如果不带剑,就意味着软弱无力。只有在正义之神操剑的力量和掌天平的技巧并驾齐驱的时候,一种完满的法治状态才能占统治地位。"② 也就是说,主诉检察官在"以心治心"的较量中,实现着社会的公平与正义,并且有足够的修养和"革命之子"的美誉。"如同医生、教师等职业人员一样,司法官是法律适用的专门执掌者。你可以监督、评判他们的执业良莠,但就是不能取代、剥夺甚至履行他们的职责。"③ 这就是主诉检察官精英化的重要意义。

(二)主诉检察官的职业化

关于这一问题,前最高人民法院院长肖扬在关于法官法和检察官法修改草案的说明中提道:"为保证优秀的法律人才进入法官队伍,拓宽法官选人渠道,建立法官资格考试制度,已形成科学的法官选任机制是非常必要的";在最近召开的检察机关干部人事制度改革会上也不断强调队伍的整体素质。我国的法官法和检察官法的制定和实施为我国司法官职业化打下了良好的基础。

主诉检察官职业化是指一整套保证主诉检察官从业素质的制度。它包括资格考试、选拔、任免、回避、培训、惩戒和身份保障等综合制度。检察官法分别用17章规定了检察官的职业要求和范围。但这些规定由于受现行检察官体制的限制,将检察官和检察行政官员的职业标准掺杂在一起,难以真正实现检察官的应有执业要求。

---

① 参见张智辉、谢鹏程主编:《中国检察》(第三卷),中国检察出版社2003年版,第732页。
② 参见张智辉、谢鹏程主编:《中国检察》(第三卷),中国检察出版社2003年版,第732页。
③ 参见《马克思全集》(第一卷),人民出版社1956年版,第76页。

（三）主诉检察官专业化

在检察制度不断发展的过程中，从公诉权所承担的功能而言，其不仅具备了代表国家追诉犯罪的职能，同时还具备监督侦查和审判、保护人权、服务发展等社会功能。这些功能的不断分化与细化，也使得公诉权内部的权能进一步丰富，也必然要求公诉专业化建设不断提高。

针对"公诉专业化"这一问题，历经几代公诉人的变迁。对于是否需要成立一支专业化的公诉人队伍，也存在相当大的争议。早在20世纪90年代初，一支办理经济犯罪案件（主要是职务犯罪）的办案组成立了，但是招致各方的质疑，主要原因是不符合"培养全方位公诉人才"的要求。于是，培养"万金油"似的公诉人机制由此确立。然而随着社会治安形势的不断严峻，犯罪手段不断翻新，研究一定领域内的犯罪规律和犯罪特点的要求迫在眉睫，特别是办理"虹桥"案件的经验和教训，使我们深刻感到，一批精通各个领域专业知识的公诉人队伍存在的必要性。于是，自2000年，笔者所在院公诉部门在培养专业化公诉人队伍方面进行有益的探索，首先成立了办理未成年人犯罪案件办案组，针对未成年人犯罪的特点和法律规定的特别程序，建立了一整套规范的办案模式；接着又相继成立了办理走私犯罪案件、职务犯罪案件、危害国家安全犯罪案件、经济类（诈骗类）犯罪案件办案组。通过3年多的办案实践，专门办理这些案件的主诉检察官对此类案件的办理有了独到的见解和经验，他们可以有针对性地对涉及类案的法律、法规和相关的法律问题进行专门的研究，总结出带有规律性的经验从而指导类案的办理。由此可见，培养专业化的主诉检察官是主诉检察官职业道路上的必经途径。

四、主诉检察官的遴选机制

（一）主诉检察官的任职资格

英美法系国家在法官和检察官的选任方面的观念值得我们参考和借鉴。司法工作本身是一门复杂的艺术，不仅要求司法官员必须掌握专门的法律知识，还要有娴熟的运用法律、分析和判断是非的能力，即使担任初任的法官和检察官也要有数年的法律工作经验，才能正式升任法官和检察官。在英国，对全职法官在选任上基本上采取的是"年长加精英"的模式，其任职资格的规定是"具有法律知识和经验，判断和分析的能力，有良好的决定和交流技巧。富有权威、道德、公正、能够理解普通人和社会。性格温和，有礼貌和尊严，对社会服务有责任感"。[①] 在美国，尽管没有像英国那样具有明确的法官任职资格

---

① 参见刘立宪、张智辉主编：《司法改革热点问题》，中国人民公安大学出版社2000年版，第324页。

标准，但是很强调出任法官的实务经验，例如大多数法官都应从优秀的律师中选任，担任最高法院的法官几乎都做过律师或检察官；其学历要求也是相当的高，必须是获法学学士以上的学位。正因为对法官的选任上十分重视法官的任职资格和选任条件，因此法官的素质普遍较高，而高素质的法官又保证了法官裁判的质量。

主诉检察官是一项法律性、政策性很强的专业，因此，一个合格的主诉检察官应当首先具备较高的政治素质。这是能否当好主诉检察官的必要前提。主诉官的政治素养，直接决定着他们以什么样的世界观和方法论来思考和处理问题，同时主诉检察官必须热衷于检察事业，有较高的政策法律水平、清正廉洁、吃苦耐劳、以身作则，这才是实行主诉检察官制度的根本保证。其次，要有较高的业务能力，要具备起码的法律专业的学习经历。因此必须规定一定的学历要求为准入。最后，要有丰富的实际工作经验。这里的"实际工作经验"并不限指法律工作经验。一般的生活和工作经验虽然对于担任主诉检察官没有直接的帮助，但毕竟与检察工作有着千丝万缕的联系。美国近代著名法官科克有一句名言：法律上的各种案件"是由人为理性和法律判决来决定的，而不是由自然理性来决定的；法律是一门艺术，在一个人能够获得对他的认识之前，需要长期的学习和实践"。与自然科学和社会科学的许多其他门类不同，法律与人类社会生活有着千丝万缕的联系，没有社会阅历和经验的人，对于法律纠纷是难以作出明智而公正的裁判的。在诉讼中，无论是对案件事实的认识和确定、证据的审查和判断还是对适用法律的选择，都要受制于法官和检察官个体和经验等因素的影响和限制。因此，英美法系在法官的选任上采用的"年长加精英"的模式，是符合法律这个行业的专门要求的。

主诉检察官的能力重点要体现在"诉"上。即要能够用缜密的思维察微析疑，论证被告人有罪，又要用雄辩的口才说服法官采纳公诉人的观点，判处被告人有罪。为此，对主诉检察官执业标准的设置应当采取准入制，即门槛制，应当本着"精英"化来制定标准。笔者认为，结合我市检察官队伍的实际，主诉检察官的参选条件除了符合《检察官法》第10条的规定外，还应该达到以下条件：（1）高等院校法律专业（本科）学历，具有审查起诉工作5年以上工作经验或其他检察专业8年以上工作经验的检察员或特别优秀的助理检察员；（2）有良好的政治、业务素质和良好的品行，有服务意识和大局意识；（3）从事公诉工作的人，近三年所办案件应当具备无罪案件零记录；（4）具有良好的判断和分析能力，良好的决定和交流技巧；（5）富有权威、道德、公正和责任感。

（二）主诉检察官的选拔程序

对主诉检察官的选任应遵循公平、公开、公正的原则，实行评、聘分离机制,即取得主诉检察官的资格和行使主诉检察官职权相区别。取得主诉检察官的资格是行使主诉检察官职权的前提。这种做法能够最大限度地挖掘公诉人才的潜力,实现公诉人才后备库的梯形管理模式。

选任主诉检察官实行资格考试与能力测试及综合考核相结合。资格考试原则上由省级检察院组织进行。资格考试主要采取本人报名、资格审查与书面考试的方式。书面考试试题在预先设置的"主诉检察官考试"题库中随机抽选。被省级以上检察机关评选为"十佳公诉人"的人员,可以免去书面考试直接进入能力测试。

对主诉检察官的能力测试和综合考核由本院"主诉检察官考评委员会"在取得主诉检察官资格的人员中进行。其测试的主要内容应当侧重于公诉实务及出庭公诉的水平。分随机跟庭(或演讲答辩)、民意测验和组织推荐三个阶段。随机跟庭,主要针对已经从事审查起诉工作的检察官,对其随机或有准备的示范庭进行考察,检测其出庭公诉的水平;演讲答辩主要针对未从事审查起诉工作的检察官,通过"模拟法庭"或演讲答辩的形式,检测其是否具备主诉检察官的基本素质;民意测验可采取"走出去"即向法官、警官、律师以及检察机关聘请的人民监督员征求意见,综合计分;组织推荐可采取所在处室和领导推荐的方式进行。以上程序均按照每个阶段得分所占的比例,分段计算成绩。

通过主诉检察官资格考试的人员,经"主诉检察官考评委员会"能力测试和综合考试合格的,经过3个月的试用期,未发现不胜任主诉检察官工作的,由本院检察长正式任命为主诉检察官。

(三) 主诉检察官的职数

为了保证司法工作的质量,司法官人数应当少而精,这几乎成了世界各国的通例。截至1999年年底,我国的检察官人数约22万人(截至2002年的数据)。应该说,我国的检察官人数不是少了而是多了。但为什么,在日常的工作中,又总是听到"人员少,任务重"的抱怨呢?究其原因有以下方面:第一,检察官队伍的整体业务素质不高,办案人员不精干。主诉检察官也是如此。笔者所在院的主诉检察官有17人(含正副处长),占所有办案人员的39.5%。在主诉检察官产生的范围没有太大变化的情况下,这样的人数比例,无疑降低了主诉检察官的标准。第二,就一个单位而言,其人员的分配和工作任务的分配也不尽合理,造成业务部门与后勤、综合等部门忙闲不均的现象。而业务部门的任务是绝对的,他们除了要完成繁重的办案任务外,还要承担大量的社会和公益活动。因此,"人员少,任务重"的呼声在所难免。

有些地方规定,主诉检察官的职数,由所办案件的数量来定。这样就容易出现主诉检察官泛滥的局面。其实，主诉检察官职数的多少与案件数有关，但并非必然的联系。其职数的多少，应当由客观的标准来决定，即由本地区和本单位的人员素质和案件数量综合决定，做到"宁缺毋滥"。不能因案件数量大，就降低对主诉检察官的要求。

笔者认为，主诉检察官的职数，应当本着隆起地位，使其享有极大的尊容和威望，突出精英化的原则，按照 1＋X＋Y 的比例，结合所在地区的案件数量来确定主诉检察官的职数。其中：1 代表主诉检察官；X 代表助手；Y 代表书记员。X 和 Y 是不确定数，各单位可以根据自身的情况具体安排。这样的组合模式，在现有人员素质的前提下，有利于整合人力资源，凸显主诉检察官的精英地位，从而带动和培养检察官的后备力量。

（四）主诉检察官的任期

在现阶段，主诉检察官原则上实行任期考核制（但从该项制度的恒久性来讲，建立主诉检察官终身制是有必要的）。即每届任期三年，每年考核一次。其考核成绩累计作为任期届满的总成绩，按照 3∶1 的比例，末尾者需参加下一届主诉检察官的竞争。

引入竞争机制选拔主诉检察官，不仅体现在对主诉检察官的挑选上，还应体现在主诉检察官之间的竞争上。现阶段，在检察官机制不健全的情况下，主诉检察官不适宜搞"终身制"，仍然需要完善"淘汰机制"，应当在主诉检察官之间造成一种"有人比你干得更好"的心理压力。从而激发主诉检察官的责任心。目前只有实行任期制，才能凸显真正意义上的竞争局面，这是确保主诉检察官制度具有生命力的前提和保障。

五、主诉检察官的保障机制

司法的独立与公正需要从身份、职务、经济等各方面保障司法官员的独立来实现。按照美国学者普朗克的官衔，司法独立是指"制度性的独立"，即需要有一系列的制度予以保障和落实。他认为这些制度包括法官的终身制和退休制、固定的和充足的收入、任职资格的要求、有限的司法豁免。缺乏任何一项制度，司法的独立都是难以实现的。

（一）身份保障

所谓身份保障是指为了确保主诉检察官依法行使检察权、确保司法的公正，使其免受外部干扰，以法律的形式规定主诉检察官一经任命，便不得随意撤换、免职、调离或对其正当履行职责的行为，不得随意干涉或控制的制度。但是，实行身份保障制，并不以意味着司法官员在职期间绝对不被免职。在特殊情况下，仍然可以免职。如德国法官依法免职的情况有：（1）拒绝为法官之宣誓者；（2）任职时已达法官退休年龄者；（3）法官本人以书面形式请求辞职者……在日本，法官因身心障碍而无能力承担职务可以成为被免职的原因。我国也建立了对检察官的职务法律保障制度。我国《宪法》、《人民检察院组织法》特别强调了上级对下级检察长免职的领导监督。但是对检察长以外的检察官却缺乏任期或免职的程序规定。

我国目前没有实行法官和检察官的终身制。但各地在试行主诉检察官办案责任制时，均规定了主诉检察官被免职的几种情形：（1）离开审查起诉部门后，其主诉检察官职务自动取消；（2）主诉检察官在履行职务时有违反纪律、法律等情形的；（3）主诉检察官在办案中，出现1件错案或两件重大质量问题案件的，其主诉检察官资格被取消；（4）违背主诉检察官誓言的。

这种免职，可以采取引咎辞职的方式，也可以经主诉检察官考评委员会依照法定程序审查后作出决定，但不得以行政指令的方式由任命者作出决定。

需要说明的是，规定免除或取消主诉检察官资格是有必要的。但必须严格加以控制和明确规定，反对出现那种口袋式的兜底性规定，使主诉检察官缺乏必要的安全感。

（二）经济保障

在国外，为了确保司法官员独立行使职权，保障司法公正，普遍实行法官、检察官的经济保障制度。其内容大致包括：第一，高薪制。在法制发达的国家，其法官、检察官的收入高于普通的公务员。其原因一是法官和检察官的审判和起诉活动，被视为是一种复杂劳动，理应获得较高的物质补偿；二是高薪有助于养廉。法官、检察官职业的特点，决定了他们应当尽量避免以营利为目的活动，从而使他们难以从其他渠道获取收入，薪金成了他们唯一的收入来源。为了保障法官、检察官不受金钱、物质的诱惑而权钱交易，国家就必须保证法官和检察官享受高薪，从而过上体面的生活。例如美国联邦最高法院法官的年收入约177500美元；纽约州法官的年收入约133600美元；日本最高法院院长的薪金与内阁总理大臣、国会两院议长相等；我国香港律政司的检察官平均年收入为60万港元以上，是笔者所在地区主诉检察官年收入的20倍以上，是美国法官年收入的1/2。第二，工资收入不得减少制度。第三，优厚的退休金制度。

然而，在我国，并没有对法官、检察官实行高薪制。究其原因，一方面是因为我国法官、检察官队伍庞大，人员过多，实行高薪制，国家支付代价大。另一方面，我国的法官和检察官在人事管理、工资待遇等方面，与行政干部无异，与公务员同等对待，因此，在公务员整体工资水平未提高的情况下，单方面提高法官和检察官的工资待遇必然会招致社会各方的压力，不可操作。但我们又不能不考虑在推行法制建设进程中的各种掣肘因素，以寻求"相对合理"

的存在因素,因此提高主诉检察官的职务补贴或津贴,不失为一种解决问题的办法。其必要性在于:第一,有利于促进主诉检察官队伍的廉洁性。毋庸置疑的是,当前司法腐败是非常严重的。司法腐败的成因是多方面的,除了制度不健全,监督机制不完善,司法官员素质偏低的原因外,司法官员待遇偏低也不失为一个主要原因。主诉检察官处于办案的第一线,他们不仅要超负荷地工作,还要与形形色色的人员和事物打交道,自身的拒腐防变的能力固然重要,但考虑到"多劳多得"的分配原则,给主诉检察官较高的职务补贴也是十分必要的。第二,有利于吸收优秀人才,稳定公诉人队伍。长期以来,由于从事起诉工作的人员任务重,长年超负荷工作,且"起诉活动,被视为是一种复杂劳动,理应获得较高的物质补偿",但是他们却与其他部门在待遇上没有差别,不少优秀的公诉人转行当律师或从事其他职业,造成公诉人才的流失。这样的状况也很难吸收优秀的法律专业人才充实公诉人队伍,从而影响主诉检察官队伍的整体素质。第三,有利于提高主诉检察官队伍的职业荣誉感,促使主诉检察官珍惜自己的职业,增强责任感和事业心。我们知道,高薪有助于养廉,但不一定必然实现廉政。但是这种特殊的待遇至少可以使主诉检察官感到其地位显现,从而"享受极大的威望和尊容"。除此之外,我们还应当看到,从提高主诉检察官和主任侦查检察官(最高人民检察院在笔者所在单位的一项试点工作)的待遇入手,有利于从整体上提高所有检察官的经济待遇。在国外,法官、检察官的收入高于一般的公务员已成为一项普遍的制度。也只有司法官员获得高于一般公务员的收入,才能凸显出司法官员地位的崇高,从而有利于增强司法的权威性。

笔者所在院,在实行"阳光工资"以前,每位主诉检察官的每月的津贴有800元。除去助手和书记员的一定补贴外,主诉检察官可以拿到400元/月。"阳光工资"后,这些补贴均属于财政扣除的范围,因此在补贴方面,主诉检察官有回到与大家"同吃同酬"的局面,这也是津补贴制度下亟待解决的难题。

(三)职位保障

《现代汉语词典》2005年增补版载明:职位是指机关或团体中执行一定职务的位置。主诉检察官制度改革至今,我们始终没有给这项伟大的改革主体——主诉检察官找一个法律上或者行政上的准确位置。尽管我们也充分地看到了这项改革制度继续前进的空间越来越狭窄。究其根本原因,就是现行的法律和规章都缺乏对主诉检察官这一职务的准确定位,也就使得主诉检察官缺乏一种职位上的光荣感、使命感和责任感,导致得过且过、不思进取、按部就班等官僚主义作风的产生。尤其是在目前我国的干部人事体制中所形成的"官本位"的意识,怎样将主诉检察官在法律上还未能完全找到位置之前,在行政垂直线上找准一个合适的位置,使其具有独立的人格地位,而不至于成为"行政垂直线底部的一个点"。

就笔者所在院的行政级别而言,检察长属行政正厅级,作为主诉检察官应相当属于行政副处级,并取得相应的检察官职级待遇。应该说,职位的保障也将成为对主诉检察官的一种强有力的激励。

（四）培训保障

为了使司法官员始终保持较高的业务素质,保证司法工作的高质量,各国都普遍重视法官、检察官的培训工作,许多国家设有非常完备的法官和检察官培训制度和专门的培训机构。作为一个职业的法律专家,将面对纷繁复杂的现实生活,要处理复杂的人际关系和社会关系,因此,不断提高和更新他们的知识,不仅限于法律知识,还应包括哲学、历史、社会、人文等领域的知识是完全有必要的。在这方面,日本可称得上典范。其司法研修所专门负责培训法官、检察官、律师,采取集中授课和事物研修相结合的方式,特别强调司法实务教育。就连一直不注重对法官和检察官培训工作的美国,也从20世纪60年代开始加强了对法官的培训。可见法官、检察官的培训已经成为一项重要的司法制度。

在我国,"两高"从20世纪80年代开始就重视对法官和检察官的培训。不仅成立了专门的培训机构——"全国法院干部业余法律大学"、"中央检察干部管理学院"等,以后还陆续成立了"中国高级法官培训中心"和"国家检察官学院"等,以法律的形式规定了法官和检察官接受培训的权利和义务。法官法和检察官法还专设了培训制度,要求对法官、检察官进行有计划的理论培训和业务培训,并将培训的成绩和鉴定,作为其任职、晋升的依据之一,从而将对法官、检察官的培训纳入了法制的轨道。

然而,这样的培训毕竟是有限的。对从事办案工作的主诉检察官来讲可谓"杯水车薪"。应当建立一整套行之有效的日常培训计划已成当务之急。使这样的培训不仅是主诉检察官的一项义务同时也是一项权利。

在整个司法制度的结构中,司法官员就像中间的轮轴,正义的力量需要靠高素质的司法官员来传递,而培训工作好比传递进程中的一个加油站,司法官员传递法制观念和思想水平的高低,除了有传动轴的动力外,能量本身是一个不容忽视的重要因素,否则随时有搁浅的危险。要把对主诉检察官的培训当成一项必要工作常抓不懈。而且,这一培训要有的放矢,结合实际,每年进行。参加培训既是义务又是权利。应当采取有效措施确保主诉检察官收到良好的教育和培训。

主诉检察官面临错综复杂的刑事犯罪,与之相适应的对策和法律、法规也层出不穷,更新知识是不可或缺的必备环节,其重要途径是培训。要以制度的形式保证主诉检察官按时参加培训。培训的主要内容是司法实践中遇到的新情况、新问题和司法理念的新发展。培训的方式可以采取"走出去"和"请进来"两种方式。"走出去"包括,到发达地区参观考察、到出经验的检察机关上岗办案学习;"请进来"包括,请专家学者讲课、请有实践经验的优秀公诉人具体指导办案、请有关专家点评与案件有关的专业性强的知识等。要保证主诉检察官每年的培训时间不少于20天。

为了更好地查办新类型犯罪特别是查办有组织的犯罪的需要,应当注重培养专家型(职业化)公诉人,以期在专门的领域里研究专门的法律、案例和相关规定。要注意培养复合型的专家队伍。特别是在智能型犯罪的领域中,依靠复合型的专家来帮助主诉检察官行使职权。

(五)惩戒保障

在任何国家,法官和检察官违法甚至犯罪的现象都难以避免。由于法官和检察官操有审判和起诉的大权,他们的违法犯罪行为对社会的危害更大。建立对法官和检察官的惩戒制度,以预防或处罚他们的违法犯罪行为,既是一种保护也是对守规行为的肯定。例如,我国的法官法和检察官法均对法官和检察官的免职、辞退和惩戒作了规定。《检察官法》第42条规定:"辞退检察官应当依照法律规定的程序免除其职务。"《检察官法》第11章对惩戒制度作了详细的规定:(1)散布有损国家声誉的言论,参加非法组织,参加旨在反对国家的集会、游行、示威等活动,参加罢工;(2)贪污受贿;(3)徇私枉法;(4)刑讯逼供;(5)隐瞒证据或伪造证据;(6)泄露国家秘密或审判(检察)工作秘密;(7)滥用职权,侵犯公民、法人或其他组织的合法权益;(8)玩忽职守,造成错案或给当事人造成损失;(9)故意拖延办案,贻误工作;(10)利用职权为自己或其他人谋取私利;(11)从事营利性的经营活动;(12)私自会见当事人及其代理人,接受当事人及其代理人的请客送礼;(13)其他违法乱纪的行为。检察官只要违反以上情形之一的,就要受到警告、记过、记大过、降级、撤职、开除的处分,构成犯罪的,应移送司法机关处理。

但是,以上的惩戒制度还存在相当的不足,需要进一步完善:第一,缺乏对检察官行为准则的特别性规定。从以上所列各种禁止性规定来看,过于原则,有的甚至是普通公民应当遵守的规定。如"贪污受贿"的禁止性规定。这不是一项特别性的规定。第二,惩罚方式单一,需要有专门的机构来惩戒。笔者认为,应当建立包括"违纪处分"、"引咎辞职"、"弹劾"在内的惩戒制度。

目前，笔者所在的检察院，对检察官的惩处主要在纪检、监察部门。主要是对检察官法规定的违纪情形。但是对检察官惩戒，不仅在违纪方面，还应当包括在履行职务过程中的过失行为。就这一块，有的纳入了"案件质量评析"中，有的根本就没有纳入惩戒的范围，如"办案人员非因办案需要打听其他人承办的案件的情况和有关信息"的、"无正当理由拖延办案时间"的、"公诉人员在职务外活动中，披露或者使用非公开的办案信息和在办案过程中获得的商业秘密、个人隐私以及其他非公开的信息"的，等等。这就使得主诉检察官的职务行为和个人行为没有明确的界限，以致造成个别主诉检察官行为的不检点，从而使其受尊重的程度不高。

六、主诉检察官制度的运行方式

主诉检察官办案责任制的实践中，各地检察机关采取的办案模式不同，也就是说职能行使的方式不同，主要有以下三种运作模式：

（一）搭档制

由一名主诉检察官配一名助手组成办案组，主诉检察官指挥、领导助手审查案件，直接参与审查起诉的全过程并出席法庭，支持公诉，助手配合主诉检察官审查起诉、出庭支持公诉，但在法庭上不发表意见。

优点：（1）主诉检察官可以全面把握案情，出庭可以做到得心应手；（2）主诉检察官与助手通过双向选择成立办案组，可使相互配合默契，提高工作效率。

缺点：（1）这种模式必然导致主诉检察官的数量比较多，主诉检察官的素质参差不齐，有些主诉检察官凡事谨小慎微，总是请示部门负责人和分管检察长，最终可能又回到本质意义上的"三级审批"制；（2）这种模式导致主诉检察官与助手之间相互依存，如任何一方有公务活动或者因事、病请假，另一方就必然会无法开展工作，最终导致办案效率不高；（3）助手不直接承担办案责任，工作积极性、责任心受到影响；（4）在此办案模式下，需要有大量的主诉检察官办理案件，受到主诉检察官名额的限制，主诉检察官的工作压力增大，诉讼效率受到影响。

（二）检控分离制

在审查起诉部门成立若干检控办公室，每室由一名主诉检察官、两名事务检察官和一名书记员组成，主诉检察官负责领导、指挥事务检察官处理刑事案件的审查工作并重点承担出席法庭支持公诉的工作，事务检察官主要进行书面审查工作，包括提讯犯罪嫌疑人、阅卷、制作公诉案件审查报告并为主诉检察官出庭准备案件材料。

优点：（1）分工明确，即主诉检察官、事务检察官、检察书记员的分工相对明确，各司其职，各负其责，哪个环节出了差错，就由相应人员负责。（2）有利于提高专业化程度，扬长避短。能够充分发挥主诉检察官出庭公诉的专长和事务检察官侦查监督的专长，有利于树立良好的庭审公诉形象，有利于强化侦查监督力度。

缺点：（1）由于强调检控分离，导致检察人员技术单一化，导致主诉检察官重复审查，工作量大量增加，办案效率低下；（2）检控室内部成员之间缺乏必要的协调，影响出庭效果，预期的价值目标难以实现；（3）违背了司法的直接性和亲历性。

（三）"双轨"制

在审查起诉部门成立若干办案小组，有的办案小组实施一名主诉检察官领导、指挥若干名助手，有的办案组实施组长负责的"三级审批"制。

优点：在目前我国公诉部门检察官素质参差不齐的情况下，此模式有很大的生命力，既可以充分发挥高素质的主诉检察官优点、长处，也可以保障办案组长负责下的案件的质量。

缺点：（1）这两种运作模式同时并存不利于检察长和检察委员会的领导、管理；（2）与最高人民检察院推行的主诉检察官办案责任制有违背；（3）仍存在"三级审批"制固有的弊端。

（四）"1＋X＋Y"主诉制

无论实施什么样的主诉检察官办案模式，其最终的目的都是提高诉讼效率，节约诉讼成本，真正实现人尽其才，物尽其用，实现社会的公平正义，维护社会安定团结，为我国的经济建设、政治建设作出应有的贡献。但是，由于司法体制、人事制度等各方面的原因，导致我国目前检察机关公诉部门的软件、硬件差别很大，特别是公诉人员素质差异很大，有的检察院公诉人员可能基本上都是研究生或者是博士生，有的检察院公诉人员可能只有高中或者大专文化，并且，我们检察系统又存在不同的级别，有不同的案件分工，有不同的案件难易程度，于是，如果在全国推行统一、固定的主诉检察官办案模式是不可能的，也是不切实际的。

1. "1＋X＋Y"的架构。不同检察院公诉部门，可结合本部门的实际情况，一方面是本部门案件的数量、难易程度；另一方面是公诉人员年龄结构、学历情况、法律职称结构，来制定具体的办案模式，即在审查起诉部门实施的，在检察长和检察委员会的领导下，由首席主诉检察官（科、处长）管理的，由内勤组配合和监管组监督的，以一名主诉检察官为责任人，领导、指挥若干名（X）助手（检察员、代理检察员）和若干名（Y）专职书记员，依照法律的相关规定，相对独立地承担公诉、法律监督工作的内部办案制度。至于

"X"和"Y"的具体数量可以根据具体的公诉人员的结构和人数来具体分配。

2. "1+X+Y"主诉制各主体的职责

(1) 首席主诉检察官（科、处长）的职责

首席主诉检察官的职权来源是检察长的授权，也就是在检察长的授权下，领导内勤组和监管组实施对主诉检察官的监督和行政事务管理，包括：行政管理权、案件分配权、议和提交决定权、监督权。具体包括以下几个方面：

第一，协助检察长和分管检察长，抓干警的政治素质和业务素质。

第二，在检察长和分管检察长的授权下，审查主诉检察官拟由检察长提交检察委员会讨论的案件，当首席主诉检察官的意见与主诉检察官意见不一致时，主诉检察官有权提交分管检察长研究，由分管检察长决定是否提交检察委员会。

第三，组织召开主诉检察官会议，切实发挥主诉检察官会议的职能。

第四，直接参与重大社会影响案件的审查起诉、出庭支持公诉工作。

第五，在检察长和分管检察长的授权下，直接领导内勤组和监管组，切实为主诉检察官工作的顺利开展提供充分的保障，同时领导监管组加强对主诉检察官的事前、事中、事后的监督。

第六，管理主诉检察官组的日常事务性工作。

(2) 主诉检察官的职责

①主诉检察官的职权

最高人民检察院《关于在审查起诉部门全面推行主诉检察官办案责任制的工作方案》对主诉检察官诉讼决定权的范围作了排除式的规定，即主诉检察官承办案件时，对于法律明确规定应当由检察长、检察委员会行使的职权，以及检察长、检察委员会认为应由其行使的职权，应当提出意见，报请检察长决定，除此之外的事项可以由主诉检察官决定。

我们认为，主诉检察官的职权，可以分为三个方面，一是公诉案件审查起诉方面的权利，可概括为提请讨论权和决定权；二是出庭支持公诉方面的权利；三是业务管理方面的权利。

A. 案件审查起诉方面的权利

主诉检察官行使以下职权[①]：

第一，决定是否受理案件或改变管辖；

第二，决定对案件提起公诉；

第三，建议或同意适用简易程序；

第四，对重大、疑难、复杂的案件，需要延长办案期限的，可以决定延长

---

① 《重庆市人民检察院主诉检察官办案责任制实施办法（试行）》。

半个月；

第五，决定退回侦查机关或自侦部门补充侦查或自行侦查；

第六，要求侦查机关或自侦部门提供法庭审判所必需的证据材料；

第七，追诉漏犯、漏罪；

第八，决定是否许可律师以外的辩护人查阅、复制案件诉讼文书、技术性鉴定材料，或同在押犯罪嫌疑人会见和通信；

第九，决定是否准许律师向被害人或被害人所提供的证人调查取证；

第十，组织对有关证据进行复查、鉴定，对犯罪现场进行勘验；

第十一，建议延期审理案件；

第十二，对作相对不起诉决定的被不起诉人可视情况予以训诫或者令其悔过、赔礼道歉、赔偿损失；

第十三，决定是否提起附带民事诉讼。

据此，主诉检察官不具有决定权的事项包括：

第一，办理危害国家安全、外国人犯罪案件，决定起诉的；

第二，对犯罪嫌疑人拟作不起诉决定的；

第三，对犯罪嫌疑人、被告人变更强制措施的；

第四，对有关单位提出书面纠正违法意见或检察建议的；

第五，处理涉案款、物的；

第六，决定抗诉、撤回抗诉的；

第七，建议侦查机关撤销案件的；

第八，需要撤回起诉的；

第九，下级人民检察院书面请示和公安机关提请复议、复核的案件中，需要检察长决定的事项；

第十，上级、人大交办、督办的案件。

在目前情况下，对于审查起诉案件，在侦查部门认定的事实、适用法律的基础上，减少认定犯罪事实、减少认定罪名、重罪改为轻罪、增加认定从轻、减轻情节的，应当由主诉检察官提出意见，提请检察长或者检察委员会决定，而不能由主诉检察官自行决定。因为这些可能减轻被告人刑事责任和刑罚的认定，常常不会受到来自被告人、辩护人和审判人员的强有力的制约，往往会引发司法腐败。而在侦查部门认定的事实、适用法律的基础上，增加认定犯罪事实、轻罪改为重罪、增加认定从重情节的，可以由主诉检察官决定。因为这些可能增加被告人刑事责任和刑罚的认定，通常会受到被告人、辩护人和审判人员的强有力的制约。

B. 出庭支持公诉的权利

第一，宣读起诉书；

第二，讯问被告人；

第三，法庭举证、质证；

第四，询问证人、被害人、鉴定人；

第五，法庭辩论、发表公诉意见；

第六，庭审的监督；

第七，法制宣传和教育。

C. 主诉检察官在业务管理方面的权利

第一，根据案件的难易程度和助手的能力，分配案件给助手办理的权利；

第二，调配助手和书记员出庭支持公诉的权利；

第三，指导、督促、检查助手的办案进度、质量和效率；

第四，指导、督促、检查书记员的记录、归档、文章调研、信息材料的写作等工作。

②主诉检察官的责任

主诉检察官的责任，是指主诉检察官引起办理的案件在认定事实、审查运用证据、适用法律和决定诉讼事项方面出现错误所应当承担的后果，不包括因其他违法、违纪行为而必须承担的责任。

我们认为，主诉检察官的责任包括：

第一，主诉检察官必须对其职权范围内决定的事项负责；

第二，主诉检察官超越职权范围，擅自作出决定的，应当对其越权行为负责；

第三，不论是否有权作出决定，主诉检察官必须对其所办案件的事实、证据的认定负责。

（3）助手的职责

主诉检察官的助手辅助主诉检察官办理案件，接受主诉检察官的指派具体处理办案过程中的有关事项，其主要负责对案件的审查起诉工作，进行书面审查事务，进行提讯犯罪嫌疑人，阅读案卷材料、制作案件审查报告并协助主诉检察官制作讯问提纲、询问提纲、答辩提纲、举证计划、公诉意见书以及处理其他与审查起诉有关的辅助性工作。

（4）书记员的职责

检察书记员是在主诉检察官与其助手的具体要求下，做好案件审理过程中的全部记录工作和有关事务性工作。包括：按主诉检察官及其助手的具体要求，做好讯问犯罪嫌疑人笔录、询问证人笔录、出庭笔录及讨论案件笔录等工作记录；制作阅卷笔录、案件材料的及时整理归档；协助主诉检察官及其助手做好相关的调研工作、信息写作等工作。

3. "1+X+Y" 主诉制的实例论证

以重庆市人民检察院第一分院 2003 年公诉部门的人员和案件情况为例，对 "1+X+Y" 模式进行实例论证，"142" 主诉制模式是该处选择的方式。

基本情况是：（1）办案一线工作人员（除处领导 3 人、内勤组 3 人、管理组 3 人、下派人员 2 人外）32 人，其中具有检察官资格（检察员、助理检察员）的有 19 人，书记员及其他工作人员 13 人；（2）年工作量约 500 余件。2003 年，共受理各类刑事案件 519 件 1035 人，共审结 517 件 1016 人（含 2002 年积存），其中起诉 476 件 933 人，不起诉 7 件 20 人，改管 24 件 42 人，公安机关撤回案件 10 件 21 人。注意，其中改管 1 件案件只算办理 0.5 件一般刑事案件。

时间	案件总数	办案模式	办案人数	主诉人数	主诉官组办案数	人均结案数
1998 年	479 件	办案组	31 人		15.45 件/人	15.45 件
1999 年	631 件	主诉组合式（1 配 3 或者 1 配 4）	25 人	6 人	105.17 件/主诉组	25.24 件
2000 年	653 件	主诉组合式（1 配 2）	33 人	11 人	59.36 件/主诉组	19.79 件
2001 年	609 件	主诉搭档式（1 配 2）	33 人	11 人	55.36 件/主诉组	18.45 件
2002 年	673 件	主诉搭档式（1 配 1）	34 人	17 人	39.59 件/主诉组	19.79 件
2003 年	517 件	主诉搭档式（1 配 1 或者 1 配 2）	32 人	14 人	36.92 件/主诉组	16.16 件

（1）对主诉检察官而言，每个案件（重大、复杂、疑难的案件除外）的工作量，根据案件难易程度平均，大约需要 2.68 个工作日。

工作内容	所需时间	备注
业务协调或研究案件	0.5 个工作日	包括对法院刑事判决的审查、执行死刑临场监督等工作
阅读助手的审查报告、审批起诉书	0.5 个工作日	
与助手交换意见并准备出庭讯问提纲、询问提纲、质证预案、答辩提纲、公诉意见书等法律文书	1 个工作日	

续表

工作内容	所需时间	备注
出庭支持公诉	1个工作日（市第一中级人民法院开庭约0.5个工作日，经查证2003年约占65%）	如果主诉检察官认为其助手足以对某案件（相对较简单的案件）出庭支持公诉的，可以指派助手出庭支持公诉，但是案件责任由主诉检察官本人承担

因此，在充分利用主诉检察官知识、能力资源的情况下，每位主诉检察官一个月（21个工作日）可办理约7.84件案件。

（2）对于助手来讲，每个案件（重大、复杂、疑难的案件除外）的工作量，根据工作的实际，大约需要10.2个工作日左右。

工作内容	所需时间	备注
提讯犯罪嫌疑人、询问证人、自行补充侦查	1个工作日	犯罪嫌疑人7人以上的，可能需要2个工作日（经查证，2003年7人以上的案件约占3.2%）
阅卷并撰写审查报告、起诉书	6个工作日	重大、疑难、复杂的案件可能要10个工作日（经查证，2003年退查案件约占35%）
与主诉检察官交换意见并准备出庭讯问提纲、询问提纲、质证预案、答辩提纲、公诉意见书等法律文书	1个工作日	
出庭支持公诉（主诉决定）	1个工作日（市第一中级人民法院开庭约0.5个工作日，经查证2003年约占65%）	如果主诉检察官认为其助手足以对某案件（相对较简单的案件）出庭支持公诉的，可以指派助手出庭支持公诉，但是案件责任由主诉检察官本人承担

因此，在充分利用助手知识、能力资源的情况下，每位助手一个月（21个工作日）可办理2.05件案件，四名助手一个月可办理约8.2件案件，而根据业务实践，1999年人均每月审结案件为2.10件，这也说明每位助手一个月（21个工作日）办理2.05件案件是可行的。

（3）对书记员而言，每个案件（重大、复杂、疑难的案件除外）的工作量，根据工作的实际，大约需要 5.2 个工作日左右。

工作内容	所需时间	备注
办理受理案件登记、提讯犯罪嫌疑人、询问证人、自行补充侦查	1 个工作日	犯罪嫌疑人 7 人以上的，可能需要 2 个工作日（经查证，2003 年 7 人以上的案件约占 3.2%）
协助助手进行文件的打印、校对工作、审结材料的组织和送交	3 个工作日	
出席法庭支持公诉担任记录、讨论案件记录等	1 个工作日（市第一中级人民法院开庭约 0.5 个工作日，经查证 2003 年约占 65%）	
案卷材料的整理与归档	0.5 个工作日	

因此，在充分利用书记员的知识、能力资源的情况下，两位书记员一个月（21 个工作日）可协助办理 8.08 件案件。

综上，我们可以得出以下结论：为了充分发挥主诉检察官的主观能动性，充分利用其知识、能力资源，一名主诉检察官可以指挥四名助手。为了充分发挥书记员的主观能动性，充分利用其知识、能力资源，两名书记员可以配合四名助手。

总的来说，这种模式可以充分发挥主诉检察官、助手、专职书记员的才能，充分调动其积极性和主动性。在这种模式下，主诉检察官、助手、专职书记员分工明确，有利于充分发挥主诉检察官和助手的专长，充分利用其长处。这种运作模式并没有完全强调检控分离，也没有违背司法的直接性和亲历性。因为：一方面，对于主诉检察官认为应自己出庭支持公诉的，其必须要与助手交换意见并准备出庭讯问提纲、询问提纲、质证预案、答辩提纲、公诉意见书等法律文书；另一方面，即使主诉检察官认为其助手足以对某案件（相对较简单的案件）出庭支持公诉的，但是由于案件责任由主诉检察官本人承担，这样主诉检察官就必然会认真审阅案件材料，也没有导致检控的分离，也没有违背司法的直接性和亲历性。

在这种模式下，可以给主诉检察官一定的空间，让其充分调配助手和专职书记员的能力资源，最终避免"搭档制"模式下的主诉检察官与助手之间相互依存，如任何一方有公务活动或者因事、病请假，另一方就必然会无法开展工作，导致办案效率不高的不利局面。

在这种运作模式下，在总经费不变的情况下，可以提高主诉检察官和助手的待遇，从而更大限度地刺激其工作的热情和责任，最终提高办案的质量和效率。

因此，"1＋X＋Y"模式，从理论上来讲是相对最佳的主诉检察官办案模式。

法院启动刑事再审情况实证研究
——以 C 省为视角

| 潘祥均* 周遐龄** 曾庆云***

一、引言

我国的刑事再审制度是理论界和实务界深度关注的一项制度。根据我国现行刑事诉讼法的规定，刑事再审程序因检察机关的抗诉或由法院主动决定启动，或法院在审查申诉人的申诉理由之后，认为符合再审条件的，决定再审。尽管当事人的申诉通常是法院发现生效裁判错误的重要材料来源，但这种申诉并不具有直接引发再审的法律效果。与当事人的申诉不同，检察机关的抗诉具有直接引发再审程序的效力。检察机关拥有与法院同样的提起再审的权力，不同于一般意义上的再审申请者，是提起刑事再审程序的法定机关之一。《最高人民法院关于执行〈中华人民共和国刑事诉讼法〉若干问题的解释》第三百零七条规定，对检察院提起抗诉的法院无须制作再审决定书，而其他情形法院决定再审的，包括法院审查申诉理由后决定再审的，必须制作再审决定书，这种差别性的规定就是一个重要体现。由于申诉是否引起再审程序的启动具有或然性，法院审查申诉人的申诉理由后决定再审与法院发现生效裁判确有错误主动决定再审在程序的启动上没有本质的区别，我们将二者统归为法院启动再审程序的情况。另外，实践中检察机关向法院提出的再审建议没有抗诉的强制效力，法院可以酌情决定是否启动再审。基于此，我们将检察机关建议再审，法院接受建议启动再审的情况也纳入法院启动再审之中。"正名通常是一切思考

---
* 重庆市人民检察院公诉一处处长
** 重庆市人民检察院公诉一处检察员
*** 重庆市人民检察院公诉一处助理检察员

的开端。"① 相对于检察院提起再审程序，可以将囊括法院主动决定再审、法院审查申诉理由后决定再审、法院接受检察机关建议决定再审的情况统称为法院启动再审程序。

近年来，法院系统内部对刑事再审制度讨论得比较多，有关改革和完善我国刑事再审制度的著述颇丰，部分研究成果已转化为司法解释，在实践中得到推行，对完善我国的刑事再审制度发挥了积极作用。我们这次实证分析则是站在检察机关的角度进行的，期望通过这个新的视角的考察能够引发对我国刑事再审制度的新的思考。

本次实证分析，我们以查阅案卷为主要方式，结合走访调查，对 C 省三级法院 2005 年至 2007 年启动刑事再审的情况进行了考察。尽管部分法院给予了大力支持，提供了相关案件的法律文书和查阅案件材料的便利，但是由于诸多条件的限制，我们没有能够收集齐 C 省三级法院三年来启动再审的全部案件，只收集到其中 51 件案件的相关资料。需要说明的是，这些案件纯粹是随机组成的，不带有分析者的任何倾向性选择，所收集的案件基本上覆盖了 C 省不同的地区，兼具普遍性和代表性。

二、法院启动刑事再审的现状考察

（一）法院启动再审的总体情况

2005～2007 年，C 省法院启动再审案件 144 件，审结 135 件，决定再审的案件占同期生效判决案件的 3.75‰。其中 2005 年决定再审 57 件，审结 48 件，决定再审案件占同期生效判决案件的 4.18‰；2006 年决定再审 47 件，审结 47 件，决定再审案件占同期生效判决案件的 3.65‰；2007 年决定再审 40 件，审结 40 件，决定再审案件占同期生效判决案件的 3.36‰。具体情况见附表一。

附表一：C 省法院启动再审和审结情况

再审案件 年度	启动再审（件）	审结（件）	同期生效判决（件）	决定再审案件/同期生效判决案件（‰）
2005	57	48	13635	4.18
2006	47	47	12882	3.65
2007	40	40	11900	3.36
合计	144	135	38417	3.75

---

① 胡铭：《刑事申诉论》，中国人民公安大学出版社 2005 年版，第 19 页。

法院再审后改判 84 件（103 人），维持原判 38 件，发回重审 3 件，作其他处理 10 件，改判率为 62.22%。其中以原判适用法律错误和以原判量刑不当为由各改判 14 人，各占再审改判总人数的 13.59%；以原判事实不清或证据不足为由改判 28 人，占再审改判总人数的 27.18%；以其他原因改判 47 人，占再审改判总人数的 45.63%。发回重审的案件中，以原判事实不清或证据不足发回重审 1 件，以其他原因发回重审 2 件。具体情况见附表二。

附表二：C 省法院再审案件审结情况

年度 \ 再审审结	再审审结(件)	改判(件)	维持原判(件)	发回重审(件)	作其他处理(件)
2005	48	32	10	2	4
2006	47	30	13	0	4
2007	40	22	15	1	2
合计	135	84	38	3	10

法院再审后，改判无罪 28 人，占改判总人数的 27.18%；加重处罚 24 人，占改判总人数的 23.3%；减轻处罚 27 人，占改判总人数的 26.21%；免予刑事处罚 3 人，占 2.91%；作其他处理 21 人，占 20.39%。具体情况见附表三。

附表三：C 省法院再审案件审结情况

年度 \ 审结情况	加重处罚（人）	减轻处罚（人）	免予刑事处罚（人）	无罪（人）	其他（人）
2005	12	12	2	7	5
2006	5	8	0	17	12
2007	7	7	1	4	4
合计	24	27	3	28	21

（二）收集的案件反映的情况

1. 启动再审案件的组成情况

本次调研共收集到法院启动再审程序案件 51 件，其中法院审查当事人申诉后启动再审程序 39 件，占 76.47%；接受检察机关建议启动再审 6 件，占 11.76%；法院自行发现原审判决错误决定再审 6 件，占 11.76%。以原判认定事实错误为由启动再审 11 件，占所收集案件的 21.57%；以原判适用法律错误为由启动再审 27 件，占 52.94%；以发现新证据为由启动再审 9 件，占 17.65%；以刑事附带民事案件民事部分判决错误为由启动再审 4 件，占 7.84%；以原审实体处理确有错误为由启动再审 49 件，占 96.08%；以程序违法为由启动再审2件，占3.92%。如易某某故意伤害案，原审法院一审判处易某某拘役三个月，判决后被告人未上诉，检察机关未抗诉。后法院发现该案在开庭审理时未通知被害人到庭参加诉讼，程序违法，遂决定再审。具体情况见附表四。

附表四：收集的再审案件基本组成情况

启动再审理由 \ 再审审结情况	再审（件）	审结（件）
当事人申诉	39	33
检察机关建议	6	5
自行发现原审判决错误	6	6
合计	51	44

2. 再审案件审结情况

法院再审审结44件51人，尚未审结7件（含中止审理1件）。已审结的案件中，有罪改无罪15件，改变原判刑期12件（含改变原审罪名后改变刑期5件；其中减轻处罚7件，占58.33%；加重处罚5件，占41.67%），维持原判12件，采纳检察机关建议1件，指令再审2件，刑事附带民事部分改判2件。

法院审结当事人申诉再审案件33件，其中有罪改无罪15件，减轻处罚4件，维持原判10件，指令再审2件，刑事附带民事案件（民事部分）改判2件。审结检察机关建议再审案件5件（因被告人在逃中止审理1件），其中加重处罚2件，减轻处罚2件，采纳检察机关建议1件。审结法院自行发现原审判决错误案件6件，其中减轻处罚1件，加重处罚3件，维持原判2件。具体情况见附表五。

附表五：审结情况

再审案件类型	审结（件）	有罪改无罪（件）	减轻处罚（件）	加重处罚（件）	维持原判（件）	指令再审（件）	采纳检察机关建议（件）	附带民事部分改判（件）
当事人申诉	33	15	4	—	10	2	—	2

续表

再审案件类型	审结（件）	有罪改无罪（件）	减轻处罚（件）	加重处罚（件）	维持原判（件）	指令再审（件）	采纳检察机关建议（件）	附带民事部分改判（件）
检察机关建议	5	—	2	2	—	—	1	—
法院自行发现错误	6	—	1	3	2	—	—	—
合计	44	15	7	5	12	2	1	2

3. 再审案件涉及的罪名

再审共涉及罪名25个，其中故意伤害案7件，占13.73%；诈骗案6件，占11.76%；贪污案4件，受贿案4件，各占7.84%；盗窃案3件，挪用公款案3件，各占5.88%；贩卖毒品案2件，抢劫案2件，徇私舞弊案2件，各占3.92%；其他罪名共18件，占35.29%。

4. 决定再审的法院

法院审查申诉理由后决定再审39件，其中由原作出生效判决的法院启动再审29件，原审法院和上级法院均启动过再审的10件，其中三级法院均启动再审的1件。如吴某某为亲友非法牟利案，判决生效后，吴某某向原审法院提出再审申请，原审法院驳回其再审申请，吴某某向中级法院申诉，中级法院指令原审法院再审，原审法院维持原判。吴某某不服原审判决向中级人民法院上诉被维持原判。吴某某又向省人大内司委提请监督，要求撤销原判，改判无罪。省人大转省高级法院审查，高级法院审查后认为符合再审条件，决定再审，再审后维持原判。

5. 再审案件审理期限

在6个月以内审结的31件，占审结案件的70.45%；超过6个月的13件，占29.54%，其中有4件案件审理时间超过1年审结，占9.09%。有2件案件审理时间超过1年无处理结果。

6. 同一案件决定再审次数

法院对申诉案件再审1次的24件，占64.1%；再审2次的7件，占17.95%；再审3次的7件，占17.95%。其中原审法院再审2次的4件，上级法院再审2次的3件。

7. 再审启动时间

法院启动再审程序的51件案件中,原判生效后2年以内再审的23件,占再审案件的45.1%。超过2年再审的28件,占54.9%,其中超过5年再审的17件,占38.64%;超过10年再审的3件,占6.82%;超过20年再审的4件,占9.1%。法院审查当事人申诉理由后决定再审的39件中,原判生效后2年内启动再审的14件,占当事人申诉再审案件的35.9%。超过2年再审的25件,占64.1%,其中超过5年的16件,占41.02%;超过10年的7件,占17.95%;超过20年的4件,占10.26%。具体情况见附表六。

附表六:决定再审时间

启动再审理由 \ 再审时间	2年内（件）	2~5年（件）	5~10年（件）	10~20年（件）	20年以上（件）
当事人申请再审	14	9	9	3	4
法院自行发现错误再审	5	1	—	—	—
检察机关建议再审	4	1	1	—	—
合计	23	11	10	3	4

8. 开庭审理情况

法院开庭审理42件,不开庭审理8件,决定再审后因被告人在逃决定中止审理1件。法院不开庭审理后减轻刑罚1件,改判无罪1件,采纳检察机关建议1件,维持原判2件,指令下级法院再审3件。

9. 以发现新证据为由启动再审情况

法院以发现新证据为由启动再审9件,其中以鉴定结论发生变化改判1件,以证人证言发生变化为由改判2件。如刘某故意伤害案,原审法院依据轻伤鉴定结论,判处刘某有期徒刑一年,判决生效后,公安机关重新鉴定作出被害人损伤程度为重伤的鉴定结论,原审法院据此再审,改判刘某有期徒刑四年。又如杨某某、罗某某等四人盗窃案,原审审理时,杨某某辩解是车间主任周某某指使其盗走包装厂编织袋变卖用于发放奖金,但周某某予以否认,其他证据亦不能印证杨某某辩解,原审法院于1992年判决杨某某等四人构成盗窃罪,分别判处杨某某、罗某某有期徒刑一年,缓刑两年,另二人免予刑事处分。2006年杨某某以原认定事实及定性有错误为由向原审法院申请再审,庭审中周某某到庭陈述,承认是他指使杨某某盗走编织袋。再审中还补充了包装厂系国有企业的证据。再审法院查明，杨某某等4人和周某某内外勾结，监守自盗公共财物，其行为是贪污，但因涉案金额不到2000元，不构成犯罪，故再审法院改判杨某某等4人无罪。

10. 再审后有罪改判无罪的情况

法院再审后，有罪改无罪15件19人，占已审结案件人数的37.25%。其中，以原审适用法律错误为由改判无罪11人，占无罪判决人数的57.89%；以出现新证据为由改判无罪4人，占无罪判决人数的21.05%；以原判事实不清、证据不足为由改判无罪4人，占无罪判决人数的21.05%。

有罪改判无罪的案件包括诈骗案3件，贪污2件，受贿、挪用公款、私分国有资产、盗窃、职务侵占、赌博、故意伤害、造谣破坏殴打群众、投机倒把、反革命案各1件。职务犯罪案件5件，占33.33%；普通刑事案件10件，占66.67%。普通刑事案件中，诈骗案件占普通刑事案件总数的30%。

从当事人要求改判无罪的申诉理由看，以事实不清、证据不足为由申请再审4件，占26.67%；以适用法律错误为由申请再审9件，占60%；以出现新证据为由申请再审2件，占13.33%。

从开庭审理的情况看，再审有罪改无罪案件人民法院开庭审理14件，占93.33%；不开庭审理1件，占6.67%。不开庭审理的案件为屈某某诽谤案，该案系1979年刑事诉讼法实施以前判决案件，符合最高人民法院《关于刑事再审案件开庭审理程序的具体规定（试行）》，可以不开庭审理。

从检察机关对再审改判无罪判决的意见看，检察机关认为法院再审判决无罪正确的9件，占60%；认为法院再审判决确有错误并提出抗诉2件，占13.33%；认为无罪判决值得商榷的4件，占26.67%。

11. 部分再审案件程序违法

再审程序本身承载纠正原审程序违法的功能，但部分再审案件存在程序违法的现象。如舒某某贪污一案，1985年L县法院以贪污罪判处被告人有期徒刑六年，被告人向中级法院上诉被维持原判。2000年2月，L县法院启动再审程序改判被告人无罪。L县法院再审判决改变了中级法院二审生效裁定，而根据刑事诉讼法有关案件管辖权的规定，下级人民法院无权撤销或改变上级人民法院作出的判决、裁定，再审决定及所作出的判决应属无效。后中级人民法院启动再审程序纠正了L县法院错误判决，裁定维持该院1985年作出的二审裁定。

（三）法院启动再审案件的基本特点

通过对上述分析，我们发现法院启动再审案件呈现以下基本特点：

1. 法院启动再审案件数量少

2005~2007年，C省法院启动再审案件仅占同期生效判决案件的3.75‰，

2005年、2006年、2007年决定再审案件占同期生效判决案件比例分别为4.18‰、3.65‰、3.36‰,并且法院启动再审案件数量逐年下降,决定再审案件占同期生效判决案件比例也呈下降趋势。这表明法院对再审程序的启动总体上持审慎态度,在启动再审时维护生效裁判的稳定性是重要的考量因素。

2. 开庭审理比例较大,法院接受监督的意识较强

从收集到的案件看,法院均能够按照刑事诉讼法和相关司法解释的要求,决定是否开庭审理。共开庭审理42件,不开庭审理8件,开庭审理案件占所收集案件总数的82.35%。法院启动的再审开庭案件,均通知人民检察院派员出席法庭,反映法院希望通过开庭审理,充分听取原审被告人和检察机关的意见,具有较强的接受监督的意识。

3. 再审案件改判率和无罪判决率较高

从C省法院启动再审案件看,改判案件占审结案件总数的62.22%(件),其中改判无罪28人,占再审改判总人数的27.18%。从收集的案件看,改判案件占审结案件总数的65.91%,其中改判无罪人数占审结案件人数的37.25%。这些数据表明,法院启动再审程序改判的案件超过半数,改判的案件中,近1/3的原审被告人被改判无罪。

4. 加重刑罚案件所占比例较高

从C省法院启动再审案件看,再审后加重处罚24人,占全部再审案件改判人数的23.3%。从收集到的案件看,加重处罚7人,占再审案件改判人数的30.43%,所占比例较高。部分加重处罚的案件,再审后对原审被告人加重处罚的幅度还比较大。如杜某容、杜某国盗窃案,法院一审、二审均以诈骗罪对二被告人判处有期徒刑三年,法院主动启动再审程序进行审理后,以盗窃罪改判二被告人有期徒刑十年。

5. 再审决定距原审生效裁判时间久远

从收集到的案件看,原判生效2年以后启动再审的共28件,占54.9%,其中超过5年的占38.64%,超过10年的占6.82%,超过20年的占9.1%,再审决定距原审生效裁判时间较久远。如屈某某诽谤案,1978年原审法院以反革命罪判处屈某某有期徒刑三年,1979年原审法院再审改判诽谤罪维持原判刑期,2005年原审法院再次启动再审程序改判屈某某无罪。又如陈某某一案,原审法院于1959年认定陈某某造谣破坏、殴打群众,判处其有期徒刑八年,已执行完毕,陈某某不服提出申诉,原审法院再审后,改为免予刑事处分,陈某某仍不服,向中级法院继续申诉,中级法院再审后,改判无罪。

6. 同一案件反复再审的现象比较突出

从收集到的案件看,对同一案件再审2次以上案件占35.9%,其中再审3

次的7件,占17.95%。如刘某徇私舞弊案,2001年6月26日,一审法院以刘某犯徇私舞弊罪,判处其有期徒刑一年,宣告缓刑一年。刘某不服,提出上诉,二审法院于2001年10月12日裁定驳回上诉,维持原判。刘某又向二审法院提出申诉,二审法院以通知驳回其申诉维持原判。之后,刘某向省高级人民法院提出申诉,省高级人民法院于2003年5月20日以通知驳回申诉,维持原判。2006年6月,刘某再次向省高级人民法院申诉,省高级人民法院于2006年12月8日决定再审,再审后维持原判。

三、法院启动刑事再审中的主要问题与思考

虽然我们未能收集到2005~2007年所有的再审案件的材料,但所收集的案例反映的情况与我们所掌握的总体情况具有较高的一致性,能够比较集中地反映法院启动再审中存在的问题。

由于案件的复杂性和诉讼认识的局限性以及其他条件的限制,生效裁判出现错误不可避免。刑事再审程序是对生效裁判的错误进行纠正的特殊救济程序,即使将一审终审改为三审终审,再审的功能也无法为上诉审的功能所取代。在刑事诉讼的正常审级之外,设立再审程序在大陆法系国家是一个比较普遍的选择。英美法系国家虽然不存在如同大陆法系国家一样系统化的再审程序,但同样也在普通程序之外设置了特别的救济程序。再审程序的不同设计,不但反映不同的文化传统的影响,也反映不同的价值取向。发展至今日,不同的文化传统和价值取向在碰撞中为人类的共同利益和尊严逐步达成妥协、一致,形成需要世界各国共同遵守的刑事诉讼基本准则,集中体现于联合国有关刑事司法的文件之中。因此,我们在分析我国的刑事再审制度的时候,不能不参照国外的立法例和联合国的相关文件。

我国刑事诉讼法关于再审程序的规定过于粗略、模糊,不同的利益、价值未能得到很好的权衡与兼顾。我国的再审程序在司法实践中存在功能扩张和操作困难的现象,以至于学者的论著针对我国刑事再审制度归纳出无限申诉、无限再审的特点(即主体无限、时间无限、次数无限、审级无限、理由或条件无限,并且各级法院,从最高人民法院到基层法院均可以审理再审案件)。法院启动再审中存在的问题,只是再审程序中的部分问题,折射出再审程序立法的不足和实践操作的困惑。经过对法院启动再审程序的情况进行考察,我们梳理出以下几个问题,进行思考和探讨。

(一)法院应否享有主动启动再审的权力

在法院启动再审程序的案件中,由法院自行发现生效判决确有错误而主动决定启动再审程序的情况占一定比例,并且有的案件经过再审后,还加重了对原审被告人的处罚。我国再审程序的启动具有积极主动性,人民法院自身可以依职权发动再审程序推翻原有的生效裁判，这在世界各国是极其罕见的。① 法院有权主动发现生效裁判中的错误，并自行提起再审程序，这是中国再审制度的最大特点。②

对于我国的刑事再审程序应当区分为有利于被告人和不利于被告人两种情况，学者的立场基本上是一致的，但对是否取消法院主动启动再审程序的权力，则有不同的看法。有的认为应当完全取消法院主动启动再审的权力，未经检察机关或者原审被告人双方提出再审申请，法院绝对不能主动或者自行启动再审程序，而只能被动地接受并审查控辩双方提出的再审申请。③ 有的则反对完全取消法院提起再审的权力的主张，认为对于为加重被告人责任而欲进行的再审，绝对不允许法院单方面主动提起，而必须由人民检察院或者被害人方面才能提起，认为对于为被告人利益而发动的再审，则可以由法院发起。④ 我们赞同完全取消法院主动启动再审程序的权力，不论再审是有利于被告人还是不利于被告人。

程序分立与诉讼职能的分化是现代刑事诉讼的基本特征之一，体现为刑事诉讼中的控诉、辩护和审判职能分别由三个互不依附的诉讼主体承担，各方的诉讼行为不能与其所承担的诉讼职能相违背，控诉者不能违背职能分工去实施带有裁判性质的诉讼行为，审判者不能主动实施带有追诉性质的诉讼行为，这就是所谓的控审分离原则。控审分离是现代诉讼制度的一项基本原理和程序公正的基本要求，是现代刑事诉讼立法普遍遵循的基本原则，其含义包括：（1）法院的刑事审判权必须是消极和被动的，如果检察机关或者自诉人没有提起正式的控诉请求，法院就不能启动审判程序；（2）法院的审理和裁判范围受制于起诉指控的案件事实范围，即使发现了检察官未曾指控的犯罪事实或者犯罪嫌疑人，法官也不得擅自扩大审判范围，而必须在检察机关追加诉讼请求之后才能进行审理；（3）法官在刑事审判过程中，不得实施任何带有追诉性质的诉讼活动，只能在听取控辩双方辩论的案件事实的基础上，居中作出适用法律的裁决。控审分离原则或者不告不理原则实际上是在国家司法权力之间进行了划分，形成了一种制衡机制，以避免司法权力被滥用。⑤

再审程序是刑事诉讼程序中的特别救济程序，是刑事诉讼程序的组成部分。控审分离原则不仅应在一审、二审程序中贯彻和遵循，在再审程序中也应

---

① 范培根、范小华："刑事再审程序之改革与重构"，载《法律适用》2001 年第 11 期。
② 陈瑞华：《刑事诉讼的前沿问题》，中国人民大学出版社 2000 年版，第 488 页。
③ 陈瑞华：《刑事诉讼的前沿问题》，中国人民大学出版社 2000 年版，第 503 页。
④ 陈卫东、石献智："法院主动提起审判监督程序之研讨"，载《中国刑事法杂志》2001 年第 2 期。
⑤ 锁正杰：《刑事程序的法哲学原理》，中国人民公安大学出版社 2002 年版，第 243 页。

当得到遵守。再审程序引起的直接后果是对生效裁判的重新审理。案件的再审同样要按照刑事审判程序进行，再审程序的启动也应当不违背刑事审判程序的一般规律，遵循控审分离的基本原理。法院不能既作为控诉方，以"确有错误"为根据启动再审程序，又作为裁判者对自己提出的诉讼请求进行裁判或者发回原审法院重新审理。这种集控告与审理于一身的做法实质是传统职权主义条件下纠问式诉讼模式的再现，与现代刑事诉讼制度的基本要求和程序公正的基本标志格格不入。① 法院可以主动启动再审程序，甚至加重对原审被告人的刑罚，相当于法官将其角色异化成了实质意义上的追诉者，明显有违控审分离的诉讼原则。

在"实事求是"、"有错必纠"、"不枉不纵"的指导思想根深蒂固的影响下，深究客观真实的司法行为惯性，是法院主动启动再审这一制度能够顽强地存在的深层次原因，而法院主动启动再审在实际运行中确实能够纠正部分司法错误，实现实体公正的效用则是另一个重要的支撑点。法院主动启动再审程序纠正了一些错误的生效裁判的事实恰恰契合了立法者预设的"有错必纠"前提，反过来又强化和突出了法院主动启动再审程序的效用。法律在赋予检察机关对生效裁判的抗诉权和赋予当事人申请再审的权利的同时，又赋予法院主动启动再审的权力，就是为了增加保险系数，密织纠正司法错误的网络，防止纠错中的"漏网之鱼"，而法院主动决定启动再审在实践中又一定程度上发挥了这样的作用。因此，从形式上看，法院主动启动再审程序有其存在的合理性。要取消法院主动启动再审的权力，不可避免地要回答，如果法院没有主动启动再审的权力，再审程序纠错的功能是否会受到严重影响。

我国有学者曾经指出，立法者将刑事再审的功能定位在纠正已生效的错误裁判，要求案件事实真相必须还原，法律适用必须正确，使有罪者罚当其罪、无罪者免受追究，这种价值取向不应当受到嘲弄。然而，也正是因为此诉讼观念过于超前和理想，以至于它在现实的社会土壤里无法栽培出令人赞赏的理性之花。② 既然如此，我们不如现实地承认，生效裁判出现错误是不可避免的。正如约翰·罗尔斯所言"即使法律被仔细地遵循，过程被公正恰当地引导，还是有可能达到错误的结果。在这类案件中，我们看到了这样一种误判：不正义并非来自人的过错，而是因为某些情况的偶然结合挫败了法律规范的目的"。③ 基于同样的原因，已经出现的裁判错误也不可能全部得到纠正，这也是维护法院裁判权威性和安定性的必需。富勒曾经形象地指出："法院就像出

---

① 向泽选："刑事再审程序启动权的归属"，载《人民检察》2005 年第 10 期（下）。
② 杨建广、王学成："刑事再审程序改革研究"，载《河北法学》2007 年第 8 期。
③ [美] 约翰·罗尔斯：《正义论》，何怀宏等译，中国社会科学出版社 1988 年版，第 81 页。

了故障的闹钟，它们只在有人摇动时才能工作。"① 即使进一步强化法院主动启动再审的权力，也不可能纠正所有的司法错误，那就不如让法院回归中立裁判的本位，不再享有主动启动再审的权力，以符合诉讼原理和规律。少数裁判出现错误，甚至是出现部分犯罪分子逃脱惩罚的错误，可能会因为法院不能单方面决定启动再审而得不到全部纠正，但法院在再审程序中保持消极、中立的裁判者地位，从根本上讲，对于促进程序公正、保护公民的权利更具重要意义，因为"程序保障的要旨是，为了公正之目的，有时候我们必须要冒造成这种损失（指犯罪分子逃脱惩罚）的风险"。②

同时，取消法院单方面启动再审程序的权力，并不必然导致再审程序纠错功能的削弱，因为通过增强在再审中有诉讼利益的检察机关和申诉人的要求纠错的积极性，同样可以最大限度地发现和纠正生效裁判的错误。为消解检察机关控诉职能对为被告人利益提出再审的消极影响，以及赋予当事人更充分的救济，有人提出模仿英国的做法，在中央和省两级设立独立且中立的机构——刑事再审审查委员会，专门负责处理当事人的申诉，委员会成员应包括法官、检察官、律师、大学教授、研究机构的研究员等，应具备广泛性和代表性，该委员会直接向最高国家权力机关负责。③ 这一出发点无疑是好的，但根据我国的基本政治架构，并不具备可行性，倒不如充分发挥现有资源的作用，一是通过立法直接明确检察官的客观义务，明确规定检察机关为被告人的利益，有义务提出再审；二是进一步规范和畅通当事人的申诉渠道，增强当事人通过申诉申请再审的能力，如引入律师代理申诉。

立法设置再审程序，不是去纠正一切司法错误，再审程序不可能纠正一切司法错误，也没有必要科以再审程序如此沉重的责任。从这一立法前提出发，即使法院主动启动再审可以发挥纠正部分司法错误的作用，法院主动启动再审权力仍然缺乏存在的合理性和必要性。

（二）法院启动再审可否加重对原审被告人的处罚

再审不加刑原则与刑事再审程序"不得恶化被告人的诉讼地位"的国际潮流相一致，符合刑事诉讼的发展趋势。所谓再审不加刑，包括：不得提高刑种等级；不得增加刑种数量；不得增加同一刑种的刑期（有期徒刑、拘役、剥夺政治权利）和罚金的数额；不得把死缓改为死刑立即执行；不得撤销缓刑，改判实刑；在数罪并罚案件中，不得在实际执行刑期不变的情况下，增加罪名和宣告刑，也不得因数罪中一罪的犯罪事实被否定或减轻处罚而加重对其

---

① 陈瑞华：《刑事审判原理论》，北京大学出版社1997年版，第10页。
② 张毅：《刑事诉讼中的禁止双重危险规则论》，中国人民公安大学出版社2004年版，第109页。
③ 邓思清、蔡巍："论我国刑事再审启动程序的缺陷及其完善"，载《人民检察》2004年第9期。

他罪的处罚。违背上述任何一项，都有悖于再审不加刑原则的要求。①

我国现行刑事诉讼法没有规定再审不加刑原则，实践中，法院也未严格区分对被告人是有利还是不利的再审，对被告人加重刑罚的情况客观存在。虽然最高人民法院《关于刑事再审案件开庭审理程序的具体规定》第8条规定，除人民检察院抗诉的以外，再审一般不得加重原审被告人的刑罚，但是我们发现，在检察机关未提出抗诉的情况下，法院再审后加重原审被告人刑罚的人数与法院再审后减轻处罚的人数竟基本相当。

司法错误的具体情形包括无罪枉判、重罪轻判、轻罪重判、程序违法。前已论及，无论是对被告人有利还是不利，法院均不能主动启动再审程序予以再审。因此，我们讨论再审中是否可以对原审被告人加重处罚，实际上是探讨检察机关建议再审或法院审查当事人申诉理由后启动再审，是否可以加重对原审被告人的刑罚。根据现行刑事诉讼法的规定，当事人申诉既包括被告人提出的申诉，也包括被害人提出的申诉（因当事人的法定代理人、近亲属的申诉权是依附和代表当事人的，故不再单独讨论）。被告人提出申诉要求再审，是为了争取另一个对自己有利的裁判，被害人提出申诉要求再审往往是要求加重对被告人的处罚，而检察机关提出的再审建议，既可能是要求加重对被告人的处罚，也可能是要求减轻对被告人的处罚。

再审不加刑原则的理论基础为人权保障。对被告人而言，再审程序同二审程序一样都是救济程序，再审不加刑，是上诉不加刑原则的当然延续。② 显而易见，在被告人申诉要求再审的情况下，不能加重对被告人的处罚。再审程序作为一种特别救济程序，主要任务在于为原被作出有罪判决的被告人的利益去纠正司法错误，而不是纠正一切司法错误。因此，在被告人申诉要求再审的情况下，应贯彻再审不加刑的原则，对于有利于被告人的再审其结果只能有利于原审被告人。虽然法院启动再审程序加重原审被告人处罚的绝对数字并不大，但公诉案件在检察机关没有抗诉的情况下，加重被告人的处罚，严重违背控审分离，不告不理，无诉即无裁判的诉讼原理。最高人民法院《关于刑事再审案件开庭审理程序的具体规定》第8条规定除人民检察院抗诉的以外，再审一般不得加重原审被告人（原审上诉人）的刑罚，其不加刑倾向性十分明显。但是，细究起来，最高法院的这个司法解释仍然带有"有错必纠"的痕迹，而"有错必纠"毕竟只是一种理想状态的假设，将其彻底贯彻到司法实践中，对司法公正这一基本价值反而会造成冲击和破坏，与将再审程序作为非常救济

---

① 孙长永：“再审不加刑原则刍议”，载《现代法学》1989年第6期。
② 刘计划、李大伟：“评最高人民法院关于刑事审判监督程序的两个司法解释——兼论我国刑事审判监督程序的改革与完善”，载《法商研究》2004年第3期。

程序的初衷背道而驰。法院未经检察院抗诉，就可以单方面决定加重被告人的刑罚，会造成这样的恶果：虽然法律赋予了原审被告人申请再审的权利，但却无法消除原审被告人对再审的疑虑和恐惧。在被告人申诉要求再审的情形下，为了实现再审制度的非常救济功能，宁愿对某些个案的被告人可能有所放纵，也要彻底贯彻再审不加刑原则。正如俄国哲学家亚·伊·赫尔岑所言："为了严格遵守权利和竭力保护权利，有时会使罪犯借此隐藏起来。那就让他去吧。一个狡猾的贼漏网，总比每个人都像贼一样在房间里发抖要好得多。"①

被害人提出申诉要求再审，一般是要求对原审被告人加重处罚。我们认为，被害人向法院申诉要求加重对被告人的处罚的情形下，也不能加重对原审被告人的处罚。虽然现行刑事诉讼法将被害人列为当事人，赋予了被害人申诉要求再审的权利，但是被害人与被告人的诉讼权利并不同等，如被害人没有上诉权，对一审判决不服的，只能请求检察机关提出抗诉。根据《刑事诉讼法》第203条的规定，被害人有权对已经生效的裁判向检察机关或法院提出申诉，但法律并未规定何种情形下向检察机关申诉，何种情形下向法院申诉，对检察机关与法院也无明确的分工，这容易造成重复申诉和司法资源的浪费，以及对被害人的申诉审查不力。虽然被害人的诉讼主体地位有其独立性，但在公诉案件中，不可避免地带有依附性。被害人提出申诉，一般都是要求原审被告人承担较原审更为不利的后果，实际上带有追诉性质，而公诉案件的追诉权应由检察机关独占。允许被害人直接向法院申诉要求再审，会导致被告人面对检察机关和被害人两个追诉主体，容易破坏诉讼结构的平衡，也会造成对检察机关抗诉权的分割与冲击。在检察机关与被害人意见不一致的情况下，会产生新的冲突。比如检察机关对法院再审后加重处罚的判决有不同意见，提出抗诉，被害人与检察机关就会处于尖锐的冲突之中，同时进一步增加了法院裁判的不稳定性。因此，法律赋予被害人申诉权无可厚非，但宜明确规定被害人应向检察机关申诉，由检察机关决定是否提出再审，如确实需要加重对被告人的处罚，应由检察机关按照抗诉的条件提出抗诉。被害人向法院申诉要求加重对被告人的处罚的，法院应将被害人的申诉转交检察机关，由检察机关斟酌是否提出抗诉，启动再审程序。

检察机关向法院提出再审建议，法院接受检察机关的建议启动再审程序虽然不是法律直接规定的，但在司法实践中已成为检法两家约定俗成的做法。检察机关向法院提出再审建议，一般是向原审法院提出，裁判错误在未向外界充

---

① 转引自张建伟："从林晨案看疑罪从无原则的适用"，载《诉讼法论丛》，法律出版社1998年版，第1卷。

分暴露的情况下被纠正，方式较抗诉更为温和。因此，对检察机关提出的再审建议，法院也乐于接受。检察机关提出的再审建议，可能是建议加重对原审被告人的处罚，也可能是建议减轻对原审被告人的处罚。在检察机关提出再审建议，并提出减轻被告人处罚的意见的情形下，法院再审后不能加重对被告人的处罚。前述控审分离的诉讼原理可以说明这一点，此处不再赘述。对于确实需要加重对被告人的处罚的，检察机关不能适用建议的方式，而应采用抗诉的方式。要求加重对被告人的处罚，无异于又提出了一场新的指控，指控犯罪当然应用诉讼的方式进行，检察机关提出再审建议显然不是诉讼的方式。适用建议再审来要求对被告人加重处罚的方式，不是通过诉讼方式进行的，被告人无法及时参与诉讼，了解相关信息，明确辩护对象，容易导致被告人防御准备不足，不能充分行使自己的辩护权。控方的攻击与辩方的防御是各国在刑事审判过程中都予以保障的权利。可以说，保障程序公正，保障犯罪嫌疑人、被告人的合法权益是各国刑事审判应有的共同功能。① 如果通过抗诉方式，要求加重对被告人的处罚，法院按照法定期限和方式向被告人送达抗诉书，则可以让被告人及时了解检察机关的抗诉意见，充分行使自己的诉讼权利。

通过以上分析，我们认为，法院启动再审不能加重对被告人的处罚，确有必要加重对被告人的处罚，应当由检察机关提出抗诉启动再审的方式进行。因此，我们主张法院启动再审不能加重对被告人的处罚，并不排斥检察机关抗诉要求加重对被告人加重处罚的情形下，可以加重对被告人的处罚。从整个再审程序来看，我们实际上主张的是相对的再审不加刑原则。

我国部分学者参酌国外的立法例，从一事不再理或禁止双重危险规则出发，认为应彻底贯彻再审不加刑原则，主张不论是谁启动再审程序，均不得加重被告人的处罚。从国外的立法例看，大陆法系国家将刑事再审分为有利于被告人的再审和不利于被告人的再审。有的国家禁止提出对被告人不利的再审，再审程序只能为被告人的利益而启动，如法国。这种模式下，不允许提起不利于被告人的再审，而且再审后不得宣判比原判刑罚更重的刑罚，再审绝对不能作出不利于被告人的变更，因而被称为"绝对不加刑主义"。有的国家既允许提出对被告人有利的再审，又允许提出对被告人不利的再审，并且可以作出对被告人不利的判决，但是对提出不利于被告人的再审和加重被告人的刑罚规定了极其严格的条件，也就是说在特定条件下不受再审不加刑原则的制约，再审的结果将依据不同利益的申请主体而有所区别，故称为"相对不加刑主义"，如德国。英美法系国家无论是英国还是美国都没有建立那种旨在纠正原审判决

---

① 刘广三："犯罪控制视野下的刑事审判"，载《中外法学》2006年第4期。

错误的再审制度,但严格奉行禁止双重危险规则,维护法院判决的权威性和确定力。不过,为了平衡对实体正义的追求,设立了通过诉讼程序之外的补救手段启动非常救济程序,以纠正生效判决发生错误或预防可能发生的错误。如在美国,被判刑人基于原判法律适用错误的理由,可以申请法院发布"人身保护令",从而引发法院的非常救济程序。在英国,被判刑人基于原来证据调查和法庭辩论中从未提出过的理由,向"刑事案件审查委员会"(Criminal Cases Review Commission, CCRC)提出重新审判的申请,由该委员会转交给相关的法院启动重新审判的特别程序。不过,案件转呈给刑事法院之后,被定罪者经过再审,即使最终仍被定罪,其所被科处的刑罚也不能超过原来治安法院所判处的刑罚。① 不管是美国的"人身保护令"程序,还是英国的"纠正误判"的特别程序,为了在诉讼中更好地体现"人权至上"的价值观念,重审后所处的刑罚均不能超过原判刑罚。但是,近年来,英国为应对汹涌的犯罪浪潮,对刑事司法制度价值理念进行了重大调整,根据《2003年刑事审判法》,针对极少数的有确凿证据、证明原无罪判决确有错误的重大案件能够再审,以实现更为重要的一般公众利益原则,确保那些犯了重罪的人能被以该重罪定罪处罚。也就是说,即使是严格遵守禁止双重危险规则的英美法系国家,面对日益严重的犯罪现象,尤其是恐怖犯罪、暴力犯罪、毒品犯罪和腐败犯罪,对绝对的再审不加刑的态度也在悄然发生变化。

适用绝对再审不加刑原则,不管原判决所针对的指控是多么严重的犯罪,也不管后来又发现了怎样可靠、充分的证据,只要当事人原已被判决无罪,即绝对禁止对原审被告人再行追诉和加重刑罚。"公正可以被理解为两种或两种以上的不同利益的平衡",② 绝对禁止再审加重处罚显得过于极端,因为它在强调程序公正和被告人的人权保障的同时,不恰当地忽略了实体公正、惩罚犯罪和被害人的利益的保护。另外,鉴于再审不加刑原则是一项人权原则的性质,即使从权利的角度着眼,也应允许有所例外,因为权利不是漫无边际的。由于权利本来就不是一个绝对的概念,试图以再审不加刑原则去确立一种绝对的权利,显然是荒谬的。③

"任何一种只关注单一价值的刑事诉讼价值观,或者对自由和安全的关注

---

① 陈瑞华:《问题与主义之间——刑事诉讼基本问题研究》,中国人民大学出版社2003年版,第325页。
② 储槐植:《美国刑法》,北京大学出版社1996年版,第7页。
③ 张毅:《刑事诉讼中的禁止双重危险规则论》,中国人民公安大学出版社2004年版,第302~305页。

比例显著失衡的刑事诉讼价值观,其机会成本都会相对较高。"① 绝对的再审不加刑恰恰无法最大限度实现司法公正,再审程序需要在实体正义与程序正义之间,控制犯罪与保障人权之间,实现平衡。在某些特殊情况下,如发现了原审被告人杀人的确凿证据,却不允许对其进行刑事追究,未必符合社会正义。② 从我国的现实情况出发,有罪判无罪、重罪轻判,难以被民众的司法感情所接受,实行"绝对不加刑主义"不切实际,借鉴"相对不加刑主义"是比较相对合理的选择。

现代法治下的再审程序"绝非为一切司法错误而设计,或者说绝非为一切并不影响司法公正的司法错误提供补救"。③ 按照相对的再审不加刑的要求,只有在检察机关基于法律监督职责,从维护法制统一的立场出发,提出了不利于被告人的抗诉的特殊情况下,才允许再审加刑,如果再审是由人民法院系统自行决定的,或者由人民检察院提出有利于被告人的抗诉引起的,再审后均不得判处重于原判的刑罚。"法律程序的作用简单地说就是抑制决定者的恣意",④ 因此,我们也主张对为加重被告人提出的抗诉,应当给予一定的限制。只对有罪判无罪、明显的重罪轻判,检察机关才有必要通过抗诉启动再审程序来加重对被告人的处罚。另外,是否有必要抗诉,还应适当考虑犯罪本身的严重程度,被告人在刑罚执行中的现实表现等因素。最高人民检察院在《关于在检察工作中贯彻宽严相济刑事司法政策的若干意见》对于在抗诉如何贯彻宽严相济刑事司法政策中指出,对于第一审宣判后检察机关在法定期限内未提出抗诉,或者判决、裁定发生法律效力后六个月内未提出抗诉的案件,没有发现新的事实或者证据的,一般也不得为加重被告人刑罚而依照审判监督程序提出抗诉,反映检察机关对通过再审加重被告人的处罚是十分慎重的。只有裁判的错误达到严重的程度,出现明显的司法不公时,才能通过抗诉启动刑事再审。正如德国学者克劳斯·罗科信所说的,"再审乃在对已确定之判决排除司法错误。……只有将法的安定性原则与公平原则此二互相冲突的原则作一仔细的权衡,如此才能维持法和平。再审是为达到实质正确的裁判时,能中断法律效力的最重要的例子。其基本思想为,当事后才被发现的新事实对该判决而言出现了在公平性上实在无可忍受的显然错误时,则法律确定效力必须让步"。⑤

---

① 左卫民、周长军:《刑事诉讼的理念》,法律出版社1999年版,第112页。
② 徐静村主编:《〈21世纪中国刑事程序改革研究〉——〈中华人民共和国刑事诉讼法〉第二修正案(学者建议稿)》,法律出版社2003年版,第154页。
③ 虞政平:"再审程序有限性的思考",载《人民法院报》2001年9月2日第5版。
④ 孙笑侠:《程序的法理》,商务印书馆2005年版,第18页。
⑤ [德]克劳斯·罗科信:《刑事诉讼法》,吴丽琪译,法律出版社2003年版,第541页。

在国家力求维护社会秩序、社会安全时,必须同时关切公民个人的自由与权利,避免采取过度行为,以确保公民个人的自由和权利免受不必要的侵犯。这样,只有生效裁判的错误重大时,才能启动刑事再审审判程序予以纠正,即坚持"大错必纠"原则,而非"有错必纠"原则。① 这样,通过刑事程序实现了刑法的谦抑原则。犯罪是无限的,刑罚是有限的,以有限的刑罚对付无限的犯罪是社会一种必要而又无奈的选择。② 著名学者耶林曾精辟地指出,"刑罚如两刃之剑,用之不得其当,则国家和个人两受其害"。因此,刑事诉讼程序的明智选择是慎重用刑和节俭用刑,以实现刑罚的最佳效果。③

(三) 原审被告人确系无罪的案件检察人员出席再审法庭的角色和职责如何界定

我们通过对法院启动再审程序,改判无罪的案件进行分析,发现部分案件检察机关在阅卷过程中,也认为对原审被告人应当改判无罪。原审被告人确系无罪,法院启动再审程序开庭审理的案件,通知检察机关出庭,出庭的检察人员担当的是什么样的角色?在法庭上如何发表自己的意见?

《刑事诉讼法》第206条虽然明确规定,人民法院按照审判监督程序重新审判的案件,如果原来是第一审案件,应当依照第一审程序进行审判,所作的判决、裁定,可以上诉、抗诉;如果原来是第二审案件,或者是上级人民法院提审的案件,应当依照第二审程序进行审判,所作的判决、裁定,是终审的判决、裁定。根据该法条的规定,似乎出庭检察人员根据适用的是一审或二审程序,履行相应的职责就行了。但如果仔细分析,会发现问题远没有这么简单。实际上,本条规定解决的只是再审案件裁判的效力问题,即是否为终审裁判,可否继续上诉、抗诉,至于如何审理再审案件,并没有明确。正因为这样,最高人民法院才出台了《关于刑事再审案件开庭审理程序的具体规定》,对刑事再审案件的开庭审理予以规范。尽管最高人民法院出台了规范再审案件开庭审理的司法解释,但没有也不可能解决再审案件出庭的检察人员的角色和职责问题。检察人员在出席再审法庭的时候,履行职责也没有统一的模式,这在检察机关也认为应当改判无罪的案件中体现得最为突出:有的检察人员发表意见时仍发表检察机关最初指控原审被告人犯罪的意见,有的检察人员则是根据案件的事实和证据情况实事求是地发表建议法院改判无罪的意见。在检察机关内部,甚至对这种已无对抗性的案件,是否还需要派员出庭,也产生了争议。

首先需要明确的是,再审程序虽然按一审或二审程序审理,但再审程序就

---

① 邓思清、蔡巍:"论我国刑事再审启动程序的缺陷及其完善",载《人民检察》2004年第9期。
② 邱兴隆:《刑罚理性导论》,中国政法大学出版社1998年版,第3页。
③ 汪建成、谢安平:"论程序公正与刑罚效果",载《政法论坛》2002年第1期。

是再审程序，不同于一审，也不同于二审。再审程序相对于普通程序而言，其设立目的、价值基础和运作过程等均有较大差异。再审程序的提起尽管没有改变生效裁判的效力，也没有终止裁判的执行，但是再审程序的启动会使案件重新处于一种不确定状态。① 我们认为，再审程序兼具纠错和救济的功能，检察人员出席法庭时，对原审被告人确实应予改判无罪的，应实事求是地发表建议法院改判无罪的意见，而勉强发表指控被告人犯罪的意见。从法理上说，这可以从检察官的客观义务中找到依据。

检察官在刑事诉讼中的客观义务是指检察官在刑事诉讼中代表国家或人民行使追诉犯罪职能的同时，还承担着维护法律的正确实施，维护犯罪嫌疑人、被告人合法权益，保障无罪的人不受刑事追究和有罪的人受到公正追究的法律义务。② 检察官的客观义务是大陆法系诉讼理论的产物，客观义务原则最早确立于19世纪中后期的德国。由于客观义务原则正确反映了刑事诉讼对真实与正义的追求，因而这一原则一确立就迅速传到欧洲大陆其他国家及许多诉讼传统与欧洲大陆国家接近的亚非拉国家。③ 检察官的客观义务对英美法系检察制度也产生了重要的影响，成为英美法系检察官"公正执法"义务的理论渊源之一。可以说，检察官的客观义务已经得到不同法系国家和地区的一致肯定。④ 如1994年英国的《皇家检察官守则》对检察官的客观义务作了明确规定。在国际范围内，检察官客观义务被普遍接受并成为国际刑事司法准则的重要内容。联合国第8届预防犯罪与罪犯待遇大会于1990年通过的《关于检察官作用的准则》规定：检察官在履行其职责时应：（a）不偏不倚地履行其职能，并避免任何政治、社会、文化、性别或任何其他形式的歧视；（b）保证公众利益，按照客观标准行事，适当考虑到嫌疑犯和受害者的立场，并注意到一切有关的情况，无论是否对嫌疑犯有利或不利。这可以说是在世界范围内倡导检察官的行为应当具有客观性。

学者在谈到大陆法系国家的检察官的中立性（客观性）时，指出"在刑事诉讼中，除了依职权发现实体真实义务外，检察官还有维护被告人、嫌疑人合法利益，保障无罪的人不受刑事追究和有罪的人受到公正追究的法律义务"。⑤ 在再审程序中，德国的刑事诉讼法甚至直接规定当检察官发现被告人无罪时，应当提出再审申请。德国刑事诉讼法上的检察机关并非"当事人"，

---

① 黄维智："刑事再审程序改革问题研究"，载《四川大学学报》（哲学社会科学版）2005年第5期。
② 顾永忠："检察官在刑事诉讼中的客观义务"，载《人民检察》2005年第5期（下）。
③ 陈永生："论客观与诉讼义务关照原则"，载《国家检察官学院学报》2005年第4期。
④ 孙长永："检察官客观义务与中国刑事诉讼制度改革"，载《人民检察》2007年第17期。
⑤ 高峰："从《欧洲人权公约》看检察官的中立性"，载《人民检察》2006年第6期（上）。

其并非只单方面地对被告之不利部分收集资料,其尚需"对被告之有利之情况加以调查"(《刑事诉讼法》第160条第2项);若非如此,则有违其对真实性及公正性之义务。同样地,其亦得以被告之利益而提起法律救济途径(《刑事诉讼法》第296条第2项),并且亦得对受有罪判决者为使其无罪获释,而提起再审之声请(《刑事诉讼法》第365条、第301条)。而如果以这种方式可获致正确的裁判时,则其无从选择,而是必须采取这种措施。① 之所以如此规定,是因为德国的检察机关"在刑事司法功能的分配上与法院有密切的联系,其职务如同法官一样,即以法律价值的真实性和公正性为价值取向,而不管其行政的需求如何"。② 又如我国台湾地区"刑事诉讼法"第427条明确规定,管辖法院之检察官得为受判决人之利益申请再审。我国台湾学者林钰雄在谈到检察官的客观义务时说道,"最能显现检察官客观性的表征为何?审判程序主张被告无罪也"。③

我国刑事诉讼法虽然没有明确规定检察官负有客观义务,但可以体现要求检察官恪守客观公正立场,德国刑事诉讼法关于检察官对待确系无罪者的义务值得我们借鉴。我国检察机关不是单纯的公诉机关,而是法律监督机关,公诉只是其行使法律监督权的一种形式。由于法律监督权不是单纯的追诉权,其根本任务在于维护国家法制的统一和司法公正,因而具有中立性和超然性,从这个意义上讲,检察机关的法律监督属性,与检察官客观义务是高度契合的。检察机关可以通过抗诉启动再审程序要求法院对确系无辜者改判无罪,这在司法实践已有成功的范例。如2002年,广西壮族自治区人民检察院成功抗诉梁正国故意伤害案。梁正国故意伤害一案一审判处有期徒刑四年,二审维持原判。玉林市检察院向自治区检察院提请抗诉。自治区检察院经审查认为梁正国的行为是为了保护其人身权利免遭正在进行的不法侵害而采取的正当行为,是正当防卫,不是防卫过当。抗诉后,自治区高级人民法院指令玉林中级人民法院再审。再审后原审被告人梁正国被改判无罪。④ 检察机关可以通过抗诉启动再审程序,要求法院对确系无辜者改判无罪,对法院依原审被告人的申请启动再审程序,检察机关发现原审被告人确系无罪的,出席法庭时发表建议法院改判无罪的意见,更是顺理成章。此时的检察官,承担的是法律监督的职责,而不是追诉犯罪的职责。这与检察机关负有追诉犯罪的义务并不矛盾,因为法律监督权本身是一项复合性的权力,要求检察机关根据不同的情形,行使不同的权

---

① [德]克劳斯·罗科信:《刑事诉讼法》,吴丽琪译,法律出版社2003年版,第66页。
② 王以真主编:《外国刑事诉讼法学》(新编本),北京大学出版社2004年版,第217页。
③ 林钰雄:《检察官论》,学林文化事业有限公司1999年版,第31页。
④ 参见中国新闻网,http://www.chinanews.com.cn。

能,或在行使法律监督权时,对该权力包含的具体权能有所侧重。

(四) 对法院启动再审的活动如何进行监督

在现代法治社会,任何诉讼真正的生命意义在于它的公正性,而公正性的实现,首要的一条是得到各方面的适当制约,互相制约,互相影响,互相促进。①检察机关作为法律监督机关对整个刑事诉讼活动具有监督职责,而检察机关对刑事诉讼活动的监督,基本是通过参与刑事诉讼来实现的,对再审诉讼活动的监督也不例外。由于再审程序是普通程序之外的特殊救济程序,与普通程序相比,诉讼性特征不如普通程序突出,导致检察机关无法参与,因而无法开展监督活动,主要体现在以下两个方面。

一是法院对当事人申诉的筛选活动,检察机关无法介入和进行监督。目前法院受理当事人的申诉,对当事人的申诉进行审查,以及决定是否再审,其运作模式是封闭式和行政化的,而不是诉讼化的。监督的前提是知情,因当事人申诉进入再审程序的案件毕竟是少数,大量的申诉被挡在再审程序之外,对这一部分申诉的处理是否公正,检察机关缺乏了解信息的渠道,法院对当事人的申诉进行筛选,决定是予以驳回还是决定再审,其中的相关信息,检察机关无从知悉,自然无法有效开展监督活动。

二是再审案件部分未开庭审理,也未向检察机关送达相关法律文书,检察机关无法进行监督。法院启动再审的案件,如果是开庭审理的,法院会通知检察机关阅卷、出庭、向检察机关送达再审裁判文书。对这一部分案件,检察机关基本上能够参与再审全过程,因此,履行诉讼监督职责比较充分和顺畅。但是,在法院采取不开庭方式审理案件的情况下,检察机关的诉讼监督则存在困难。由于法院对不开庭审理的再审案件,既不通知检察机关阅卷,不要求检察机关出席法庭,判决后也不向检察机关送达裁判文书,导致检察机关对这部分再审案件的诉讼活动和处理结果均不知情,客观上无法履行诉讼监督职责。

要从根本上解决检察机关对法院启动再审活动的监督问题,需要通过立法明确规定检察机关对法院启动再审活动介入监督的时间、手段,法律后果等。如明确规定对被害人申诉要求加重对原审被告人的处罚的,由法院移交给检察机关,由检察机关进行审查,决定是否提出抗诉启动再审程序;对于不开庭审理的再审案件,法院也要向检察机关送达相关法律文书,通报相关信息。在法律未作出修改之前,需要检、法两家加强沟通与协调,共同探索建立再审案件的信息沟通协调机制,确保检察机关能够及时了解和掌握人民法院启动再审案

---

① 吴启才、杨勇、毛建中:"检察权弱化与强化的博弈——变革中的差异辨析",载《法学杂志》2006年第6期。

件的情况,以充分履行诉讼监督职能。如省级检察院与高级法院通过下发联合会议纪要,对本辖区内,检、法两家就法院启动再审的情况进行信息通报作出规定。检察机关本身要加大受理、审查当事人申诉案件的力度,特别是对于申诉被法院驳回的案件,当事人又向检察机关提出申诉的,要严审细查,对于原审裁判的确错误,符合抗诉条件的,依法提出抗诉,启动再审程序。对于法院再审后作出的裁判确有错误的,依法提出抗诉。

四、结语

波普尔曾言:"科学是可以有错误的,因为我们是人,而人是会犯错误的。因此,错误是可以原谅的。只有不去尽最大的努力避免错误,才是不可以原谅的。"[①] 进行刑事诉讼的过程同科学一样,都具有人性,作为裁判主体的法官是有血有肉的人而非神,因此,刑事裁判中错误的存在是不可避免的。关键在于要尽量去避免错误,出现错误努力加以纠正。对当事人来说,如果上诉程序是普通司法救济程序的话,再审程序是针对生效裁判的错误进行纠正的非常救济程序。在刑事诉讼中,普通救济重于非常救济,非常救济程序是为了纠正刑事司法程序中的"残留错误"而设立的[②]。在法治国家中,再审程序的启动只能是作为一事不再理或禁止双重危险的例外,防止和纠正司法错误,救济当事人的权利,主要应通过普通程序(一审、二审)来实现,不能让作为特别纠错和救济程序的再审程序负荷太重。再审不是万能的,也不能够是万能的。解决问题最有效的办法应是预防,而不是补救。要使我国的刑事再审程序发挥特别救济和有限纠错的良性作用,有赖于全部刑事司法力量在程序法治的轨道上,克勤克勉,谨慎前行,实现有效侦查、起诉和审判。正如美国学者乔治·T. 费尔肯尼思所说的"如果有太多的被告人从他的手指间滑了过去,并且没有使他们的案子胜诉,从而逃避了惩罚,就有可能被认为,这是对他担任检察官能力的不利反映,他可能被戴上不称职的帽子"。[③] 作为公诉机关,尽力提高追诉准备的充分性和适当性,就是为再审程序良性运转作出的最大贡献。

---

① 波普尔:《科学知识进化论——波普尔科学哲学选集》,三联书店1987年版,前言。
② 熊秋红:"错判的纠正与再审",载《环球法律评论》2006年第5期。
③ 唐永禅、刘克强:"我国新刑事审判方式面临的问题及对策——关于我国设立证据先悉制度程序的展望",载《法商研究》1998年第3期。

刑罚变更执行同步监督制度研究
——兼论检察机关执行主体地位的确立

纪 虎*

减刑、假释和暂予监外执行是刑罚变更执行制度,是刑罚执行活动的重要的内容。对减刑、假释和暂予监外执行活动进行必要和有效的监督,是公正实现国家刑罚权的有力保障。近些年,我国的检察机关一直非常重视对刑罚执行,特别是对减刑、假释和暂予监外执行活动的法律监督。自2004年以来,各级检察机关以"维护司法公正,实现社会公平与正义"为目标,针对刑罚变更执行活动中比较突出的执行不公和执行腐败现象,开展了减刑、假释、保外就医专项检查工作和核查纠正监外执行罪犯脱管、漏管等专项行动。目前,这两专项工作现在已经取得了一定的成绩。[①]但是,刑罚变更执行法律监督活动中存在的问题仍然很突出。一些学者和司法实践工作者提出的对刑罚变更执行活动实施"同步监督"制度的各种建议,虽然能进一步完善人民检察院对刑罚变更执行的法律监督,然而,由于这种"同步监督"的合法性和正当性受人质疑,其监督的权威性自然会大打折扣。而且,这些"治标不治本"的完善建议也不能从根本上解决刑罚变更执行检察监督乏力的问题。

在此,本文将对西方国家刑罚执行程序中检察机关法律地位进行考察;对我国现行减刑、假释和暂予监外执行法律监督活动的现状及比较突出的问题进

---

* 西南政法大学讲师,刑事诉讼法专业博士研究生,重庆市人民检察院侦查监督处处长助理

① 据统计,从2003年1月至2007年9月,全国检察机关共审查执行机关提请减刑、假释、暂予监外执行案件316458件,审查减刑、假释裁定书和暂予监外执行决定书296486件,监督纠正减刑、假释、暂予监外执行不当11783人;对罪犯不依法交付执行,违法收押、释放,违反规定使用戒具或禁闭等各类违法情况,提出书面纠正意见26125人次,共纠正25155件,有力地维护了法律的权威和统一。徐盈雁:"五年监督纠正刑罚执行不当11783人",载《检察日报》2007年11月17日第2版。

行评述；在此基础上，笔者建议在我国的刑罚执行程序中确立检察机关的执行主体的法律地位，以真正实现检察机关对刑罚变更执行活动进行"同步监督"的目标。

一、西方国家检察机关在刑罚执行程序中的法律地位

（一）英美法国家的检察官在刑罚执行程序中的地位

检察官在刑罚执行程序中是否发挥作用，大陆法系和英美法系有显著不同。在英美法系国家，检察官在刑罚执行程序中不发挥任何作用，检察官一般不参与刑罚的执行活动，在刑罚执行活动中也不承担任何角色。这主要是因为英美法系国家不承认刑罚执行活动是刑事诉讼的一个组成部分，刑罚执行程序自然就不是刑事诉讼程序的一个阶段，而是刑事司法活动的一项内容。在这种模式下，检察官在刑事司法活动中只能扮演公诉人的角色，实施与起诉有关的活动，审判程序结束检察官就将退出诉讼程序。检察官在刑罚的执行程序中没有执行权也没有执行的监督权，所以，英美法系国家的检察官不像传统大陆法系国家和新欧盟国家①的检察官那样可以参与刑罚的执行活动。

（二）传统大陆法系国家的检察官在刑罚执行程序中的地位

在传统大陆法系国家或具有大陆法系传统的国家，刑事诉讼被认为是由侦查、起诉、审判和执行四个程序阶段构成，刑罚执行活动是刑事程序的最后一个阶段。这些国家基本上都在刑事诉讼法典中列"执行"程序篇，对刑罚的各种执行活动作出明确的规定，这些国家的检察官一般都要参与刑罚执行活动。

从传统大陆法系国家和具有大陆法系传统的国家来看，检察官参与刑罚执行活动主要有两个根据：一是刑罚执行权，二是刑罚执行的法律监督权。检察官在刑罚执行活动中作用和地位如何，也主要取决于他所享有的权力是刑罚的执行权还是刑罚执行的监督权。如果检察官在刑罚执行程序中享有的是执行权，则说明他是刑罚的执行主体；如果检察官享有的是刑罚执行的监督权，则说明他不是刑罚执行的主体，而是刑罚执行活动的监督者。传统大陆法系国家一般都认为检察官是刑罚执行的主体，而不认可检察官法律监督者的地位；而具有大陆法传统的新欧盟国家的立法模式则正好相反。在传统的大陆法系国家中承认检察官是刑罚执行主体的国家主要有：法国、德国、比利时、荷兰、意大利、希腊、卢森堡。

在法国，检察官在执行程序中的地位主要表现在四个方面：第一，检察官是生效判决交付执行的主体。根据《法国刑事诉讼法典》第708条第1款规定：任何生效判决的执行只有根据检察官的申请才能够启动。即使检察官不是

---

① 特指俄罗斯和部分东欧国家，这些国家是具有大陆法系传统的国家。

具体刑罚的执行者，但是执行活动也必须以检察官的名义实施。如《法国刑事诉讼法》第707-1条规定，罚金和没收财产的执行由税务官来执行，但是必须冠以共和国检察官的名义。这些可以说明检察官是刑罚交付执行的主体。第二，检察官对某些具体的刑罚执行方式有决定权。比如，《法国刑事诉讼法典》第708条第2款规定，对违警罪行为科处的刑罚和对轻罪行为科处的非监禁刑，可以暂行中止执行或分期执行。其中，对暂缓执行的期限在3个月以下的，检察官可以直接作出决定。第三，检察官有命令其他国家机关协助刑罚执行的指挥权。《法国刑事诉讼法典》第709条规定，检察官为了保证判决得到有效的执行，有权直接要求公共机关协助。这是法国检察官刑罚指挥权的体现。第四，在刑罚执行变更的程序中，检察官具有建议权。这些情形主要有：（1）对违警罪行为科处的刑罚和对轻罪行为科处的非监禁刑，可以暂行中止执行。如果对暂缓执行的期限在3个月以上的，在检察官的建议下可以由轻罪法院或违警罪法院在听证后作出决定。①（2）在监禁刑的具体执行过程中，检察官对罪犯监禁的执行方式有建议权。根据《法国刑事诉讼法典》第712-6条和第712-7条的规定，在对变更刑罚执行的方式②作出判决之前，负责刑罚执行的执行法官和刑罚执行庭③在听取监狱管理部门的意见之后，要召开对审辩论；在对审辩论中，执行法官不仅要听取将被变更执行方式的罪犯及其律师的意见，而且还应当听取检察官的意见。检察官不服变更执行判决的可以提起上诉。（3）作为刑罚执行委员会的成员，在减刑的变更判决中具有建议权。《法国刑事诉讼法典》第712-5条规定，执行法官和刑罚执行庭在作出减刑裁定以及罪犯独立外出或在看管人陪同下外出的裁定时，必须要听取刑罚执行委员会的建议。共和国检察官和监狱机构是该委员会的当然成员。

在德国，检察官是刑罚执行的主体，这种地位主要表现在：第一，检察官是生效判决交付执行的主体。根据《德国刑事诉讼法典》第451条第1款规定，刑罚的执行，由作为执行机关的检察院依据书记处书记员发放的，附有可执行性证书和经过核实的判决主文副本付诸实施。第二，检察官是刑罚执行的指挥者。检察官在启动执行程序后，在刑罚的具体执行事项上，检察官会委托

---

① 《法国刑事诉讼法》第708条第2款。
② 这些变更执行的方式包括：监外执行、半释放措施、刑罚分期执行和中止执行、电子监视以及假释等措施。《法国刑事诉讼法典》第712-6条和第712-7条。
③ 法国的执行法官和刑罚执行庭是自由刑变更执行的决定机关。根据《法国刑事诉讼法典》第712-1条规定：执行法官和刑罚执行庭是刑罚具体适用的初审法庭，它们的主要职责是按照法律的规定决定监禁刑和其他限制人身自由之刑罚主要的执行方式。罪犯、检察官如果对执行法官变更执行判决不服，可以向上诉法院提起上诉。从这一条可以看出来，法国的刑罚变更制度具有明显的司法性。

司法辅助人员来进行，对司法辅助人员的执行活动，检察官具有监督权。① 德国检察官委托执行权和监督执行权结合在一起构成了检察官对刑罚执行活动的指挥监督。第三，在监禁刑的变更执行程序中，刑罚执行法官在变更执行之前应当听取检察官的意见。在德国，检察官虽然是刑罚执行的指挥者，但是在监禁刑的执行过程中如果要变更执行刑罚的方式如对被服刑人适用假释、撤销假释以及对缓刑的监督或撤销缓刑，这些决定应当由刑罚执行庭的法官作出，检察官只有发表意见的权利，没有决定权；如果对变更判决不服，可以提出抗告。② 德国监禁刑的变更执行程序与法国相似，起主导作用的是专门为刑罚变更活动设置刑罚执行法官，这类程序具有司法的性质。

检察官在执行程序中的地位，类似于德国和法国做法的其他大陆法系国家还有比利时、荷兰、意大利等国。在这些国家，检察官都是生效判决的交付执行的主体；检察官对监禁刑的变更执行一般都没有决定权，必须要经过刑罚执行法官判决或司法委员会的同意，但检察官对变更执行有意见权，对判决不服可以提起上诉。在监禁刑的具体执行过程中，除了少数轻微刑罚执行活动，检察官一般都不参与具体的执行活动，对监禁刑由监狱具体来实施，检察官有指挥监督权。比如在比利时，检察官可以设定开始服刑的时间，并对刑罚执行的方式进行监督；检察官不能干预监狱具体的监管活动，但是这并不意味着监狱可以任意地执行监禁刑，监狱管理部门应当在听取检察官意见的基础上执行监禁刑。③ 在欧洲的另外一些大陆法系国家，检察官在刑罚执行方面的权力要比德国和法国大得多，如希腊、卢森堡。在希腊，检察官有准许和撤销假释的权力。④ 也就是说，检察官有独立的变更监禁刑执行方法的权力；在卢森堡，法官没有任何执行刑罚的权力，刑罚的执行由检察官启动并由其指挥和监督。另外，卢森堡的检察官对刑罚的执行机构还有管理和监督的职责。⑤ 当然，也有一些欧洲大陆法系国家的检察官在刑罚执行方面权力较小，甚至不参与刑罚的执行，如丹麦、瑞典、芬兰、西班牙、葡萄牙和奥地利等国。在芬兰，检察官

---

① ［荷］皮特·J. P. 泰克编著：《欧盟成员国检察机关的任务和权力》，吕清、马鹏飞译，中国检察出版社 2007 年版，第 124 页。

② 《德国刑事诉讼法典》第 462a 条第 1 款、第 453 条、第 454 条。

③ ［荷］皮特·J. P. 泰克编著：《欧盟成员国检察机关的任务和权力》，吕清、马鹏飞译，中国检察出版社 2007 年版，第 38 页。

④ ［荷］皮特·J. P. 泰克编著：《欧盟成员国检察机关的任务和权力》，吕清、马鹏飞译，中国检察出版社 2007 年版，第 134 页。

⑤ ［荷］皮特·J. P. 泰克编著：《欧盟成员国检察机关的任务和权力》，吕清、马鹏飞译，中国检察出版社 2007 年版，第 190 页。

在行刑中的主要任务是支持社区刑罚的执行。① 在葡萄牙和西班牙，刑罚的执行处于法庭的权力之下，而检察官只有权力配合判决的执行。② 在奥地利，检察官不介入对判决的执行。③

（三）新欧盟国家的检察官在刑罚执行程序中的地位

在法律赋予检察官刑罚执行权的传统大陆法系国家中，检察官都是以刑罚执行主体的身份参与刑罚执行活动。他们执行主体身份的主要标志是他们享有刑罚交付执行权、部分刑罚的具体执行权、刑罚执行的指挥监督权、变更刑罚意见权和上诉权等权力。这些权力充分保证了检察官对刑罚执行活动介入的深度，保障检察官对刑罚执行活动有效控制和监督。

但是，在那些重返大陆法系的新欧盟国家——前苏联和东欧国家（比如俄罗斯、立陶宛、拉脱维亚、捷克、波兰等国），各国的法律在刑罚执行程序中一般都保留了社会主义时期检察官的执行监督权，仍然没有赋予可以使检察官深入介入刑罚执行活动的执行权。综合考察，这些国家检察官的执行监督权主要表现在：在俄罗斯，检察院可以对劳改、劳教、看守所及执行法院决定的强制措施的其他机关监禁人员的合法性实施监督；对遵守俄罗斯联邦法律规定的被监管人员的权利和义务的情况、监管程序的合法性及提供的监管条件进行监督；④ 检察人员为了实施执法监督有权在任何时候进入劳改、劳教、看守所及执行法院决定的强制措施的其他机关调查情况；询问被监管人员；查阅监管人员法律文书及其侦查材料；要求监管场所的行政机关增置必要的设施，保障被监管人员的权利不受破坏；检查上述机关行政部门发布的命令和作出的决定是否与俄罗斯联邦立法相符，要求公务人员加以说明，提出抗议和建议；对刑事案件和行政违法案件进行立案。⑤ 另外，联邦总检察长、联邦各主体检察长及其下属检察长，以及对相关领域内刑罚执行情况执行监督的检察长，可以不经专门许可而造访刑罚执行机构和机关进行执行监督。⑥ 在立陶宛，检察官有权对法院将判决交付执行的情况进行监督；检察官也有权对变更执行的情况进行监督；另外，检察官有义务参加法院为解决判决执行问题举行的开庭审理；

---

① ［荷］皮特·J. P. 泰克编著：《欧盟成员国检察机关的任务和权力》，吕清、马鹏飞译，中国检察出版社2007年版，第97页。

② ［荷］皮特·J. P. 泰克编著：《欧盟成员国检察机关的任务和权力》，吕清、马鹏飞译，中国检察出版社2007年版，第220页、第229页。

③ ［荷］皮特·J. P. 泰克编著：《欧盟成员国检察机关的任务和权力》，吕清、马鹏飞译，中国检察出版社2007年版，第25页。

④ 《俄罗斯联邦检察院法》第32条。

⑤ 《俄罗斯联邦检察院法》第33条。

⑥ 《俄罗斯联邦刑事执行法典》第24条第1款第（2）项。

但是检察官不能直接监督刑罚执行机关的活动。① 在拉脱维亚，对需要剥夺自由的刑罚执行监督是检察官的独立任务。在监督剥夺自由刑的刑罚时，如果某人被非法拘押，检察官有权决定将其释放；在行政委员会审查被判刑人的减刑会议中，检察官有权参加该会议，如对该委员会的决定不服可以提出抗议，随后该决定会由法院进一步审查；在法院审查与刑罚变更执行的相关问题时，检察官必须要出席听审，对非法的和无根据的决定有上诉的权利。② 在捷克，检察官有权对监禁刑的服刑决定提出申诉，有权向法院申请更改监禁刑的服刑方式，有权对法院暂缓、中断或终止服刑的决定提出申诉；另外，检察官有权向法院申请将被服刑人附条件释放，有权对法院减少刑罚羁押期的决定（如不适当的保外就医）提出申诉。在波兰，检察官的监督权多年来受到了严重削弱，现行权力多数情况下只具有形式意义，比如在执行活动中，检察官必须被告知法院开庭的日期和目的，但法院可以在检察官缺席的情况下作出决定。③

与传统的大陆法系国家相比，新欧盟国家专门为检察官所设置的刑罚执行监督权存在着监督的随机性（如俄罗斯，检察院没有派驻检察监所机构）、监督的不深入（如立陶宛，对刑罚执行机关不能实施具体的监督）、监督的范围有限（如波兰）等问题。而这些都导致检察机关对刑罚执行活动的监督力度不够。而在以法国和德国为代表的多数传统大陆法系国家，法律将检察官置于刑罚执行主体的地位，赋予了检察官交付执行权、部分刑罚的具体执行权、刑罚执行的指挥监督权、变更刑罚意见权和上诉权等权力。这些权力可以帮助检察官更加深入地介入到刑罚执行的活动中，发现刑罚执行中存在的具体问题，并借助强有力的指挥权、决定权和上诉权来真正实现对执行刑罚的"同步监督"。

二、我国刑罚变更执行检察监督的特点及存在的问题

我国的刑事诉讼制度具有大陆法系职权主义的传统。但是，我国的检察机关在刑事诉讼中的地位与以法国和德国为代表的传统大陆法系国家检察机关却有很大差别。其中，在执行程序中，检察机关不是刑罚执行的主体，没有任何执行刑罚的权力，检察官参与刑罚执行程序的根据是执行的法律监督权。我国检察官介入执行程序的模式基本上仍然遵循的是前苏联和东欧国家的执行监督模式。在我国，检察机关从生效判决交付执行之日至刑罚执行终结都可以进行

---

① [荷] 皮特·J. P. 泰克编著：《欧盟成员国检察机关的任务和权力》，吕清、马鹏飞译，中国检察出版社2007年版，第295页。

② [荷] 皮特·J. P. 泰克编著：《欧盟成员国检察机关的任务和权力》，吕清、马鹏飞译，中国检察出版社2007年版，第281~282页。

③ [荷] 皮特·J. P. 泰克编著：《欧盟成员国检察机关的任务和权力》，吕清、马鹏飞译，中国检察出版社2007年版，第321~322页。

法律监督。

（一）我国刑罚执行变更制度概况

刑罚变更执行，是指在刑罚执行的过程中，执行机关根据服刑人员的犯罪情节、悔罪表现或身体状况，依照法定程序对服刑人员所判处的原判刑罚进行调整或对刑罚的执行方法进行调整的制度。就目前我国现行的法律制度而言，我国刑罚变更执行现在只包括对原判刑罚刑期的变更（减刑）和对原判刑罚执行方式的变更（假释和监外执行）。

1. 我国的减刑、假释程序。根据《刑法》第78条的规定，被判处管制、拘役、有期徒刑、无期徒刑的犯罪分子，在执行期间，如果认真遵守监规，接受教育改造，确有悔改表现的，或者有立功表现的，可以减刑。我国的减刑制度适用于监禁刑和非监禁刑。根据《刑法》第81条的规定，被判处有期徒刑的犯罪分子，执行原判刑期二分之一以上，被判处无期徒刑的犯罪分子，实际执行十年以上，如果认真遵守监规，接受教育改造，确有悔改表现，假释后不致再危害社会的，可以假释。对于犯罪分子的减刑和假释，应当由执行机关（公安机关或监狱）向中级以上人民法院提出减刑、假释建议书，人民法院应当组成合议庭进行审理（《刑法》第79条）。对被判处死缓罪犯的减刑（《监狱法》第31条）、对无期徒刑罪犯的减刑、假释，执行机关（监狱）在提请人民法院之前还要报省一级监狱主管机关审核［最高人民法院《关于执行刑事诉讼法若干问题的解释》（以下简称"法院解释"）第362条］。人民法院在对执行机关的减刑建议书进行书面审理后在一个月内作出裁定，对死缓、无期徒刑和有期徒刑的审理期限可以延长一个月（"法院解释"第362条）。人民法院的减刑、假释的裁定，应当及时送达执行机关、同级人民检察院、负责监督假释罪犯的公安机关以及罪犯本人。人民检察院认为人民法院的减刑、假释裁定不当，应当在收到裁定书副本后二十日内，向人民法院提出书面纠正意见。人民法院收到书面纠正意见后，应当重新组成合议庭进行审理，并在一个月内作出最终裁定（《刑事诉讼法》第222条和"法院解释"第365条）。人民检察院对最终裁定不符合法律规定的，应当向同级人民法院提出纠正意见（《人民检察院刑事诉讼规则》第431条）。

另外，对于被假释的罪犯，在假释考验期限内，由公安机关予以监督（《刑事诉讼法》第217条第2款）。被宣告假释的犯罪分子，在假释考验期限内违反法律、行政法规或者国务院公安部门有关假释的监督管理规定，应当依法撤销假释的，原作出假释裁判的人民法院应当自收到同级公安机关提出的撤销缓刑、假释建议书之日起一个月内依法作出裁定。人民法院撤销缓刑、假释的裁定，一经作出，立即生效（"法院解释"第356条）。

2. 我国的监外执行程序。根据《刑事诉讼法》第 214 条的规定，对于被判处有期徒刑或者拘役的罪犯，如果有严重疾病需要保外就医的，怀孕或者正在哺乳自己婴儿的妇女，或者生活不能自理，适用暂予监外执行不致危害社会的可以暂予监外执行。暂予监外执行的决定主体有三个：人民法院、监狱和公安机关。在有期徒刑和拘役的生效判决交付执行之前，如果出现法定的情形，暂予监外执行的决定应当由人民法院作出，同时将决定书抄送人民检察院和罪犯居住地的公安机关（"法院解释"第 356 条）；在有期徒刑执行过程中，出现法定的情形，由监狱提出书面意见，报省一级监狱管理机关批准，批准机关应当将批准的暂予监外执行决定通知公安机关和原判人民法院，并抄送人民检察院（《监狱法》第 31 条）；在拘役的执行过程中，出现法定的情形，由公安机关决定对罪犯暂予监外执行的，并将决定书送同级人民检察院（《公安机关办理刑事案件程序规定》第 292 条）。人民检察院认为暂予监外执行不当的，应当自接到通知之日起一个月以内将书面意见送交批准暂予监外执行的机关，批准暂予监外执行的机关接到人民检察院的书面意见后，应当立即对该决定进行重新核查（《刑事诉讼法》第 215 条）。对于暂予监外执行的罪犯，由居住地公安机关执行，执行机关应当对其严格管理监督，基层组织或者罪犯的原所在单位协助进行监督（《刑事诉讼法》第 214 条第 5 款）。

另外，对于被假释的罪犯和暂予监外执行的罪犯，人民检察院应当监督有关单位对罪犯的监督管理和考察措施是否落实（《人民检察院刑事诉讼规则》第 435 条）。暂予监外执行的情形消失后，刑期未满的，或又犯新罪的，负责执行的公安机关应当及时通知监狱、看守所、拘役所收监（《监狱法》第 28 条，《公安机关办理刑事案件程序规定》第 295 条、第 307 条）。

3. 对我国刑罚变更执行程序的评价。从我国减刑、假释和暂予监外执行的法律规定与传统大陆法系国家的比较来看，我国的刑罚执行变更程序有以下几个特点：第一，执行机关垄断对减刑、假释程序的启动。管制、拘役减刑程序的启动主体是公安机关，有期徒刑、无期徒刑和死缓的减刑或假释程序的启动是监狱；在对死缓的减刑和无期徒刑的减刑、假释中，省一级的监狱管理部门参与到启动程序中对监狱的减刑、假释建议有审核权。我国的这种做法与传统的大陆法系国家不同。比如在法国，监禁刑变更执行的启动既可以由刑罚执行法官依职权启动，也可以由检察官和被服刑人依申请启动。[①] 我国法律将利害关系人排除在减刑、假释的启动主体之外，不利于保障服刑人的权利。第二，我国的减刑、假释程序的运作过程"行政审批"色彩浓厚。虽然法律规

---

① 《法国刑事诉讼法典》第 712-4 条。

定减刑、假释程序由中级以上人民法院以合议庭的形式通过审理来进行，但是这种审理只是书面审理，在审理过程中不需要听取服刑人的意见，也不需要听取人民检察院的意见，不服法院裁定的，利害关系人没有寻求救济的权利。第三，我国监狱、看守所这些具体执行监禁刑的执行机关是暂予监外执行的决定机关。这种做法在传统大陆法系国家中比较少见。监外执行是刑罚变更执行中非常重要的一种方式，适用的好坏关系到生效判决的权威性和刑罚执行的公正性。在法国、德国等传统大陆法系国家，是否能以非监禁的执行方式来替代监禁的执行，这个决定通常由刑罚执行法庭或法官作出，决定程序一般都以司法程序的形式来进行，服刑人员、监狱和检察官要参与开庭审理，在审理中可以发表意见，不服判决的可以提出上诉。① 第四，检察机关不是刑罚执行的主体，而是专门的刑罚执行的监督机关，是唯一能够履行刑罚执行监督职责的机关。检察机关在刑罚执行变更程序中不是以向上级法院提起抗诉方式进行监督，而是以向作出变更执行决定的机关提出书面纠正意见的方式进行法律监督。与传统大陆法系国家的做法（检察官的指挥监督权）相比，这种监督方式明显具有滞后性的特点。

（二）刑罚变更执行检察监督制度的特点

我国检察机关作为刑罚执行机关与其他新欧盟国家相比，检察监督包括刑罚变更执行监督具有以下几方面的特点：

第一，检察机关的执行监督权包括刑罚执行变更监督具有涉宪性。我国《宪法》第 129 条规定："中华人民共和国人民检察院是国家的法律监督机关。"各级检察机关应依法对于刑事案件判决、裁定的执行和监狱、看守所、劳动改造机关的活动是否合法，实行监督［《人民法院组织法》第 5 条第（5）项］。这两条规定说明了我国检察机关在依法实施执行监督活动的时候，是在履行宪法赋予的法律监督职权。而俄罗斯、立陶宛、拉脱维亚、捷克以及波兰等国的宪法中没有对检察机关是法律监督机关作出规定。②

第二，我国执行监督权（包括刑罚执行变更监督）专属于人民检察院，检察机关是唯一能够实施刑罚执行监督的机关。从《宪法》、《人民检察院组织法》、《刑事诉讼法》、《监狱法》等法律来看，我国检察机关实际上垄断了执行监督权。在俄罗斯，根据《俄罗斯联邦刑事执行法典》第 19 条至第 24 条的规定，除了检察机关执行监督外，刑罚执行活动还要接受国家权力机关的监督、法院的监督、执行机关的部门监督等。另外，在我国刑罚执行变更程序

---

① 《法国刑事诉讼法典》第 712-6 条和第 712-11 条，《德国刑事诉讼法典》第 462 条。
② 张福森主编：《各国司法体制的宪法性规定》，法律出版社 2005 年版。

中，检察机关垄断执行监督权还表现在，对减刑、假释的裁定以及对暂予监外执行决定有异议的，唯一的救济途径就是人民检察院提出书面纠正意见；而减刑、假释的利害关系人即被服刑人和执行机关无权对人民法院的裁定提出异议，无法定的救济权；在暂予监外执行程序中，服刑人也没有对决定提出异议的法定权利；等等。这与传统大陆法系国家的做法不同。所以，有学者认为，我国的刑罚执行监督工作人权保障意识欠缺。①

第三，我国的刑罚变更执行监督是事后监督。所谓的事后监督，就是指检察机关不参与刑罚执行变更裁定或决定形成过程，在人民法院或监狱等执行机关作出刑罚变更执行的裁定或决定之后人民检察院才对裁定或决定进行监督，认为变更执行不当的应当提出书面纠正意见。这不仅是我国刑罚变更执行监督的特点，也是我国刑罚执行监督的特点。在新欧盟国家，检察官对刑罚变更执行的监督是通过直接参与变更执行程序来实现的，如立陶宛。在该程序中，检察官有意见权，不服决定的检察官可以提出上诉。在传统的大陆法系国家，虽然法律没有赋予检察官专门的变更执行监督权，但是检察官以执行主体的身份参与司法型的变更执行程序，有意见权也有上诉权，这种参与实际上就是刑罚变更执行的一种"同步监督"。

第四，我国检察机关所享有的职务犯罪侦查权是保证刑罚变更执行监督顺利进行的一个威慑手段。2001年9月最高人民检察院为了加强监所检察监督的力度，将监所内的职务犯罪案件立案侦查权、刑罚执行和监管改造过程中发生的司法人员贪污贿赂、渎职侵权案件的初查权赋予了监所检察监管部门。②这些权力的赋予有利于监所检察部门实施"同步监督"。

（三）刑罚变更执行检察监督制度存在的问题

由于我国刑罚变更执行监督是一种事后监督，因此，这种监督难免存在着监督操作难、监督程序模糊、监督缺乏权威性等几方面的问题。监督操作难主要表现在：检察机关只能在人民法院对减刑、假释作出裁定之后，或在执行机关对暂予监外执行的批准之后，对"裁定书或决定书"进行监督。在这种情况下，由于检察机关不是刑罚执行主体，不参与具体刑罚的执行，他们对被减刑、假释、暂予监外执行者的实际情况本身就不了解，而且在刑罚变更执行的程序中又不参与"裁定或决定"制作过程，因此，现行法规定的刑罚变更执行检察监督完全就是一种"纸上"的事后监督。另外，法律并未对裁定书和决定书送达检察机关的时限作出规定，因此在实际运作中，不及时将这些文书

---

① 石秀丽："论我国刑罚执行监督制度"，载《国家检察官学院学报》2005年第4期。
② 最高人民检察院《关于监所检察工作若干问题的规定》第3条。

送达检察机关的情况屡见不鲜。在这种情况下,检察机关要在法定的时间内完成审查并对不当裁定提出书面纠正意见,其监督工作的难度可想而知。①

监督程序模糊主要表现在:一方面,法律在赋予检察机关对刑罚变更执行活动事后监督同时,仅规定检察机关提出纠正意见的时限为二十日和一个月,而未规定法院或狱政管理部门裁决的生效时限以及相应文书送达检察机关的时限,同时法律也未明确检察机关在履行监督职责时是否可以享有必要的调查手段。这意味着裁决一旦作出就立即生效,获得假释或暂予监外执行的服刑人员在接到裁决书的当日即可离监。另一方面,法律未就检察机关向执行机关提出纠正违法意见后的程序作出全面规定。如果检察机关对执行机关监外执行的决定有异议并提出纠正违法意见后,执行机关应按照怎样的程序作出怎样的反应也缺乏法律规定。②

监督缺乏权威性主要表现在:检察机关在事后监督的过程中,如果发现刑罚变更执行的裁定或决定不当的,检察机关只能通过发出纠正违法行为通知书和检察建议的手段来进行监督,而这两种手段都缺乏一定的法律强制性和执行力,在实践中难以发挥监督的作用,导致刑罚变更执行监督被软化了,因为法律既没有规定被监督机关必须根据人民检察院发出的纠正违法通知书的要求纠正违法行为,也没有规定被监督机关不纠正违法行为要承担什么法律责任。所以,在实践中,检察机关的纠正违法行为通知书和检察建议经常遭到刑罚变更执行机关的藐视。③ 我国刑罚变更执行检察监督制度存在的上述问题,将直接导致检察监督权虚置,检察监督形式化。

另外,目前,我国刑罚变更执行中的不公正,甚至执行机关利用刑罚变更中的职权徇私舞弊、徇情枉法等违法犯罪现象时有发生,严重影响了生效判决的权威性。造成这种局面的主要原因有:第一,我国刑罚变更执行的监督法定主体具有单一性。只有检察机关有监督权,国家权力机关、政府首脑和社会团体均不具有法定的监督权。在检察监督不力的情况下,刑罚变更活动就会处在无人监督的状态。第二,由于我国的刑罚变更执行检察监督属于事后监督,这种监督具有明显的滞后性,而且只能进行书面监督,监督中无任何调查取证权,监督乏力。这导致刑罚变更执行活动实际上不受监督。第三,我国刑罚变更执行程序具有非常显著的"行政程序"的特点:利害关系人无意见权,也

---

① 黄德新、薛荣、胡全生:"如何完善刑罚变更执行监督程序",载《检察日报》2002 年 2 月 28 日第 3 版。
② 张雪妲、华肖:"刑罚变更执行检察监督",载《法学》2007 年第 8 期。
③ 蒋伟亮、张先昌主编:《国家权力结构中的检察监督——多维视角下的法学分析》,中国检察出版社 2007 年版,第 241 页。

无救济权；刑罚变更执行的裁定和决定是通过书面审作出的，没有公开听证、没有言词调查、没有对抗性的辩论，这会导致决定机关"暗箱操作"；针对刑罚变更执行裁定或决定的上诉审并不存在，"一审终审"导致决定权"独大"。

综上，我国有必要进一步加强对刑罚变更执行的检察监督。

三、我国刑罚变更执行监督制度的进一步完善

(一) 刑罚变更执行"同步监督"之改革建议

针对我国立法上刑罚变更执行检察监督滞后性的特点，有学者提出"同步监督"的理论。[①] 所谓的刑罚变更执行同步监督就是指检察机关有权对减刑、假释和暂予监外执行办理活动进行事前、事中和事后全过程的同步监督，检察机关不仅有权进行事后监督也有权进行事前监督。[②] 检察机关对刑罚变更执行的同步监督包括两种模式：一是提前介入模式，即检察机关通过派驻检察人员列席监狱等刑罚执行机关召开的减刑、假释评审委员会会议和保外就医研究会议，或者对监狱抄送的减刑假释提请建议、暂予监外执行呈报材料进行事先审阅了解，但是对监狱拟提请呈报的减刑、假释暂予监外执行建议不签署书面审查意见。二是事前审查模式，即检察机关在执行机关提请呈报减刑假释或者暂予监外执行前对拟提请呈报的建议材料进行审查并提出审查意见，监狱根据该意见可以撤回减刑、假释建议或者暂予监外执行呈报材料，也可以继续向法院提请或者向监狱管理机关呈报。[③]

在"同步监督"制度的理论构想中，学者们主要提出以下几点具体措施，以贯彻检察机关在刑罚变更执行程序中可以在事前、事中和事后进行有效的监督：第一，建立检察机关对减刑、假释、暂予监外执行事前审查制度。即执行机关在提请呈报减刑假释暂予监外执行之前应该先将有关材料送交检察机关审查，检察机关经过审查认为罪犯不符合减刑、假释、暂予监外执行条件的，有权提出意见，要求执行机关撤回提请呈报的建议材料。执行机关对审查意见有异议的，可以要求检察机关复议。检察机关经过复议维持原意见的，执行机关

[①] 尚爱国："论检察机关对刑罚变更执行的同步监督"，载《人民检察》2005年7月（下）；黄德新、薛荣、胡全生："如何完善刑罚变更执行监督程序"，载《检察日报》2002年2月28日第3版；熊志坚："完善刑罚执行监督的六点建议"，载《检察日报》2007年3月2日第3版。

[②] 尚爱国："论检察机关对刑罚变更执行的同步监督"，载《人民检察》2005年7月（下）；黄德新、薛荣、胡全生："如何完善刑罚变更执行监督程序"，载《检察日报》2002年2月28日第3版；熊志坚："完善刑罚执行监督的六点建议"，载《检察日报》2007年3月2日第3版。

[③] 尚爱国："论检察机关对刑罚变更执行的同步监督"，载《人民检察》2005年7月（下）；黄德新、薛荣、胡全生："如何完善刑罚变更执行监督程序"，载《检察日报》2002年2月28日第3版；熊志坚："完善刑罚执行监督的六点建议"，载《检察日报》2007年3月2日第3版。

可以提请上一级检察机关复核。①

第二，赋予检察机关减刑、假释裁定程序参与权。即法院对于减刑、假释程序实行公开听证，即法院根据执行机关的申请，在执行机关、驻所检察机关、服刑人员的参与下进行公开听证，主要就服刑人员在服刑期间是否确有悔改或立功表现，及能否对其减刑、假释作出裁定。在这个程序中，检察人员有权列席执行机关的减刑、假释评审委员会会议和其他有关会议，可以在会议上和会议后提出口头或书面意见。②

第三，建立检察机关随时介入制度。随时介入强调的是检察机关为监督执行机关的执行活动依法进行，随时可以对其进行检察以便发现和纠正违法。对于刑罚变更执行环节来说，其优越性尤为突出，因为变更的提出及决定蕴涵在整个执行过程中，仅靠对裁定或决定进行审查是不能对变更执行是否合法适当作出准确判断的。因而，检察机关随时介入执行机关的执行活动进行检察，是强化检察机关发现违法能力的关键。③

第四，赋予检察机关广泛的调查权。所谓广泛的调查权，是指检察机关在对刑罚执行活动中的违法行为进行调查时，可以要求与案件有关的机关和个人予以协助和配合，如出具证明材料，提供相关信息；有关部门和个人有义务提供相应的材料，拒不提供或者提供虚假材料的，要追究直接责任人员的责任，检察机关可以建议其上级机关给予必要的行政纪律处分，构成犯罪的依法追究刑事责任。广泛的调查权对于在刑罚执行活动中发生的徇私舞弊减刑、假释、暂予监外执行等职务犯罪行为的调查具有至关重要的意义。此外，广泛的调查权还包括检察官约谈制度。派驻检察人员随时约谈服刑人员，既可以了解执行活动中有无违法行为，也可以受理服刑人员的申诉、控告，在强化发现违法的同时，也有助于服刑人员实现其权利的救济，因而也有必要以立法的形式固定下来。④

第五，明确检察机关在启动纠错、救济程序上的法律效力。规定执行机关对检察机关提出的纠正违法意见，必须在法定时间内纠正，并将纠正后的结果向检察机关通报。对于检察机关纠正意见有异议的，应当在收到纠正意见后的规定时间内提出复议。检察机关应重新审查是否撤回纠正意见，如提出纠正意见的检察机关坚持纠正意见的，执行机关可以向其上一级检察机关提出复核，上一级检察机关应当在规定时间内作出决定，并通知下级检察机关和执行机关

---

① 黄德新、薛荣、胡全生："如何完善刑罚变更执行监督程序"，载《检察日报》2002年2月28日；尚爱国："论检察机关对刑罚变更执行的同步监督"，载《人民检察》2005年7月（下）。
② 张雪妲、华肖："刑罚变更执行检察监督"，载《法学》2007年第8期。
③ 张雪妲、华肖："刑罚变更执行检察监督"，载《法学》2007年第8期。
④ 张雪妲、华肖："刑罚变更执行检察监督"，载《法学》2007年第8期。

执行。对拒不执行纠正的单位和个人应实行责任追究；对违法办理减刑、假释、暂予监外执行的司法人员，检察机关可以建议执行机关对当事人进行更换；对减刑、假释、暂予监外执行裁定不当的，人民检察院应当按照法定程序抗诉。①

第六，赋予检察机关一定的刑罚执行处分权。我国刑法规定，凡有重大立功的罪犯属应当减刑的对象，确有悔改或立功表现的罪犯属可以减刑的对象；既然执行机关拥有适用"可减"的主动权，那么，检察机关完全有理由启动撤销或部分恢复原有刑期的程序。撤销减刑程序的具体做法可以是：（1）根据徒刑犯人的不同减刑间隔期，把减刑宣告后的3个月至6个月定为考察期，在此期间执行机关有权向检察机关建议，检察机关有权提请法院，依法撤销或变更减刑裁定；（2）罪犯在考察期内，有严重违反监规的或者发现罪犯不符合减刑条件的，检察机关有权建议法院撤销减刑裁定；（3）罪犯计分考核综合得分低于罪犯平均分数的，由检察机关建议缩短减刑幅度；（4）撤销可减裁定可侧重于5年以下的轻刑犯，变更可减裁定的做法侧重于重刑犯，以形成法律缓冲，防止罪犯不把减刑当成教育改造的手段，出现轻刑犯和余刑犯"不好管理"的问题。②

（二）监所检察改革实践中的"同步监督"

近些年来，最高人民检察院为了实现对监所执行活动实行"同步监督"的目标，通过制定、颁布司法解释和检察工作规程，来进一步规范和加强监所检察工作。地方各级人民检察院也进行多种形式的监所监督检察实践活动，探索"同步监督"各种方法。在刑罚变更执行检察监督活动中，检察机关主要采取了以下监督措施：第一，进一步规范派驻检察室（院）的建设。派驻检察室（院）是检察机关派驻到刑罚执行单位的最基本的监督机构，是代表检察机关行使监督权的基层单位。对于派驻检察室（院）的性质和地位一直缺乏具体明确的规定。最高人民检察院在2001年制定了《关于监所检察工作若干问题的规定》，其中第7条明确了派驻监察室（院）的性质和地位。

第二，实行派驻检察室与刑事执行机关的微机联网，进行动态监督。最高人民检察院与司法部于2002年4月16日联合下发了《检察机关与监狱、劳教所建立工作联系制的通知》，要求派出人民检察院、派驻检察室监狱、劳教所均应当实现微机联网，信息共享各负其责，及时掌握有关改造教育工作、监所检察工作情况和信息动态，实现对刑罚执行和监管活动的动态管理和动态监督，提高工作效率和工作质量。③

---

① 熊志坚："完善刑罚执行监督的六点建议"，载《检察日报》2007年3月2日第3版。
② 熊志坚："完善刑罚执行监督的六点建议"，载《检察日报》2007年3月2日第3版。
③ 最高人民检察院、司法部《检察机关与监狱、劳教所建立工作联系制的通知》第5条。

第三，赋予监所检察部门对刑罚执行和监管改造中发生的虐待被监管人案、私放在押人员案、失职致使在押人员脱逃案、徇私舞弊减刑、假释、暂予监外执行案进行立案侦查；对刑罚执行和监管改造过程中发生的司法人员贪污贿赂、渎职侵权案件进行初查；对服刑罪犯又犯罪案件、劳教人员的犯罪案件的侦查活动实行监督［《关于监所检察工作若干问题的规定》（以下简称《规定》）第2条］。通过赋予监所检察部门这些侦查权，以强化监所检察部门"同步监督"的力度。

第四，最高人民检察院颁布《关于减刑、假释法律监督工作的程序规定》，明确规定要对减刑、假释活动实行"同步监督"。① "同步监督"的内容有：(1) 要求监所检察人员在日常工作中应当深入罪犯劳动、生活、学习场所，通过设立检察信箱、谈话、座谈等形式，了解罪犯计分考核、奖惩记录等罪犯改造表现情况（《规定》第4条）。(2) 在执行机关提请减刑、假释时，监所检察人员应当及时对被提请减刑假释罪犯计分考核情况进行监督，对执行机关送交的减刑、假释书面材料认真审查，派员列席监狱减刑、假释会议，并发表检察意见（《规定》第6条）。(3) 监所检察部门在对执行机关提出的减刑申请不当的，应当提出纠正意见，所提意见执行机关不予采纳的，应当向上一级人民检察院报告；监所检察部门对执行机关提出的假释申请不当的，应当提出纠正意见。执行机关对纠正意见有异议的，可以向人民检察院提出复议；对于复议结论仍有异议的，可以向上一级人民检察院提出复核（《规定》第8条）。(4) 监所检察部门发现罪犯符合减刑、假释情形，执行机关未提请减刑、假释的，应当及时提出提请减刑、假释的检察建议（《规定》第9条）。(5) 对人民法院采取听证或者听审方式审理减刑、假释案件的，同级人民检察院应当派员参加，发表检察意见并对听证或者听审过程是否合法进行监督（《规定》第10条）。(6) 对人民法院的减刑、假释裁定不服可以提出书面纠正意见；如果对人民法院再次作出的减刑、假释裁定仍然不服，经检察长或检察委员会同意，再次提出书面纠正意见，提请人民法院另行组成合议庭重新审理（《规定》第11条）。(7) 人民法院在法律监督工作中发现司法工作人员利用职务之便，徇私舞弊，违法办理减刑、假释案件的，应当依法向刑罚执行机关及人民法院发出"纠正违法通知书"，构成犯罪的，依法追究有关人员的刑事责任（《规定》第14条）。

（三）"同步监督"法律属性之评述

在从理论和实践两个层面对刑罚变更执行"同步监督"的内容考察之后，

---

① 最高人民检察院《关于减刑、假释法律监督工作的程序规定》。

我们会发现"同步监督"这种刑罚变更执行监督实际上已经超越了"法律监督"这一概念的范畴。"同步监督"不再是检察机关监所检察的法律监督权，而是检察机关刑罚变更执行的指挥监督权、变更执行的程序参与权。之所以这样说，主要有如下理由：

第一，从现行法律所规定的法律监督权来看，"同步监督"严重超越了法律规定的范围。我国《宪法》、《人民检察院组织法》、《刑事诉讼法》和《监狱法》规定检察机关是法律监督机关。检察机关在刑事诉讼中要履行法律监督职责。检察机关在刑事诉讼中的法律监督权主要包括：立案监督、侦查监督、审判监督和执行监督。从这几个阶段的法律监督活动来看，检察机关的法律监督主要是事后监督①，而且监督的方式也主要以提出书面纠正意见来实现，一般不具有强制被监督主体接受意见的强制效力②。而学者建议中的刑罚变更执行"同步监督"制度明显超越了法律规定。最高人民检察院《关于减刑、假释法律监督工作的程序规定》虽然没有学者的意见激进，但同样也超出了法律规定的监督方式。

第二，从法律监督权的属性上看，"同步监督"权不再具有非处分性的特征。"根据现代汉语的语义解释，'监督'是察看并督促的意思。监督首先是一种督促，不是越俎代庖。从这个意义上说，监督是一种柔性的建议，是一种程序安排而非实质上的处分行为"。③ 既然如此，检察机关的法律监督权就不应当是一种处分权，不具有刚性，而是一种程序启动权。④ "检察机关对诉讼活动的法律监督基本上是一种建议权和启动程序权。对诉讼中的违法情况提出监督意见，只是启动相应的法律程序，建议有关机关纠正违法，不具有终局或实体处理的效力。"⑤ 但是，上述要求"赋予检察机关一定的刑罚执行处分权"的学者建议完全违背了监督权的本质属性。

---

① 在审查批捕阶段，必要的时候，人民检察院可以派人参加公安机关对于重大案件的讨论（《刑事诉讼法》第66条），可以通知补充侦查（《刑事诉讼法》第68条），如果发现公安机关的侦查活动有违法情况，应当通知公安机关予以纠正（《刑事诉讼法》第76条），在一定程度上，这些规定也可以被看做是检察机关的对侦查活动的"同步监督"。

② 在立案阶段，人民检察院认为公安机关对应当立案侦查的案件而不立案侦查的，应当通知公安机关立案，公安机关接到通知后应当立案（《刑事诉讼法》第87条）。这一规定是刑事诉讼法赋予检察机关唯一具有强制执行效力的处分性监督权。

③ 蒋伟亮、张先昌主编：《国家权力结构中的检察监督——多维视角下的法学分析》，中国检察出版社2007年版，第153页。

④ 蒋伟亮、张先昌主编：《国家权力结构中的检察监督——多维视角下的法学分析》，中国检察出版社2007年版，第153页。

⑤ 最高人民检察院研究室："检察改革暨《人民检察院组织法》修改专家论证会纪实"，载《检察论丛》（第10卷），法律出版社2005年版，第37页。

第三,从"同步监督"的内容上看,监所检察部门所实施的"同步监督"就是检察机关刑罚变更执行的指挥监督权。上述的学者建议和高检院的司法解释要求监所检察部门在"事前、事中、事后"全面介入执行机关减刑、假释刑罚变更执行活动,从执行机关对服刑人员的平时的计分考评,提请变更材料的事先审查,变更执行听证、庭审程序到最后的反复提出纠正意见,这些都足以表明"同步监督"已不再是一种法律监督活动,而是一种通过"监督"来实现检察机关对执行机关刑罚变更执行活动的指挥,以实现检察机关对执行活动有效控制。

第四,和传统大陆法系相比,"同步监督权"就是一种刑罚变更执行的指挥监督权和变更执行的程序参与权。从上文对传统大陆法系国家检察机关在执行程序中的地位考察已经得知,大陆法系国家的检察机关是刑罚的执行机关。在这些国家,检察机关有刑罚的交付执行权、部分刑罚的具体执行权、刑罚执行的指挥监督权、变更刑罚意见权和上诉权等权力。这些权力是检察机关执行主体地位的标志。现在,刑罚变更执行"同步监督"制度中的检察机关已基本上具有大陆法系国家检察机关执行权中的权力要素。部分刑罚的具体执行权、刑罚执行的指挥监督权、变更刑罚意见权已在学者的建议中得到充分体现,其中指挥监督权和刑罚变更执行的意见权也暗含在最高人民检察院的司法解释中。另外,我国监所检察机关所享有的对违法变更刑法执行职务犯罪活动的侦查权,使"同步监督"制度中的检察机关超越了大陆法系国家检察机关刑罚执行权的权力范围,是一种更强式的刑罚执行权。

(四)检察机关执行主体地位确立之构想

虽然从法律监督权视角来看,为学界和司法界备受推崇的刑罚变更执行"同步监督"其合法性和正当性受到质疑,但是,从上文的论证可以看出,进一步加强对刑罚变更执行检察监督制度确实是势在必行。从"同步监督"制度的理论构想可以看出,我国的监所检察监督已经不再是"法律监督"体制下的概念,而应纳入"刑罚执行权"范畴。也就是说,要实现检察机关对刑罚变更执行活动,甚至是对刑罚执行活动进行有效的检察监督,应当确立检察机关刑罚执行主体的法律地位,让检察机关统一行使执行权,在具体的指挥执行活动中实现对执行活动的有效监督。

对此,可以参照或借鉴传统大陆法系国家的一些做法在修法中明确赋予检察机关刑罚交付执行权,部分刑罚的具体执行权、刑罚执行的指挥监督权、变更刑罚意见权和上诉权。但是必须要注意的是从检察机关所具有的职权和司法资源合理配置方面考量,对于监禁刑的具体执行,检察机关只有指挥权而没有具体的实施权;对于监禁刑的变更执行,法律应明确规定按司法型程序操作,检察机关只有程序的启动权、参与权、意见权和抗诉权。另外，在检察机关成为刑罚执行主体之后，应当让国家权力机关和一定社会组织承担起刑罚执行监督活动，而这种监督就可以是一种事后的或是随机的监督，无须再实行"同步监督"。

中国—东盟反商业贿赂
刑事司法协作机制构想

余 捷*

当前,包括中国在内的世界各国都面临着商业贿赂犯罪的严重困扰。作为商品社会的一项"潜规则",商业贿赂与商品经济相生相伴。随着现代商品经济的飞速发展,商业贿赂也在不断滋生蔓延,严重侵蚀着现代经济社会的健康肌体,商业贿赂正日益成为全球经济发展的一大难题。为阻止商业贿赂的扩展蔓延,世界各国或严密国内法网,或彼此通力合作,采取各种措施,借助各种途径积极应对。国与国之间、区域化国际组织内部开展的反商业贿赂刑事司法协作越来越频繁,成效越来越显著。中国与东盟(Association of Southeast Asian Nations,ASEAN)作为亚洲重要的国家和区域性国际组织,也有必要建立和加强成员国间的反商业贿赂刑事司法协作机制,共同防范、协同打击,以实现对商业贿赂犯罪的有效控制。

一、商业贿赂犯罪的严重危害

商业贿赂作为腐败的主要表现形式,严重破坏社会风气和市场经济秩序,使国家经济发展受阻,甚至还可能引发严重的政治动荡和社会动荡。随着商品经济的不断发展以及经济全球化进程的加快,商业贿赂犯罪呈现出高发多发、量大面广的发展趋势,其危害性越来越凸显。

一是犯罪层级越来越高。犯罪层级越来越高主要表现为犯罪主体身份级别越来越高、犯罪标的额越来越大。从中国以及其他国家查处的情况看,不论行

---

* 重庆市人民检察院第一分院检察长,中国刑法学研究会理事,重庆市刑法学研究会会长,法学博士

贿还是受贿，也不论是公职主体还是私营主体①，身份级别越来越高，涉及的犯罪金额越来越大。在亚洲、拉美以及欧洲一些国家，都曾出现过总统、首相等高职人物因卷入商业贿赂而被弹劾或引咎辞职的典型案例，并给所在国政坛带来不小震动。二是容易诱发系列经济犯罪并造成巨大经济损失。在许多情况下，商业贿赂并不单纯表现为孤立的犯罪，往往会成为洗钱、金融诈骗等经济犯罪以及公职人员渎职犯罪的诱因或上游犯罪。商业贿赂犯罪本身以及诱发的系列其他犯罪破坏作用极大，往往会造成巨大的经济损失。② 三是严重影响到国际贸易和投资环境。随着国际贸易和跨国投资等国际商业活动的迅猛发展，一些跨国经济组织为了实现利益的最大化，也充分运作商业贿赂这一"潜规则"抢占市场份额，使得跨国商业贿赂犯罪日益增多。③ 跨国商业贿赂不但严重破坏了公平竞争的市场经济秩序，往往还牵涉权力腐败，损害营业地国政府形象和公信力，进而严重影响到贸易和投资环境。四是跨国商业贿赂犯罪以及犯罪行为人潜逃境外规避制裁的情形日益增多，影响案发地国司法管辖权的行使。越来越多的犯罪分子在实施重大商业贿赂犯罪后携带巨额资金纷纷逃往国外，利用不同国家的法律规则以及国际刑事司法协助障碍来逃避法律制裁。这种情况大有愈演愈烈之势，不但给犯罪地国带来了巨大经济损失，而且严重影响其司法管辖权的行使。

二、各国及国际组织反商业贿赂的应对措施

不断扩展蔓延的商业贿赂严重危及各国经济的健康发展。面对商业贿赂的严重危害，许多国家纷纷出台措施，对商业贿赂进行积极预防和严厉打击。同时，包括联合国在内的许多国际组织也加强了反商业贿赂的合作。全球已逐步形成共同应对商业贿赂犯罪的积极态势。

（一）一些发达国家及国际组织反商业贿赂的有益经验

美国、新加坡、联合国、经合组织及欧盟等国家和国际组织在治理商业贿赂犯罪尤其是国际反商业贿赂方面积累了一些有益经验，值得其他国家借鉴和参考。

---

① 《联合国反腐败公约》将贿赂犯罪划分为"贿赂本国公职人员"、"贿赂外国公职人员或者国际公共组织官员"以及"私营部门内的贿赂"三种情形。参见外交部条约法律司编译：《联合国反腐败公约及相关法律文件》，法律出版社2004年版，第14~16页。

② 据透明国际（Transparency International）估计，全球每年因为贿赂和腐败导致的经济损失高达32000亿美元。

③ 如美国德普天津公司从1991年至2002年期间，向中国医疗机构行贿162.3万美元，以此换取这些医疗机构购买其母公司——DPC公司的诊疗产品。又如著名的"洛克希德案"，日本前首相田中角荣及助手为美国洛克希德公司牵线搭桥，向日本全日空航空推销一批大型客机，并接受好费5亿日元，结果被判有期徒刑4年，并追缴罚金5亿日元。

美国为了约束本国公司和个人进行海外贿赂，于1977年专门制定了《海外反腐败法》（Foreign Corrupt Practices Act，FCPA）。当年，美国证券交易委员会在一份报告中披露，有400多家公司在海外存在非法的或有问题的交易。这些公司也承认，自己曾经向外国政府官员、政客和政治团体支付了高达30亿美元的巨款。这种情况引起美国民众的担心。为了遏制这一趋势，重建公众对美国商业系统的信心。立法者们在获得市场与失去信誉的价值权衡中，最终倾向于对商誉的保护，制定并通过了《海外反腐败法》。其严厉的处罚措施和严格的内部会计制度要求，构成了对美国公司的全方位约束。《海外反腐败法》颁布以来经过了3次修改，其中最大的一次是1988年。针对美国公司不能行贿，在海外市场竞争中处于劣势的情况，将众多的被1977年FCPA认为是违法的行为合法化①，同时要求美国总统采取行动，促成其他国家出台与《海外反腐败法》类似的法律。1998年再次对《海外反腐败法》进行了修正，扩大了管辖适用范围，将外国企业和自然人在美国境内实施的商业贿赂行为一并纳入管辖规范。

与此同时，美国《海外反腐败法》开始出现国际化趋势。美国国会和经济合作与发展组织（OECD）协商，谋求美国主要贸易伙伴出台同样的海外反腐败法。1997年，美国与OECD其他33个国家共同签订了《禁止在国际商业交易中贿赂外国公职人员公约》。此外，美国还与美洲国家组织、国际商会、世界银行、国际货币基金组织等国际组织谋求同样的支持，这些组织也相继出台了类似公约。《海外反腐败法》的国际化取得了明显成效，②使得美国与相关缔约国在反商业贿赂问题上达成诸多一致，从而形成了反商业贿赂的国际合力。

在亚太地区，作为东盟重要成员国的新加坡在反商业贿赂问题上也有许多成功的经验。在透明国际组织提交的2005年全球清廉指数排名中，新加坡以9.4分位列145个被调查国家的第五位，仅仅比最清廉的国家冰岛低0.3分，在亚洲更是高居榜首。③目前，新加坡反商业贿赂的主要法律有《新加坡预防腐败法》和《新加坡刑法》。出台于1960年的《新加坡预防腐败法》是专门打击贿赂犯罪的法律，几乎涵盖了包括商业贿赂在内的所有贿赂行为。规定了犯罪构成、调查机关、反贪人员特别调查权以及针对贿赂犯罪的刑事诉讼等问题。还特别规定了腐败推定制度、"惯例"证据排除制度以及有效地保护举报

---

① 参见彭岳："美国反海外贿赂法述评"，载《国际商报》（电子版）2004年7月5日。
② 事实上，发生在中国的朗讯事件、天津德普公司案以及中国建设银行原董事长张恩照受贿案等跨国商业贿赂案件的案发或查处在很大程度上也受到美国《海外反腐败法》的有力推动。
③ 引自透明国际网站，网址：http://www.transparency.org/policy.research/surveys_indices/cpi。

人制度。① 此外，《新加坡刑法》还对《新加坡预防腐败法》没有包括的其他贿赂公务员的行为作了补充规定。作为治理贿赂的配套措施，新加坡还建立起了高薪、严治、精英化的现代公务员制度，有效地防止了公务领域的商业贿赂。

在世界各国纷纷完善国内反商业贿赂措施的同时，在全球反腐浪潮的推动下，国际组织加大了合作力度，其反商业贿赂的作用日趋明显。当前，站在国际反商业贿赂前沿的政府间国际组织主要有联合国（UN）、经济合作与发展组织（OECD）、欧洲理事会（Cocncil of Europe）、美洲国家组织（OAS）等。

联合国自20世纪70年代就开始致力于推动成员国的反贿赂制度建设。联合国先于1996年制定了一项指导性文件——《公职人员行为国际守则》，从明确公职人员义务、规制公职人员行为的角度出发，保证公职人员不收受贿赂。2000年，联合国第55届联大通过了《联合国打击跨国有组织犯罪公约》，该公约第8条对公职人员贿赂犯罪作了具体规定；此外，联合国还同时通过一项决议，要求加强国际合作，打击国际交易中的贪污贿赂行为，并特别要求通过联合国系统加强合作，防止和对付非法转移资金并将非法转移的资金返还来源国。② 2003年，联合国通过了反贿赂国际立法的全新成果——《联合国反腐败公约》。《联合国反腐败公约》的管辖范围涵盖了商业贿赂的全部领域，强化了对公职人员受贿的打击措施，还要求缔约国将经济、金融或者商业活动过程中私营部门内的贿赂行为规定为犯罪。③《联合国反腐败公约》是第一项全球性的反腐败法律公约，是迄今为止适用范围最广，内容最为全面具体的国际性反腐败法律文件。首次在国际建立了反腐败五大法律机制，即预防机制、刑事定罪与执法机制、国际司法合作与执法合作机制、资产追回与返还机制以及履约监督机制，对国际反腐败斗争和反腐败国际合作具有重要意义和深远影响。

经济合作与发展组织（Organization for Economic Cooperation and Development, OECD）在反跨国商业贿赂立法上的突出成就表现为1997年年底通过了《禁止在国际商业交易中贿赂外国公职人员公约》。该公约确立了调整国际商事交易活动中向外国官员行贿行为的法律框架和最低标准，其引渡条款还可以作为缔约国间请求引渡的法律依据而直接适用。该公约填补了在国际商事活动中行

---

① 参见程宝库：《商业贿赂——全球治理的立法与实践》，法律出版社2006年版，第148页、第154页、第155页。

② 该决议即联合国大会2000年12月20日全体会议通过的第55/188号决议：《防止和打击贪污行为及非法转移资金并将这些资金返还来源国》。参见外交部条约法律司编译：《联合国反腐败公约及相关法律文件》，法律出版社2004年版，第76~77页。

③ 参见外交部条约法律司编译：《联合国反腐败公约及相关法律文件》，法律出版社2004年版，第25~36页。

贿外国官员的国际立法空白,为各国和国际组织制定反商业贿赂立法提供了参照,同时对规范企业的国际商业行为发挥了积极影响。因加入该公约的国家分布范围广,公约协调了不同法系国家之间法律规定的差异。该公约的出台,标志着国际反商业贿赂合作进入了新阶段。①

在欧洲,作为区域性的国际组织,欧洲理事会和欧盟也加快了反商业贿赂的立法与合作。1997年1月和同年11月,欧洲理事会先后通过了《反腐败刑法公约》(Criminal Law Convention on Corruption)和《反腐败民法公约》(Civil Law Convention on Corruption)。《反腐败刑法公约》规定了贿赂、洗钱等跨国腐败犯罪行为,要求缔约国通过国内法将其规定为犯罪,并规定必要的刑罚措施;建立有效查处腐败犯罪的合法程序规则,同时在缔约国之间建立反腐败司法合作机制,如管辖规则、证人保护规则、取证和没收规则等。走在国际反腐立法前列的《反腐败民法公约》的立法主旨在于保证受害人因腐败而遭受的损失能够得到有效的民事赔偿,要求缔约国在国内法中规定相应的腐败损害民事赔偿制度。②

为便于开展司法合作,欧盟加快了刑事司法一体化建设步伐。欧盟以一系列关于刑事司法协助和合作的公约、条约及决定等为纽带,先后建立起了统一的警察组织、检察组织和司法协作网。为了提高联合打击严重跨国犯罪的能力,1995年7月,欧盟各成员国缔结了《关于建立欧洲刑事警察组织的公约》(公约于1998年10月1日生效)。按照公约规定,欧洲刑事警察组织自1999年7月1日起全面开展工作。其主要职责是推动欧盟国家间的信息交流;获取、比较和分析信息情报;及时通报欧盟国家的有关机构与他们相关的信息和同识别犯罪有关的情报;对欧盟国家间的调查提供帮助和维持一个情报收集的信息系统。2000年12月,欧盟理事会还通过了《组建欧洲警察学院的决定》,以帮助培训成员国的高级警官,支持和完善解决欧盟成员国在打击犯罪、犯罪预防和维护法律秩序与公共安全方面面临的问题,特别是寻求打击跨国犯罪的共同措施。根据1999年10月欧盟理事会的一项决议,在刑事警察组织合作框架下建立一个档案与交换机构——欧洲刑事检察组织。该组织于2002年正式成立,由25个欧盟检察官或法官组成。欧洲刑事检察组织首先应当与成员国各级检察机关协作,从而为重大的有组织犯罪的追诉活动提供支持;此外,还应当与欧洲刑事警察组织进行合作,支持各种刑事侦查活动;同时,还要加强与欧洲司法协作网的合作,便利委托调查的执行和引渡请求的实施。为识别并

---

① 参见程宝库:《商业贿赂——全球治理的立法与实践》,法律出版社2006年版,第279页、第283页。
② 参见程宝库:《商业贿赂——全球治理的立法与实践》,法律出版社2006年版,第315~316页。

联系各成员国那些在刑事司法协助领域实际起作用的人,创造一种专家网络以保证相互间法律协助要求的正常实现,欧盟理事会于1998年6月通过了《设立欧洲司法协作网的联合行动》的决议。欧洲司法协作网向各成员国的执法者就相互法律协助提供法律和实践信息,并且广泛地、一般性地改进成员国间司法合作的协调。资料和信息被以最快的速度不断更新,便利成员国间的司法合作。①

(二) 中国当前反商业贿赂所做的工作

中国政府一贯重视对包括商业贿赂在内的各种贿赂行为的治理工作。当前,行业性的商业贿赂犯罪较为猖獗,面对严峻的商业贿赂犯罪态势,中国政府一方面不断完善惩治商业贿赂犯罪的实体法律规定,另一方面采取积极措施加大了治理力度。

1. 中国治理商业贿赂的立法概况。鉴于商业贿赂的复杂性和严重危害性,中国比较注重运用刑事、行政以及经济手段进行综合治理,因而在立法上呈现出多元化、多层次的特征:不仅在刑事立法中规定贿赂犯罪,在有关经济立法如竞争法和公司法中对商业贿赂也有明确规定,在党和政府的许多廉政法规中也明令禁止商业贿赂行为。而且,根据商业贿赂犯罪的新情况、新特征还适时不断地对立法进行调整和完善。1993年施行的《反不正当竞争法》第一次在立法上明确提出商业贿赂问题,但并未对商业贿赂的法律概念作出界定。1996年11月,国家工商行政管理总局发布《关于禁止商业贿赂行为的暂行规定》才明确了商业贿赂的内涵与外延。根据《反不正当竞争法》和《关于禁止商业贿赂行为的暂行规定》,对商业贿赂行为,根据是否构成犯罪可分别作刑事处理或进行罚款、没收违法所得的行政处罚。1997年《刑法》对商业贿赂作了较为全面系统的规定。具体包括第163条公司、企业人员受贿罪,第164条对公司、企业人员行贿罪,第184条规定的金融机构工作人员受贿犯罪,以及第385条至第393条规定的受贿罪、单位受贿罪、行贿罪、对单位行贿罪、介绍贿赂罪。同时,《刑法》还规定,对商业贿赂犯罪可分别情况,判处罚金、拘役、有期徒刑直至死刑的严厉刑罚。2006年,中国重拳整治商业贿赂,并出台了《刑法修正案(六)》,将商业贿赂犯罪的主体扩大到了公司、企业以外的其他单位的工作人员。此外,为加大反腐败力度,阻止资金外流,还于同年出台了《反洗钱法》,将贿赂犯罪纳入了洗钱罪的上游犯罪范围。2007年7月,最高人民法院、最高人民检察院针对受贿手段不断翻新、更具隐蔽性、复

---

① 参见何家弘:《刑事司法大趋势——以欧盟刑事司法一体化为视角》,中国检察出版社2005年版,第41~45页。

杂性的现实情况,共同出台了《关于办理受贿刑事案件适用法律若干问题的意见》的司法解释,将"明显超低价购车购房或以借用为名占有车房"、"不出资合办公司"、"让特定关系人挂名领薪"等10种经常遇到而司法适用难度较大的新型受贿方式纳入了法律的惩治范围,进一步强化了对商业贿赂犯罪的惩治力度。

2. 中国治理商业贿赂采取的积极措施。中国政府为了保持对商业贿赂犯罪的高压态势,采取了多种积极的应对措施。一方面充分运用常规的刑事手段,另一方面还适时开展专项治理工作,加大惩治商业贿赂的力度。同时还积极参与国际合作,从外部寻求治理商业贿赂犯罪的合力。为维护公平竞争的市场秩序,深入推进反腐倡廉工作,中国政府于2006年开展了治理商业贿赂专项活动。该项工作由中央纪委牵头,全国人大常委会法工委、最高人民法院、最高人民检察院与国务院18部委联手行动,以行业性及国家工作人员参与的商业贿赂犯罪为查处重点,掀起了一场反商业贿赂风暴。通过对一大批商业贿赂大要案件的查处,专项整治行动取得了实效。为严厉打击跨国商业贿赂,进入21世纪以来,中国政府还通过签署系列国际公约,初步建立起一个打击跨国商业贿赂犯罪的法律网络体系。为此,中国先后签署了《联合国打击跨国犯罪公约》、《联合国反腐败公约》、《中国与东盟非传统安全领域宣言》等国际公约和合作宣言。① 截至2006年8月,中国已与26个国家签订了双边引渡条约,与40个国家签订了刑事司法协助条约,② 为合力打击跨国商业贿赂犯罪提供了合作平台。

3. 中国治理商业贿赂存在的问题。尽管中国对治理商业贿赂犯罪始终持积极态度并取得了一定成效,但在立法和国际司法合作方面仍存在诸多不足。首先,刑事立法并未专门对商业贿赂犯罪作出规定,唯一将"商业贿赂"作为立法术语的《关于禁止商业贿赂行为的暂行规定》只属于部门规章,立法层级过低,且内容较陈旧,无法满足惩治商业贿赂的现实需要。其次,没有制定统一的"反商业贿赂法"对商业贿赂的概念、表现形态、治理主体、治理程序和方式等作出统一规定,实践中往往出现多头治理、治理不力、以罚代刑或依据不足的局面。再次,未将贿赂外国公职人员或者国际公共组织官员的行为和企业境外行贿行为纳入刑法规定,与《联合国反腐败公约》的规定未能完全协调同步,导致该类商业贿赂犯罪行为不能被有效惩治。最后,反商业贿赂的国际司法协作机制缺乏,对跨国商业贿赂犯罪的惩治效果不理想。与东盟

---

① 参见《中国高度重视合作打击跨国犯罪》,引自新华网,浏览日期:2007年7月1日。
② 参见《中国与外国缔结的双边司法协助类条约一览表》,引自中国外交部网站,网址:http://www.fmcoprc.gov.cn,浏览日期:2007年6月23日。

之间的反商业贿赂协作虽然正在积极展开,但同样欠缺协作的法律渊源,协作层级不高,协作力度不够。前三个问题,在条件成熟的时候,主要通过国内立法就可以解决。而关于反商业贿赂的刑事司法协作问题,则需要国际社会的共同努力才能完成。

三、中国—东盟建立区际反商业贿赂司法协作机制的必要性和可行性

如前所述,包括中国在内的世界各国虽然都在积极加强对商业贿赂的国内立法及治理工作,但由于商业贿赂犯罪的危害性越来越大,跨国特征越来越凸显,仅仅依靠各个国家的单打独斗无法全面而有效地遏制商业贿赂犯罪。因此,面对日益严峻的商业贿赂犯罪形势,加强反商业贿赂的国际合作势在必行。联合国、欧盟、经合组织、美洲国家组织等全球性及区域性的国际组织已走在反商业贿赂的前列。中国与东盟,作为亚洲的重要国家和重要的区域性国际组织,无疑也应当加强反商业贿赂的国际合作,为中国—东盟经济社会的持续健康发展服务。

中国—东盟建立区际反商业贿赂司法协作机制是必要的和可行的。

1. 区域经济一体化的客观需要。当今世界,经济全球化、区域经济一体化趋势越来越明显。中国与东盟在亚洲乃至世界范围内有着举足轻重的地位,彼此的经贸往来活跃而频繁。自1991年中国与东盟开展对话以来,双方贸易额大幅增长,双向投资迅速增加。据中国海关统计数据显示,从1991年至2005年,中国与东盟贸易额从79.6亿美元增长到1303.7亿美元,增长了16.3倍,年均增长率高达20%,这一增长率超过了同期中国和东盟各自的对外贸易增长率。2006年双方贸易额达1608亿美元,较上年增长23.4%,增长势头不减。双方已互为对方的第四大贸易伙伴,中国的巨大进口需求拉动了东盟国家的经济增长,东盟已成为中国第三大进口来源地和第四大出口市场。①在贸易快速发展的同时,双向投资增加,东盟各国已成为中国吸引外资的重要来源地,也是中国企业"走出去"的首选地之一。中国与东盟先后共同应对亚洲金融危机,成功组建了中国—东盟自由贸易区。被称为"未来世界第三大经济体"的中国—东盟自由贸易区,是中国和东盟共同应对世界经济全球化和区域经济一体化的重大举措,将中国与东盟的经贸关系带入了一个突破性发展的新阶段,具有里程碑式的意义。经贸关系的发展,也带来了犯罪机会的增加。"社会经济越发达,犯罪率也越高,而且绝大部分犯罪都直接或间接地

---

① 参见陆建人:《中国经济增长对东盟国家经济的积极影响》,引自中国—东盟研究网,浏览日期:2007年6月28日。

与经济有关系。"① 中国—东盟经济一体化进程在不断加快,不论内国还是跨国商业贿赂犯罪非但不会减少,反而还会保持上升势头。这就需要双方积极开展反商业贿赂的国际合作,剔除影响经济发展的毒瘤,为促进经贸关系的健康发展提供强有力的司法保障。

2. 解决刑事管辖冲突的客观需要。国际刑事合作的存在是由各国刑事管辖的局限性和管辖冲突决定的②。刑事管辖权作为国家主权的一项重要权能,通常职能在本国领土内行使,没有他国的同意和协助,就不能延伸到本国领土之外。换言之,一国不能超越国家主权的管辖范围而在他国领土上自由追诉犯罪。但是,面对包括商业贿赂在内的跨国犯罪,每一个主权国家都难以在本国主权所及范围内单独而顺利地完成所有诉讼活动。当前,国际上又没有一个可以超越国家主权对跨国犯罪统一行使管辖权的国际司法组织和诉讼程序。因此,国与国之间的协作配合是顺利实现打击跨国犯罪的有效手段。从这个意义上讲,加强中国与东盟之间反商业贿赂的刑事司法协作是协调刑事管辖冲突、最终实现打击跨国商业贿赂犯罪的客观需要。

3. 符合刑事司法一体化的大趋势。人类社会在政治、经济、文化等领域的发展交流必将推动彼此间的吸纳与融合。包括司法制度在内的不同制度之间的相互学习与融合是必然的发展趋势。不同法系、不同主权国家的司法制度因各具优缺点事实上已表现出相互借鉴和认可,进而出现了逐步融合的趋势。如欧盟的刑事司法一体化进程就堪称世界的典范。尽管国家主权不可超越,但交流与融合也是大势所趋。同一法系下一些具有相似法律文化传统的国家已经形成了具有相同特征的法律制度。刑事司法一体化的要义在于"刑事司法基本原则和内涵标准的一致性"。③ 联合国以及一些区域性的国际组织所确立的一些基本准则极大地推动了不同国家的刑事司法趋向统一。中国—东盟进行反商业贿赂的刑事司法协作,是在平等互利的原则下,为了维护共同利益而推动刑事司法一体化的具体表现,符合刑事司法一体化总的趋势。

4. 中国—东盟之间拥有良好的合作基础,反商业贿赂的刑事司法协作具有可行性和现实性。

中国与东盟十国地缘关系近,方便的时空距离利于及时高效地开展合作打击犯罪。此外,中国与东盟各国民族文化传统相近,并且能够平等相处,彼此

---

① 参见[美]路易丝·谢利:《犯罪与现代化》,群众出版社1986年版,第161页。转引自马进保:《国际犯罪与国际刑事司法协助》,法律出版社1999年版,第369页。
② 参见张智辉:《国际刑法通论》,中国政法大学出版社1999年版,第281页。
③ 参见何家弘:《刑事司法大趋势——以欧盟刑事司法一体化为视角》,中国检察出版社2005年版,第4页。

尊重，易于沟通交流。更为重要的是，历史上，中国是中华法系的发源地，东盟的多数国家也曾受中华法系的影响，双方的法律文化相近或互补，能够承认并接受彼此的司法制度，在技术层面容易实现刑事司法协作。良好的合作基础使得中国—东盟建立反商业贿赂协作机制具备较强的可能性和可行性。

中国与东盟各国已进行广泛的双边或多边交流，具备合作的现实性。中国本着"与邻为善、以邻为伴"的外交方针和"睦邻、安邻、富邻"的外交政策，于 1997 年与东盟确定了建立面向 21 世纪的睦邻互信伙伴关系并发表了《联合声明》。2002 年，中国与东盟签署了《南海各方行为宣言》；2003 年，中国率先加入了《东南亚友好合作条约》，与东盟率先建立了战略伙伴关系，双方签署了《面向和平与繁荣的战略伙伴关系联合宣言》，2004 年进一步签署了落实这一战略伙伴关系的《行动计划》。中国与东盟间政治、经济合作良性互动，一年发展一大步。

法律合作方面，为应对日益猖獗的有组织跨国犯罪，中国与东盟还于 2002 年 11 月签署了《中国与东盟关于非传统安全领域合作联合宣言》。此外，中国与东盟的泰国、越南、老挝、柬埔寨、菲律宾以及印度尼西亚等国家已签署了双边《引渡条约》或《刑事司法协助条约》[1]。同时，中国检察机关积极创建区域检察合作机制，于 2004 年在中国昆明召开了首届中国与东盟成员国总检察长会议，签署了《中国与东盟成员国总检察长会议联合声明》，通过中国与东盟成员国总检察长会议机制积极构建直接合作打击跨国犯罪的执法网络。[2] 为了便于与中国相邻各国开展直接高效的司法合作，中国最高人民检察院先后在与东盟的越南、老挝、缅甸等国相邻的省级人民检察院，设立最高人民检察院驻该省国际司法合作办公室，授权其直接与邻国的对应机关开展便捷、高效的国际司法合作，打击各种跨国犯罪活动。中国与东盟各国间的刑事司法合作是积极而富有成效的。如中国云南省交通厅副厅长胡星受贿 4000 万元逃匿案，就是通过中国与新加坡的密切协作将犯罪嫌疑人成功引渡并绳之以法的，这是新近发生的中国与东盟国家开展刑事司法协作共同打击商业贿赂犯罪的典型案例。这些都表明，中国与东盟建立反商业贿赂的刑事司法协作机制已具备良好的现实条件。

四、中国—东盟反商业贿赂司法协作机制构想

为有效遏制商业贿赂给中国及东盟各国经济和社会发展带来的危害，在相

---

[1] 参见《中国与外国缔结的双边司法协助类条约一览表》，引自中国外交部网站，网址：http://www.fmcoprc.gov.cn，浏览日期：2007 年 6 月 23 日。

[2] 中国与东盟成员国总检察长会议机制从 2004 年起每年一届，已召开的四届会议分别在昆明、曼谷、雅加达、澳门举行。参见《中国高度重视合作打击跨国犯罪》，引自新华网，浏览日期：2007 年 7 月 1 日。

互尊重国家主权和平等互利的原则下,中国—东盟应当立足本土实际,同时大胆借鉴吸收世界其他国家及国际组织在反商业贿赂方面的好的经验和做法,通过多种渠道友好协商,尽快建立起符合双方利益的不同层级、形式多样的反商业贿赂协作机制。笔者认为,中国—东盟反商业贿赂司法协作机制可从以下具体步骤着手。

(一)搭建协作法律框架

反商业贿赂的刑事司法协作机制①首先需要以国际法和国内法有机结合而搭建起来的法律框架作支撑,这样协作机制的启动才有依据,执行才有保障。"亚洲地区刑事司法合作的范围和规模相对来说比较小,而且缺乏法典化的约束"。② 因此,搭建法律框架是首要的和必需的。反商业贿赂协作法律框架主要应由国际法和国内法两大部分组成,包括对商业贿赂行为进行定性和设定责任机制的实体法律规范,以及协作追诉打击商业贿赂犯罪的程序法律规范。

1. 以双边条约或多边公约为主构建反商业贿赂协作的国际法渊源。双边条约是调整刑事司法协作关系的最普遍的法律规范。中国分别与东盟的泰国、老挝、菲律宾等国签订的《引渡条约》就是典型的开展刑事司法协作的双边条约。中国与东盟各国的双边刑事司法协作关系虽然正在正常开展并取得了一些成效,但合作机制和规模还远远不够。因此,中国与东盟应加强反商业贿赂协作双边条约的建设。尤其在多边意旨难以统一的情况下,可参照联合国制定的《刑事案件互助示范条约》、《引渡示范条约》以及《刑事案件转移诉讼示范条约》③ 等样板条约来缔结类似的双边条约。此外,针对中国与东盟各国双边刑事合作较多而多边合作不足的问题,应强化以多边公约的形式加强合作。订立多边公约的好处在于缔约国间的磋商效率高、公信度高,更有利于合作执行。笔者认为,中国与东盟各国反商业贿赂多边公约的订立可分为两个层面。一是各国通过签署全球性的反腐败法律文书即《联合国反腐败公约》来实现多边合作;④ 二是可借鉴欧洲理事会以及美洲国家组织等区域性国际组织的做

---

① 需要说明的是,国际刑法在学理上对"刑事司法协助"(international judicial assistance in criminal matters)的定义一般分为狭义、广义、最广义三种情况。狭义的司法协助又称"小司法协助"(minor legal assistance),仅仅指文书、证据方面的协助;广义的司法协助范围包括引渡和小司法协助的内容;最广义的司法协助包括广义的司法协助范围,还包括诉讼移管、外国刑事裁判的执行以及财产追回等内容。笔者在本文所称"刑事司法协作"是指最广义的刑事司法协助。笔者认为,凡是国际刑事合作(international judicial cooperation)所需的,都应广泛纳入协作范围。

② 参见赵秉志主编:《国际区际刑法问题探索》,法律出版社2003年版,第267页。

③ 1990年在哈瓦那召开的第8届联合国预防犯罪和罪犯待遇大会制定并通过了上述示范条约。参见赵永琛主编:《跨国犯罪对策》,吉林人民出版社2000年版,第339页。

④ 中国已于2005年批准加入《联合国反腐败公约》。

法，共同订立区域性的"刑事司法协助公约"和"反腐败公约"等多边合作公约，作为开展刑事合作打击商业贿赂犯罪的重要依据。

2. 进一步规范完善中国与东盟各国反商业贿赂的国内法渊源。国际刑事司法协作最终仍将依赖于合作各方的国内法适用来实现。因为不论是追诉还是审判和执行，最终要依照请求国或被请求国的国内法律来进行。因此，进一步规范完善中国与东盟各国反商业贿赂的国内法渊源，在刑事协作方面具有终极意义。具体来讲，中国与东盟各国的国内法都应当对商业贿赂的范围、犯罪构成、责任追究、如何实现与国际条约的衔接等问题进行全面系统的规定；同时建议在国内刑法中确立普遍管辖原则，① 便于对跨国刑事犯罪进行追诉。在条件成熟的时候，各国可以考虑制定专门的"反商业贿赂法"。笔者在前文所述的诸如美国、新加坡等国家反商业贿赂的立法经验，也不妨大胆加以借鉴，拓宽商业贿赂的治理范围，创新并严格治理手段。对已加入《联合国反腐败公约》的国家，还应当自觉依照该公约要求不断改进国内反商业贿赂的法制建设。需要强调的是，中国与东盟各国的国内法对商业贿赂犯罪的法律规制应尽可能地协调一致，尽量避免因"双重犯罪"原则②的适用而影响引渡方面的刑事合作。

（二）建立多层面、多形式的协作机制

反商业贿赂协作机制在很大程度上须依赖于统一的刑事司法协作机制的建立，除非合作各方专门就打击商业贿赂犯罪进行特别约定。不论构建何种法律框架，作为具体协作机制主要内容的联络主体、协作途径等是同一的或相似的。从反商业贿赂协作的一些固有特征出发，笔者以为应重点强化以下协作机制的建设。

1. 以多边公约为基础，建立常设的中国—东盟刑事合作协调机构，推动反商业贿赂的司法协作。中国—东盟也许在当前尚无法构筑类似欧盟几乎超越国家主权的统一的刑事司法机构（详见前文），但可以在多边合作的框架下，组建专司刑事司法协作职能的常设机构。该机构可以"中国—东盟刑事协调委员会"命名，委员会由每个国家各自委派的一名常驻委员共同组成。在工作程序上，委员会先对缔约请求国的刑事协作申请进行审查，看是否属多边协

---

① 虽然普遍管辖权的适用对象限于以国际公约的形式明确予以禁止的、危害国际社会共同利益的严重罪行，如反人道罪、战争罪、灭绝种族罪、毒品犯罪、劫持航空器罪等，但笔者认为，从腐败犯罪的多发性、广泛性以及严重危害性来看，可以将商业贿赂罪纳入严重国际犯罪之列，只要罪犯在某一主权国家领土内被发现，该国可以对其行使普遍管辖权。

② "双重犯罪"原则（double criminality）又称双罚性原则，通常指只有请求国与被请求国双方国家都认为是犯罪并加以处罚的行为才提供司法协助。该原则在国际司法协助中已逐渐由刚性走向柔性，如《联合国反腐败公约》已不再将其视为当然的引渡排除规则。

作范围，形式要件是否齐备。经审查确认属协作事项的，委员会接着便联络敦促被请求国。委员会可通过斡旋、协调、干预等工作方式积极促成司法协作的实现。只要中国与东盟在多边协作公约中将商业贿赂犯罪纳入协作的刑事案件范围，便可通过常设的协调机构实现多方面的刑事合作。此种协作机制能在较大程度上确保协作的高效率和公正性。

2. 加强中央机关或主管部门的双边联系。在没有组建常设协调机构的情况下，中国与东盟各国反商业贿赂的刑事司法协作须通过条约指定的中央机关或主管部门的联络协调来实现。1965年，海牙国际会议成员国在拟定《关于向国外送达民事或商事司法文书和司法外文书公约》时创设了负责司法协助的"中央机关"制度。① 作为司法协助重要的联系途径，"中央机关"已成为代表国内各不同主管机关对外提出和接受司法协助请求并起着协调作用的中枢。中国与东盟各国反商业贿赂的刑事司法协助的启动和完成应当更多借助双方的中央机关或主管部门。通过双方的司法部或最高检察机关、最高审判机关就合作事项进行沟通联系，使协作机制得以启动运行。就反商业贿赂的协作机关而言，笔者认为，为便于对商业贿赂犯罪的侦查和指控，同时鉴于中国与东盟各国的最高检察机关之间联系与合作密切，如已建立起总检察长定期会晤机制，并已正式开展了合作实践（见前文），可考虑将各国的最高检察机关的联系设定为经常的反商业贿赂联络机制。当然，通过加强与国际刑警组织（International Criminal Police Organization，ICPO）以及各缔约国国家中心局的合作来缉捕商业贿赂犯罪在逃犯也不失为一条重要而可行的协作途径。

3. 没有条约关系的，建立完善个案磋商机制。在没有条约关系的情况下，中国与东盟各国反商业贿赂协作机制将更多地依靠个案磋商来完成。实践表明，对于政治系统不同的国家来说，通过国际协商来达成打击腐败的共识并不困难。在没有签订《引渡条约》和《刑事司法协助条约》等双边条约的情况下，刑事司法协作机制不能因此陷入僵局。基于平等互利的原则，可以采取双边谈判、个案协商的途径实现协作。作为双边司法协作机制的有益补充和有效方式，个案磋商同样极富成效。因此，中国与东盟各国在反商业贿赂领域应建立起积极的个案磋商机制，便于快速、准确打击商业贿赂犯罪分子。

---

① 参见赵永琛主编：《跨国犯罪对策》，吉林人民出版社2000年版，第357页。

2004年2月，经中美两国政府共同磋商，美国政府与潜逃美国的原中国银行广东开平支行行长余振东达成辩诉交易协议（如果余在中国被起诉，被判刑不超过12年有期徒刑，不处以极刑），同年4月余振东被遣返回中国接受审判，中国政府也兑现了相应承诺。2007年5月，因涉嫌挪用公款、潜逃日本三年之久的中国大连市原国企总经理袁同顺从日本引渡回国。上述两案都是在没有引渡条约的情况下，双方通过积极的个案磋商进行司法协作的成功案例。引自"中安在线"："中国督促西方国家签订双边引渡条约"，网址：http：//www.sina.com.cn，来源：东方早报，记者：周云、郑洁。

(三）丰富协作内容

笔者认为，中国与东盟反商业贿赂的刑事司法协作内容应当宽泛而丰富。中国与东盟各国应当尽量弱化本国政治制度和法律制度与他国存在的差异，拓宽协作内容。具体地讲，中国与东盟各国不论是否签署《联合国反腐败公约》，都宜自觉以该公约为借鉴蓝本，加强协作的广度和深度。协作内容不但应包括狭义刑事司法协助的内容——送达文书和调查取证，还应包括广义和最广义的刑事司法协助的内容，将引渡、诉讼移转、被判刑人的移送、外国刑事判决的承认和执行以及资产的追回返还等一并纳入协作内容。就目前的实际情况，大而全的协作也许因障碍多、难度大而尚难操作，但应将广泛协作作为一个努力方向。尤其在当前亟须解决的商业贿赂犯罪分子的引渡、财产的返还等问题上应进一步加大协作力度。

笔者深信，中国与东盟各国为了共同的利益和秩序，在彼此尊重主权和平等互惠的原则指引下，通过友好协商，求同存异，减少协作障碍，构建反商业贿赂的刑事司法协作机制的前景将是美好而光明的。

● 异域法苑

刑事案件中陪审团事实认定活动的法律规制
——关于证据制度的一元化合宪分析

罗纳德·艾伦* 著 吴宏耀 刘 静** 译

[原编者按] 立法者和法官们已经设计出了大量的证据制度（evidentiary devices）①，以规制（structure）陪审团的事实认定活动，指引陪审团的推理活动获得理性的裁决。自 In re Winship 案将排除合理怀疑标准宪法化以来，十年间，这些证据制度一直受到削弱排除合理怀疑标准的质疑。在这篇文章中，艾伦教授批评了最高法院的下述做法，即针对各项证据制度分别发展不同的合宪性标准（constitutional tests）。他主张，所有的证据制度，均应视为在转移说服责任方面具有类似功能的方法。如此，将有助于对这些证据制度的理解并提出一种一元化的分析方法，以确保这些制度的发展不会削弱排除合理怀疑标准，或侵扰陪审团作为事实裁判者的地位。

---

* 原文标题为 "STRUCTURING JURY DECISIONMAKING IN CRIMINAL CASES: A UNIFIED CONSTITUTIONAL APPROACH TO EVIDENTIARY DEVICES"，原载于 94 Harv. L. Rev. 321, 338 – 353 (1980)。

罗纳德·艾伦时任美国爱荷华州大学法学院法学教授。在此，作者特别感谢其同事 David Baldus、Richard Kuhns 和弗吉尼亚大学法学院的 John Jeffries 教授对本文所作的评论。感谢 Martin Langford、Diane Kutzko、Mark Feldman 和 Dan Kepner，他们为我的研究提供了很大的帮助。另外，感谢 the Nellie Ball Trust Fund 的资助，以及因作为 University Faculty Scholar 而享有充裕的研究时间。

** 吴宏耀，中国政法大学诉讼法学研究院副教授；刘静，中国政法大学诉讼法学专业研究生

① 在文中，evidentiary devices 包含了两层意思：一是指各种法定的具体制度；二是暗含着这种法定制度仅仅是一种解决特定问题的制度化安排，在理性作用下，这种制度安排可以进一步优化。因此，将 evidentiary devices 译为"有关证据的制度安排"似乎更为恰当。但为了文句表达的简明性，译者退而求其次，选择了"证据制度"的译法。——译者注

一、所论问题及范围

在刑事案件的法庭审理中，证明事实问题的方式通常会非常复杂。这一过程始于向被告方和控诉方分配对于各项争点事实的提出证据的责任和说服责任。有时，还会包括各种积极抗辩（affirmative defenses）的司法创制，并因此由被告方承担对于免责事由的说服责任。但是，当陪审团根据证据裁判被告人有罪还是无罪时，这一推理活动的复杂性却与规制当事人当庭举证的问题明显不同。立法者和法官们试图通过创制法律推定或推论，并借助关于证据的法官评论（judicial comment on the evidence）指引陪审团的推理活动，以期获得理性的裁判。

这些制度试图通过厘清事实与法律判断之间的关系来解决陪审团面临的难题。但是，像积极抗辩的创制一样，这些制度也已经被认为会引发宪法性问题。如果法官指示陪审团，可以根据法庭上对某些较轻的归罪性事实（the proof of other less incriminating fact）的证明，推断其他未被证明的特定归罪性事实存在，或者通过关于证据的法官评论，建议陪审团可以进行某些合理推论，那么，这些做法将无形中提高控诉方证据证明力。由此导致的后果是，关于排除合理怀疑标准的宪法要求[1]可能被规避。同样，各种积极抗辩的创制，使得至少有一项与罪责相关的事实要件，控诉方无须再负担排除合理怀疑标准的证明责任。因此，最高法院已经不得不回答下述问题：在何种情形下，这些证据制度才为宪法所允许？不幸的是，就此，至今尚未获得一个一以贯之的解决方法。

针对这一问题，最高法院形成了大量的相互矛盾的理论和判决。其中，关于正当防卫的处理方法，是这一现状的极好例证。在一些判例中，最高法院判决，由被告人承担正当防卫的说服责任违宪。至于理由，有判例认为，因为这一证明责任是通过推定间接地转移给被告人，而不是因成立一项积极抗辩而直接施加于被告人；[2] 有的判例则认为，其原因在于，根据对州法律的解释，正当防卫并非犯罪构成要件之一；[3] 有的判例则认为上述两种原因都有。[4] 与此相反，一些判例则认为，要求被告人承担正当防卫的证明责任是合宪的，尽管这些判例对于该结论一般都只能给出非结论性的论证（offer little more than

---

[1] See In re Winship, 397 U.S. 358 (1970).
[2] See, e.g., Wynn v. Mahoney, 600 F. 2d 448 (4th Cir.), cert. denied, 444 U.S. 950 (1979).
[3] See, e.g., Holloway v. McElroy, 474 F. Supp. 1363 (M.D. Ga. 1979).
[4] See, e.g.; Cole v. Stevenson, 447 F. Supp. 1268 (E.D.N.C. 1978), rev'd on other grounds, 620 F. 2d 1055 (4th Cir. 1980).

conclusory assertion to justify that result）。① 偶尔，法官们会试图通过对陪审团作如下指示把上述两种立场的优点结合起来，即"正当防卫的答辩应当以优势证据或更强的证据加以证明，而且，如果你对正当防卫是否已经证明仍存有合理怀疑，就应当就该合理怀疑作有利于被告人的解释并裁判其无罪"。②

这些判例不仅仅判决结果不相一致，而且，更典型的是，判决所依据的基本原理存在着严重缺陷。这些判例禁止政府规定由被告人负担正当防卫的说服责任，但是，却从来没有分析过被告人直接负担说服责任与间接负担之间究竟有何区别；或者，就此而言，又是如何得出下述结论的：被告人负担说服责任的争点事实必须是犯罪构成要件之一。毕竟，"构成要件"和"抗辩"之间的唯一区别在于说服责任的分配，而与这一责任如何实现无关。另一方面，那些认为由被告人对正当防卫负说服责任合宪的判例，则没有认真分析以下问题：为什么某些争点事实对于定罪绝对重要——如目的、因果关系——以至于控诉方必须将其证明到排除合理怀疑的程度，而另外一些争点事实，尽管同等重要——如不构成正当防卫——则无须证明到同样的程度。这种不完整的分析为一些法官的混乱做法埋下了种子，这种混乱典型表现在令人费解的陪审团指示之中，与前引指示类似，这些指示认为，正当防卫既是构成要件又是一项积极抗辩。③

这种概念上的混乱，主要归因于两方面的因素。一是证明活动极其复杂，由此引发的宪法性问题也因此具有千姿百态的表现形式；二是对于这些问题，最高法院没有给出令人满意的指导。而且，最高法院就各项证据制度独立进行合宪性分析的做法，明显加剧了这些问题的复杂性。

最高法院的方法是，估计各项证据制度对被告人利益可能产生的影响，据

---

① See, e.g., Williams v. Mohn, 462 F. Supp. 756 (N. D. W. Va. 1978), modified, 605 F. 2d 1208 (4th Cir. 1979); Porter v. Leeke, 457 F. Supp. 253 (D. S. C. 1978).

② Porter v. Leeke, 457 F. Supp. 253, 258 (D. S. C. 1978)（引用的是州法官对陪审团的指示）。

③ 在对抗辩问题（如正当防卫）的处理方式上，法庭具有前后不一的特点；近两年，这一特点在直接影响证据推论的领域也同样盛行。有三个州的法院对以下规定的合宪性问题进行了审查：即根据消费者可能篡改日用仪表的表面证据或推定性证据（"prima facie" or "presumptive" evidence），来证明其确实篡改了日用仪表（utility meters）。佛罗里达州最高法院判决，这种推定是"不理智的、专断的"，因为仪表通常都设置在建筑物外面，任何人都能接触到它。MacMillan v. State, 358 So. 2d 547, 549-50 (Fla. 1978). 新泽西州的判例则认为，仪表可能置于建筑物外面的事实不具相关性，并以下述判断为根据支持此种推定：日常经验表明，通常愿意破坏仪表的人只能是可能从中受益的那个人。State v. Curtis, 148 N. J. Super. 235, 239-40, 372 A. 2d 612, 615 (App. Div. 1977). 相反，纽约的一个法院判决，推定符合合理关系标准（the rational relationship test）。尽管如此，该法院还是推翻了推定，因为该法院认为，联邦最高法最近已经开始用一个更加严格的标准来取代合理关系标准。People v. Thomas, 95 Misc. 2d 289, 293-96, 407 N. Y. S. 2d 812, 816-17 (Crim. Ct. N. Y. 1978).

此采取与预期影响相称的审查标准——对被告人利益可能产生的影响越大,审查的标准也就越严格。① 因此,当前最高法院的合宪性分析,大多转向以下问题:在法院体系内部,对各项证据制度应当如何进行分类。例如,最高法院认为,"容许性推论"(permissive inferences)——此类推论允许但不要求陪审团必须根据某一事实推断另一事实——只能对陪审团产生相对有限的影响,因此,合宪性调查应当只限于审查以下内容:根据已证明的事实,是否"更有可能"推断出推论事实(whether the inferred fact is "more likely than not" to flow from the proved fact)。② 另一方面,由于"强制性推定"(Mandatory presumptions)结论性地证明了某些推论,因此,被视为直接导致了说服责任的转移。也因此,一般情况下,强制性推定属于违宪。③ 在这一点上,积极抗辩有别于强制性推定。对于积极抗辩,只要不转移对犯罪"构成要件"的说服责任,即认为合乎宪法。④ 与此相比,提出证据责任转移所依据的规则,与调整说服责任转移的规则明显不同,⑤ 尽管二者的差别依然模糊不清。最后,只要关于证据的法官评论没有侵入到陪审团的裁判领域,法官评论就合乎宪法。⑥ 但是,合法指导和非法干预之间的界限同样非常模糊,而且,对于法官评论与其他证据制度之间的关系,也尚未作出令人满意的解释。

最高法院的分类方案不仅令人糊涂,⑦ 而且,我试图在本文中指出,最高法院根据对证据制度相关影响的判断来设计不同审查标准,这一思路本身就存

---

① See Ulster County Court v. Allen, 442 U. S. 140, 157 n. 16 (1979) (根据二者的不同影响,厘清了强制推定与任意推论之间的区别)。
② See, e. g., Barnes v. United States, 412 U. S. 837, 841-43 (1973); Turner v. United States, 396 U. S. 398, 408-416 (1970); Leary v. United States, 395 U. S. 6, 32-36 (1969).
③ See, e. g., Sandstrom v. Montana, 442 U. S. 510, 521-23 (1979).
④ See id. at 524 [区分了在 Mullaney v. Wilbur, 421 U. S. 684 (1975) 中的"结论性推定"与在 Patterson v. New York, 432 U. S. 197 (1977) 中的"积极性抗辩"]。这个区分是站不住脚的,因为在两个案件所依据的法律在功能上是相同的。See Allen: The Restoration of In re Winship: A Comment on Burdens of Persuasion in Criminal Cases After Patterson v. New York, 76 MICH. L. REV. 30, 57-61 (1977); note 85 infra.
⑤ Compare Rossi v. United States, 289 U. S. 89, 91-92 (1933), with Mullaney v. Wilbur, 421 U. S. 684, 702 n. 31 (1975).
⑥ See, e. g., Vicksburg & M. R. R. v. Putnam, 118 U. S. 545, 553 (1886).
⑦ Compare, e. g., Barnes v. United States, 412 U. S. 837 (1973) [对于"任意性推论",根据更有可能的标准("more likely than not" test) 是允许的], with Sandstrom v. Montana, 442 U. S. 510 (1979) (强制性推论则属于违宪)。此外,对于这一证据法领域,最让人恼怒的地方在于,所有人的用语都不一致。See 9 J. WIGMORE, EVIDENCE § 2485, at 271 (3d ed. 1940); Hecht & Pinzler, Rebutting Presumptions: Order Out of Chaos, 58 B. U. L. REV. 527, 527-29 (1978); Ladd, Presumptions in Civil Actions, 1977 ARIZ. ST. L. J. 275, 276-79.

在着内在的缺陷。所有的证据制度，在转移说服责任方面具有类似的功能。①因此，如果放弃构建一套精巧等级体系的尝试，并用一种单一的、一元式的合宪性标准取代当前的令人困惑的多样化标准，那么，对于这些证据制度是否合宪的分析将大有帮助。②

尽管这一理论还必须进一步予以澄清，但是，对于与此相关的多数因素已经达成共识。③ 基于这些因素，本文提出了一个综合的、一元化的合宪性理论，用以对转移说服责任的证据制度作出评价。第二部分论证了以下命题：就本文主体而言，积极抗辩、提出证据责任的分配、关于证据的法官评论、借助推定性语言表达（或任何其他方式）对说服责任或提出证据责任进行的转移，

---

① See Part II infra. 此外，与刑事被告人定罪相关的事实不能作出直接裁决，这是一个基本的宪法原则。See Sandstrom v. Montana, 442 U.S. 510, 516 n.5 (1979)（引用案例）; W. LAFAVE & A. SCOTT, CRIMINAL LAW 53 (1972), 这与一些事实不相协调，即一些有关证据的具体安排如果没有直接裁决的概念，就是没有意义的。See Bohlen, The Effect of Rebuttable Presumptions of Law Upon the Burden of Proof, 68 U. PA. L. REV. 307 (1920)。禁止直接裁决与在下列引起麻烦的事实也不协调，即在刑事案件中常常作出直接裁决，例如，如果发生了这样的事情，法官都不会给陪审团关于抗辩的指示。

② 但是，让最高法院解决调整刑事诉讼证明过程的所有宪法性规则带来的困难是不公平的，这些难题在很大程度上是由最高法院不可控制的因素所引起的。不同于60年代程序革命时所作的大部分判决——这一刑事法分支的宪法化，在很大程度上是最近的一个现象。它仅仅开始于十年前最高法院在Winship案中确认排除合理怀疑标准。e. Winship, 397 U.S. 358 (1970)。Winship很快引起人们对刑事法中积极性抗辩的思考。同时，积极性抗辩的发展反过来强调了法官指示与排除合理怀疑标准的交叉。See Allen, supra note 11, at 53－63. 由此导致的判例之间的冲突，迫使最高法院进行表态，从而丧失了关注新生问题的正常机会。

③ 一些优秀的著作可以有助于我们更好地理解这些问题。See Ashford & Risinger, Presumptions, Assumptions, and Due Process in Criminal Cases: A Theoretical Overview, 79 YALE L. J. 165 (1969); Jeffries & Stephan, Defenses, Presumptions, and Burden of Proof in the Criminal Law, 88 YALE L. J. 1325 (1979); Underwood, The Thumb on the Scales of Justice: Burdens of Persuasion in Criminal Cases, 86 YALE L. J. 1299 (1977). See also Allen, supra note 11; Allen, Mullaney v. Wilbur, The Supreme Court, and the Substantive Criminal Law—An Examination of the Limits of Legitimate Intervention, 55 TEX. L. REV. 269 (1977).

除了本文所引用的这些文章，See Angel, Substantive Due Process and the Criminal Law, 9 LOY. CHI. L. J. 61, 93－111 (1977); Dutile, The Burden of Proof in Criminal Cases: A Comment on the Mullaney－Patterson Doctrine, 55 NOTRE DAME LAW. 380 (1980); Fox, The "Presumption of Innocence" as Constitutional Doctrine, 28 CATH. U. L. REV. 253 (1979); McLane, The Burden of Proof in Criminal Cases: Mullaney and Patterson Compared, 15 CRIM. L. BULL. 346 (1979); Orland, Presumptions: Reflections on Washington's Proposed Rule 301, 13 GONZ. L. REV. 935 (1978); Thaler, Punishing the Innocent: The Need for Due Process and the Presumption of Innocence Prior to Trial, 1978 WIS. L. REV. 441; Tushnet, Constitutional Limitation of Substantive Criminal Law: An Examination of the Meaning of Mullaney v. Wilbur, 55 B. U. L. REV. 775 (1975); Note, A Hidden Issue of Sentencing: Burdens of Proof for Disputed Allegations in Presentence Reports, 66 GEO. L. J. 1515 (1978); Note, Due Process and the Insanity Defense: The Supreme Court's Retreat From Winship and Mullaney, 54 IND. L. J. 95 (1978); Comment, Should the Burden of Proving Incompetence Rest on the Incompetent?, 64 IOWA L. REV. 984 (1979).

以及容许性推论（无论该推论采取何种建构方法）等制度，彼此之间的差异微乎其微。上述任何一项具体制度，首先都是一种就刑事案件中的争点事实进行说服责任分配的方法。由于这些证据制度在功能上具有等价性，对它们理应适用类似的宪法规则。第三部分详细介绍了这些宪法规则的内容。最后，在第四部分，本文第二、三部分构建的一元化理论，将被应用于最高法院的一系列判例，以此来例证该理论在实际判例中能够发挥什么样的功用。

二、证据制度功能上的相似性

关于法庭审理中证明活动的分析可以相当简明，尽管有关证据的宪法要求所具有的复杂性看起来与此截然相反。在法庭审理中，能够给当事人施加的一般性证据要求只有两个，① 而且，只有其中一项会引发重大的实践难题。一是要求当事人通过答辩②为本案引入一个新的争点事实。对此，本文在此不予讨论。二是强制当事人承担因无法将特定争点事实证明到法定程度而产生的风险（risk），通常这一风险被称为负有说服责任。我将在下文论证，前文论及的被认为能够引发宪法问题的各项证据制度，在功能上，都属于巧妙处理说服责任问题的类似方法。

（一）积极抗辩——说服责任的明确转移

积极抗辩是指应当由被告人负担说服责任的争点事实，③ 对于该项事实通常采用优势证据标准。④ 将一项争点事实归属于积极抗辩的替代方法只能是：或者将这一争点从犯罪构成要件中彻底排除掉，或者将它纳入控诉方指控之中。但是，不管采用何种方法，创制一项积极抗辩的影响，都将影响到当事人双方的说服责任。

试以犯罪构成中的目的要件为例，来说明积极抗辩将如何对说服责任产生影响。一般情形下，控诉方对目的要件的证明必须达到排除合理怀疑的程度。如果从犯罪构成中剔除目的要件，那么，控诉方将不再承担任何证明责任。同样，如果把犯罪目的从一个构成要件转变为一项积极抗辩，那么，控诉方承担的说服责任将低于排除合理怀疑，即只需证明犯罪目的有可能是现在这样即可（as likely present as not）。与此相反，被告人对犯罪目的的说服责任则相应提

---

① "一般性证据要求"是影响法官、陪审团和所提出证据之间关系的规则，同时，不管提出的证据是什么，都是"证明过程"所涉及的关系。另一方面，常常以"证据规则"的形式出现的"特定的"证据需要，（相关性规则、competency 及程序规则）与这项调查是不相关的。

② See, e.g., Iowa R. Crim. P. 10a (1), 10b (1)（被告人必须基于行为能力或者精神失常的抗辩提出动机的抗辩）。

③ See W. LAFAVE & A. SCOTT, supra note 15, at 152. But see Model Penal Code § 1.12 (2) (a)（指出对于"积极性抗辩"而言，被告人负有提出证据的责任，而控诉方负有说服责任）。

④ But see Leland v. Oregon, 343 U.S. 790 (1952).

高,即由原来的只需表明存在合理怀疑,上升为必须以优势证据证明犯罪目的不存在。①

(二) 提出证据的责任——说服责任的功能之一

一般而言,提出证据的责任有别于说服责任。前者是指为了将特定争点事实纳入案件事实的范围,一方当事人负有就该特定事实主张提出一定证据的法律要求。后者则是指一方当事人就特定事实主张说服事实裁判者信以为真（to convince the factfinder of the truth）的负担。

最高法院曾经暗示,由于提出证据的责任和说服责任是不同的制度,因此,对它们合宪性问题,不应采用相似的分析视角。② 然而,事实并非如此。尽管存在着重要的程序性差异,但是,提出证据的责任与说服责任的主要差别仅仅在于定量方面。正如 McNaughton 教授论证的那样:为了确定一方当事人是否解除了其提出证据的责任,必须判断,就该争点事实所举证据的说服力大小。③ 只有当理性的事实裁判者根据已经提出的证据认为,有足够高的盖然性可以证明相关争点事实时,一方当事人才算完成其提出证据的责任。④

可以肯定的是,就积极抗辩而言,与解除"说服责任"的标准相比,解除"提出证据的责任"的标准相当低;后者的标准仅仅要求,当事人提出的证据是否能够引起陪审团的合理怀疑。⑤ 但是,这里的不同仅仅在于定量方面,即证明积极抗辩的证据必须比解除提出证据的责任具有更强的说服力。即使当法院不采纳这个相对较低的标准,即证据是否能够引起陪审团的合理怀疑,而是采纳一个更低的标准,即当事人是否就争点事实提出了任何证据⑥——或者法院采用一个折中的标准,即要求提出稍多一点的证据（the

---

① 被告人通常不负有对于犯罪构成要件的说服责任。但是,一旦提出一个争点,说服责任就是相互的。说控诉方负有证明犯罪构成要件排除合理怀疑的责任就是说被告人需要承当证明争点事实具有合理怀疑的责任。同样,优势证据标准也是如此。说一方当事人必须证明一项事实更真实就是说其他一方负有说明这个事实可能不真实的责任。但是,陪审团成员可能不会遵循这个逻辑。See Simon & Mahon, Quantifying Burdens of Proof: A View From the Bench, the Jury, and the Classroom, 5 LAW & SOC. REV. 319 (1971).

② See, e. g., Ulster County Court v. Allen, 442 U. S. 140, 157 n. 16 (1979).

③ McNaughton, Burden of Production of Evidence: A Function of a Burden of Persuasion, 68 HARV. L. REV. 1382, 1390 – 91 (1955).

④ 对可信性问题作用的讨论, See. id. at 1388 – 90。

⑤ 使用合理怀疑标准的案件, See, e. g., People v. Redmond, 59 Ill. 2d 328, 320 N. E. 2d 321 (1974); State v. Rice, 379 A. 2d 140 (Me. 1977). State v. Millet, 273 A. 2d 504 (Me. 1971). Some cases apply a relatively high standard. See, e. g., State v. Johnson, 579 S. W. 2d 771, 776 (Mo. Ct. App. 1979) (需要实体性证据来证明被告人精神失常), cert. denied, 444 U. S. 968 (1980).

⑥ See, e. g., United States ex rel. Means v. Solem, 480 F. Supp. 128 (D. S. D. 1979); Zemina v. Solem, 438 F. Supp. 455 (D. S. D. 1977), aff'd, 573 F. 2d 1027 (8th Cir. 1978).

presence of "more than a scintilla of evidence"）；① 其分析过程基本上与适用更高标准时完全相同。也就是说，法院仍然必须判断证据是否具有证明力。为了解决这一问题，法庭必须判断证据对一个理性的事实调查者可能产生的影响。如果适用"任何证据"（any evidence）标准，唯一的不同仅在于，法院只要认为提出的证据可能具有一定的说服力，即无须再就说服力的大小作出判断。

因此，正如 McNaughton 教授所言，"提出证据的责任是……说服责任的功能之一"。② 但是，说服责任在控诉方和被告人之间的分配，通常不会因为被告人对特定争点负有提出证据的责任而改变。在绝大多数情形下，提出证据的责任只要求被告人对相关争点提出合理怀疑即可。这意味着一种不高于对被告人通常所要求的说服程度，即使在控诉方承担提出证据的责任时也是如此。

要求被告人承担提出证据的责任会对其产生不利，并不是因为其转移了说服责任，而是因为提出证据的责任从控诉方转移到了被告人一方。如果被告人不能履行提出证据的责任，那么，将因此解除控诉方就被告有罪相关问题提出证据并说服陪审团的责任。

当一方当事人被迫承担提出证据的责任时，还存在一点实质性的程序差别：即将由法官而非陪审团来判断该责任是否已经被解除。③ 如果法官认为该责任尚未被解除，他将不会就该争点向陪审团作出指示。相应地，陪审团不会就争点作出裁决。因为事实上，法官已直接作出了裁判。④ 尽管神圣的教条宣称，"在一个刑事案件中，作出于被告人不利的直接裁判或先行裁决（a preemptory ruling），即使只是针对犯罪的构成要件之一，也与刑事法格格不入"。⑤

---

① United States v. Wolffs, 594 F. 2d 77, 80 (5th Cir. 1979); United States v. Timberlake, 559 F. 2d 1375, 1379 (5th Cir. 1977).

② McNaughton, supra note 24, at 1390.

③ See, e. g., United States v. Jackson, 587 F. 2d 852 (6th Cir. 1978); State v. Rice, 379 A. 2d 140 (Me. 1977).

④ See, e. g., United States ex rel. Means v. Solem, 480 F. Supp. 128 (D. S. D. 1979)（由于没有对抗辩的知道，法官事实上指导了案件的判决）。

⑤ C. MCCORMICK, HANDBOOK OF THE LAW OF EVIDENCE § 342, at 804 (2d ed. E. Cleary 1972). See also Sparf v. United States, 156 U. S. 51, 105 (1895); Comment, Statutory Criminal Presumptions: Reconciling the Practical With the Sacrosanct, 18 U. C. L. A. L. REV. 157, 160–61 (1970). 如果"要件"和"抗辩"可以在量上区分，那么要求被告人承担对于"抗辩"的提出证据的责任将是合宪的。但是，它们之间没有量上的不同。Jeffries & Stephan, supra note 17, at 1332.

据我所知，在过去的 25 年，没有案件判决因为被告人的抗辩没有达到说服责任的标准而直接作出有罪判决。See Note, Constitutionality of Rebuttable Statutory Presumptions, 55 COLUM. L. REV. 527, 529 n. 16 (1955)。在被告人"提出证据的责任"完成后，法官没有作出优先判决是很奇怪的。当然，被告人完成了提出证据的责任后，控诉方免除了对此的抗辩，也不质疑证人的可信度时，上述情（转下页）

（三）关于证据的法官评论——说服责任的偷偷转移

在美国，法官对证据证明力进行评论的权力①直接继受于英国法；根据英国法，法官一直享有就证据发表意见的广泛权力。②在一系列判例中，最高法院一直支持法官就证据证明力进行评论的权力③，即使有时初审法官做得过了头。④按照最高法院的说法，法官评论的目的在于"帮助陪审团作出公正的判决"。⑤但是，在什么时候法官会认为他的评论可以帮助实现上述目的呢？——法官担心陪审团由于某种原因没有很好地理解法庭上提出的证据的含意，而有可能作出错误判决，恐怕是唯一的情形。法官试图通过对证据的证明力的评论，使陪审团成员注意到原本可能忽视的证据含意，从而得出更理性的裁决。

像前面论述的其他的证据制度一样，法官评论仅仅改变了说服责任。我们比较一下两个案例，它们之间唯一不同之处在于：一个包含了法官评论，另一个没有。为了更具体地说明，假设案件涉及的是对持有明知属于盗窃物品的指控。在每一案件中，证明明知的唯一证据是被告人持有近期的盗窃物品这一事实。更进一步假设，法官的经验认为，持有近期失窃物品的这一事实与明知是盗窃物品之间具有高度的关联性。最后，假设大部分参与陪审团的普通民众并没有认识到这一点。

在第一个案例中，如果法官没有进行评论，陪审团可能会作出有罪判决；而且，可以肯定的是，陪审团作出无罪判决的可能性会高于第二个案例——在第二个案例中，法官解释了持有近期失窃物品的含意。法官的评论提高了控诉方证据的证明力，从而提高了陪审团作出有罪判决的可能性。第二个案例中的

（接上页）形就会发生。在这样的案件中，被告人讲真话的可能性很容易低于被告人为了达到提出证据的责任标准而作的宣示。在这样的案件中，经过指导的判决和被告人已开始就没有达到提出证据的责任的情况一样都是恰当的，除非控诉方的证人和证据在实体上和可信度上在某种程度上说都是毫无瑕疵的。没有认识到这个问题是认知过程严格性的另一体现，而这是这个证据分支长期以来的特点。但是，为了仁慈一些，初审法官有可能在判断被告人是否达到提出证据的责任标准时，考虑控诉方提供的证据，但表面上却否认这么做。

① 在本文中，"对证据的评论"指的是，法官不仅仅对证据进行总结，还对证据的含意或者证明力发表自己的意见。See generally Wright, Instructions to the Jury: Summary Without Comment, 1954 WASH. U. L. Q. 177。

② 9 J. WIGMORE, supra note 14, § 2551, at 503. See generally Wright, supra note 33; Wright, The Invasion of the Jury; Temperature of the War, 27 TEMP. L. Q. 137 (1953)。

③ See, e. g., Capitol Tractors Co. v. Hof, 174 U. S. 1, 13 – 16 (1899); Starr v. United States, 153 U. S. 614, 624 – 26 (1894); Vicksburg & M. R. R. v. Putnam, 118 U. S. 545, 553 (1886)。

④ See, e. g., Quercia v. United States, 289 U. S. 466 (1933); Starr v. United States, 153 U. S. 614 (1894)。

⑤ Vicksburg & M. R. R. v Putnam, 118 U. S. 545, 553 (1886). See also Proposed Fed. R. Evid. 105 (not adopted, but stating the present practice)。

被告人如果想获得与第一个案例同样的获得无罪判决的机会,就必须提出比第一个案例更有说服力的证据进行反驳。尽管在形式上,控诉方和被告人的关系没有发生变化——陪审团在每个判例都适用排除合理怀疑标准——法官评论通过改变陪审团作出判决时所依据的事实矩阵（factual matrix）从而改变了所谓的相对说服责任。① 也就是说,法官评论的作用在于,通过改变被告人对某一事实承担的相对说服责任,从而使双方当事人地位发生改变,② 就像积极抗辩和提出证据的责任的配置一样。③

（四） 推定和推论——相对说服责任的更大转移

初审法官常常通过向陪审团作出推定和推理的指示,介入到事实认定活动之中。推定和推论的本性及其恰当作用长期以来一直激怒着法律体系。④ 但是,这种恼怒更多来自于术语的混乱,而不是由此产生的复杂或让人费解的分析。在刑事判例中,⑤"推定"和"推论"一词仅仅是一种涵盖大量形式各异但功能相似的陪审团指示的标签——这些指示意在对陪审团的推理过程产生影响。这些指示形式多样,但可以大体分为四组:（1）从 A 事实可以推定出 B 事实,除非被告人用优势证据证明 B 事实不存在,且达到所要求的证明标

---

① Cool v. United States, 409 U. S. 100 (1972) (per curiam),是一个说明相对说服责任转移的很好的例子。初审法院指示陪审团,只有在证明申明无罪的从犯的证言的可信度达到排除合理怀疑标准时,才可以予以考虑,最高法院推翻了初审法院的判决,并认为:

初审法院在陪审团通过优势证据推定有关证言的可信度时,设置了一个人工障碍。从而降低了控诉方的说服责任。事实上,很多案件依赖于从犯的证言,初审法官的指示,实际要求被告人承担证明自己无罪的说服责任,并且要达到排除合理怀疑的标准。

Id. at 104. 有一个类似的案例, see Hughes v. Mathews, 576 F. 2d 1250, 1255 (7th Cir.), cert. denied, 439 U. S. 801 (1978)。

② 被告人的"责任"会受到影响的原因是,在刑事案件中,一方一旦提出一项争点,就负相应的说服责任。See note 22 supra。

③ 因为相对说服责任仅仅指出了双方当事人之间的功能关系,明确的说服责任实际上也是相对说服责任的转移。但是,这种说法是错误的。因为,即使明确的说服责任没有转移,法官评论也可以对相对说服责任产生影响。

④ See Walker v. Butterworth, 599 F. 2d 1074, 1077 - 78 (1st Cir.), cert. denied, 444 U. S. 937 (1979); 9 J. WIGMORE, supra note 14, § 2481, at 281; 18 ALI PROCEEDINGS 217 - 18 (1941) (Judge Learned Hand 的评论)。

⑤ 在民事案件中,推定性指示的使用在某种程度上是非常负责的,因为人们公认,控诉方负有调整说服责任的权力。See generally C. MCCORMICK, supra note 32, § 345, at 819 - 29。例如,刑事案件中不存在"爆泡推定"（"bursting bubble" presumptions）。But see McCormick, The Validity of Statutory Presumptions of Crime Under the Federal Constitution, 22 TEX. L. REV. 75, 79 (1943)。

准;① (2) 通过法律推定或法律允许可以从 A 事实推定出 B 事实，但是控诉方仍然需要根据法庭上所提交的证据来证明 B 事实的存在能够排除合理怀疑，即控诉方承担 B 事实的说服责任;② (3) 陪审团可以但不需要从 A 事实推定或推理出 B 事实;③ (4) 从 A 事实可以对 B 事实的推定，同时，这一推定是陪审团在判断控诉方是否完成对 B 事实的说服责任时所要衡量的证据。④

尽管这四组指示有着明显的不同，它们本质上却具有同样的法律效果。它们每一个都改变了双方对某一特定争点所承担的说服责任。第一组指示明确地改变了说服责任，实际上是另一种创制积极抗辩的方法；而剩下的三组则属于第二类指示，改变的是相对说服责任。

第一类指示确立的是"强制性"或"确定性"推定。尽管最近对此也引起了很多争论，但是，在分析上不存在太严重的问题。⑤ 如果法官指示陪审团，除非被告人基于优势证据（或用其他标准）证明 B 事实不存在，否则可以根据 A 事实"推定"或"推论" B 事实存在，那么结果肯定是，在没有直接证据证明 B 事实不存在的情况下，陪审团将基于 A 事实的存在而推论 B 事实同样存在。一旦被告人提交了所要求的证据，而控诉方作出了回应，那么，可以推测，陪审团将会依据适当的裁判规则（the appropriate rule of decision）对此作出判决。如果上述指示准确反映了相关法律的规定，那么，除非能够证明 B 事实不存在而宣告被告无罪，否则，对 A 事实的证明将足以宣告有罪。这种制度安排的作用显而易见——它使 B 事实的不存在成为一项积极抗辩。例如，在一起谋杀案中，一项指示是除非被告人根据优势证据证明存在"激愤"（provocation）的事实，否则，陪审团将根据犯罪目的和原因推定激愤事

---

① See, e. g., Sandstrom v. Montana, 442 U. S. 510 (1979)。下文很好地描述了这种确定性或强制性推定"除非被告人基于优势证据证明不存在 B 事实，否则，根据 A 事实的存在就可以推定出 B 事实的不存在"。

② See, e. g., Hawes v. Georgia, 258 U. S. 1 (1922); United States v. Moore, 571 F. 2d 76 (2d Cir. 1978)。下文很好地描述了这种指示，"根据法律推定，或者法律允许陪审团从 A 事实的存在推定出 B 事实的存在，但是控诉方仍然负有对 B 事实的说服责任，并且需要达到排除合理怀疑的标准"。

③ See, e. g., Barnes v. United States, 412 U. S. 837 (1973); Cramer v. United States, 325 U. S. 1, 31 (1945); McInerney v. Berman, 473 F. Supp. 187 (D. Mass. 1979)。下文很好地描述了这种指示，"陪审团可以但不需要从 A 事实推理出 B 事实，但是控诉方依然负有对 B 事实的说服责任"。

④ See, e. g., Yee Hem v. United States, 268 U. S. 178 (1925); Davis v. United States, 160 U. S. 469, 488 (1895); Brosman, The Statutory Presumption, 5 TUL. L. REV. 178, 204 (1931)。下文很好地描述了这种指示，"从 A 事实可以作出对 B 事实的推定，同时，这一推定是陪审团在判断控诉方是否完成对 B 事实的说服责任时所要衡量的证据"。

⑤ Compare Mullaney v. Wilbur, 421 U. S. 684 (1975), with Patterson v. New York, 432 U. S. 197 (1977); Allen, supra note 11, and Jeffries & Stephan, supra note 17, with Underwood, supra note 17.

实不存在；另一项指示是明确指出被告人需要根据优势证据证明激愤这一积极抗辩，否则，陪审团将根据犯罪目的和原因判决被告人有罪。这两种指示并没有显著的不同。因此，使用"推定"创制的积极抗辩和传统语言所表述的积极抗辩，两者在理论分析上是完全相同的。①

对于其他"推定性"指示，只要能够进行正确的分析，也不会比第一类指示更神秘。第二类指示在功能设计上都是一样的。这些指示鼓励陪审团一旦发现 A 事实，即使控诉方对于 B 事实负有明确的说服责任，也要去发现 B 事实。这种鼓励可以通过两种方式来实现：告知陪审团法律允许从 A 事实推论出 B 事实②或者告知陪审团 A 事实的证据可以引起一种推定，而这种推定本身就是证明 B 事实的证据。例如，在一起盗窃案中，如果明知属于被盗物品具有相关性，那么，法官可能会向陪审团做如下指示：根据被告人持有新近的被盗物品，可以推论或推定被告人明知该物品属于被盗物品；尽管如此，陪审团还必须综合所有的证据，对"明知"是否达到排除合理怀疑的程度作出判断。当然，法院也可以指示陪审团，对近期持有被盗物品的证明构成了一种对明知的"推定"，陪审团应当像评价证据一样对此推定进行评价。但是，在此情形下，"鼓励"陪审团只要证明 A 事实（近期持有被盗物品）存在就要认定 B 事实（明知属于被盗物品），这是什么意思呢？法官在什么时候会愿意这么做

---

① See p. 327 supra。事实上，使用传统语言表述的积极性抗辩和使用推定性语言创制的积极性抗辩并不相同，被告人最好避免发生后一种情况。See Allen, supra note 11, at 60 – 61; Jeffries & Stephan, supra note 17, at 1336 – 38。

一些评论家反对本文所使用的分析方法，see, e. g., Brosman, supra note 46, at 188, and the Supreme Court, see, e. g., Patterson v. New York, 432 U. S. 197 (1977)。C. MCCORMICK, supra note 32, McCormick's 著作的修订者论证到，这种"推定"可以与积极性抗辩区分开来，原因是，"在使用推定的案件中，法律已经通过推定把要件包含在对犯罪行为的定义之中了"。Id. § 346, at 830。与此相反，积极性抗辩仅仅"增加了一个与案件相关的因素，如果被告人证明了这个因素，那么就可能被宣判无罪"。Id. at 830 – 31。这种所谓的区分实际上是站不住脚的。因为这种区分依赖于一种很奇怪的观点，即有一种定义"要件"的合乎宪法规定的强制性方法。Patterson v. New York, 432 U. S. 197 (1977)，该判例即持有这种观点。See note 85 infra。尽管如此，将其提升到实体法高度的趋势却十分明显。实际上，McCormick 主任把这个问题看得很清楚。McCormick, Charges on Presumptions and Burden of Proof, 5 N. C. L. REV. 291, 308 (1927)。See also Farrell v. Cznarnetzky, 566 F. 2d 381, 383 – 84 (2d Cir. 1977) (Oakes, J., concurring), cert. denied, 434 U. S. 1077 (1978); Jeffries & Stephan, supra note 17, at 1346 – 47; Note, supra note 32, at 539; Comment, The Constitutionality of Statutory Criminal Presumptions, 34 U. CHI. L. REV. 141, 146 – 47 (1966)。

② 基于法官所在指示使用语言的精确度不同，对陪审团产生鼓励的程度也可能不同。

呢? 这意味着,法官一直在根据立法者①或者其本人②对法庭上已证事实与推定事实存在之间关系的理解,对陪审团作出指示并希望以此影响陪审团的推理过程。当法官担心陪审团没有很好地领悟和理解两者之间的关系而有可能会得出法官认为是错误的判决时,法官就可能用这种指示来影响陪审团的推理过程。结果是,这种指示引导着陪审团得出与法官相同的认知。

因此,这些指示的作用在于,通过加强 A 事实的作用,改变了陪审团的推理过程。这种作用在功能上与对证据证明力的法官评论没有差别。③ 与对证据的明确评论一样,这些指示改变了双方的相对说服责任,尽管双方当事人的关系在形式上仍然保持不变。④ 如果说明确的法官评论和非强制性推定几乎是相同的,那么,两者适用的合宪性规则也应是大致相同的。

但是,非强制性推定与传统的对证据的法官评论之间有一点不同,这可能要求对二者予以稍有差异的对待。明确的法官评论试图告知陪审团与判决相关的因素以及为什么这些因素与判决相关,而推定性指示仅仅告知陪审团允许作出何种事实认定。法官很少或几乎不会向陪审团解释,为什么特定的事实认定是恰当的。因此,推定性指示可能会导致不理性的判决,尽管这种指示也有可能会提高认定事实的准确性。

由推定性指示所引起的不理性的推理过程是指此种指示要求陪审团进行不可能的思维活动(an impossible mental feat),或者在不提供指导的情况下,告知陪审团要自己决定是否得出某种结论。当法官指示陪审团将推定作为证据进行评价时(weigh a presumption as evidence),即在要求陪审团进行不可能的思

---

① See, e. g., Turner v. United States, 369 U. S. 398 (1970); United States v. Gainey, 380 U. S. 63 (1965); Tot v. United States, 319 U. S. 463 (1943)。See also Model Penal Code § 1.13, Comment (Tent. Draft No. 4, 1956); Soules, Presumptions in Criminal Cases, 20 Baylor L. Rev. 277, 287 (1968) (推定"一般是以人类普遍经验的发现为基础,在法律中展现了其广泛的调查权。任意性推定的指示,关注的是人类所特有的普遍经验,尽管这对于陪审团对案件的思考非常重要,但是,陪审团却可能忽略或不知道这些经验。")(出处省略)。

② See, e. g., Barnes v. United States, 412 U. S. 837 (1973)。

③ 例如,在 Turner v. United States, 396 U. S. 398 (1970) 案中,最高法院在很大程度上支持推定性指示,原因是,这种指示中的论证尽管复杂,但是却是令人信服的。Id. at 421 – 22. See also Ashford & Risinger, supra note 17, at 198 – 200; Bohlen, supra note 15, at 310 – 11。

④ 巧合的是,有一个案子接受了这种观点,See, e. g., Walker v. Butterworth, 599 F.2d 1074, 1078 (1st Cir.) ("认为使用这些有关证据的具体安排是在帮助控诉方完成提出证据的责任,或者说削弱了'排除合理怀疑'标准的力度"), cert. denied, 444 U. S. 937 (1979)。See also Morgan, Instructing the Jury Upon Presumptions and Burden of Proof, 47 HARV. L. REV. 59, 68 (1933)。大部分文章都没有看到这一点,See, e. g., Luria v. United States, 231 U. S. 9, 25 – 27 (1913); State v. DiRienzo, 53 N. J. 60, 376 – 77, 251 A. 2d 99, 106 – 08 (1969)。

维活动。陪审团不可能像评价证据那样"评价推定",因为推定本身就不是证据。① 推定一直以来仅仅用于指称事实之间可能存在的关系。这种指示的目的应该在于,要求陪审团"对推定的基础事实和据此可能得出的推论事实作出评价"。② 但是,由于法官指示仅仅告知陪审团不能做什么,而很少告知陪审团应该怎么做,因此,很显然,陪审团的推理过程非常不理性。

与此相似,允许但不要求必须如何进行推理的指示,使得这种不理性变的更加严重。在此,难题在于,陪审团可能会依据"没有证明力的证据进行推论"。③ 只要陪审团知道可以但不必须如何推理,那么,陪审团作出的判决"不管发现事实的方法是什么,都只能是专断的"。④ 由于以下原因,这一问题会进一步被激化:许多州对法官评论施加了诸多限制;或者,许多州迄今没有令人满意的立法规定,对法官的此类指示作出规定。因此,法院可能无权来缓解这个问题;即便得到允许,也可能缺乏获取有关推定基础材料的手段。一个初审法院对由此产生的困境,进行了充分地论述:

"假设在该案中,被告人在法庭上没有提供任何证据,陪审团将被告知法律推定的有关内容,以及如果陪审团选择〔原文如此〕这么做……可以从证明基础事实推理出存在推定事实。陪审团应该要求从法官那里得到区分或阐释,例如,如何和为什么作出这样的选择,那么,法院将被迫提供一些解释"⑤。

但是,莫大的讽刺是,推定性指示似乎更多的是法官规避法律对法官评论

---

① See Morgan, supra note 53, at 73.
② Commonwealth v. Walker, 370 Mass. 548, 581, 350 N. E. 2d 678, 700, cert. denied, 429 U. S. 943 (1976). See also State v. Bauer, 92 Wash. 2d 162, 595 P. 2d 544 (1979).
一些法院已经意识到,这些指示是难以理解的,并不能指导陪审团作出合理的判决。See, e. g., State v. Stilling, 285 Or. 293, 299, 590 P. 2d 1223, 1227 ("当法官指示陪审团,使用推理来判断目的要件是不恰当的时候,措辞是非常重要的,因为它可能导致一个错误的推理过程"), cert. denied, 444 U. S. 880 (1979). 例如,在这些指示常常使用不明确的语言, see Colson v. Cupp, 449 F. 2d 730, 731 (9th Cir. 1971),涉及的是人身保护令的申请以及一项指示,当特定争点并不违法时,"法律……推定主观目的违法可以导致行为也违法"。
③ Note, The Unconstitutionality of Statutory Criminal Presumptions, 22 STAN. L. REV. 341, 351 (1970).
④ Id.
⑤ People v. Thomas, 95 Misc. 2d 289, 291, 407 N. Y. S. 2d 812, 814 (Crim. Ct. N. Y. 1978) (citation omitted).

的限制的方法。① 即使法律对法官评论没有太大的限制，"陪审团也会受到'推定'的诱惑，从而作出法官认为是以给定事实为基础的、恰当的判决"。② 这种诱惑仅仅在法官指示陪审团的权力受到严格限制的时候才会产生。法官在指导陪审团时，通过使用推定性语言，可以自称遵守了法律对法官评论的限制。讽刺的是，立法者的目的是为了避免明确，但是，却可能使法官评论走向了一种不包含信息的、不明确的评论，从而会导致陪审团不理性的判决。一种解决方法就是允许法官解释推理和推定的基础——事实上，消除了一些州对法官评论的限制。③ 一旦这种情况发生，④ 合宪性分析就必须考虑这种推定性指示很可能产生不理性的判决，而且随之而来的就是对陪审团地位的威胁。

（五）说服责任的转移小结

我们已经看到了在刑事审判中大量的证据制度：积极抗辩、提出证据的责任的配置以及随之而来的对于争点直接判决的可能性、关于证据的法官评论、对推定和推理的指示——它们实质上是非常相似的。这些制度一致的特点就在于，它们都通过调整说服责任，改变了庭上双方当事人之间的证明关系。积极抗辩和提出证据的责任都是非常明确地改变了相对说服责任，而其他制度则不明确地改变了相对说服责任。⑤

---

① See Reaugh, Presumptions and the Burden of Proof, 36 ILL. L. REV. 703, 719 n. 103 (1942)。由于对评论的明确限制，推定性指示大量增加，这表明，推定性指示的产生在某种程度上填补了对评论的限制所带来的空白。Compare Wright, supra note 33, and Wright, supra note 34, with 9 J. WIGMORE, supra note 14, §§ 2551-2551A。一些评论者也阐述了这一点，他们关心的是，是否应当禁止推定性指示发表对证据的评论。See, e. g., Brosman, supra note 46, at 201-02; McCormick, supra note 48, at 299-301; Morgan, supra note 53, at 68。一些法院也对这一点发表了看法，尽管法院依然对证据发表了评论，但是他们却在不知不觉中，对这种指示进行了分析。See, e. g., Turner v. United States, 396 U. S. 398, 421-22 (1970); Luria v. United States, 231 U. S. 9, 25-27 (1913); State v. Stilling, 285 Or. 293, 300-01, 590 P. 2d 1223, 1227-28, cert. denied, 444 U. S. 880 (1979)。

② Morissette v. United States, 342 U. S. 246, 274 (1952)。

③ 例如，法院显然喜欢消除对评论的这些限制，哪怕仅仅是部分限制。See State v. Stilling, 285 Or. 293, 300-01, 590 P. 2d 1223, 1227-28, cert. denied, 444 U. S. 880 (1979)。

④ 这个长久以来的希望可能永远无法实现了。See, e. g., 9 J. WIGMORE, supra note 14, § 2551A, at 509-17; Wright, supra note 34, at 138。

⑤ 我的同事 Richard Kuhns 教授已经指出，这里的分析还应当包括对裁决的事实所作出的各种形式的司法认知（judicial notice）。如果法官注意到一项事实，并且不允许相对的一方当事人进行反驳，那么，实际上就等于法官对这一事实直接作出了裁决。See generally J. MAGUIRE, EVIDENCE——COMMON SENSE AND COMMON LAW 167-75 (1947); Morgan, Judicial Notice, 57 HARV. L. REV. 269 (1944)。相反，如果法官允许相对的一方当事人提出证据并在陪审团前进行论证，那么，司法认知的最主要作用就在于，给一方当事人设置了说服或提出证据的责任。See generally 9 J. WIGMORE, supra note 14, § 2567。通过司法认知让一方当事人承担证明责任，与使用推定的方法的结果是相同的。See, e. g., Sumpter v. State, 261 Ind. 471, 474, 306 N. E. 2d 95, 99 (1974); cf. Fed. R. Evid. 201 (g) (提到在刑事案件中，法院可以指示陪审团，可以但不需要接受司法认知所提到的任何确定性事实)。

此外，我们不可能以这些证据制度对说服责任影响的范围加以区分。因为这种影响在每一类别下都会发生变化（for that effect unmistakably varies within each category），对证据的评论、推定性指示可能对陪审团影响更大一些，因此，它们对相对说服责任既可能有很大的影响，也可能没有或有很小的影响。与此类似，即使双方形式上的责任配置依然保持不变，积极抗辩也要比提出证据的责任更容易证明。还有，对于证据的指示，不管明确与否，实质上都在于保证评论的准确性。明确的法官评论和推定性指示都提高了得到正确结果的可能性，但是两者也都可能得出错误的结论——损害了被告人所拥有的，由控诉方证明此案达到排除合理怀疑标准的权利，而这么做是违宪的。①

最后，这些证据制度不能完全以其对被告人产生的不利影响来进行区分。例如，对"说服责任"和"提出证据的责任"的比较。作为一项规则，要求被告人通过优势证据证明某项事实，比适用一个更低的标准给被告人带来的危害可能更大。但是，如果被告人对于争点，没有或有很少可以证明其无罪的证据，那么，对于这两个标准，被告人均无法达到。② 与此类似的是，认为说服责任的转移要比对推理的指示对被告人更不利，③ 然而，这个普遍的观点实际上是错误的。可以相信的是，明确的说服责任的转移可能对最后的结果不会产生任何影响。例如，根据所有提交的证据，陪审团认为，有65%的可能性被告人属于激愤/激情杀人，那么，不管控诉方是否已经排除合理怀疑地证明不存在激愤的事实，或者被告人是否已通过优势证据证明存在激愤事实，结果都会是相同的——减刑或非预谋杀人。④ 与此相反，法官评论则会使同一陪审团发现，对"激愤"的证明尚未排除合理怀疑。⑤

三、对证明过程的一元化合宪性分析

在特定案件中，上述任一证据制度的实际影响如何是一个实证问题，不

---

① Cf. Yee Hem v. United States, 268 U. S. 178, 185 (1925)（推定赋予事实"虚假价值"）。

② 例如，根据纽约法律的规定，对于一项一级抢劫（a charge of robbery in the first degree）的指控，被告人宣称他的枪没有装子弹就是一项积极性抗辩。N. Y. PENAL LAW § 160.15（4）(McKinney 1975)。对于这个争点的唯一证据可能就是被告人的证言，而被告人的这种自我帮助式的声明往往无法完成说服责任。See United States v. Bailey, 444 U. S. 394, 415 (1980)。

③ See R. LEMPERT & S. SALTZBURG, A MODERN APPROACH TO EVIDENCE 884–85 (1977).

④ See F. James & G. Hazard, Civil Procedure 259–60 (2d ed. 1977); Morgan, Choice of Law Governing Proof, 58 Harv. L. Rev. 153, 191 (1944).

⑤ 当陪审团不能肯定是否当事人已经完成了说服责任时，那么，说服责任的设置就显得格外重要了。与此类似的是，如果负有说服责任的当事人没有提出具有说服力的证据，那么，提出证据的责任的设置也变得非常重要。See Levin, Pennsylvania and the Uniform Rules of Evidence: Presumptions and Dead Man Statutes, 103 U. PA. L. REV. 1, 19 n. 97 (1954)。

过,对此可能无法进行令人满意的实证调查。① 但是,这些制度都具有如下功能:在控诉方与被告人之间进行说服责任的分配。因此,尽管在现行判例法中这些制度有着多样化的表现形式,它们实质上都会引发两个同样的问题:② 一是这些制度与 In re Winship 一案③所确立的排除合理怀疑标准这一宪法性强制命令④是否兼容。二是这些制度对被告人有权接受陪审团审判这一权利的影响。⑤

由于这些具体制度功能上的相似性,因此,我们可以提出一个合宪性的一元化分析方法。正如我之前曾经提到的,让被告人承担积极抗辩和提出证据的责任,就是允许陪审团在某种程度上,基于被告人没有证明免责事由的存在而作出有罪判决,因而背离了排除合理怀疑标准。在功能上,对推理和推论的指示通过允许陪审团基于一个非直接的有罪证据推定有罪证据,同样背离了 Winship 一案所确立的排除合理怀疑标准。同时,正如下文所要论述的,法官评论通过陪审团作出有罪判决的可能性,降低了控诉方的说服责任,而这是对被告人不利的。⑥ 我们必须清楚,在这一点上,积极抗辩和提出证据的责任直接改变了说服责任的分配,而其他证据制度则是通过对证据的评论,间接地改变了说服责任。我们必须明确,在衡量这些转移了说服责任的具体制度是否合宪的框架时,必须保证以下两点:一是不能降低控方对有罪的证明必须达到排除合理怀疑的责任;二是法官和立法者对陪审团事实调查者地位的"篡夺"(usurpation),不会侵犯被告人接受陪审团审判的权利。

---

① 对陪审团指示的影响的研究遇到了很大的实证性的难题。对于其中一个方面的影响,可以参见:Simon & Mahan, supra note 22。
② See Part Ⅳ infra.
③ 397 U. S. 358 (1970).
④ Id. at 364.
⑤ See generally United States ex rel. Toth v. Quarles, 350 U. S. 11 (1955)。这里还有第三个问题——排除合理怀疑证明的含意。Nesson, Reasonable Doubt and Permissive Inferences: The Value of Complexity, 92 HARV. L. REV. 1187 (1979),审查了这个问题,这篇文章论证到,排除合理怀疑标准并不是一项对可能性的说明。我和 Nesson 教授都担心这种对排除合理怀疑标准进行量化的观点。这些担心在很大程度上是由于我们没有能力对排除合理怀疑标准进行量化。See also Tribe, Trial by Mathematics: Precision and Ritual in the Legal Process, 84 HARV. L. REV. 1329 (1971); Underwood, Law and the Crystal Ball: Predicting Behavior With Statistical Inference and Individualized Judgment, 88 YALE L. J. 1408 (1979)。因为我们没有能力对证据进行量化,那么,对于排除合理标准,陪审团可能怎么说都行。相应地,Black 法官认为,立法者不应当侵犯法院和陪审团判断什么证据足以定罪的地位。这一观点看起来有其充分的理由。See Turner v. United States, 396 U. S. 398, 431 - 34 (1970) (Black, J., dissenting); United States v. Gainey, 380 U. S. 63, 85 (1965) (Black, J., dissenting)。在任何案件中,陪审团没有能力对证据进行量化,并不意味着在关于事实之间的关系方面得到可行的指导。
⑥ See pp. 330 - 32 supra.

通过问三个问题可以帮助我们构建这一框架。前两个问题专门回应了 Winship 一案要求的排除合理怀疑标准。最后一个问题则把排除合理怀疑标准和获得陪审团审判的权利结合了起来。首先，我们必须判断，某一证据制度是否会对被告人产生不利的影响。如果影响是有利的，那么，就不会产生降低控诉方说服责任的危险，因此，也就不存在合宪性的问题。其次，如果影响是不利的，那么，我们就必须确定，这项制度是否对控诉方依照宪法要求必须予以证明的某一犯罪构成要件事实产生了影响。这一步分析非常必要——因为只有与那些事实根据宪法必须按照这一标准予以证明的理论联系在一起，对相关证明活动施加一项合宪性标准才会有实际意义；否则，政府可以通过重新界定犯罪的构成要件而规避这个宪法标准。① 分析的第三步适用于以下情形：受其影响的事实是控诉方无权从犯罪定义中合宪地予以消除的因素。这一步在于追问：这种证据制度是否相当于对证据所作的准确的法官评论。仅仅在这些证据制度能够指导陪审团作出更理性、更准确的判决时，它们说服责任的调整才是合宪的。这最后一步是为了防止侵蚀陪审团作为事实裁判者的权力，同时确保陪审团不会基于降低了控诉方说服责任的不准确的法官评论而作出判决。

（一）有利影响

证据制度的第一个适用标准非常明确，因此无须多言。如果控方采用的证据制度是对被告人有利的，那么，就不会产生宪法问题。"有利"在本文中仅仅是指控诉方对于涉案争点有明确的说服责任且最低达到排除合理怀疑的标准。② 同时，法官评论不管是否准确，③ 趋向于使陪审团在没有这一评论的情况下，得出对被告人更有利的判决。④ 在此情况下，被告人无权申请宪法救济。如果宪法所要求的说服责任能够一直得以维持，那么，陪审团对事实争点

---

① See Allen, supra note 11; Jeffries & Stephan, supra note 17. See also note 85 infra.
② 积极性抗辩的分析需要进行第二步的检测，因为这些抗辩对被告人是不利的。
③ 因为这些问题涉及的是事实发现的过程，所以，审查法院需要适用一个相对较高的标准。当发生分歧时，应作出有利于被告人的解释。Cf. Lego v. Twomey, 404 U. S. 477, 487-89 (1972)（因为违反米兰达规则并没有影响到事实发现的过程对被告人不利，因此，在可采性上可以采用一个更低的标准，即"优势"标准）。
④ Cf. State v. Langlet, 283 N. W. 2d 330 (Iowa 1979)（如果对于控诉方篡改证据有事实支撑，那么，作出这样的指示是恰当的）。

的判断至少会像被告人所希望的那样公正。①

(二) 证明争点事实的宪法必要性

分析的第二步是,审查特定争点事实的本质是为了,判断控诉方对争点的证明是否需要根据宪法的要求,达到排除合理怀疑的标准,因为强迫被告人承担证明事实的说服责任,即证明积极抗辩,在功能上与要求控诉方证明这些事实不存在是相同的,因此,合宪性分析不能依赖于一州的立法将事实争点划分为抗辩还是"犯罪构成要件"。如果没有对立法者定义犯罪裁量权的实质性限制,就等于取消了 Winship 案所确立的排除合理怀疑标准。因此,第二步调查的是,对于定罪关键的争点,控诉方是否增加了被告人承担的相对说服责任。

对于 Winship 一案所确立的排除合理怀疑标准与限制各州规定犯罪的刑法实体理论,是否有必要在概念和原理上予以区分,我们已经在其他地方讨论过了。② 因此,在此仅仅需要简单说明。我们已经表明了这种限制的两个基本的宪法来源:第八修正案的比例标准③和实质的正当程序观念。④ 但是,不管我们使用什么样的标签,只有当对合理怀疑标准的程序性防御与国家规定犯罪的实体性标准联系起来——保证政府(the state)对犯罪的定义是公正的,同时

---

① 有一个与此相关的论证,即如果被告人表明,陪审团可能没有认识到无罪证据的重要性有合理的可能性,那么,被告人就有权得到一个对其有利的、准确的对于证据的法官评论。基于对便利性和评论可能对陪审团施加太大影响的考虑,应当要求被告在法庭作出对其有利的评论之前,就要达到法庭所设立的标准。一般情况下,被告人通过提交无罪证据或在陪审团前进行论证,确保陪审团认识到无罪证据的重要性。对于政府也适用这种情况。因此,无论适用什么标准,有利于政府的法官评论如果是正当的,那么有利于被告人的法官评论也应该是正当的。如果陪审团没有认识到无罪证据的重要性,陪审团将对相关的争点适用一个比排除合理怀疑标准更低的标准。因此,在这种情况下,被告人有获得对其有利的、准确的法官评论的宪法权利。我还不知道有案件使用这个方法。一般情况下,这些案件都表明,任何一方当事人都无权得到法官评论,但是法院作出的法官评论必须对双方当事人都是公正的。Cf. People v. Watson, 89 Cal. App. 3d 376, 152 Cal. Rptr. 471 (1979) (该案判决,如果指示相当于对证据的评论,而其对一方当事人是不利的,那么,法院不允许作出这种指示)。

② See, e. g., Jeffries & Stephan, supra note 17.

③ See, e. g., Allen, supra note 11, at 46 – 48; Jeffries & Stephan, supra note 17, at 1376 – 79.

④ See, e. g., Comment, The Constitutionality of Affirmative Defenses After Patterson v. New York, 78 COLUM. L. REV. 655, 669 – 78 (1978). See also Angel, supra note 17, at 93 – 111 (1977).

又不会带来潜在的、不合比例的刑罚，① 才能解决 Winship 案意在保护被告自由这一基本的宪法问题（constitutional concern）。因此，我们不难发现，经过对这些基本原理的仔细分析，即需要用"灵活的正当程序原则"② 衡量说服责任的分析和以比例性为基础的分析并没有显著的不同。③

---

① Jeffries and Stephan 除了赞同比例标准以外，还认为，犯罪定义必须包括犯罪动机和具有犯罪行为是一项宪法性要求。See Jeffries & Stephan, supra note 17, at 1370 – 76。那么，随之而来的就是，被告人有权获得陪审团对这些要件的判决，并且由控诉方承担说服责任且必须达到排除合理怀疑的标准。但是，这些建议的贡献在于，再次确认对于第八修正案规定下的事实，必须达到排除合理怀疑的标准。

首先考虑对犯罪构成要件的传统要求包括主观目的，暂时不考虑关于犯罪动机要求的模糊性。Id. at 1371 – 76. 要求主观要件的目的在于区分有罪和无罪。正如 Jeffries and Stephan 所言，如果不能证明被告人主观上有罪，"有罪判决是没有证明当事人有过错的情况下，对个人自由的剥夺"。Id. at 1376. See also Morissette v. United States, 342 U.S. 246, 252 – 60 (1952)。把主观有罪从犯罪定义中排除，无法让人满意。原因是，我们一致认为，主观上有罪是对其施以实体刑罚所必须具备的。See also Allen, The Police and Substantive Rulemaking: Reconciling Principle and Expediency, 125 U. PA. L. REV. 62, 92 n. 138 (1976)。因此，在没有证明被告人的主观状态就判处被告人刑罚，那么，任何实质性的刑罚都超出了界限，同时，仅仅依赖于我们的主观及认定被告人违反法律。简之，违反了比例标准。See, e. g., Robinson v. California, 370 U.S. 660, 666 – 67 (1962)。

对要求有犯罪行为的目的也基本上与犯罪动机相同。证明主观目的的主要目的在于证明犯罪行为，以保证对犯罪行为的证明达到了充分高的程度。正如 Jeffries and Stephan 指出的那样，对行为的证明要求必须符合三个目的：(1) 它与犯罪动机相互关联；(2) 它对区分白日梦和确定的主观目的有帮助；(3) 它"通过把惩罚限制在被告人可以忍受的范围内……通过……提供一个悔改场所使接受法律帮助的公民避免刑事责任，从而保护了公民个人的自由"。Jeffries & Stephan, supra note 17, at 1371 n. 130。最终，这三点压缩成了一点，尽管在表达形式上稍有不同，但是，都表达了对无法很好地证明主观要件的担忧。前两点之间的关系是非常明确的，因此，只有第三点需要进一步的讨论。

给被告人提供一个悔改场所是说，如果被告人打算悔改，就他提供这样的一个机会转变观念。因此，悔所得目的实际上就是，给被告人开始服刑提供一种便利以保证他不会走失。事实上，如果我们可以很好地证实被告人的主观思想，那么，也就对思想的惩罚也就不会有什么分析上的障碍了。See Allen, Book Review, 73 MICH. L. REV. 1517, 1528 – 30 (1975)。

② Comment, supra note 82, at 669.

③ 在最高法院对下列案件作出判决后，评论者有必要认识到这种概念上的相互联系。Mullaney v. Wilbur, 421 U.S. 684 (1975), and Patterson v. New York, 432 U.S. 197 (1977), 这两个案件对于积极性抗辩都适用了排除合理怀疑标准，但是却得出了两个明显矛盾的判决。See Allen, supra note 11, at 53 – 63; Jeffries & Stephan, supra note 17, at 1338 – 44, 1356 – 65。

Mullaney 案推翻了对于激愤的积极性抗辩——将对谋杀的指控减为过失杀人，但是，Patterson 却支持这种积极性抗辩。即使这两个案件所涉及的法律在功能上是相同的，see Allen, supra note 11, at 54 – 58; Jeffries & Stephan, supra note 17, at 1341 – 42, 但是最高法院在 Patterson 案中也没有推翻 Mullaney 案的判决。相反，最高法院试图协调这两个案件。在 Patterson 案中，最高法院论证到，Mullaney 案依据的法律的用语是违宪的，这表明，激愤是谋杀罪中的一个犯罪构成要件，因此，控诉方不能通过推定激愤不存在把说服责任转移到被告人身上，而免除了自己对激愤的说服责任。但是相应地，最高法院认为 Patterson 中法律的用语与 Mullaney 是完全不同的，因为其明确了谋杀的犯罪构成要件和积极性抗辩的区别。因此，不要求控诉方证明不存在激愤事实。432 U.S. at 205 – 11。(转下页)

赞成实质正当程序标准的评论者主张,"在判断积极抗辩的合宪性时,最终的问题在于,争点事实对于定罪是否非常重要,以至于定罪时如果对此仍存有合理怀疑,将会触犯'最深层次的公平、正义、权利等观念'"。①但是,说"对于定罪非常关键的"事实尚未达到排除合理怀疑的证明程度,仅仅是尚未达到判刑条件的另一种说法。在对关键事实的证明尚未达到排除合理怀疑标准时,就判处一个人实体刑罚,将会破坏被告人被证明实施了什么样的行为与国家能够对他做什么之间的内在联系。准确地说,这个"正当程序"标准是对犯罪和刑罚之间恰当关系的另一种表述。②因此,这仅仅是在保证恰当刑罚这一

(接上页)最高法院试图对区分这两个案件是错误的,因为其依赖的是一项严格的"要件标准"——不管一州的法律是怎么规定的,对于要件的证明必须达到排除合理怀疑的标准——但是没有分析对政府把要件定义成积极性抗辩的限制。在这两个案件中,最高法院的错误都在于其提出了错误的问题。在 Mullaney 案中,最高法院仅仅提到了争点是否影响了被告人的自由,它本应提到却没有提到,争点影响的是否是被告人的基于宪法所享有的利益。See Allen, supra note 17, at 284 – 91。在 Patterson 案中,最高法院提到的是,在没有确定法律区分要件和刑事案件中其他需要证明的事实的方法是什么的情况下,争点是否就是一个"要件"。supra note 17, at 1343。

恰当的方法是非常简单的。这两个案件所依据的法律都认为,被告人需要承担对激愤事实的说服责任。因为法律这样的规定,减低了控诉方对争点的说服责任,使其低于排除合理怀疑的程度。恰当的问题应该是,根据被告人可能被判处的刑罚,是否必须证明争议事实。这一问题要求法院审查控诉方排除合理怀疑证明被告人谋杀和控诉方有权施加于被告人的刑罚之间的关系。经过审查后,最高法院就意识到,如果对被告人是否是激愤杀人仍有合理怀疑的话,那么,每个法律都允许判处被告人终身监禁过于严厉了。N. Y. PENAL LAW § 70. 00 (2) (a) (McKinney 1975); Me. Rev. Stat. Ann. tit. 17, § 2651 (1964)。See pp. 342 – 44 & notes 80 – 84 supra. But see Rummel v. Estelle, 445 U. S. 263 (1980)(限制对比例性的分析)。最后,因为控诉方把对特定争点的说服责任转移给了被告人,而按照宪法的要求,控诉方对该争点的证明必须达到排除合理怀疑的程度,因此,最高法院应该发现,由于这些法律以证据的准确的法官评论在发挥作用,所以,这些法律是违宪的;这些法律把对激愤的说服责任强加给被告人,对陪审团形成一个更加合理、有见地的判决没有任何帮助。

① Comment, supra note 82, at 670 [quoting Solesbee v. Balkcom, 339 U. S. 9, 16 (1950)(Frankfurter 大法官的不同意见)]. See generally Angel, supra note 17。

② See Comment, supra note 82, at 670 – 671("抗辩与是否责罚之间的关系——抗辩对于是否有罪来说是否是附带条件——看起来是一个更有用的判断抗辩重要性的标准。")。See also id. at 672 – 75.

主题上的变化而已。①

不幸的是,最高法院最近在 Rummel v. Estelle 一案②中对第八修正案的狭义解释也没能解决这个问题。在该案中,被告人因在 10 年中作案三起,共诈骗财物计 229.11 美元,依据得克萨斯州惯犯法(the Texas recidivist statute)③的规定被判处终身监禁。被告人宣称这违反了第八修正案。最高法院维持了这个有罪判决并认为,无论该案具体情形如何,不能仅仅因为对被告人被判处终身监禁就认为违反了第八修正案。④

但是,最高法院是否会继续对于无限制的立法权给予最大程度的扩大解释,并使其合法化是令人怀疑的。最高法院频繁发表对这种范围广泛的刑法分支的看法,但是却不符合这些判例的含意。⑤ 从广义上说,This history is one of dicta that never mature into holdings 而且有很好的理由认为,Rummel 案也是说

---

① 关于比例性,see generally Allen, supra note 17, at 295 – 301; Granucci, "Nor Cruel and Unusual Punishment Inflicted": The Original Meaning, 57 CALIF. L. REV. 839 (1969); Low, Special Offender Sentencing, 8 AM. CRIM. L. Q. 70, 74 – 75 (1970); Mulligan, Cruel and Unusual Punishments: The Proportionality Rule, 47 FORDHAM L. REV. 639 (1979); Wheeler, Toward a Theory of Limited Punishments: An Examination of the Eighth Amendment, 24 STAN. L. REV. 838 (1972); Note, Disproportionality in Sentences of Imprisonment, 79 COLUM. L. REV. 1119 (1979)。

基于宪法第八修正案而把 Winship 案所确立的程序性保障和刑法实体理论结合起来的想法,引起了很大的争论。最近,这场争论中的领导者就是 Underwood, supra note 17, and Jeffries & Stephan, supra note 17, 但是,这场争论有着很长的历史,主要集中于以下判例是否正确:Ferry v. Ramsey, 277 U. S. 88 (1928)。这个案件依赖的是后来为人们所熟知的"greater power includes the lesser" test ——例如,一项对说服责任产生影响的具体制度,只有在其与不可缺少的犯罪构成要素相连时,才产生是否合宪的问题。认为 Ferry 案的判决是正确的有,Allen, supra note 17; Jeffries & Stephan, supra note 17; Keeton, Statutory Presumptions — Their Constitutionality and Legal Effect, 10 TEX. L. REV. 34, 49 (1931); C. MCCORMICK, supra note 32, § 344, at 812 – 13; and Note, supra note 32, at 544。See also Walker v. Butterworth, 599 F. 2d 1074, 1079 (1st Cir.) (在维持一个精神正常的推定时,有效地适用了 greater – includes – the – lesser rule。因为精神正常并不是构成谋杀罪必不可少的"要素"),cert. denied, 444 U. S. 937 (1979)。反对的包括,Underwood, supra note 17; McCormick's 论文集的修订者, C. MCCORMICK, supra note 32, § 341, at 101 – 04 (Supp. 1978); and Brosman, supra note 46, at 188。

② 445 U. S. 263 (1980).
③ Id. at 264. Id.
④ Id. at 272 – 74.
⑤ 例如, Morissette v. United States, 342 U. S. 246 (1952), and Lambert v. California, 355 U. S. 225 (1957),还没形成刑法对目的要件的要求。See Packer, Mens Rea and the Supreme Court, 1962 SUP. CT. REV. 107. For similar instances of the Court's history of narrowing broad dicta through subsequent decisions, compare Robinson v. California, 370 U. S. 660, 666 – 67 (1962) (认为对吸毒者作出有罪判决是违宪的,并用模糊的语言表明,要在犯罪案件中适用"自愿性"标准), with Powell v. Texas, 392 U. S. 514 (1968) (对 Robinson 作出狭义理解,维持了对聚众酗酒的有罪判决); Furman v. Georgia, 408 U. S. 238 (1972) (判决适用死刑违宪), with Gregg v. Georgia, 428 U. S. 153 (1976) (upholding revised death penalty statute); Mullaney v. Wilbur, 421 U. S. 684 (1975), with Patterson v. New York, 432 U. S. 197 (1977)。

明这段历史的例证。最高法院仔细地论述了田纳西州累犯法的合宪性问题，并进一步指出，"如果 Rummel 仅仅犯了一次这样'轻微的侵犯财产型犯罪'，①那么，田纳西州对待被告人的方式不会和现在一样"。因此，最高法院这样的假设是合理的，即 Rummel 案的判决没有超出累犯法②的规定。再者，最高法院在某种程度上是依赖于这样一个假设，即他的行为可以被认定为"重罪"③，从而认为这个判决是正当的，但是，当犯罪构成要件不能充分证明他的犯罪行为时——也就是说，不能等于"重罪"时，这会是一个完全不同的判例。因此，即使在 Rummel 案之后，政府为证明犯罪行为而定义犯罪构成要件的权力仍然要受到宪法的限制。

但是，重要的是，Rummel 实质上脱离了刑事判例的宪法监督，从而导致法院费力去分析本文讨论的证据制度。如果宪法没有限制控诉方把某一特定要件从犯罪定义中消除的权力，那么，试图通过积极抗辩来限制控诉方转移说服责任的权力也是没有意义的了。同时，禁止法官指示陪审团基于与要件缺乏合理关系的事实，对要件进行"推定"也是没有意义的。④ 因此，尽管 Rummel 案没有对这种权力加以限制，但是，看起来我们仍然有必要对构建实体刑法的自由裁量权加以限制。⑤

总之，在我看来，如果一州将其对争点的说服责任的调整，限制在不需要根据第八修正案的比例标准和正当程序所要求的实质正义原则证明的范围内。那么，不管控诉方怎么做，都是可以令人接受的。相反，如果该州（the state）所要调整的争点，按照宪法的规定必须要证明的，那么，这种调整就必须有利

---

① 445 U. S. at 276.
② Id. at 284（emphasis added）.
③ 445 U. S. at 274 & n. 11. 此外，最高法院作出 Rummel 案的判决是 5 票对 4 票，Stewart 法官简短的协同关注的是这个案件涉及的累犯法。See also Terrebonne v. Blackburn, 624 F. 2d 1363, 1367 (5th Cir. 1980)（即使是在 Rummel 案中，刑期长短适用的比例标准也是变化的）.
④ See generally Jeffries & Stephan, supra note 17.
⑤ 但是，Rummel 可以看做是，最高法院在这个问题上试图和立法者的做法保持一致。最高法院在 Patterson v. New York, 432 U. S. 197, 210 (1977) 案中论证到，立法者对"要件"的规定是有确定力的，这与 Rummel 案是相一致的。尽管如此，这样的辩护并不能作为解决这些有关证据大额具体安排所引起的困难。同时，我认为，Winship 案中所表现出的担心，并不能仅仅通过顺应立法者，而把一些事实划定为"要件"，而把另一些事实划定为"抗辩"得到解决。

于被告人①或者有利于得出更准确的判决。②

（三）准确的法官评论

对证据的法官评论可能是准确的，也可能是不准确的。准确的法官评论强化了陪审团的现实观念（conception of reality）。有利于陪审团根据更加准确、现实的事实原貌（factual matrix）审慎地作出判决。不准确的法官评论也可能改变陪审团判断的事实原貌，但是，却使陪审团的判决形成过程偏离了现实。

我们可以借助于一个例子来更好地说明准确和不准确的法官评论的影响。例如，在一起谋杀案中，被告人以没有行为能力作为抗辩。③ 假设没有法官评论，基于法庭上所提交的证据，一个被很好告知的（well-informed）、理性的陪审团认为，有15%的可能性关于行为能力的抗辩是可信的，那么，陪审团将不会作出有罪判决，因为这15%的可能性是排除"合理怀疑"的。首先，这个判例的初审法官对证据作出了评论，来证实或反驳被告人关于行为能力的抗辩，同时假设这个评论事实上是不正确的，然后进一步假设，由于这个不准确的法官评论，只有很小的可能性，同一个陪审团会认为被告人具有行为能力。④ 那么，在其他情况不变的前提下，陪审团将作出有罪判决。为了避免有

---

① See pp. 341-42 supra. See also Bailey v. Alabama, 219 U.S. 219 (1911).

② 此外，任何对证明责任的调整都必须是公正的，而且对被告人来讲，不能出其不意。

自从 Yee Hem v. United States, 268 U.S. 178, 184-85 (1925) 案以后——判决推定的作用与控诉方作出的 strong case 的作用并无不同，第五修正案所保护的反对不得被迫自证其罪特权就没有产生源于证明分析方面的问题。但是，积极性抗辩却与此不同。原因是，在适用积极性抗辩之前，常常要求被告人不明确地承认有罪。事实上，一些法院不允许被告人既否认有罪，又提出积极性抗辩或者提出不相一致的抗辩。See, e.g., Martinez v. United States, 373 F. 2d 810 (10th Cir. 1967); Messelt v. State, 351 So. 2d 630, 633 (Ala. Crim. App. 1977); Stripling v. State, 349 So. 2d 187 (Fla. Dist. Ct. App. 1977)。尽管这个一般性原则在理论上是相反的。See, e.g., United States v. Demma, 523 F. 2d 981 (9th Cir. 1975); People v. Felder, 39 A. D. 2d 373, 334 N. Y. S. 2d 992 (1972)，维持判决，32 N. Y. 2d 747, 297 N. E. 2d 522, 344 N. Y. S. 2d 643, 驳回上诉 414 U.S. 948 (1973)，但其实际效果并非如此。例如，在 Felder 案中，积极性抗辩是，在一起抢劫案中枪里没有子弹。但是，任何有能力的检察官可能不会继续基于这样理论的程序，即被告人没有抢劫，因为他抢劫时枪里没有子弹。

积极性抗辩产生的第二个问题是，很多时候，提出积极性抗辩的唯一方法就是通过被告人自己的证言。但是，如果被告人这么做了，他可能因为其以前的有罪判决而受到怀疑，并接受交叉询问，询问的内容往往超出了积极性抗辩的范围，而直接涉及其他事实。

但是，这些问题似乎不会产生什么难题。毕竟，如果被告人打算依赖于积极抗辩，他或者承认自己有罪，或者即便他是无罪的，但他认识到，即使无罪的也可能被判有罪。再者，如果被告人选择这么做，陪审团将被告知有关被告人可信性的一些因素。尽管如此，如果允许被告人作出积极性抗辩，需要给被告人提供一些保护。至少，交叉询问必须限制在直接的范围内，被告人之前的记录不能用于对被告人的指控。See Ashford & Risinger, supra note 17, at 176.

③ 行为能力仅仅在取消要件时才是"抗辩"。See Stump v. Bennett, 398 F. 2d 111 (8th Cir.), cert. denied, 393 U.S. 1001 (1968).

④ 陪审团作出判决的过程可能是理性的，但是其依据的信息是错误的。

罪判决和法官评论的不利影响,被告人需要提出更有说服力的证据来证明他没有行为能力,而这显然是不公平的。① 事实上,被告人的说服责任已经提高到了超出排除合理怀疑标准的程度。

如果假设法官对证据的评论是准确的,同时假设法官评论使陪审团不相信被告人没有行为能力,从而作出有罪判决。被告人的说服责任再一次被提高了——他需要提出更有说服力的证据以获得无罪判决——但是,这一次被告人就没有申诉的宪法基础了。准确的法官评论使陪审团依据的事实原貌更加符合现实,并且使陪审团认为对被告人的有罪判决达到了排除合理怀疑的程度。

这个例子表明,对于宪法要求的必须包含在一州对犯罪定义中的争点,不准确的法官评论对被告人是不利的,因为它降低了控诉方的证明标准,从而违反了 In re Winship 案中所确立的排除合理怀疑标准。② 事实上,不准确的法官评论相当于创制了积极抗辩,因为被告人对争点的证明要高于排除合理怀疑的标准。另一方面,准确的法官评论可以防止陪审团在不能很好地理解庭上的某些证据时,作出错误的判决。因为准确的法官评论在没有破坏合理怀疑标准的前提下发挥了重要的作用,所以,准确的法官评论是合宪的——这正是其功能所在——只要法官评论没有违反被告人接受陪审团审判的权利。相应地,应当审查法官评论对该权利的影响。

法官评论对接受陪审团审判权利的影响引起了三个可能会产生合宪性争议的问题。一是被告人有权接受陪审团审判的权利是否限制了陪审团获取信息的方法;二是陪审团在考虑法官评论的内容时,受到了怎样的限制;三是法官评论的模糊性和不连贯性的重要性体现在何处?

1. 向陪审团提供信息的方法——这第一个难题正是由法官评论的本质所引起的。法官评论在本质上是一种向陪审团提供信息的方法。立法调查③或法官的经验④会导致如下结论,这种结论是以各种事实之间的特定关系呈现出来的,而陪审团可能不知道这种关系的存在。法官评论就是一种传达这种特定关系实质的方法。当精力充沛的最高法院认为,"一项有效的推定……可以基于比陪审团在特定判例中依赖的更宽泛的事实关系作出时"⑤,最高法院就会使

---

① Cf. Allen v. Ulster County Court, 568 F. 2d 998, 1009 (2d Cir. 1977)(最高法院所推翻推定的"罪恶"并不在于我们不能驱散它,而在于它使被告人面对这样一种推理——基于已证事实不可能理性地得出),基于其他理由受到审查,442 U. S. 140 (1979)。
② 397 U. S. 358 (1970).
③ See, e. g., Turner v. United States, 396 U. S. 398, 410 & n. 10 (1970); Comment, supra note 32, at 179 – 81.
④ See, e. g., Barnes v. United States, 412 U. S. 837 (1973).
⑤ Tot v. United States, 319 U. S. 463, 468 (1943)(省略脚注)。

用法官评论的方法。

但是，法官评论的方法是多种多样的。评论依赖的事实必须让陪审团知晓。① 控诉方对这些资料或其他证据的主张可能一般都是很充分的。② 尽管如此，似乎没有任何宪法基础说这些程序比法官评论更可取。因为宪法并没有规定提出证据的方法，因此，准确的法官评论并不违反任何宪法的要求。③ 两类相互联系的判例，强调了对提出证据的方法缺乏普遍的宪法限制，最高法院在长期的判例中，都允许对推定和推理的指示④以及法官评论⑤，这两类判例都表明了最高法院的立场，即证据可以以法官评论的形式呈现给陪审团。最高法院已经公开认可，法官评论是一种提出证据的方法以及对推理的指示是法官评论的一种。但是，尽管如此，将这两类判例的含意结合起来，将是非常困难的。⑥

除了这个支持法官评论的先例，我们还必须知道，陪审团成员并不仅仅以用传统方法提交到法庭上的证据为基础进行考虑。要求陪审团限制其考虑的范围意味着，陪审团借以形成其对事实个人观点的人生经验将成为证明的对象。陪审团是不能将"常识"和"意见"（judgement）带入其审判任务中的，这些需要在法庭上得到证明。正是因为这是不可能的，因此，指示允许陪审团依

---

① Comment, supra note 32, at 172 n. 59, 183 – 84; see, e. g., Leary v. United States, 395 U. S. 6, 39 – 43 (1969).

② 在 Turner v. United States, 396 U. S. 398, 421 – 22 (1970) 案中，the Court's argument justifying a presumption used at trial could just as easily have been made by the prosecutor to the jury。See note 188 infra.

③ 另一难题是，法官评论和第六修正案的对质权利存在着潜在的冲突。法官在进行评论时，为了填补陪审团可能的知识或理解的空缺，其推断所收集资料的评论可能是法律范围外的。被告人因此丧失了与指控者对质的机会。但是，通过法官评论提交证据，与通过获准使用的言辞提交证据并无不同。Cf. California v. Green, 399 U. S. 149 (1970) （允许使用庭外陈述反对被告人）。See generally Westen, Confrontation and Compulsory Process: A Unified Theory of Evidence for Criminal Cases, 91 HARV. L. REV. 567 (1978)。赞同言辞原则者与赞同法官评论者所面临的任务实际上是相同的，即当然推定初审法院不能受到检察官的审查。Cf. Fed. R. Evid. 605 （法官不能成为证人）。每个案件中，证明事实争点的不独立的证据都可能被驳回，同时，在每个案件中不在场陈述者的可信度都可能受到攻击。相应地，只要被告人有权对任何法官评论作出回应，那么，他就有权回应任何提交的证据，cf. United States v. Vargas, 583 F. 2d 380 (7th Cir. 1978) （推翻了有罪判决，原因是，控诉方在陪审团前的论证作为证据提交，并且允许被告人反驳），不应引起任何宪法问题。

④ See, e. g., Barnes v. United States, 412 U. S. 837 (1973); Turner v. United States, 396 U. S. 398 (1970); United States v. Gainey, 380 U. S. 63 (1965).

⑤ See cases cited note 35 supra.

⑥ 有的学者清楚地认识到了因没能把这两类案件结合（line）所带来的紧张关系。McCormick, supra note 48, at 299 – 301; Brosman, supra note 46, at 201 – 02. See also State v. Stilling, 285 Or. 293, 590 P. 2d 1223, cert. denied, 444 U. S. 880 (1979).

赖于他们的常识、一般性知识（general knowledge）和意见。① 但是，通过允许陪审团依赖他们的常识和一般性知识，法官招致陪审团在考虑不是以传统方式提交的"证据"。② 因此，一些允许法官评论的判例，以及对依赖不是以传统方式提交的"证据"的需要，（例如，常识和一般性知识）都非常明确地表明，准确的法官评论，仅仅是一种向陪审团展现事实的方法，绝对是不违宪的。③

2. 陪审团对法官评论的独立性。尽管法官评论是一种出示证据的可行的方法，但是，它仍然引起了关于陪审团独立判断证据权利这一问题。这一权利是陪审团宪法性权利的内在之义。④ 为了得到允许，法官评论不能向陪审团传达这样的信息，即陪审团受法官评论内容的限制。法官评论必须使用任意性的语言，并表明陪审团仅仅是面临着另外一个需要考虑的事实而已。⑤ 显然，陪审团可能会受到法官评论的影响，如果法官评论是正确的，它就应该对陪审团产生影响。但是，法官评论应当对陪审团的影响，仅仅是指陪审团判断的精确的程度，从而引发了与法官评论有关的第三个问题。

3. 法官评论的模糊性——法官非常可能受到陪审团成员的尊敬，因此陪

---

① E. g., Turner v. United States, 396 U. S. 398, 407 (1970); Bozza v. United States, 330 U. S. 160, 165 (1947); Dunlop v. United States, 165 U. S. 486, 499 – 500 (1897); Hickory v. United States, 160 U. S. 408, 415 (1896)。最早认可这一问题的好像是，State v. McNichols, 188 Kan. 582, 363 P. 2d 467 (1961)。Pattern jury instructions also generally provide for such an instruction. See, e. g., FLORIDA STANDARD JURY INSTRUCTIONS IN CRIMINAL CASES § 2. 12 (b) (1970); 6 VERNON'S OKLAHOMA FORMS §§ 7684, 7688, 7775 (1959); 7 TENNESSEE PATTERN JURY INSTRUCTIONS——CRIMINALL § 1. 08 (1978)。

② See, e. g., Franklin Life Ins. Co. v. Heitchew, 146 F. 2d 71, 75 (5th Cir.) ("常识是证据的本质所在，在案件的特定情境被证明时也不会消失……陪审团基于常识来判断证据，然后判决……"), cert. denied, 324 U. S. 865 (1945)。See also Holland v. United States, 348 U. S. 121, 140 (1954) (在判断直接和间接证据时，"陪审团一定会使用其对人对事的经验来衡量可能性"); Hart & McNaughton, Some Aspects of Evidence and Inference in the Law, in EVIDENCE AND INFERENCE 61 (D. Lerner ed. 1959); 9 J. WIGMORE, supra note 14, § 2551, at 508 n. 7。

③ Ulster County Court v. Allen, 442 U. S. 140 (1979), 使用了一些与此相反的语言，但是法院提到了不同的一点，可能意在表明，没有说明与法官评论的恰当性相关。Id. at 156 – 57. But see 9 J. WIGMORE, supra note 14, § 2570, at 542 – 47; Nesson, supra note 73, at 1207 – 08。

④ Ulster County Court v. Allen, 442 U. S. 140, 156 – 57 (1979); United States ex rel. Toth v. Quarles, 350 U. S. 11 (1955); Hickory v. United States, 160 U. S. 408 (1896); Starr v. United States, 153 U. S. 614 (1894)。

⑤ See Sandstrom v. Montana, 442 U. S. 510, 521 – 22 (1979)。在此案中涉及的是不恰当的指示，Lopez ex rel. Garcia v. Curry, 583 F. 2d 1188, 1189 – 90 (2d Cir. 1978)：基于在机动车内发现可卡因，同时，被告人当时在车内，实际上，刑法规定，基于这些证据，可以认为车内的每个人都持有可卡因。

审团成员当然倾向于认为法官的话就是正确的。① 相应地，法官也必须保证他的评论是清楚、连贯的。说陪审团"可以但不需要"从一个事实推理或推定出另一事实的指示是站不住脚的。因为这违反了宪法基础，即这种指示导致陪审团不理性的判决，从而违反了被告人接受陪审团审判的权利。② 法官应该详尽阐述"可以"的意思③——认为一个事实暗指另一事实的存在的基础是什么。这两个事实之间的关系有多么紧密，这些资料具有的可信度有多大（what are the levels of confidence that the data possess）？当然，这些问题首先促进了"合理关系"标准的发展，④ 这个标准的提出是为了保证已证事实与"推定事实"之间存在着一种合理的关系，以保证对推理的指示不会使陪审团的考虑偏离现实。但是，合理关系标准至多也就是对陪审团理性的粗略保证。因为推理和推定常常非常模糊，因此，很难判断它们对陪审团推理过程的影响。用更加谨慎的评论代替现在的指示得到更好地实现这个标准的目的。⑤ 此外，法律对法官评论的授权应当理解为仅仅是允许对相关事实的法官评论。⑥

当然，对这种授权的实施必须是公正的，否则将会导致平等保护的丧失。法院必须像实施其他程序一样，以庭上提出的证据及其含意为基础统一地进行法官评论，使特定法官评论的作出规范化。例如，这个问题与初审法院基于现行法对被告人负有说服责任的抗辩的指示，而作出的判决并没有定量上的不同，同时，与是否基于普通法或法律推理的指示作出的判决，也没有量上的不同。

最后一点是需要强调的。对法官评论最主要的限制在于准确和连贯，以及不可对陪审团产生太多的影响，并不是说法官评论必须大量增加。强烈的政策

---

① See F. JAMES & G. HAZARD, supra note 67, at 290; Ashford & Risinger, supra note 17, at 199; Comment, supra note 32, at 169.

② See pp. 333 – 38 supra.

③ See, e. g. , State v. Stilling, 285 Or. 293, 298 – 99, 590 P. 2d 1223, 1227, cert. denied, 444 U. S. 880 (1979).

④ See United States v. Gainey, 380 U. S. 63 (1965); Ulster County Court v. Allen, 442 U. S. 140 (1979).

⑤ 下面的案例很好地说明了，一个无效果的指示是如何转化有用的法官评论，see Hickory v. United States, 160 U. S. 408, 419 (1896). 用法官评论大体推理和推论的另一个理由是，避免对合理关系标准的依赖。See pp. 362 – 63 & note 173 infra.

⑥ See United States v. Gainey, 380 U. S. 63, 68 (1965) (表明初审法官不应在其指示中提到所依据的法律). 要求使用明确的法官评论同样可以避免 Black 法官对立法者和法官地位的担心。Id. at 85 – 86 (Black 法官，不同意见); see Soules, supra note 51, at 295.

原因可能会促使一州限制法官评论。① 更重要的是，法官评论的必要条件——准确性——常常很难证实。② 因为法官评论影响发现事实的过程，因此，就要求控诉方证明在特定判例中法官评论的恰当性。③ 如果政府证实了其具有恰当性，那么，在特定判例中，就可以通过准确、连贯、不具有侵犯性的法官评论对此进行衡量，宪法似乎也不会禁止法官对证据的证明力及含意发表意见。④

四、对说服责任转移的误解——对一些最高法院法庭意见的思考

当然，第三部分提出的三个阶段的分析框架显然与现行的合宪性分析有很大不同。最高法院在分析不同的证据制度时，采纳了截然不同的分析方法。但是，法律的这种不和谐的状态看起来并不是其内在方面，而是由现在这种分析的缺陷所造成的。在这一部分，我分析了大量最高法院近期处理推定、提出证据的责任、任意性推理的法庭意见。最高法院对每一判例的分析与本文设定的框架是不吻合的。这一批评性的分析表明，最高法院需要关注法官如何对陪审团就事实之间的关系以及法律结论进行合理的指导这一重要问题，而不是试图编纂一个各自有着不同判断标准的证据制度的目录册。

（一）推定和积极抗辩

最高法院在 Sandstrom v. Montana⑤ 案中，基于指示违宪而推翻了原来对于谋杀的有罪判决，这个指示是，"法律推定一个人愿意承担其自愿行为所引起的正常后果"⑥，据最高法院称，这个指示的难题在于，陪审团可能把指示理解成两种完全不同的含义，每一种都违反了被告人的权利。第一，陪审团可能将指示理解为一种确定性的推定，即一旦控诉方对被告人"自愿行为"的正

---

① See generally State v. Stilling, 285 Or. 293, 304 – 05, 590 P. 2d 1223, 1230, cert. denied, 444 U. S. 880 (1979); Wright, supra note 33; Wright, supra note 34.

② See United States v. Moore, 571 F. 2d 76, 87 – 89 (2d Cir. 1978); Note, supra note 32, at 537.

③ See Lego v. Twomey, 404 U. S. 477 (1972); Saltzburg, Standards of Proof and Preliminary Questions of Fact, 27 STAN. L. REV. 271 (1975).

④ 仍然存在两个严重的实证问题：法官对证据评论的准确性，以及评论对陪审团产生的影响。两个问题都要使用"推定性指示"，并且都达到需要放弃对指示的依赖而需要使用法官评论的程度，这会有助于对这两个问题的分析。法官评论是对推理过程的深思熟虑，而对任意行推理或推定的指示则没有，这样的法官评论为审查法院提供了一个更好的基础来审查推理的准确性。当然，如果初审法院解释了它的推理过程，那么，审查法院也是有好处的。与此类似，对于推定性指示来说，审查法院除了猜测其对陪审团的影响以外，什么也不能做。相反，一个好的法官评论却缩小了猜测的范围。因为评论包含了法院的推理，审查法院在判断法官评论对陪审团可能产生的影响时，要比判断相对不可触及的指示（指示陪审团可以但不需要作出推论）,会作出更加准确的判断。Cf. 9 J. WIGMORE, supra note 14, § § 2551 – 2551A, at 503 – 17 (讨论了获得可靠的、实证性证据，以证明指示对陪审团的影响是非常困难的)。

⑤ 442 U. S. 510 (1979).

⑥ Id. at 513.

常后果就是死刑的证明,达到排除合理怀疑的程度,就将对故意(intent)(我觉得具体案件中的 intent 应译为故意)从判例中排除。① 那么,据最高法院称,这种解释的难点就在于,这个指示等于对犯罪构成要件作出了直接裁决,从而使控诉方对要件的证明没有达到排除合理怀疑的标准。② 第二,陪审团可能将这个指示理解为,"有效地转移了控诉方对故意(intent)所负有的说服责任"。③ 如果这样解释,这个指示就等于授权陪审团基于对被告人自愿行为的正常后果作出有罪判决,"除非被告人通过一些必需的(quantum)证据证明(不存在故意)"。④ 最高法院认为,按照宪法的要求,第二种解释是不当的。因为陪审团之前的判例都限制控诉方创制积极抗辩的权利,Mullaney v. Wilbur⑤ 以及 Patterson v. NewYork⑥,都禁止使用推定的方法,将控诉方对犯罪构成要件的说服责任转移至被告人。⑦

最高法院从陪审团看法的角度,处理这个判例当然是正确的。此外,最高法院对指示的影响所作出的解释,看起来也非常合乎情理。但是,最高法院对陪审团可能形成的两种理解的分析却不完全令人满意,除非依照本文提出的观点加以修改。

首先思考的是,最高法院对"确定性推定"解释的处理方法。从表面上看,最高法院的分析是合理的,大体相当于再次确认允许对犯罪构成要件作出裁决。但是,还有许多更准确的方法可以用于对陪审团的指示。如果在每一起谋杀案中都指示陪审团,犯罪定义中的一个传统要件就不存在了。如果指示准确地表述了该州的法律,故意将不会包含在谋杀案的犯罪构成要件中,而不是,控诉方只需要证明被告人的自愿行为及其正常后果即可。⑧ 此外,指示可以理解为,对犯罪的定义要求证明故意或者要求证明被告人自愿性行为的正常结果就是死亡。在每个判例中,这个指示放弃了对故意的正常要求,仅仅提供的是对谋杀的非传统定义。需要明确的是,这完全不涉及说服责任的转移——仅仅是,争点作为一项绝对的要求被消除了——最高法院至今也未采纳一项关于实体刑法的合宪性理论,因此,最高法院不应当反对任一选择。

即使最高法院恰当地的裁定法官的指示(将之视为一种结论性推定)是

---

① Id. at 517.
② Id. at 524.
③ Id.
④ Id. at 516 (emphasis added).
⑤ 421 U.S. 684 (1975).
⑥ 432 U.S. 197 (1977).
⑦ 442 U.S. at 524.
⑧ 在所有案件中,对争点"直接裁决"和把要件从犯罪定义中排除并没有什么不同。

违宪的,最高法院的分析也是错误的。除非有一个令人满意的理论阐述如何判断犯罪构成要件是符合宪法目的的,否则,最高法院将重要的宪法权利建立在犯罪的定义上是毫无意义的。① Montana 州用一种不同寻常的方式很好地定义了谋杀,但是,在最高法院的理论之下,其所做的一切就是定义犯罪。② 因此,如果对州法如何定义犯罪没有宪法限制,我们完全可以采纳 Montana 州法律。

最高法院对第二种解释的处理方法,即认为陪审团的指示是说服责任的转移,也不能令人满意。最高法院再次作出了令人难以理解的、不满意的分析,与其积极抗辩是否合宪的观点相混淆。③ 事实上,Sandstrom 案表明,此前的判决进行推理的过程中存在缺点,即认为通过推定性的语言创制积极抗辩是违宪的。最高法院在 Sandstrom 案中看起来,赞同对积极抗辩的传统解释。④ 但是,它认为,通过推定创制积极抗辩的非传统的方法是违宪的。但是,这个区分看起来很难得到支持,因为通过推定让被告人承担说服责任,在功能上与用传统的方法创制积极抗辩是相同的。⑤ 因此,最高法院在 Sandstrom 案中确立的第二个理论,使在功能上相似的证据制度的合宪性,仅仅依赖于这种证据制度是如何被创制的。为了使证据制度合宪,各州仅仅需要在其法律中使用正确的语言。如果某州使用"强制性推定的语言,而不使用在 Patterson 案⑥中确立的方式,有效地创制积极抗辩,它就犯了一个错误。尽管这两种方法之间没有功能上的差异,这个法律也是违宪的。除非最高法院想要将这些形式上的区别,提高到宪法原则的高度,否则,我们也必须反对最高法院在 Sandstrom 案中对第

---

① See generally p. 341 supra; note 85 supra.

② 之前的案例也没有注意到这一点,See, e. g., United States v. United States Gypsum Co., 438 U. S. 422 (1978)。如果在每一案件中都没有指示,那么,就有一个平等保护的问题。但是,如果这样的话,政府有选择地告知陪审团特定事实不是争点。

③ See, e. g., Mullaney v. Wilbur, 421 U. S. 684 (1975); Patterson v. New York, 432 U. S. 197 (1977). See generally note 85 supra.

④ 提供一个这样的积极性抗辩的例子,参见在 Patterson v. New York, 432 U. S. 197 (1977) 维持的 the New York statute。See also note 85 supra。

⑤ See Casey v. United States, 276 U. S. 413, 418 (1928) ("推定本身并不是证据,仅仅调整说服责任"); Reeves v. Reed, 452 F. Supp. 783 (W. D. N. C. 1978) (通过"推定"创制了积极性抗辩,而为人所熟知,因其他原因受到审查 596 F. 2d 628 (4th Cir. 1979). See generally Allen, supra note 11, at 57–61; McCormick, supra note 48, at 308; McCormick, supra note 42, at 78–81; Note, supra note 32, at 539。

⑥ See note 85 supra.

二种解释的分析。①

那么,最高法院错在哪儿呢?非常简单,将故意(intent)从要件中消除以及创制对不存在故意的积极抗辩,都使控诉方的证明标准没有达到排除合理怀疑的程度。相应地,最高法院则需要证明,被告人可能判处的刑罚是否与已排除合理怀疑证明的事实成比例。法官所需要作出的指示至多要求证明普通法上的过失的存在。因此,最高法院应当已经意识到,根据内含于第八修正案的比例标准和实质正当程序的要求,以过失杀人为理由,对被告人处以刑罚也是不正当的。② 因为推定所涉及的事实争点,是不能从对犯罪的实质定义中消除的,因此,最高法院应当解决最后一个问题——是否推定促成了准确的法官评论。最高法院还应当明确地指出,指示不能使陪审团得出更理性的判决,相反,指示鼓励一个理性的、明智的陪审团即使在有合理理由怀疑被告人是否故意时,仍然作出有罪判决。

(二)提出证据的责任

在 United States v. Bailey③ 案中,被告人因从联邦感化院④中逃跑而被判有罪,最高法院维持了对被告人的有罪判决,原因是,初审法院没有就普通法中关于胁迫和必要性的抗辩指示陪审团。最高法院还指出,即使国会打算允许作出这样的抗辩,还有一个问题应当解决,即被告人没有充分表明具有胁迫与必要性,从而使指示不具有正当性。换句话说就是,被告人没有解除提出证据的责任,地方法院拒绝对陪审团进行指导,从而直接对被告人的抗辩作出了裁决。⑤

---

① In civil cases, the Court has consistently seen through the formal verbiage to the substance. 例如,参见 Vance v. Terrazas, 445 U. S. 252, 268-70 (1980),该案法院作出正确判决,"推定"让请求者承担证明责任。See also Lavine v. Milne, 424 U. S. 577 (1976).

② 这个判决被告人也不可能真正接受——100 years, 442 U. S. at 513——是正当的。但是比较,Rummel v. Estelle, 445 U. S. 263 (1980) (法院对累犯判刑的立法意见不予干预)。

③ 444 U. S. 394 (1980).

④ 18 U. S. C. § 751 (a) (1976).

⑤ 法院已经设计了衡量让被告人承担提出证据的责任是否合宪的一个更清楚的标准。See Mullaney v. Wilbur, 421 U. S. 684, 702 n. 31 (1975)。"比较便利"标准的一些变体,See e. g., United States v. Fleischman, 339 U. S. 349, 360-63 (1950); Morrison v. California, 291 U. S. 82, 88-89 (1934),但是,这个标准并不充分。例如对于目的的判断。如果被告人负担证明其主观目的的提出证据的责任,而没有完成提出证据的责任,不管出于什么原因(例如,援引第五修正案的不得强迫自证特权),从而被判有罪。那么,在这个案件中,最重要的争点的证明没有达到排除合理怀疑标准。Cf. Commonwealth v. Walton, 252 Pa. Super. Ct. 54, 380 A. 2d 1278 (1977) (判决,即使证明没有故意伤害他人,持有"攻击性武器"也是非法的)。只有根据庭上提交的证据,可以推定出对主观目的的证明已达到排除合理怀疑的程度,才可以避免这个问题。See, e. g., Rossi v. United States, 289 U. S. 89 (1933)。但是,如果可以作出这样的推论,被告人所负有的唯一"责任"就是提出合理怀疑。See note 22 supra.

最高法院没有去调查，在宪法层面上，对争议事实的证明是否具有必要性，如果最高法院做了这样的调查，那也是做得太不明确了——在这个判例中，被告人是否受到了胁迫或者是否有羁押的必要。① 如果没有这项调查，最高法院的分析就是不全面的。如果为了使可能判处的刑罚具有正当性，那么，就必须证明争议事实。从而，当关键事实还没有证明到排除合理怀疑的程度时，地方法院把争点从案件中排除从而作出有罪判决，这种做法与 Winship 案②的要求是不一致的。如果是必须证明的事实，那么，就必须交给陪审团来判断。③ 如果不是必须证明的事实，那么，Bailey 案对于不关键要件的提出证据责任的分析，尽管不是完美的，却是值得我们借鉴的。④

这种分析证据提出责任的方法，不仅仅使分析机制变得有序，而且还有着重要的实践意义。现在调整提出证据责任分配的规则并不是非常明确，如果法院推翻了让被告人承担提出证据的责任的法律⑤，那它很有可能基于比较便利标准（comparative convenience）和合理关系标准这么做。⑥ 但是，从功能上分析证据提出责任为下一问题提供了更明确的解释：宪法是否要求控诉方证明事实争点。⑦

一种实用主义的反对观点认为，从功能上对提出证据的责任加以分析的结果将会更加令人困扰。——控诉方不得不去反驳与手头的案件无关的一系列争点。但是，有两个因素减弱了这一反对意见的力度。首先，在通常情况下，对归责至关重要的因素并不多，那些对归责相当重要的因素也不会对控诉方产生额外的证明的问题。例如，在 Bailey 案中，如果控诉方需要证明自己并没有用死刑威胁被告人，那么，其所能证明的也就是这些被告人的处遇和其他在押犯

---

① 这一点也不是被告人引起的。
② See pp. 327 - 29 supra。这一点很清楚，如果在 Bailey 案中将必要性和威胁替换成故意，那么陪审团将被告知，除非被告人提出证据不是故意的证据，否则，陪审团将作出有罪判决。
③ 这个问题是被告人说自己受到死刑威胁的证言在其逃跑后立即提交是否就是正当。人们会认为，被告人害怕被判处死刑的这种善意，可以作为他逃跑的合理借口。相应地，如果有合理怀疑认为被告人确实有这样的善意，陪审团也会受到指示作出无罪判决。
④ 这个分析并不是完美的，因为大多数人认为，被告人个人的证言并不能使对陪审团的指示正当化。444 U. S. at 415, 法院适用了这种标准，扮演了一个事实发现者的角色，并认为，被告人的证言是不可信的。作为一项政策，这些问题可以是针对不重要的争点。
⑤ I 和 Jeffries & Stephan 都不知道这样的案例，supra note 17, at 1334 n. 14。
⑥ Id. But see United States v. Fleischman, 339 U. S. 349 (1950)。在 Fleischman 案中，最高法院引用 Morrison v. California, 291 U. S. 82 (1934) 作为支持的理由，但是反对意见认为 over a Morrison 和 Tot v. United States, 319 U. S. 463 (1943) 不相一致。339 U. S. at 376 - 77 & n. 15 (Black 法官的不同意见)。
⑦ 这个问题有一定的模糊性，see pp. 342 - 48 supra，但是不会比"比较便利"标准更模糊。See Allen, supra note 11, at 51 n. 78。让被告人承担说服责任也引起了一些关于第五修正案含意的问题。See Brosman, supra note 46, at 200 n. 196; Nesson, supra note 73, at 1211 - 12; Note, supra note 32, at 547。

人并无区别，并且如果有特别要求，将对其实行保护性羁押。其次，从控诉方的已证事实中可以经常推断出不存在"非正常"的免责因素。① 相应地，在这些免责要素尚未在该案中真实的出现时，被告人就要被迫提出一些关于非常免罪情节的证据。尽管不论被告人是否提出了证据，他都应该有权获得法官对举证的指导。②

（三）关于证据的法官评论

在 Ulster County v. Allen③ 之前，最高法院近期对任意性推定和推理的指示，尽管并不十分明确，却也保持了一致性。④在每一判例中，最高法院都要求，在已证事实和推理事实之间必须有一种合理的关系。⑤ 这种指示最大的模糊性在于，这种关系该有多紧密：由已证事实推出推定事实必须达到排除合理怀疑的标准吗？或者再低一些就够了？⑥ 但是，对于判断这种关系的方法却并不模糊。尽管基础事实和推理事实之间的关系是一个实证问题，但是，最高法院曾经统一对这两者的关系进行了分析。⑦ 因此，最高法院一直没有将其调查证据的范围限制在庭上提出的证据。相反，最高法院一直根据庭外记录审查证据。⑧ 例如，在 United States v. Romano 案中，⑨ 最高法院最后审查了争议法律

---

① Cf. Rossi v. United States, 289 U. S. 89, 91 (1933)（"一般性原则以及我们认为是正确的那一个……是指控诉方没有义务提出积极性证据来证明消极性主张，这种主张从已证事实可以得到证实"）。

② See, e.g., United Bhd. of Carpenters v. United States, 330 U. S. 395, 408 (1947)，被告人应该可以要求得到这样的指示。要求初审法院讨论陪审团从一系列说明被告人无罪的特别假设中获得的好处是没有意义的，即使这些假设是事实，也与手头的案件无关。另外，如果被告人坚持法官对此作出指示，那么，法院就要告知陪审团为什么被告人这么做，并对各种可能性发表意见，包括哪里是恰当的，以及被告人对相关争点没能提出证据的后果。See, e.g., United States v. Zane, 495 F. 2d 683 (2d Cir.), cert. denied, 419 U. S. 895 (1974); United States v. Scott, 464 F. 2d 832 (D. C. Cir. 1972).

在对提出证据的责任的功能进行分析时，增加一个要求是合理的，即要求被告人在一般案件中，能够提出与争点事实相关的证据。See, e.g., Rossi v. United States, 289 U. S. 89, 91 - 92 (1933); Casey v. United States, 276 U. S. 413, 418 (1928); Adams v. New York, 192 U. S. 585, 598 - 99 (1904).

③ 442 U. S. 140 (1979).

④ See Barnes v. United States, 412 U. S. 837, 843 (1973).

⑤ 在刑事案件中最早适用这个标准是在 Tot v. United States, 319 U. S. 463 (1943)，直到 Ulster. 442 U. S. at 166 之前，一直在适用这个标准。

⑥ Cf. Barnes v. United States, 412 U. S. 837, 843 (1973)（先前的案例标准，法律推理如果满足 the more - likely - than - not standard 和合理怀疑标准，就可以说是遵循了正当程序）。

⑦ See, e.g., Turner v. United States, 396 U. S. 398, 410 - 16 (1970); United States v. Gainey, 380 U. S. 63, 67 (1965).

⑧ See, e.g., Turner v. United States, 396 U. S. 398, 410 - 16 (1970); United States v. Gainey, 380 U. S. 63, 67 (1965). See also Tot v. United States, 319 U. S. 463, 468 (1943).

⑨ 382 U. S. 136 (1965).

的立法历史，同时审查了相关的事实问题。① 在 Barnes v. United States 案中，② 最高法院审查了英美普通法中关于推理的历史。③

但是，这种分析方法提出了一个亟待解决的难题。对任意性推理和推定的法官指示对证据问题是相当尴尬的。在宪法上这种指示是可反对的，因为它导致了不理性的判决。④ 在政策上，这种知识也是可反对的，因为它过于含糊，也不能提供信息。⑤ 最高法院一直努力通过合理关系标准解决这些难题。但是，这一标准却没有消除陪审团基于推理和推定的指示作出专断判决的风险。不管在特定案件中，这一推理有多么"合理"，如果陪审团知道仅仅是"可以但不需要"作出推论，那么，陪审团作出的判决将会是专断的。因此，最高法院需要做的就是，要求这些指示以明确的方式作出。如果法官要指导陪审团，那么，就必须以明确的方式作出。同时，这种指导应该促进被告人有权接受陪审团审判这一权利所保护的价值，而不是对这一价值的背离。简而言之，最高法院应当要求这些指示以对证据的明确评论的形式作出。

如果最高法院要求对推定和推理的指示必须以明确的形式作出，那么，就不会有对于"合理关系"标准含义和重要性的争论了。这一标准最重要的目的就在于，保证当法官指示陪审团，不经过说明就从一些本身并不是有罪证据的事实中"可以推理"出被告人有罪的时候，确实存在作出有罪判决的事实基础。如果法官试图对事实发表准确评论。那么，他们就要讲清楚其确切的重要性。因此，我们没有必要再保留"合理关系"标准这一人工障碍了。因为该标准的目的在于，降低陪审团基于大量对推理没有指导意义的指示进行推理的几率。⑥

反对直接作出法官评论的唯一理由是，法官评论可能对陪审团产生重要的影响。但是，大多评论者认为，陪审团受到对推理指示的严重影响。⑦ 如果这些评论者是准确的，直接的评论似乎不会产生更大的影响。此外，还应当要求

---

① Id. at 138-41.
② 412 U.S. 837 (1973).
③ Id. at 843-45.
④ See pp. 336-38 supra.
⑤ See also United States v. Gainey, 380 U.S. 63, 78 (1965).
⑥ 合理关系可能引起另外一个问题。如果推定涉及的事实的关系必须达到合理关系标准，那么按理说，陪审团得出的推论必须受到审查。Christie & Pye, Presumptions and Assumptions in the Criminal Law: Another View, 1970 DUKE L. J. 919, 932. 我们通常不审查陪审团的推理过程再次表明，合理关系标准仅仅是一个人工障碍。相反，准确的法官评论，通过表明如何指导陪审团的推理过程而避免了这个问题。
⑦ See sources cited note 119 supra.

法官表明其评论的局限性，否则，基于其容易造成不理性判决以及对陪审团权利的影响，判决将会被推翻。① 即使不用担心评论造成的负面影响，接受这种具有明显侵犯性评论（其可以被上诉复查所剔除），与法官指示导致非理性的陪审团裁判的情况相比，看起来还是蛮划算的。

在 Ulster County Court v. Allen 案中，最高法院意外地改变了分析方法，反对第二巡回法院适用现行的分析方法。② 但是，在改进对推定和推理的分析的过程中，最高法院似乎走入了一个会带来麻烦的方向。最高法院支持这样一个指示，即在一个 16 岁女孩的手提包内发现有枪，当时被告人（三个成年男子）也在车内，基于此推定被告人持有枪支。③ 该案与 Barnes 和 Romano 案的不同之处在于，该案是以法庭记录中的证据为基础；④ 而 Barnes 和 Romano 案却是以庭外记录为基础。最高法院在 Ulster 案主张，恰当的标准并不是判断事实之间的假设关系，而是判断根据案件中的特定事实，法院作出指示的准确性有多大。

但是，这个区分不一定准确。在 Ulster 案中，仅仅从判例的事实出发，是无法推定出枪属于被告人的，是"常识"告诉我们，在这种情境下，车里的成年人有着高度的持枪可能性。同时，依赖于"常识"作出以上结论是在依赖于法庭记录以外的"证据"。⑤ 我们共有的经验和常识表明，在正常情况下，那个年轻的女孩持枪的可能性要比她的三个成年同伴低得多。总之，最高法院在 Ulster 案中，依赖于法庭之外的事实，不明确地判定对陪审团的指示有效。当然，最高法院在 Barnes 案和 Romano 案中也判定对陪审团的指示有效，⑥ 尽管最高法院根据法庭外的记录作出的推理是明显的。⑦

---

① 当然，Chapman v. California, 386 U. S. 18 (1967) 的无害错误标准仍然在适用。

② Compare 442 U. S. at 154–63 with Allen v. Ulster County Court, 568 F. 2d 998, 1005–09 (2d Cir. 1977). 最高法院的论述看起来有一点特别，但是，最高法院努力去做是区分足以作出有罪判决的"推论"和不足以作出有罪判决的"推论"之间的区别。

③ See 442 U. S. at 163–65.

④ See Ranney, Presumptions in Criminal Cases: A New Look at an Old Problem, 41 MONT. L. REV. 21 (1980). 最高法院在过去适用了一个类似的方法。See Mobile, J. & K. C. R. R. v. Turnipseed, 219 U. S. 35 (1910), 通过认为在 Gainey 案中，初审法官不需要基于推定把案件交给陪审团，适用了这种类似的方法。United States v. Gainey, 380 U. S. 63, 71 n. 7 (1965), 最高法院适用了一个类似的方法。See also State v. DiRienzo, 53 N. J. 360, 251 A. 2d 99 (1969).

⑤ See pp. 351–52 supra.

⑥ 最高法院已经认识到，允许陪审团依赖经验，与参见庭外证据是非常相似的。See State v. Rinehart, 283 N. W. 2d 319, 323 (Iowa 1979).

⑦ Barnes 可被看做是 Romano 和 Ulster 案之间的一个中间阶段，在 Romano 案中发展了最高法院的观点，而在 Ulster 产生了将注意力集中于证据记录的重要性。See Barnes, 412 U. S. at 839–40.

但是，最高法院在 Ulster 案着重强调庭上提出的证据，看起来是把对法官指示的分析转向了一种无害错误分析（harmless error analysis）。Powel 法官在他的不同意见中准确地指出，"最高法院……仅仅按照控诉方的指控认定被告人有罪"。① 相反，最高法院在 Romano 案中却以一个很好的理由避免使用这种方法。最高法院的全面审查证据的方法忽略了这种可能性，即陪审团可能仅仅基于推论就作出有罪判决，而不会相信其他的证据。因此，陪审团可能相信控诉方已经证明被告人当时在车内，而不相信其他的证据，从而基于推论作出有罪判决。一个无害错误标准非常看重庭审记录中的事实，并且允许法官作出指示，同时，陪审团基于尚未达到排除合理怀疑标准的事实作出有罪判决。② 当然，这么做的后果就是，违反了被告人有权接受陪审团审判的权利和排除合理怀疑标准。

可以肯定，陪审团不相信其他证据的几率是非常小的，在 Ulster 案中也确实如此。③ 但是另外一个问题更加麻烦。Ulster 案的陪审团很有可能根据法官的指示对某些证据的确信达到了一定的程度，我们不知道到底是什么程度。那么，就让我们来看看真实的法官指示吧：

刑法规定，在汽车内发现任何上了子弹的自动枪、手枪或便携式枪支都可以推定为被告人的非法持有。你可以作出这样的推理或结论，即发现这些违禁枪支时，当时在车内的每个被告人都是枪支的持有人。④

这项指示并没有告知为什么陪审团从案件的其他事实中"可以推理"出被告人持有枪支。因此，当最高法院以这些事实为基础支持这项指示时，就意味着最高法院认可其他事实有着双重作用。当这些证据发挥了它们的正常作用后，因为法官的指示而发挥了它们的另一种递增的作用，而如果没有法官的指示，陪审团是不知道这种作用的。⑤ 结果就是，因为指示的这个递增的作用（incremental），陪审团将会作出有罪判决，尽管在没有指示的情况下，陪审团如果对证据进行理性的评价，也可能作出无罪判决。这种指示对被告人有权接

---

① 442 U. S. at 177（Powell 法官的不同意见）。在 Turner 案中，最高法院实质上作了与此相同的事情。396 U. S. at 421-22. See Comment, supra note 32, at 183 n. 102.

② 这并不表明，当法官对证据的证明力作出了不恰当的指示时，就要引起判决的推翻。无害错误标准在分析中仍然发挥着它的作用。

③ 442 U. S. at 175 n. 7.

④ Id. at 173. 尽管最高法院并没有讨论这个问题，但是这里的指示和 Sandstrom 非常类似，都是违宪的。但是，如果协调这种明显的不一致却不是很清楚。

⑤ 此外，最高法院并没有完全认识到这种方法的重要性。它表明，控诉方也可以"依赖"推理 442 U. S. at 161 n. 20. 但是，如果仅仅依赖于案件的其他证据作出"推理"，那么，作为独立证据支持控诉方案件则没有证明力。

受陪审团审判的权利和排除合理怀疑标准的不利影响也是非常明显的。①

如果这种指示以法官评论的形式作出,那么,Ulster 案的指示遇到的所有难题都将得以解决。初审法院本应考虑,为什么在 Ulster 案中作出的推论是合理的,以及陪审团需要考虑的因素是什么。如果法院这么做了,陪审团对庭上的证据的依赖要达到何种程度就不会再模糊了。② 因此,就消除法官对推理和推定进行模糊指示(它们促成了法官对证据的准确评论)所带来的非理性来讲,可以说 Ulster 案比 Romano 和 Barnes 案做得更为彻底。

总之,Ulster 案为我们提供的"改良"实际上是一种退化,而在 Romano 和 Barnes 案中采取的方法是可以改进的。法院需要做的事情就是,要求关于证据的法官评论以明确的方式作出。③ 那么,真正的问题——法官评论的准确性以及其对陪审团领域的侵犯——就可以直接解决了。④

讽刺的是,如果最高法院继续允许使用对推理的和推定的指示,而不使用直接的法官评论,那么,这场游戏中受损的就是被告人和陪审团,而他们的利益保护一直是最高法院的努力所在。被告人受损的原因是,他将继续承担专断判决的风险。陪审团受损的原因是,初审法院在提供给陪审团的选择时采取了前后不一致的挑选方法。同样不幸的是,在制度内其他地方获得的利益也不能补偿此处遭受的损失。⑤

五、结语

历史上,最高法院处理法官、陪审团以及推理过程之间的交叉关系所使用

---

① See also Comment, supra note 32, at 183 n. 102. Stewart 法官在这些问题体现出了他独特的眼光。See, e. g. , Freeman v. Zahradnick, 429 U. S. 1111, 1113 – 14 (1977) (Stewart 法官对拒绝发人身保护令的不同意见)。

② Cf. United States v. Romano, 382 U. S. 136, 141 (1965) (presence at site of illegal still operation is relevant and admissible evidence of possession, 但是,尚不足以作出有罪判决)。See also State v. Vance, 285 Or. 383, 591 P. 2d 355 (1979)。

③ 已经有一些信息表明最高法院准备要求对证据的法官评论必须以明确的方式作出。最高法院在基于指示可能对陪审团产生的影响把 Ulster 案和 Romano 案区分开来。442 U. S. at 157 – 63。Romano 案的指示允许陪审团单独基于推定作出有罪判决,但是,在 Ulster 案中,任意性推定仅仅是控诉方案件中不够充分的部分。Id. at 166. 因此,Romano 案的陪审团比 Ulster 案的陪审团更可能仅仅依赖于推定就作出有罪判决。相应地,最高法院认为,Romano 案比 Ulster 案中的已证事实和推定事实的关系更紧密。因为指示可能对陪审团产生的影响,而要求已证事实和推定事实之间的关系更加紧密,正是本文所需要的分析。

④ See pp. 348 – 54 supra. See also Comment, supra note 32, at 183. 下面的案件很好地说明了应该基于案件的特定事实和庭外的记录作出判决,see Turner v. United States, 396 U. S. 398, 421 – 22 (1970) (判决从案件事实和美国毒品交易的一般情境可以推定出被告人属于非法购买海洛因)。实质上,最高法院在 Turner 案中认为,指示是总结了复杂却合宪的评论。但是,期待一个简单的对推理指示完全包含论证中的信息是不现实的。如果论证是推理合宪的理由,那么,这个论证就需要交给陪审团来审查。

⑤ 最高法院在 Ulster 中可能受到 Proposed Fed. R. Evid. 303 (b) 的影响,在很多方面与 Ulster 一致。

的方法，我们很难对其进行概括。一方面，最高法院对相似的问题适用了不同的、令人困惑的方法，而且，尽管按道理不应该是这样的，但是，这些方法中没有哪一种是明显优于其他方法的。① 另一方面，人们已经慢慢意识到由刑事证明过程所引起的在深度和广度上的难题。近期的判例也没能很好地解决这些问题。但是，它们至少推动了对这些问题进行改良的过程。② 形成这种复杂历史的原因是很明确的。第一，最高法院认为正义应该在个人中得到实现。第二，在推理过程这一背景下，上述目的要求最高法院审查下述复杂的事实原貌：法庭上的已证事实，广义的案件事实，指示对陪审团的影响。③ 最后，最高法院在审查这些要素时缺乏有效的分析工具。

现在有很多的改良方法。因为这些不同的证据制度仅仅是分配说服责任的不同方法，因此，我们可以找到一种令人满意的分析方法。最高法院也开始着手解决这些实际的问题：什么事实依照宪法规定必须在庭上充分证明，在何种程度上允许法院对陪审团就一些需要在庭上证明的事实给予合理的指导？尽管 Ulster 案的推理过程存在缺点，但是，Ulster 实质上在朝这个方向努力，即分析法官对陪审团的指示，尽管这种指示仅仅是法官对于证据的评论。④ Sandstrom 案最主要的一点可能就是，当指示影响了宪法性的重要的事实争点时，再次强调了给陪审团的指示必须认真作出。

如果最高法院按照本文建议的方向走下去，它将意识到，初审法院为了能够给予陪审团合理的指导，需要一些行动的自由。上诉法院对陪审团指示进行全面审查遇到的难题是，通过审查的指示将成为以后判例严格适用的标准化指示。⑤ 但是，这个过程最重要的一点就是，鼓励初审法官在个案特有的背景下给予陪审团合理的指导，而法官只有通过对具体案件的特殊点进行把握才能做到这一点。如果初审法官担心这个问题上小小的错误会导致判决被推翻，那么，他们不会给出具体的贴合案情的指示，他们将会给出冗长的信息或不明确的指示，从而也不能保护 Winship 案所关心的宪法利益。

---

① 比较 Mullaney v. Wilbur, 421 U. S. 684 (1975) 和 Patterson v. New York, 432 U. S. 197 (1977); Morrison v. California, 291 U. S. 81 (1934) 和 Tot v. United States, 319 U. S. 463 (1943); id. with United States v. Fleischman, 339 U. S. 349, 361 - 62 (1950)（赞同 Morrison 案的判决）。思考从 Mobile, J. & K. C. R. R. v. Turnipseed, 219 U. S. 35 (1910) 到 United States v. Romano, 382 U. S. 136 (1965), Leary v. United States, 395 U. S. 6 (1969) 到 Turner v. United States, 396 U. S. 398 (1970), 到 Ulster County Court v. Allen, 442 U. S. 140 (1979) 的进步。

② See, e. g., Sandstrom v. Montana, 442 U. S. 510 (1979); Ulster County Court v. Allen, 442 U. S. 140 (1979)。

③ See United States v. Gainey, 380 U. S. 63, 78 (1965)。

④ See note 187 supra。

⑤ 法院对指示所进行的一丝不苟的审查，see Hammontree v. Phelps, 605 F. 2d 1371 (5th Cir. 1979)。See also Cool v. United States, 409 U. S. 100, 106 (1972)（Rehnquist 法官的不同意见）。

美国 1984 年刑事被害人法

陈川陵* 译

第 10601 条　刑事被害人基金

（a）设立

国库设立刑事被害人基金专门账户（本章下称"基金"）。

（b）罚金注入基金；刑罚；没收的到场保证金

除非本条（c）款另有限制性规定，应当将下列款项注入基金：

（1）从被定罪的对美国犯罪的人收取的所有罚金，下列情形除外：

（A）财政大臣可根据下列规定使用的罚金：

（i）濒危物种法第 11 条（d）（《美国法典》第 16 编第 1540 条（d）款）；以及

（ii）1981 年花边法修正案第 6 条（d）（《美国法典》第 16 编第 3375 条（d）款）。以及

（B）要支付给下列账户或基金的罚金：

（i）根据铁路失业保险法（《美国法典》第 45 编第 351 条以下）支付给铁路失业保险账户的罚金；

（ii）为第 39 编第 404 条（a）款（8）项之目的，根据第 39 编第 2601 条（a）款（2）项和第 2003 条支付给邮政基金的罚金；

（iii）根据联邦水污染控制法第 311 条（《美国法典》第 33 编第 1321 条）支付给通航水域解决周转的罚金；以及

（iv）根据第 18 编第 3613 条支付给县公立学校基金的罚金。

（2）第 18 编第 3013 条收取的刑罚特别捐税。

---

* 西南政法大学讲师

（3）第3164条没收的到场保证金、保释保证金和根据第18编收取的担保物产生的收益。

（4）根据第18编第3671条（c）款（2）项规定命令付给基金的款项。以及

（5）私营企业或个人向基金的赠与、遗赠、捐赠。

（c）金额在基金中的保留；开支不受财政年度限制

注入基金的金额应当留在基金中，可用于本章规定的开支以提供本章规定的补偿，不受财政年度的限制。尽管本条（d）款（5）项另有规定，任何财政年度注入基金的国会没有作为下一财政年度可支配待付款的金额应当作为其后的财政年度的待付款，不受财政年度的限制。

（d）可用于支付司法部门行政开支；拨款方案百分比

基金可用于下列开支：

（1）废除。（1997年11月26日第105－119号公共法律第1编第109条（a）（1），111 Stat. 2457）

（2）

（A）除非（B）目另有规定，注入基金的前1000万美元应当用于支付本编第10603a条规定的拨款。

（B）

（i）在任何注入基金的金额超过1998财政年度的财政年度，本项（A）目提到的1000万美元加上等于1998财政年度增加的金额50%的金额应当可用于本编第10603a条规定的拨款。

（ii）本目规定的可开支金额在任何财政年度均不得超过2000万美元。

（3）任何财政年度执行第（2）项以后基金剩余的金额中，必要的金额应当可用于开支联邦检察署、联邦调查局改善联邦刑事司法体制中为被害人提供的服务和用于被害人通报体制。

（4）特定财政年度基金中剩余金额按如下比例分配：

（A）47.5%应当用于本编第10602条规定的拨款；

（B）47.5%应当用于本编第10603条（a）款规定的拨款；以及

（C）5%应当用于本编第10603条（c）款规定的拨款。

（5）

（A）除了根据第（2）、（3）、（4）项拨付的款项以外，主任可以从应对2001年9月11日发生的劫机和恐怖活动拨付给基金的金额中单列最多不超过5000万美元作为反恐应急准备金。主任可以其后的财政年度中，用任何财政年度不超过在根据第（2）、（3）、（4）项拨款后基金剩余金额的5%补充耗费

的应急准备金。应急准备金不得超过5000万美元。

（B）（A）目规定的应急准备金可以用于本编第10603b条的补充拨款，以及根据本编第10603c条为国际恐怖活动被害人提供补偿。

（C）根据（A）目设立的反恐应急准备金可以在不同财政年度累积。尽管2001年《商业、司法、州、法院及相关部门拨款法》另有规定（以及未来任何立法对基金待付款的类似限制，同样的限制明确提及本条规定的除外），任何这些累积的款项都不受拨付给基金的或者基金可得的款项的待付款限制。

（e）拨付的款项和未用的款项

财政年度末拨付而该财政年度未用的款项得在其后的三个财政年度内使用，此后仍未指定用途的款项得根据主任的指示注入本条（d）款（5）项规定的应急准备金。其他任何未指定用途的款项应当还给基金。

（f）不包括在"针对美国的犯罪"内的犯罪

本条所称"针对美国的犯罪"不包括：

（1）违反《统一军事司法法典》的犯罪（《美国法典》第10编第801条以下）；

（2）违反哥伦比亚特区法律的犯罪；以及

（3）可由印第安部落法庭或印第安犯罪法庭审判的犯罪。

（g）对印第安人的拨款；虐待儿童案件

（1）司法部长应当通过主任拨付本条（d）款（2）项可用的基金之15%用于帮助美国本土印第安部落开发、设立和运行旨在改善下列活动的方案：

（A）处置虐待儿童案件，尤其是给儿童被害人造成外伤的性虐待案件；以及

（B）调查、起诉虐待儿童案件，尤其是对儿童性虐待的案件。

（2）本款所称"部落"的含义从第25编第450b条（b）款之规定。

第10602条 刑事被害人补偿

（a）主任的权力；拨款

（1）除非第（2）项另有规定，在2002财政年度中主任应当向合格的刑事被害人补偿方案从基金中拨付40%的年度拨款，在其后的财政年度中拨付60%的年度拨款，用于补偿财产损失的除外。除非第（3）项另有规定，被害人补偿方案只能将根据本项拨付的款项用于支付补偿金。

（2）如果基金中的金额不足以根据第（1）项的规定在2002财政年度拨付40%的拨款和其后的财政年度拨付60%的拨款，主任应当根据可支配的金额，以平均比例向每个合格的被害人补偿方案按照其在前一财政年度支付的补偿金金额拨款，用于补偿财产损失的金额除外。

（3）可以将不超过5%的根据本款拨付的款项用于获得拨款的州刑事被害人补偿方案的行政开支。

（b）合格的刑事被害人补偿方案

刑事被害人补偿方案符合下列条件时，是本条所称的合格的刑事被害人补偿方案：

（1）方案由州运行，并且为包括醉酒驾驶和家庭暴力犯罪在内的暴力犯罪被害人和被害人的遗属提供下列补偿：

（A）医疗费，包括精神健康咨询和服务费用，用于补偿符合补偿条件的犯罪导致的身体伤害；

（B）误工费，用于补偿符合补偿条件的犯罪造成身体伤害导致工资收入减少；以及

（C）丧葬费，用于补偿符合补偿条件的犯罪造成被害人死亡的情形。

（2）执法部门提出合理要求时，方案促进被害人的合作。

（3）该州确保不会因获得本条规定的拨款而减少该州原本可以拨付用于被害人补偿的款项。

（4）对于发生在该州之内的符合补偿条件的犯罪，该方案对本州居民和非本州居民提供补偿的标准一视同仁。

（5）该方案对发生在该州的联邦犯罪的被害人与州犯罪被害人按照相同的根据提供补偿。

（6）该方案在下列情况下为成为因发生在该州之外的犯罪被害的本州居民提供补偿：

（A）如果这些犯罪发生在本州，它们属于符合补偿条件的犯罪；并且

（B）发生犯罪的州没有合格的刑事被害人补偿方案。

（7）除了依照根据方案发布的规则防止犯罪人不公正地获得财富，该方案不因被害人与犯罪人存在家庭成员关系，或者因被害人与犯罪人共同居住而拒绝为被害人提供补偿。

（8）根据联邦法律被定罪的人，在对于支付该犯罪所判处的罚金、其他财产刑或者恢复原状有过错的任何期间，方案不为其提供补偿。

（9）方案提供主任合理要求的与本条目的相关的其他信息和保障措施。

（c）在收入调查时不作为收入、财力、资产

无论其他法律有何规定（第107-42号公共法律第4编的规定除外），就使用联邦资金提供医疗或者其他扶助（或者支付或回收扶助成本）的联邦、州或地方政府方案所要求的收入、财力或者资产条件的上限而言，申请人根据本条规定从刑事被害人补偿方案获得的刑事被害人补偿金金额不得计入申请人

的收入、财力或资产中，该金额也不得因之减少申请人可以从使用联邦资金的联邦、州、地方方案中获得的扶助，申请人从所有这些方案获得的辅助费总金额足以完全补偿其因犯罪遭受的损失的除外。

（d）定义

本条中：

（1）"财产损失"不包括假肢、眼镜或其他视力矫正镜、牙用器械的损失；

（2）"医疗费"，在根据合格的刑事被害人补偿方案提供治疗的情况下，包括佩戴眼镜或者其他视力矫正镜、牙科服务和器械、安装假肢的费用，以及根据该州法律许可的康复措施提供的服务；

（3）"符合补偿条件的犯罪"是指该犯罪的被害人根据合格的刑事被害人补偿方案有资格得到补偿的犯罪，并且包括第18编第247条规定的醉酒驾驶和家庭暴力造成被害人死亡或者身体伤害的犯罪；

（4）"州"包括哥伦比亚特区、波多黎各、美属维尔京群岛以及美国的其他属地或者领地。

（e）与相关联邦方案的关系

无论其他法律有何规定，如果合格的刑事被害人补偿方案提供的补偿涵盖了包括根据第107－42号公共法律第4编设立的联邦方案或者联邦资助的州或地方方案原本可以支付的费用，

（1）该刑事被害人补偿方案不得支付补偿金；并且

（2）其他方案应当无视刑事被害人补偿方案的存在而进行支付。

第10603条 刑事被害人协助

（a）主任的拨款权；各州州长；金额；资金不足

（1）根据基金中可支配的金钱，主任应当为本款规定的拨款或本编第10602条规定的拨款，将本编第10601条（d）款（2）项规定可开支的基金拨付给各州州长，以便为合格的被害人协助方案提供财政支持。

（2）各州州长应当：

（A）保证合格的被害人协助方案优先考虑为性侵害、虐待配偶、虐待儿童被害人提供协助；

（B）保证资金应当可用于提供给为先前属于贫穷人口的暴力犯罪被害人的那些方案；主任在征询州和地方官员以及私人机构代表的意见后，应当发布执行本条并且赋予各州认定本州贫穷人口的灵活性的指南；

（C）保证提供给合格的刑事被害人协助方案的资金不会用于替代州或者地方原本可得的其他刑事被害人协助资金；以及

（D）提供主任合理要求的与本条目的有关的信息和保证。

（3）第（1）项拨付的金额应当是：

（A）各州的基础金额；并且

（B）是根据每州人口与所有各州人口之关系分配的各州可开支的金钱。

（4）如果第（1）项规定的可开支金额不足以为每州提供基础金额，可开支金额应当在各州平均分配。

（5）本款规定的"基础金额"：

（A）除（B）目规定以外，为50万美元；以及

（B）在北马里亚纳群岛、关岛、美属萨摩亚、帕劳共和国，为20万美元，帕劳共和国根据美国与帕劳共和国《自由联盟协定》分担一部分。

（6）联邦政府在或者代表哥伦比亚特区、波多黎各、美属维尔京群岛以及其他美国领地或属地履行当地执法职责的机构具有成为本款或本条（c）款第（1）项 之拨款的合格的刑事被害人协助方案。

（b）方案的适格性；因素；花费额度

（1）具备下列条件的刑事被害人协助方案是合格的刑事被害人协助方案：

（A）方案由政府机构或非营利组织，或者这些机构和组织联合或共同运作，并且为刑事被害人提供服务；

（B）显示了：

（i）为刑事被害人提供协助以及基金以外的其他财政支持的记录；或者

（ii）基金以外的其他坚实的财政支持。

（C）利用自愿者提供服务，州长认为存在废弃这一要求的强有力的理由的除外（仅限于此）。

（D）在社区中促进公私各方协助刑事被害人的共同努力；

（E）帮助可能获得协助的人寻求刑事被害补偿的益处；并且

（F）不歧视那些不赞成州追诉刑事案件之方式的被害人。

（2）除非第（3）项另有规定，合格刑事被害人协助方案应当把根据本条第（a）款收到的款项用于为刑事被害人提供服务。

（3）接受款项的州刑事被害人协助方案将款项用于行政支出的，支出额不得超过根据第（a）款收到的金额的5%。

（c）拨付：目的；分配；主任的职责；由主任报销

（1）主任应当为下列事项拨款：

（A）合格刑事被害人协助方案的项目展示、方案评估、灵活处置以及培训与技术协助服务；以及

（B）合格刑事被害人协助方案为联邦犯罪的刑事被害人提供服务的财政

支持。

（2）本款规定的可开支金额中：

（A）不少于50%应当用于第（1）项（A）目的拨款；且

（B）不超过50%应当用于第（1）项（B）目的拨款。

（3）主任应当：

（A）负责监督遵守根据《1982年被害人与证人保护法》第6条之规定发布的公平对待刑事被害人与证人的指南；

（B）与其职责影响联邦犯罪之被害人的联邦执法机构负责人进行磋商；

（C）协调联邦政府与其他政府机构及非营利组织提供的被害人服务；

（D）履行主任认为适当的与本编目的相关的其他职责；及

（E）将主任根据本款规定可得的资金用于：

（i）支付研究员薪金和临床实习；以及

（ii）执行提出和发布实证调查、调研所获信息的培训项目和专题研讨会，以及专门项目。

（4）主任可以补偿其他联邦政府机构，可以发包履行本款规定的职责。

（d）定义

本条中：

（1）"州"包括哥伦比亚特区、波多黎各、美属维尔京群岛以及美国的其他领地或者属地；

（2）"刑事被害人服务"包括：

（A）危机干预服务；

（B）在紧急情况下，提供到法院的交通、短期儿童看护服务、临时居住及安全措施；

（C）协助参与刑事司法程序；及

（D）支付被害人法医医学检查的全部合理费用，条件是没有通过其他途径补偿或者支付这些费用。

（3）"联邦犯罪的被害人之服务"是指为联邦犯罪的刑事被害人提供的服务，并且包括：

（A）培训为联邦犯罪的被害人提供服务的执法人员；

（B）制作、出版与分发：

（i）阐明有关刑事被害人服务信息的材料；以及

（ii）供联邦执法人员使用的有关联邦犯罪之被害人的服务的材料。以及

（C）提供刑事被害人服务的人员的薪水，前提是这些人员提供了这些服务。

(4)"危机干预服务"是指对发生犯罪所造成的危机进行咨询服务,以提供情感支持。

(5)"州长"包括州长指定的履行本条规定职责的人。

第10603a条 预防虐待儿童与治疗拨款

就本条目的而言,卫生与公共事业部长应当将根据本编第10601条(d)款(2)项规定拨付的可开支金额作为专款用于本编第5106c条规定的拨款。财政年度末已经将资金用于分配,但部长未作为专款的,应当重新分配用于支付本编第10603条(a)款规定的付款,但是1986财政年度拨付的可作为1987财政年度专款之未作为专款的部分在1988年9月30日之前应当仍然可以作为专款。

第10603b条 恐怖活动或群体暴力被害人补偿与协助

(a)美国外恐怖活动之被害人

(1)总则

主任可以向为刑事被害人提供协助的州、被害人服务组织、政府机构(包括联邦、州和地方政府机构)拨付10601条(d)款(5)项规定的补充拨款,该补充拨款应当用于发生在美国之外的恐怖活动或群体暴力被害人之应急救济,包括危机应对措施、协助、培训、技术协助,以及正在进行的协助(包括调查或追诉过程中正在进行的协助)。

(2)被害人定义

本款之"被害人"

(A)是指在发生在美国之外的恐怖活动或群体暴力中受伤或遇害的美国国民或美国政府官员或雇员;

(B)(A)目规定之人未满18岁、无行为能力、丧失行为能力或死亡的,则包括该人之一名家庭成员或其法定监护人。

(3)解释规则

本款规定不得解释为准许主任向(第50编第1801条(a)款界定的)外国势力或旨在参与重大政治活动或游说拉票活动的国内外组织拨款。

(b)美国国内恐怖活动被害人

主任可以向州合格的刑事被害人补偿和协助方案,以及向被害人服务组织、政府机构(包括联邦、州或地方政府机构)、为刑事被害人提供协助的非政府组织,拨付第10601条(d)款(5)项规定的补充拨款,该拨款应当用于发生在美国之内的恐怖活动或群体暴力被害人之应急救济,包括危机应对措施、协助、补偿、培训、技术协助,以及正在进行的协助(包括调查或追诉过程中正在进行的协助)。

第 10603c 条　国际恐怖活动被害人补偿

（a）定义

本条中：

（1）国际恐怖主义

"国际恐怖活动"的含义从第 18 编第 2331 条之规定。

（2）美国国民

"美国国民"的含义从第 8 编第 1101 条（a）款之规定。

（3）被害人

（A）一般规定

"被害人"是指：

（i）因 1988 年 12 月 21 日或其后发生的且 1996 年 4 月 24 日之后仍然在对其进行调查或追诉的国际恐怖活动直接遭受身体、精神伤害或死亡；且

（ii）在国际恐怖活动发生之日是美国国民或美国政府官员或雇员的人。

（B）无行为能力、丧失行为能力、死亡被害人

被害人未满 18 岁、无行为能力、丧失行为能力或死亡的，被害人的一名家庭成员或法定监护人可以代表被害人接受本条规定的补偿。

（C）除外规定

不管本条有何规定，在任何情况下，应当对恐怖活动或群体暴力承担刑事责任的人均不得接受本条规定的任何补偿，无论是直接或者代表被害人接受补偿。

（b）给予补偿

主任可以将本编第 10601 条（d）款（5）项（A）目规定的应急准备金用于执行补偿发生在美国之外的国际恐怖活动被害人的方案，以支付被害产生的费用。根据本款给予被害人的补偿之数额得视其因同一国际恐怖活动根据 1986 年《公共汽车外交安全与反恐怖主义法》第 8 编得到的补偿而相应减少。

（c）年度报告

主任应当向国会提交本条规定的方案之状况与活动的年度报告，报告应当包括：

（1）对提出与处理申请补偿之程序的解释；

（2）对所设立的促进公众对方案之了解的程序与政策的描述；

（3）对根据方案受协助的被害人之统计数据的全面分析；包括：

（A）所提出的补偿申请数量；

（B）申请获准补偿的数量以及每次补偿的金额；

（C）申请被驳回的数量及驳回的理由；

(D) 处理补偿申请的平均周期；以及

(E) 待决补偿申请的数量以及所预计的方案未来的补偿责任。以及

(4) 对方案未来之需求的分析和改进方案之建议。

第 10603d 条　刑事被害人法律帮助拨款

(a) 一般规定

主任可以根据本编第 10603 条（c）款（1）项（A）目向州、部落和地方检察署、执法机关、法院、监狱、矫正机构以及合格的公共与私人实体拨款，以发展、设立、维持执行刑事被害人法定权利的方案。

(b) 禁止

本条规定的拨款不得用于提起损害赔偿之诉。

(c)《无理请求法》

不管法律有何其他规定，根据第 31 编第 3729 条至第 3731 条（通常被称为《无理请求法》）得到的款项得在专款专用的前提下，用于本条规定的拨款。

第 10603e 条　刑事被害人通知费用拨款

(a) 一般规定

主任可以根据本编第 10603 条（c）款（1）项（A）目的规定向州、部落、地方检察署、执法机关、法院、监狱、矫正机构以及合格的公共或私人实体拨款，以开发和执行达到最新技术发展水平的以及时、高效的方式通知被害人有关刑事程序的重要日期和进展的系统，条件是当地的法律与第 18 编第 237 章的规定大体相同。

(b) 系统整合

根据本条规定开发的系统得与拨款获得者现有的案件管理系统整合。

(c) 授权的专款

除了可以根据本编第 10601 条（d）款规定得到的拨款外，授权拨付执行本条规定的专款：

(1) 2005 财政年度为 500 万美元；

(2) 2006、2007、2008、2009 每个财政年度为 500 万美元。

(d)《无理请求法》

不管法律有何其他规定，根据第 31 编第 3729 条至第 3731 条（通常被称为《无理请求法》）得到的款项得在专款专用的前提下，用于本条规定的拨款。

第 10604 条　行政性规定

(a) 主任创设规则与规章的权力

主任得创设履行本章规定的主任职责所必要的规则、规章、指南和程序。

（b）做记录

根据本章获得款项的每个人都应当按照主任的规定做记录，记录应当完全记载收到的款项、收款人对该款项的处置、该款项应对事项的总费用、其他资金来源为该事项提供的费用份额，以及有助于有效审计的其他记录。

（c）主任为审计、检查而查阅书籍和记录

为了审计和检查，主任应当有权查阅主任看来与花费根据本章收到的资金有关的、本章规定的收款人的书籍、文件、证件和记录。

（d）披露研究或统计信息；禁止；法律程序豁免；许可；采纳信息作为证据

除非联邦法律另有规定，联邦政府的任何官员或雇员、本章规定的任何收款人，除了根据按照本章规定获取信息的目的以外，都不得使用或披露任何人根据本章规定提交的、可以确认属于任何特定私人的研究或统计信息。该信息及其任何副本应当享有法律程序豁免，并且未经提供该信息的人同意，不得作为证据采纳，或者以任何目的在任何起诉、诉讼或其他司法、立法或行政程序中使用。

（e）禁止歧视

对任何人，都不得因其种族、肤色、宗教信仰、原国籍、缺陷或性别而排除其参与全部或部分用本章规定的款项设立的事业，否定其从中受益，在该事业中受到歧视或不准许其就业。

（f）不遵守规定；通知与听证；主任的权力

在记录在案的合理通知和合理的听证机会后，主任发现某州本质上没有遵守本章规定或根据本章规定发布的规则、规章、指南或程序，或者根据本章规定或其他有效法律规定提交的申请，主任应当：

（1）停止向该州拨款；

（2）中止向该州拨款，直至主任认为该州不遵守规定的情况已经结束；或者

（3）采取主任认为适当的其他措施。

（g）报告

主任应当在1990年12月31日和其后每两年的6月30日向总统和国会报告从本编第10601条的每个资金来源获得的总收入，以及根据本章收到资助的活动的效果。主任可以在报告中一并提出完善本章立法的建议。

（h）保持勤勉

为行政目的，收到根据本章规定拨付的款项的每个实体都应当保证该款项

不得取代州或地方资金，而应当用于增加在没有联邦资金的情况下，为了这些目的原本可以拨付的资金的金额。

第10605条　设立刑事被害人办公室

（a）在司法部内设办公室

在司法部内设刑事被害人办公室（本章下称"办公室"）。

（b）任命主任；权力；限制

办公室的首长为主任（本章称为"主任"），由总统咨询并取得参议院同意后任命。主任应当通过司法项目办公室司法部长助理向司法部长报告工作，应当拥有对拨款、合作协议、办公室授予的合同的最终权力。主任除了担任主任以外，不得参与其他任何就业，主任也不得在任何办公室根据本章规定与其签约或签订其他协议的组织、机构、协会中任职或以这些组织、机构、协会的身份行事。

（c）主任的义务

主任应当承担下列义务：

（1）管理根据本编第10601条拨付的资金。

（2）根据本编第10602条和第10603条的规定向合格的州提供资金。

（3）根据第10603条（c）款的规定，按照主任认为符合该款规定的条件和情况设立方案。

（4）与各州、地方政府部门以及其他参与涉及刑事被害人活动的政府和私人组织或国际机构合作并提供技术帮助。

（5）司法部长授权的其他职责。

第10606条　废除

2004年10月30日公共立法108－405第1编第102条（c）款，118 Stat. 2264。

1990年11月29日公共立法101－647第5编第502条，关于刑事被害人权利。见第18编犯罪与刑事程序第3771条。

第10607条　对被害人的服务

（a）指派责任官员

负责侦破、调查或追诉犯罪的美国政府部门和机构的负责人应当以列出其姓名和官职的方式指派在刑事案件每一个阶段负责识别被害人和履行本条（c）款规定的服务的官员。

（b）识别被害人

在侦破犯罪以后最早的不妨碍调查的时机，负责官员应当：

（1）识别刑事案件的一名或数名被害人；

（2）告诉被害人，他们提出请求后获得本条（c）款规定的服务的权利；以及

（3）告知每个被害人在提出本条（c）款规定的服务之请求时，他们应当与之联系的责任官员的姓名、职务、办公地址和办公电话。

（c）对服务的描述

（1）责任官员应当：

（A）告知被害人接受急救和社会服务的处所；

（B）告知被害人依据本法和其他法律可以获得赔偿或其他补救的权利以及获得该补救的方式；

（C）告知被害人能够获得的提供咨询、治疗或其他被害人支援的政府或私人方案；以及

（D）帮助被害人与负责提供（A）、（B）、（C）目之服务和补救的人联系。

（2）责任官员应当安排被害人获得合理的保护，免受嫌疑犯、与嫌疑犯同流合污的人、受嫌疑犯指令的人的侵害。

（3）在调查与追诉犯罪过程中，责任官员应当尽可能早地通知被害人下列事项：

（A）犯罪调查的状况，限度是适于通知被害人并且不会妨碍调查；

（B）逮捕嫌疑犯；

（C）对嫌疑犯提出指控；

（D）证人被传唤出庭或者根据本编第10606条（b）款（4）项有权出庭的每个法庭程序时间表；

（E）罪犯或嫌疑犯被释放或被羁押的状态；

（F）接受有罪答辩或不抗辩答辩或审判后作出裁决；以及

（G）对罪犯判处的刑罚，包括罪犯有权获得假释的日期。

（4）在法庭程序中，责任官员应当确保为被害人提供与被告人、辩方证人隔开的并且不被他们听到和见到的等候场所。

（5）审判结束后，责任官员应当尽早通知被害人下列事项：

（A）对罪犯进行假释听证的时间表；

（B）罪犯逃跑、工作释放、休假或者其他任何从监禁中被释放的情况；以及

（C）罪犯死亡，如果罪犯是在监禁中死亡的。

（6）在所有时候，责任官员应当确保基于证据目的保管的被害人财产得到妥善保管，并且基于证据目的不再需要时尽快返还给被害人。

（7）检察长或者妨害风化罪调查的其他部门或机构负责人应当直接或通过偿还被害人支付的费用的方式支付调查官员认为必要的或对于证据目的有用的对被害人进行身体检查的费用。检察长应当支付存在感染风险的性侵害后12月之内最多2项对被害人是否感染包括艾滋病病毒、淋病、疱疹、衣原体以及梅毒在内的性传播疾病匿名的、秘密的检查费用，以及受过医学训练的专业人士对检查的准确性以及性侵害带来的被害人感染性传播疾病的风险进行一次咨询的费用。被害人可以放弃根据本条支付的检查的匿名性和秘密性。

（8）责任官员应当为被害人提供关于矫正程序的一般信息，包括关于工作释放、休假、假释及上列各项的条件的信息。

（d）不是诉讼理由或辩护理由

责任官员未提供本条（b）或（c）款规定的信息的，本条规定不是诉讼理由或对任何人有利的辩护理由。

（e）定义

本条中：

（1）"责任官员"是指根据本条（a）款被指派履行本条职责的人；并且

（2）"被害人"是指因犯罪直接遭受身体、情感或金钱损害的人。包括：

（A）被害人是机构实体时，该实体授权的代表；以及

（B）被害人未满18岁、无行为能力、丧失行为能力、死亡时，为下列人员之一（按照优先次序排列）：

（i）配偶；

（ii）法定监护人；

（iii）父母；

（iv）子女；

（v）兄弟姐妹；

（vi）其他家庭成员；或者

（vii）法庭指定的其他人。

第10608条 为被害人进行法庭审判闭路电视播放

（a）一般规定

不管《联邦刑事诉讼规则》有何其他相反规定。如果

（1）管辖改变至最初指控地以外的州的；并且

（2）该地与审判程序原本应当进行的地方的距离超过350英里的。

为了使刑事被害人在改变管辖后被害人能够观看刑事审判程序，初审法院应当命令向该地进行闭路电视转播，使法庭认为利益攸关的并且因改变管辖带来的不便和费用而无法观看庭审的人观看庭审。

(b) 观看限制

(1) 一般规定

不得准许除了法庭官员和安全人员或法庭专门指定的其他人员以外的其他任何人员观看庭审闭路电视转播。

(2) 例外

庭审法官认为如果某人听到其他证人在法庭上的证词时其证词将受到重大影响的，法庭不得根据第（1）项规定指定该人。

(c) 限制

(1) 根据本条（a）款规定传输的信号在所有时候都应当受到法庭的控制并且只能根据法庭规定的条件和状况进行传输。

(2) 不得向公众广播或传播根据本条（a）款传输的信号。执行本条（a）款规定时制作了录音带的，这些录音带应当是法庭的财产并且应当密封保存。

(3) 违反本款规定，或者违反根据本条规定制定的规则的，应当受到第18编第402条规定的藐视法庭罪的处罚。

(d) 捐赠

美国联邦法院行政办公室可以接受捐赠以使法院能够执行本条（a）款的规定。

(e) 解释

本条规定不得被解释为：

(i) 为任何人创造起诉美国或其官员、雇员的有利机会；或者

(ii) 为任何人在适用本条规定的诉讼中提供辩解理由。

(f) "州"的定义

本条中的"州"是指州、哥伦比亚特区或美国的属地或领地。

(g) 规则

美国司法会议依据第28编第331条规定的规则制定权，可以制定并发布或者修订规则，以实现本条规定的政策。一旦开始执行此类规则，本条即告失效。

(h) 生效日期

本条仅仅适用于1995年1月1日之后提起的案件。

日本起诉犹豫制度探析
——兼论与暂缓起诉的区别

|冯 涛*

时值刑事诉讼法再修改,众多学者、专家纷纷著书、撰文,就刑诉法所涉及的方方面面,尤其是具体程序的完善和构建提出自己的见解,真可谓见仁见智,精彩纷呈。此中,不少学者、专家都提出了应在起诉这一环节确立暂缓起诉制度,以提高诉讼效率、合理分配司法资源,从而建立起"不起诉—暂缓起诉—起诉"这样一种阶梯式的诉讼裁量机制,认为这对于完善我国诉讼法律制度具有积极意义。[1] 显然,确立暂缓起诉制度已成为主流观点。[2]

不过,在诸多论述中,暂缓起诉与日本的起诉犹豫常常被人们作为同一概念提及,具有代表性的表述是"起诉犹豫,也叫暂缓起诉,意指检察机关及其检察官,对于触犯刑法的犯罪嫌疑人,根据其犯罪性质、年龄、处境、犯罪危害程度及犯罪情节、犯罪后的表现等情况,依法认为没有立即追究其刑事责任而作出的暂时不予提起公诉的制度"。[3] 于是,我们可以看到,"在日本,暂

---

* 西南政法大学副教授、硕士生导师,西南政法大学法学院博士研究生,重庆市巴南区人民检察院检察长助理

[1] 徐静村:《中国刑事诉讼法(第二修正案)学者拟制稿及立法理由》,法律出版社2005年版,第190页。

[2] 在全国颇有影响的陈光中教授主持的《中华人民共和国刑事诉讼法再修改专家建议稿与论证》、徐静村教授主持的《中国刑事诉讼法(第二修正案)学者拟制稿及立法理由》以及陈卫东教授主持的《模范刑事诉讼法典》中,无一例外地都提出了引入暂缓起诉制度,只是陈光中教授的提法是"附条件不起诉",虽然表述不同,但其含义与其他两位学者提出的暂缓起诉基本相同。

[3] 杨诚、单民主编:《中外刑事公诉制度》,法律出版社2000年版,第222页。

缓起诉被称为起诉犹豫"①这种表述比比皆是。这种提法不知源头何在，但其影响不可谓不深远，以至于仿佛是自然而然的事，而且在许多专著、论文中被频频引用。如此看来，厘清起诉犹豫的概念，并在对该制度进行分析的基础上明确起诉犹豫与暂缓起诉之异同实在是大有必要，唯有如此，才能对完善我国的起诉制度作出合理和科学的选择。本文即在此种背景下形成，不当之处，敬请指教。

一、日本起诉犹豫："检察官司法"的缘由

（一）起诉犹豫之含义

起诉犹豫制度是极具日本特色，也是日本所独有的一项重要的刑事诉讼制度，其内容在现行的《日本刑事诉讼法》第 248 条有明确表述："根据犯人的性格、年龄及境遇、犯罪的轻重及情节和犯罪后的情况，没有必要追诉时，可以不提起公诉。"第 248 条被认为是日本刑事诉讼法最重要的条文之一，也是起诉便宜主义的经典表述。

在日本，检察官的最终处分分为起诉和不起诉两种，而不起诉包括无罪不起诉和起诉犹豫的不起诉。无罪不起诉是针对没有犯罪嫌疑、嫌疑不充分、不构成犯罪等情形，而起诉犹豫的前提则是犯罪嫌疑人的行为本身已构成犯罪，与无罪不起诉是完全不同的情形。根据第 248 条的规定，检察官在对本身构成了犯罪却不准备提起公诉，即作出起诉犹豫的裁量时，必须考虑以下三个方面的因素：其一，与犯罪人有关的事项——所谓"犯人的性格、年龄及境遇"。包括犯罪嫌疑人的性情、品行、认知能力、少年、老年、生活经历、健康状态、有无前科、家庭环境、职业、交友关系等。其二，与犯罪本身有关的事项——"犯罪的轻重及情节"。它是指法定刑的轻重、被害的程度，犯罪的动机、目的、方法、有无计划性、与被害人的关系、犯罪的社会影响等。犯罪的轻重及情节的区别有时非常微妙。其三，与犯罪后的情况有关的事项——"犯罪后的情况"。通常是指有无悔改之心、是否谢罪、为被害回复作的努力、犯罪人的生活状况、有无身份保证人等行为者的情况以及是否达成被害赔偿、被害者的意向等被害者的情况，此外还包括经过的时间多少、社会状况的变化、法令的修改废除等。②检察官是否作出起诉犹豫的决定要综合考虑上述因素而为。

由此可见，仅就理论上而言，在日本，所有的刑事案件，只要检察官经过

---

① 孔庆余："法治视野中的暂缓起诉制度——兼论中国暂缓起诉制度之构建"，载徐静村主编：《刑事诉讼法前沿研究》（第 5 卷），中国检察出版社 2006 年版，第 231 页。

② ［日］石原明、藤冈一郎、土井政和、荒川雅行：《现代刑事政策》，青林书院 2000 年版，第 157 页。

考量后，认为没有起诉必要的，均可作出起诉犹豫之处分。在此种诉讼模式下，整个日本刑事诉讼程序的重心实际上是向追诉阶段倾斜，大部分刑事案件在审前即已解决，而追诉阶段居于关键地位的显然是检察官。从这个意义上来说，日本的刑事司法又被称为"检察官司法"。日本学者也是这样解释的：由于起诉便宜主义，即起诉犹豫裁量权被广泛且精密地运用于日本司法活动中，其结果是日本刑事司法的核心在于追诉阶段，且该阶段中案件多由检察官决定，于是产生了"日本特色"或"检察官司法"之说。①

目前，世界上没有任何一个国家在起诉时采用完全不考虑是否具有公诉的必要性而必定起诉的完全起诉法定主义。英美法系国家自不待言，检察官拥有广泛的自由裁量权；即便有起诉法定主义传统的大陆法系国家，如德国、法国，其近现代刑事诉讼程序也普遍采取了起诉便宜主义，赋予检察官一定的自由裁量权。起诉法定主义固然有利于刑法的统一实施、排除政治或个人偏见，但其忽视具体正义的重要性这一弊端也是显而易见的。而起诉便宜主义则具有独特的价值，它注重刑事司法与刑事政策的弹性，避免让犯罪嫌疑人、被告人承受不必要的程序负担；减少了不必要的审判程序和费用开支，能更有效地运用有限的刑事司法资源。因此，从刑事司法整体上来看，只要起诉便宜主义能被正确、公平地适用，就无法否定其合理性。

追溯日本起诉便宜主义的历史，可以清晰地看到，在1880年的《治罪法》、1890年的明治《刑事诉讼法》中并没有起诉便宜主义的相关规定。明治时代后期，德国法对日本的影响大大增强，德国积极采取起诉法定主义，排斥起诉裁量主义。日本从德国法中汲取了很多内容，无论是刑法学还是刑事诉讼法学基本都接受德国法学的影响。但是，经过学者的争论，起诉法定主义的采用却被否定了。这是因为人们认为起诉裁量主义更适合于日本的情况。② 于是，在1922年的大正《刑事诉讼法》中第一次出现了起诉犹豫的法律依据。当时迫于监狱人满为患以及经费增大的压力，顺理成章地产生了对轻微犯罪不起诉的"微罪处分"方式，即起诉犹豫制度。最终，大正《刑事诉讼法》第279条从正面对起诉犹豫制度进行了确认："根据犯人的性格、年龄、境遇、犯罪的情节和犯罪后的情况，认为没有起诉之必要时，可以不提起公诉。"在大正刑诉法产生的当年，不起诉率为69.1%，其中起诉犹豫占53%，明显超

---

① [日] 小山雅龜：“起訴便宜主義の意義”，載松尾浩也、井上正仁編：《刑事訴訟法の争点》，[有斐閣2002年版，第98页。

② [日] 松尾浩也：“关于裁量起诉主义”，载西原春夫主编：《日本刑事法的形成与特色》，李海东等译，法律出版社、成文堂1997年联合出版，第157页。

过了起诉比率。① 此后，微罪不起诉向更加广泛的起诉裁量扩大，起诉犹豫被逐渐认同，并在司法实务中发挥着重大的作用。日本在 20 世纪 30 年代迎来了起诉便宜主义运用的高峰，如 1934 年日本的起诉犹豫率为 63.9%。② 日本现行刑诉法第 248 条采用了与大正刑诉法第 279 条大致相同的规定，只是特别加入了"犯罪的轻重"这一内容。虽只是寥寥的 5 个字，但"这是为了防止向特别预防主义的过度倾斜，旨在一定程度上限制裁量权的行使"。③ 由于日本在"二战"后出现司法资源紧缺、执行短期自由刑等带来监狱经费膨胀等严重问题，日本政府鼓励检察机关对轻微犯罪予以不起诉处分，因此在现行法的规定下，初期的起诉便宜主义运用与战前也不相上下。1950 年起诉犹豫再次迎来了高峰，起诉犹豫率高达 59.3%。④ 但从那以后，起诉犹豫率趋于下降。不过，20 世纪 80 年代以后，全部案件的起诉犹豫使用率显示出上升的趋势，如 1999 年起诉犹豫率为 39.6%；平成 14 年（2004 年），终局处理人员为 2204578 人，此中起诉犹豫占到 896759 人（40.7%），整个刑事案件的起诉犹豫率为 47.4%。⑤

（二）起诉犹豫之意义

起诉犹豫虽然在产生的初期主要是基于诉讼经济、减轻监狱的压力等考虑，但发展到后来则更多地强调在特殊预防方面的作用。有学者指出：起诉犹豫早年只是为了减轻监狱人满为患的压力以及过重的财政负担，到了 20 世纪早期，官方的正当理由转向强调改造罪犯和使他们重返社会，直到今天仍坚持这一理由。因此，检察官在考虑是否作出起诉犹豫时的一个重要因素就是罪犯重返社会的可能性。⑥ 当然，日本的起诉犹豫率较高还有一个不可忽视的因素，即"二战"前日本实行预审制度，由预审法官对案件是否交付审判进行审查；但是，战后日本废除了预审制度，审查案件交付审判的功能前移至起诉阶段，由检察官担当本应由预审法官而为的角色。一言以蔽之，正如日本著名

---

① ［日］松尾浩也：《日本刑事诉讼法》（上卷新版），丁相顺译，中国人民大学出版社 2005 年版，第 177 页。
② ［日］小山雅龟："起訴便宜主義の意義"，载松尾浩也、井上正仁编：《刑事訴訟法の争点》，有斐閣 2002 年版，第 98 页。
③ ［日］小山雅龟："起訴便宜主義の意義"，载松尾浩也、井上正仁编：《刑事訴訟法の争点》，有斐閣 2002 年版，第 98 页。
④ ［日］松尾浩也："关于裁量起诉主义"，载西原春夫主编：《日本刑事法的形成与特色》，李海东等译，法律出版社、成文堂 1997 年联合出版，第 157 页。
⑤ ［日］法務省法務総合研究所編：《平成 15 年版犯罪白書——変貌する凶悪犯罪とその対策》，国立印刷局发行，第 112 页。
⑥ ［意］戴尔·耐尔肯：《比较刑事司法论》，张明楷等译，清华大学出版社 2002 年版，第 89 页。

学者田宫裕教授所言：在日本，支撑起诉便宜主义的是侦查的充实、权威性以及检察官对案件筛选的适格性、法律地位的确立。①

事实上，日本起诉犹豫制度的发展轨迹也是和世界刑事司法的发展相吻合的。"二战"以后，由于政治、经济形势的变化，观念的更新以及其他因素的影响，传统的报应刑罚理论开始注重刑罚的教育功能，强调教育改造，刑事司法也开始从一味地强调一般预防转向一般预防与特殊预防相结合。体现在刑事程序中，就是各国的检察官开始享有越来越多的自由裁量权。② 正因为广泛采用起诉犹豫、慎重地提起公诉，日本的有罪判决率高居百分之九十以上，甚至有时达到百分之九十九点几也就不足为怪了。

起诉犹豫制度在日本学界、实务界及民众中都得到了高度评价，其价值被认为至少体现在以下几个方面：（1）避免对犯罪者适用短期自由刑；（2）不会使犯罪者被打上"前科者"这一烙印；（3）避免了因起诉导致对犯罪者所产生的不利影响，如起诉导致的停职、资格限制等；（4）能够减轻犯罪者或家人精神上、经济上的负担；（5）与犯罪者有关的资料不被公开；（6）因起诉犹豫是检察机关内部的处理，起诉犹豫后若被不起诉者再犯罪，仍有可能被起诉，因此这有利于促使犯罪者产生改恶从善、重新做人的愿望。总之，广泛采用起诉犹豫，在确保无浪费的高有罪率的同时，也防止了对被起诉犹豫者的损害，为其改恶从善、悔过自新创造了有利条件，从而减小了其回归社会的障碍，同时也减少了不必要的审判程序和费用开支。

当然，起诉犹豫制度的特色及其运用的结果也产生了一些负面影响，如由于广泛地行使起诉犹豫裁量权，导致了侦查程序的纠问化、长期化，在违反侦查弹劾化的同时也带来了包括对犯罪嫌疑人隐私的侵害等问题。

（三）对起诉犹豫的制约

由于日本检察官拥有极大限度的起诉裁量权，因此，起诉便宜原则如果适用不当，容易产生检察官恣意裁量或同法不同用的弊端。为保证检察官正确行使追诉裁量权，《日本刑事诉讼法》通过三个方面对不起诉进行规制：通知告诉人等不起诉处分及告知其理由、③ 检察审查会制度、准起诉程序。这三个方面均适用于对起诉犹豫的制约。此中，检察审查会制度和准起诉程序是主要的制约举措，尤其是前者发挥了较大的作用。

1. 检察审查会制度

日本检察审查会制度产生于1948年，并于当年制定了《检察审查会法》

---

① ［日］田宫裕：《刑事诉讼法》（新版），有斐阁2001年版，第174页。
② 陈卫东主编：《刑事审前程序研究》，中国人民大学出版社2004年版，第262页。
③ 具体内容参见《日本刑事诉讼法》第260条、第261条。

(昭和23年7月12日,法律第147号。以下简称《检审法》),平成16年(2004年)日本对检察审查会制度进行了改革,并于5月28日颁布了新的《检审法》(法律第62号)。依据该法第1条、第2条规定,检察审查会的目的是"反映公民对公诉权实施的意见、衡量公诉权实施是否公正",其内容是"对检察官的不起诉处分是否适当进行审查,对检察业务的改进提出建议、劝告"。

  日本检察审查会的成员具有广泛的群众代表性,它首先从各辖区内拥有众议院议员选举权的人中以抽签的方式选举出检察审查员候补者,然后从中选举出11名检察审查员和同样数目的预备人员,由11名检查审查员组成检察审查会,其中一名为会长。检察审查会在对检察官的不起诉处分是否适当进行审查后,可作出三种决议:应当起诉、不应当不起诉和应当不起诉。所谓"应当起诉"是指检察官作出的不起诉处分不妥当,应当对案件予以起诉。"不应当不起诉"是指案件虽然未达到应起诉的程度,但检察官根据侦查和所掌握的证据作出的不起诉处分难以令人信服,应进行再侦查。"应当不起诉"则是指检察官作出不起诉是适当的。决议的产生通常要有过半数的成员同意,形成"应当起诉"决议须有检察审查会成员中8个以上的多数人赞成。检察审查会对案件作出决议时,要制作决议书。决议书中需载明决议的内容("必须起诉"等)和理由,同时要将决议书副本送达对作出不起诉处分的检察官有监督指挥权的检事正(地方检察厅的最高责任人)和检察官适格审查会(检察官执行职务是否公正的审查机构);作出决议后7天之内,检察审查会的布告栏应公布决议的要点,如果是因有人提出申请而启动审查程序,必须将与申请有关案件的内容通知申请人。

  修正前的日本《检审法》第41条规定,"检事正依据前条的规定接到起诉书副本后,参考检察审查会的决议,认为应提起公诉时,必须起诉",即检事正虽然必须参考检察审查会的决议,但并非必须起诉。换言之,检察审查会作出的"应当起诉"的决议并无法律效力。正因为如此,检察审查会发挥的作用非常有限。据统计,从检审法实行以来到1993年,检察机关处理的123600人中,作出应当起诉、不应当不起诉决议的为15548人,这其中作有罪起诉为819人。① 由此可见,检察官参考检审会决议而作出起诉决定的比例非常低,这不得不使人认为:检审会的决议仅具有象征意义。修正后的《检审法》改变了这一检察审查会自产生之日即存在的弊端,而赋予检审会的决议以法律效力。《检审法》第40条明确规定:对于检审会第一次作出的应当

---

  ① [日]田宫裕:《刑事诉讼法》(新版),有斐阁2001年版,第167页。

起诉决议，检察官应迅速考虑原不起诉决定是否妥当；如果3个月内检察官仍未提起公诉，检审会应对不起诉决定再行审查。检审会第二次审查时，应给予检察官出席会议、陈述意见之机会，在此基础上检审会成员8人以上若再作出应当起诉的决议，则该决议具有法律拘束力。第41条规定：检审会在作出具有法律拘束力的应当起诉决议后，应将决议书副本送交具有管辖权的地方法院，该地方法院则应从律师中指定提起公诉、实行追诉之人。正因为如此，我们可以说：检察审查会作出的"应当起诉"的决议成为日本检察官起诉独占主义的例外之一。

虽然修正后的《检审法》赋予了检察审查会的决议以法律效力，但是可以肯定的是，检审会作出应当起诉和应当不起诉的数量不会有太大的变化，然而这并不影响检审会存在的价值。因为检察审查会制度是公民参加公诉程序的法律制度，体现了公民广泛参与司法的一种形态，因其代表民意而深受重视。被导入公诉程序的这种社会监督机制在保持独立性和中立性的前提下，对于检察官作出的不起诉案件，经过审查，使得其中一定数量的案件被起诉，它有利于检察官维持客观公正的立场、正确地行使追诉裁量权。犹如田口守一教授所指出的："由公民对于检察官不起诉的案件进行审查，其中一定数量的案件被起诉有着重大意义。作为公民参加公诉程序的法律制度是很可贵的。"① 松尾浩也教授也作出几乎相同的评价："毫无疑问的是，这一制度提供了至为宝贵的、国民参加刑事司法的机会。"② 正因为检察审查会制度所体现的司法民主的理念以及在防止检察官滥用不起诉权上所发挥的重要作用，所以，在日本被普遍地认为只能加强不能削弱。

2. 准起诉程序

准起诉也被称为付审判，设立该程序主要是为防止公务员因滥用职权等犯罪而侵犯人权，它根据战后的新刑诉法而设立。准起诉与检察审查会一道对检察官的不当不起诉处分进行抑制。根据准起诉的决定产生提起公诉的效力，就这点而言，准起诉程序也成为日本检察官起诉独占主义的一个例外。准起诉的适用范围包括：《刑法》第193～196条，《破坏活动防止法》第45条，《规制大规模杀人团体法》第42条、第43条，《监听通信法》第303条第3款。③ 即对上述滥用职权犯罪进行控告的人，如对检察机关作出的不起诉处分不服，

---

① [日] 田口守一：《刑事诉讼法》（第3版），弘文堂2001年版，第143页。
② [日] 松尾浩也：《日本刑事诉讼法》（上卷新版），丁相顺译，中国人民大学出版社2005年版，第153页。
③ [日] 松尾浩也：《日本刑事诉讼法》（上卷新版），丁相顺译，中国人民大学出版社2005年版，第156页。

可在法定期限内请求检察官提起公诉。如果检察官提起公诉,这一程序就结束;如果检察官坚持不起诉,被害人可以提出请求,由管辖地方法院依法确定是否将该案件交付法院审判;决定交付审判的,由法院指定律师担当检察官的职责提起公诉。实践中,依照这一程序纠正检察官裁量错误的案件很少。据统计,该制度产生后,每年尽管有 300 件付审判的请求,但是对请求的同意率极低。从该制度产生到 1999 年 10 月间仅有 17 件请求被同意,请求容忍率约为0.1%。① 对此,肯定的评价是,这反映出在日本公务员侵害人权的案件极少,并且检察官通常能正确地行使起诉裁量权;而负面的评价则是法官过于相信警察、检察官对其职务的公正履行。

二、起诉犹豫、暂缓起诉的区别:起诉便宜原则下的相异

起诉犹豫是日本独有的制度,暂缓起诉最具代表性的国家则是德国。虽然我国台湾地区的刑事诉讼法有"缓起诉"的规定,② 但立法时即言明参照刑诉法第 153 条 a 的规定。而人们将起诉犹豫与暂缓起诉相混淆时,此中的暂缓起诉也多指德国的暂缓起诉。暂缓起诉在德国也被称为附条件不起诉,在《德国刑事诉讼法典》第 153 条 a 中有清晰的界定:经负责开始审理程序的法院和被指控人同意,检察院可以附条件(要求被告人于一定期限内履行某一要求、责令)地对轻罪暂时不予提起公诉。

日本的起诉犹豫与德国的暂缓起诉有共同之处。其一,二者皆体现了起诉便宜主义的基本精神,即对某些符合起诉条件的案件不起诉。日本起诉犹豫的前提是犯罪嫌疑人的行为本身已构成犯罪。虽然它与无罪不起诉是完全不同的情形,但作为不起诉的一种情形,与无罪等的不起诉在法律后果上并无区别。从德国刑诉法第 153 条 a 的规定可以看出,暂缓起诉是"检察院可以对轻罪暂时不予提起公诉",其前提条件仍然是犯罪嫌疑人构成了犯罪,只不过构成的是"轻罪"。因此,起诉犹豫、暂缓起诉一个明显的共同点是犯罪嫌疑人本身构成了犯罪,检察官在有充分证据起诉的情况下却不予起诉或暂时不予起诉,体现了起诉便宜主义的基本精神。其二,二者在刑事诉讼程序中发挥了重要作用。可以说,日本的起诉犹豫制度与德国的不起诉制度(包括暂缓起诉)在各自国家的刑事诉讼程序中发挥了相当重要的作用。如前所述,整个日本刑事诉讼程序的重心实际上是向追诉阶段倾斜,所以,日本的刑事司法才有"检察官司法"之说。而德国包含第 153 条和第 153 条 a 的不起诉,"因为这两条

---

① [日]高内寿夫:"付審判請求手続",载松尾浩也、井上正仁编:《刑事訴訟法の争点》,有斐阁 2002 年版,第 102 页。

② 关于台湾的缓起诉,参见林钰雄:《刑事诉讼法》(下册),中国人民大学出版社 2005 年版,第 60~67 页。

规定在很大程度上将法官的选择权限、定义权限和惩罚权限转移给了检察院。现在已经有种说法，就是将原则—例外关系反转过来，因为当前出于权衡原因而终止程序的占绝大部分，检察院也因而在刑事诉讼程序中起着决定作用。与此相反，法庭审理程序则日益失去了意义。刑事诉讼程序中的不起诉在德国刑事诉讼程序实践中的意义也格外重要"。①

然而，这二者的区别也是显而易见的，甚至可以说有本质性的不同。具体表现为：

1. 有无罪种限制

日本在采用起诉犹豫制度的初期，主要适用于轻罪案件，而后逐步扩大到重罪案件。因此，起诉犹豫并不仅仅适用于轻微犯罪，任何种类的犯罪都可以采用。换言之，从理论上来说，所有的刑事案件，只要检察官经过考量后，认为没有起诉之必要时，都可以作出起诉犹豫的处分。当然，司法实务中，不起诉率因罪种的不同而有很大的差异。虽然不能说重大犯罪案件不许起诉犹豫，但从一般预防角度考虑，对重大犯罪的行为人决定起诉犹豫时应当更加慎重。②

德国的暂缓起诉仅适用于轻罪。德国刑诉法第 153 条 a 规定："……检察院可以对轻罪暂时不予提起公诉……"法定起诉原则是德国刑事诉讼中的一个重要原则，因此，就重罪而言，该原则仍居主导地位。不过，司法实践中的某些做法已超出了法律规定的范围。一些严重的经济犯罪案件就是依照这条法律规定被处理结案的。③

显然，就法律规定而言，日本的起诉犹豫因为并无罪种限制，所以较之于德国的暂缓起诉，适用范围更为宽泛。不过，在司法实务中，日本对重罪案件的起诉犹豫仍很慎重；而德国的暂缓起诉却有超越法律规定的情形。

2. 是否制定明确的标准

日本在起诉上有一个全国性统一的内部标准，只有当具有可能被判处有罪的高度嫌疑时才能提起公诉。而在起诉犹豫上却没有明确的、统一的标准，检察官认为没有必要追诉时，就可以不提起公诉。

从德国刑诉法第 153 条 a 的规定可以看出，暂缓起诉有明确的标准：轻

---

① 陈光中、[德] 汉斯—约格·阿尔布莱希特：《中德不起诉制度比较研究》，中国检察出版社 2002 年版，第 70 页。

② 孙长永："日本的起诉犹豫制度及其借鉴意义"，载《检察论丛》（第 1 卷），法律出版社 2000 年版，第 624 页。

③ 陈光中、[德] 汉斯—约格·阿尔布莱希特：《中德不起诉制度比较研究》，中国检察出版社 2002 年版，第 23 页。

罪、附条件、期限等。

3. 是否附条件

作出起诉犹豫的处分并不附条件，完全由检察官自由裁量，即检察官只需要根据犯罪嫌疑人的性格、年龄及境遇、犯罪的轻重及情节和犯罪后的情况，认为没有必要追诉时，就可以不提起公诉。检察官作出起诉犹豫的决定后，若非发现新的重要犯罪事实或证据，公诉权即归于消灭。

德国的暂缓起诉是典型的附条件不起诉，犯罪嫌疑人必须要履行一定的义务，即完成了法律指定的积极行为才有可能被暂缓起诉。如作出一定的给付，弥补行为造成的损害；向某公益设施或者国库交付一笔款额；作出其他公益给付；承担一定数额的赡养义务；或者履行社区服务等。对这些要求、责令应适合消除受到损害的公共利益，并且责任程度与此相适应。对犯罪嫌疑人施加的这些处罚并非刑事制裁，不记入官方档案或者公开。①

4. 有无考验期

起诉犹豫并无考验期，检察官一旦作出起诉犹豫的处分，犯罪嫌疑人就被无罪释放，而且它和无罪等的不起诉在法律后果上并无二致。因此，如下的表述显然是不准确的："由于起诉犹豫实质上是暂缓起诉，所以法律上仍存在对被起诉犹豫人再提起公诉的可能……如果被起诉犹豫的犯罪嫌疑人不服训诫或保护观察，不愿回归社会，检察机关可在有效追诉犯罪的期间内，随时提起正式的公诉。"②

德国的暂缓起诉规定了对犯罪嫌疑人的考验期，包括 6 个月和最多为 1 年的两种情况。考验期为 6 个月的犯罪嫌疑人应履行的义务包括：作出一定的给付，弥补行为造成的损害；向某公益设施或者国库交付一笔款额；作出其他公益给付三种情况。考验期最多为 1 年的情形是指：承担一定数额的赡养义务。③ 暂缓起诉具有暂时性、可撤销性，因此，在暂缓起诉考验期间内，如果犯罪嫌疑人履行这些要求、责令，对其行为不再作为轻罪追究；反之，如果犯罪嫌疑人不履行这些要求、责令，一方面不退还已经履行的部分，另一方面要作为轻罪追究。

5. 是否需要法院以及其他关系者的同意

日本的检察官作出起诉犹豫无须法院以及其他关系者的同意。换言之，检察官独揽起诉犹豫的裁量权。

---

① ［德］托马斯·魏根特：《德国刑事诉讼程序》，岳礼玲、温小洁译，中国政法大学出版社 2004 年版，第 46 页。
② 杨诚、单民主编：《中外刑事公诉制度》，法律出版社 2000 年版，第 225 页。
③ 参见《德国刑事诉讼法典》第 153 条 a。

德国的检察官作出暂缓起诉的决定，是否需要法院以及其他关系者的同意，对此德国刑诉法第153条a有明确的规定："经负责开始审理的法院和被指控人同意，检察院可以对轻罪暂时不予提起公诉……"因此，如果法院不同意或犯罪嫌疑人愿意接受审判，检察官就不能对犯罪嫌疑人实行暂缓起诉。对此，也有学者指出：犯罪嫌疑人是否自愿同意相当值得怀疑，因为他的同意是在逼近的审判的威胁下作出的，他们经常因唯恐案件进入审判后会遭受更为严重的后果而不敢提出反对。①

6. 制约举措不同

如前所述，为保证检察官正确行使追诉裁量权，日本设立了检察审查会制度、准起诉程序等对不起诉进行制约。这些制约举措适用于所有的不起诉，包括起诉犹豫。

德国对暂缓起诉的制约主要有以下几个途径：一个是法院的规制，即必须要经过法院同意，检察机关方可作出该不起诉。另一个是被害人的自我救济，《德国刑事诉讼法典》第171条、第172条第1款规定：检察院不支持要求提起公诉的申请或者侦查终结后决定停止程序时，应当通知告诉人，同时阐明理由。告诉人同时又是被害人的时候，在通知书中要告之他可以申明不服的可能性和对此所规定的期限。被害人不服通知时有权在接到通知后的两周内向检察院的上级官员抗告。但是，需要特别强调的是，强制起诉制度并不适用暂缓起诉，亦即按照《德国刑事诉讼法典》第153条a撤销的案件并不允许被害人提出上诉。再一个是州司法部的监督和制约，即作为领导检察机关的司法部普遍采用发布起诉标准来规范斟酌权，并通过掌握不起诉的统计数据等方式，指导和了解检察机关适用不起诉的情况，以确保法律得以准确适用。此外，还有上级检察机关的监督，即通过个案监督或通过数据统计监督了解不起诉的适用情况。②

综上所述，将"犹豫"等同于"暂缓"，进而将起诉犹豫与暂缓起诉视做同一概念，显然是未对这两种制度进行认真分析研究而望文生义的结果。

众所周知，我国公诉制度素来奉行"起诉法定主义为主，起诉便宜主义为辅"的基本原则。《刑事诉讼法》第141条规定："人民检察院认为犯罪嫌疑人的犯罪事实已经查清，证据确实、充分，依法应当追究刑事责任的，应当作出起诉决定，按照审判管辖的规定，向人民法院提起公诉。"只有在特殊情

---

① ［德］托马斯·魏根特：《德国刑事诉讼程序》，岳礼玲、温小洁译，中国政法大学出版社2004年版，第46、47页。

② 陈光中、［德］汉斯—约格·阿尔布莱希特：《中德不起诉制度比较研究》，中国检察出版社2002年版，第276~277页。

形下,检察机关方可作出不起诉的决定,这些情形包括:法定不起诉、酌定不起诉、证据不足的不起诉。由此可见,我国检察机关的起诉裁量权极为有限。对于一个刑事案件,检察机关在审查起诉后,只能作出起诉或不起诉的决定,非此即彼,别无选择,显然在起诉与不起诉之间缺少一个缓冲区,起诉便宜主义的内在潜力尚未得到充分发掘。因此有必要确立一种新的诉讼裁量机制,使检察机关能针对特殊的个案,作出更符合社会公共利益、刑事政策和立法价值的决定。结合中国的国情,引进暂缓起诉而不是起诉犹豫应该说是更好的选择,而司法实务部门的积极探索似乎也给了这一结论很好的诠释。① 当然,虽总体上不宜引进日本的起诉犹豫制度,但起诉犹豫的某些内容仍给我们以启示,如制约举措中的检察审查会制度,其制度设计尤其是 2004 年的修改内容,对完善我国的人民监督员制度仍颇具借鉴意义。

---

① 早在 1992 年,上海市长宁区检察院就开始对该制度进行了探索与实践,到 2000 年 12 月,武汉市江岸区人民检察院被作为该市的试点院之后,便正式拉开了暂缓起诉的实践之路。此后,很快在全国得以推行。全国有众多检察机关实行过或正在实行暂缓起诉。2002 年 10 月 22 日,南京市人民检察院通过了《检察机关暂缓不起诉试行办法》,使南京市检察机关率先在全国建立了暂缓不起诉制度,并被列为全国"暂缓不起诉"的试点城市。相关内容可参见陈枫等:"暂缓起诉:严格执法中的温情",载《法制日报》2003 年 8 月 19 日。

米兰达权利告知的程序范式

蔡国芹*

米兰达规则是美国联邦最高法院以判例形式确立的刑事正当法律程序,其旨意在于保障被追诉人依照美国宪法享有的不得被迫自证其罪和获得律师帮助的权利。此规则的里程碑意义之一是为执行侦查任务的警察设定了告知犯罪嫌疑人宪法权利的程序义务。由于判例是大法官们解释宪法的产物,米兰达一案对警察的权利告知义务也只是个原则初定,故难以囊括千变万化的案情实际,权利告知的程序要求在其后的数个判例中才得以具体和完善。四十多年来,米兰达规则虽然经历了司法自由主义和保守主义此消彼长的过程,但美国联邦最高法院捍卫宪法尊严和保障被追诉基本人权的宗旨却始终是其鲜明的发展主线,这使得正当法律程序深深地嵌入了美国的法律土壤,并成为美国法律文化的重要组成部分。

一、米兰达权利告知内容的原则初定

美国宪法第五修正案规定:"任何人不得因同一犯罪行为而两次遭受生命或身体的危害;不得在任何刑事案件中被迫自证其罪;不经正当法律程序,不得被剥夺生命、自由或财产。"第六修正案规定:"在一切刑事诉讼中,被告享有下列权利:由犯罪行为发生地的州和地区的公正陪审团予以迅速而公开地审判,该地区应事先已由法律确定;得知被控告的性质和理由;同原告证人对质;以强制程序取得对其有利的证人;取得律师帮助为其辩护。"尽管这些关于刑事正当程序的条款早在 1791 年颁布,但也许是没有具体的程序规则,导致该宪法规定在美国的司法实践中并没有很好地贯彻执行。在 20 世纪的早期,由于国内犯罪率的急剧攀升,美国的司法部门更倾向于打击犯罪,当时刑讯逼

---

* 上海交通大学法学院博士研究生,广东嘉应学院政法系副教授

供现象严重,而法院则持放任态度。在 1936 年布朗诉密西西比州(Brown v. Mississippi)①一案中,犯罪嫌疑人被采取吊打的方式取得的证言被密西西比州法院作为定罪的依据。到 20 世纪 40 年代,警察的强制讯问逐渐从折磨、威胁转向用更潜在压力的方式给犯罪嫌疑人施加压力,使犯罪嫌疑人在强迫氛围中作出自我归罪的供述。特别是在 20 世纪 60 年代左右,对黑人、拉丁人、亚裔等少数裔族的司法歧视十分严重。同时,许多警察在执法时表现得无法无天。在官方印发的《警察手册》中,明目张胆地教导警察如何对犯罪嫌疑人大搞"逼、供、信"。比如,讯问时搞"车轮战",不允许犯罪嫌疑人睡觉、吃饭、饮水;一个警察扮演"凶神"角色,一个警察则对犯罪嫌疑人暗表同情,甚至给点小恩小惠,套取口供;利用犯罪嫌疑人的种种心理弱点,邀请心理专家共同对付,骗取口供等,这引起诸多民怨。联邦最高法院深知这些社会弊病,但囿于司法的被动性而无能为力。②至 1966 年,米兰达诉亚利桑那州一案(Miranda v. Arizona)上诉到联邦最高法院,判决结果对警察漠视被追诉人宪法权利的行为给予了最高效力的否定,并为警察履行告知义务的程序作了原则初定。

  1963 年 3 月 3 日,一个名为芭芭拉·约翰逊的 18 岁女孩在亚利桑那州凤凰城市附近被绑架和强奸。10 天后,一个有犯罪前科、23 岁的墨西哥后裔欧纳斯特·米兰达(Ernest Miranda)以涉嫌绑架罪和强奸罪被凤凰城警察局逮捕。在警察局,受害人指认出凶手是米兰达。随后,米兰达被带到审讯室,由两名警察进行讯问。警察在没有告知米兰达依法享有的宪法权利情况下,使用一切"合法"的手段迫使米兰达供认自己的罪行。讯问初始,米兰达否认犯罪,但在两小时后,却承认实施犯罪行为并写下供词。该供词包含一份声明,表明供词是米兰达在完全知晓其法律权利和完全理解他所做供述有可能不利于他的情况下作出的。在亚利桑那州初审法院审理此案时,米兰达的辩护律师阿尔文·穆利坚持认为该供词因违反宪法而应当认定为非法证据,但陪审团还是将之采纳为有罪证据。经过五个多小时的评议后,陪审团宣告米兰达绑架罪和强奸罪成立,两罪分别被处 20 年和 30 年的监禁。案件上诉至亚利桑那州最高法院后,结果是维持原判。米兰达依然不服判决,在政府为其指定的律师的帮助下上诉到联邦最高法院。1966 年初,联邦最高法院决定受理该案。同年 6

---

① Brown v. Mississippi, 297U. S. 278 (1936).
② 吴玉岭:"'米兰达警告'及其挑战",载《检察风云》2003 年第 23 期,第 26 页。

月 13 日，联邦最高法院以 5 比 4 的表决结果作出撤销原判、发回重审的裁决。① 判决书由时任联邦最高法院首席大法官的厄尔·沃伦 ②亲自拟定。③

联邦最高法院在该案的判决书中，没有特别关注案件事实，而是详细地论证了羁押期间被警察讯问的嫌疑人所做供词的可采性问题，以及在程序上如何确保任何人享有反对自证其罪特权的问题。④ 沃伦在判决书中写道："（a）……（d）在没有其他有效措施下，以下保障宪法第五修正案的程序必须遵守：在进行任何讯问之前，必须清楚地告知被羁押人：（1）你有权保持沉默，你所讲的一切都可在法庭上用作对你不利的证据；（2）你有获得律师帮助的权利，讯问时有权要求律师在场；（3）如果你没有钱委托律师，我们将为你指定一名律师。（e）在讯问之前或在讯问过程中，犯罪嫌疑人表示想要保持沉默，讯问必须停止；如果他表示想要见律师，讯问必须停止，直到律师到来。（f）在律师不在场的情况下进行的讯问并且取得了供述，那么要由政府来证明被告明知且理智地、明智地放弃了律师权。（g）在被羁押讯问期间，犯罪嫌疑人回答了一些问题，但没放弃他的特权，他还可以在后来的讯问中主张保持沉默。（h）给予警告并且放弃权利，是被告人作出的有罪供述或无罪辩解具有可采性的先决条件。……"⑤ 随着判决内容的宣告，全面告知受讯问的犯罪嫌疑人宪法权利正式成为执法警察的一项法定义务。"米兰达警告"（Miranda Warnings）从此确立为侦查讯问的正当法律程序要求。⑥

---

① 发回重审时因证据的不可采而使米兰达暂未受到法律制裁。1967 年 2 月 15 日，法院根据其前女友威拉·霍夫曼的证词（事后米兰达曾告诉她关于强奸的犯罪经过）再次判定米兰达有罪，两罪被分别处以 20 年和 30 年的监禁，但仅服刑 5 年却于 1972 年被假释出狱。

② 厄尔·沃伦（Earl Warren，1891 年 3 月 19 日至 1974 年 7 月 9 日）是美国著名的政治家、法学家，曾经做过律师、担任过美国加利福尼亚州州长。1953 年，他被艾森豪威尔总统提出任联邦最高法院首席大法官，直至 1969 年退休。在其担任首席大法官期间，沃伦领导的联邦最高法院作出了许多具有里程碑意义的、涉及种族隔离、民权、政教分离、逮捕程序等著名判例，包括 1954 年的布朗诉教育委员会案（裁定公立学校种族隔离违宪）、1962 年到 1964 年期间的"一人一票"各案（极大改变了很多州农村地区的投票权重）、Hernandez 诉得克萨斯州案（裁定墨西哥裔美国人有权参加陪审团）以及 1966 年的米兰达诉亚利桑那州案（要求警方讯问被羁押的当事人时必须告知其享有不被强迫自证其罪和获得律师帮助的权利）。

③ Miranda v. Arizona, 384 U. S. 436（1966）.

④ 贺振华："美国米兰达规则发展探析"，载《河南社会科学》2006 年第 5 期，第 85 页。

⑤ Miranda v. Arizona, 384 U. S. 436（1966）.

⑥ 在米兰达规则诞生之前，焦点主要聚集于实质标准——犯罪嫌疑人的供述是否自愿；在其之后，关键问题变成了形式标准——警方是否合法地告知犯罪嫌疑人宪法权利以及他是否有效地放弃了权利的全部或一部。参见谢杰、潘琳琳："伦奎斯特：在合理的限制中发展米兰达规则"，载《中国刑事法杂志》2006 年第 3 期。

二、米兰达权利告知的适用情形

（一）米兰达权利告知只适用于警察"对案情的讯问"

调查罪案的警察，讯问犯罪嫌疑人是其常用方法，但并非每说一句话都应进行米兰达权利告知。米兰达规则对警察确立的权利告知义务只限于犯罪嫌疑人处于"被羁押状态"下"对案情的讯问"。至于何种情形为法律意义上的"被羁押状态"和什么内容的讯问属于"对案情的讯问"，米兰达案件本身并没有具体明确。按照美国的法律理论，如果将犯罪嫌疑人陈述的内容作为指控他/她的有罪证据或作为发现犯罪物证的手段时，就属于"对案情的讯问"。一般情况来说，调查人员要求犯罪嫌疑人回答是否实施犯罪行为、作案的时间、犯罪的工具或犯罪所得如何处置等，应当认为是"对案情的讯问"，而对其身份如姓名、年龄、住址、文化程度等内容的查证核实，问话的目的是为了给犯罪嫌疑人建档（booking questions），即使与罪案调查有关，也还不属于"对案情的讯问"。

如果犯罪嫌疑人处于"被羁押状态"下，即使没有向嫌疑人直接提问，但只要调查人员能够合理地预料到谈话的话题或行为很有可能会诱出其有罪陈述的，也属于"对案情的讯问"。如在1977年，一名涉嫌谋杀一年轻女子的男子在被押往另一城市的途中，侦探叫该嫌疑人想想天气是如何变冷及雪是什么样子，并且指出以后会如何地难以找到被害人尸体，接着还说，其父母应该有机会能够为这个于圣诞节平安夜失踪并且被害的女子举行一个基督教葬礼。在这简短的几句话之后，犯罪嫌疑人就领着侦探到他处理被害人尸体的现场。整个过程，侦探虽然没有直接提问，但联邦最高法院最终认定属于"对案情的讯问"。[①] 在1980年的罗德岛诉伊尼斯（Rohde Island v. Innis）一案中，一个抢劫并杀害一出租车司机的嫌疑犯伊尼斯遭到逮捕。伊尼斯被告知"米兰达权利"后，他要求见律师，讯问即中止，然后押往拘留所。当局特地要求三个押送他的警察不得讯问犯罪嫌疑人。但途中，两个警察聊起此案，其中一个说，要是某个小孩找到了那支遗失的短枪（曾用于此案的抢劫）并伤着了自我的话，其后果将是非常的可怕。这几句对话既不指向伊尼斯，也不期望他作出任何回应。然而，伊尼斯却主动打断了他们的谈话。在告知其米兰达规则的宪法权利后，嫌疑人伊尼斯带警察去找到了那支短枪。后来，联邦最高法院的判决认为，此谈话构成"对案情的讯问"，因为正在看护嫌疑人伊尼斯的警察应该能够知道其语言或行为可能诱使他作出自我归罪的反应。[②]

[①] Charles R. Swanson, Neil C. Chamelin, Leonaed Territo, Criminal Investigation (6th ed.), McGraw-Hill Companies, (1996), p. 224.

[②] Rohde Island v. Innis 446 U. S. 291, 100S. Ct. 1682 (1980).

另外，由非调查人员向嫌疑人提问，但调查人员在其中施加了强制影响的，也属于"对案情的讯问"。在1987年的亚利桑那州诉毛罗（Arizona v. Mauro）案件中，在犯罪嫌疑人毛罗提出获得律师帮助的要求后，警察让其妻子与其谈话，警察只是以保障安全为由站在旁边，并且公开进行录音。联邦最高法院同样认为这是"对案情的讯问"。①当然，如果某个人自愿跑到警察局来供述犯罪事实，而在场的警察问"发生了什么事？"就不属于讯问案情。②

（二）米兰达权利告知只适用于犯罪嫌疑人处于"被羁押状态"时的讯问

关于"被羁押状态"（in custody）的界定，通常指犯罪嫌疑人处于被拘捕状态或其人身自由受到了限制等强制环境（coercive environment），而且这种强制环境是由执法人员（警察）所主导。也只有在警察主导的"被羁押状态"下的讯问，才适用于米兰达规则。美国学者认为，"被羁押状态"是指讯问的环境中具有内在的强制。羁押讯问则指"嫌疑人在羁押或者行动自由在很大程度上被剥夺的状态中由执法人员进行问话"。③在司法实践中，如果犯罪嫌疑人已被正式拘捕后的讯问，对"被羁押状态"的认定非常明确。但在其他情况下，讯问是否构成"被羁押状态"，则应综合当时的环境因素而具体分析。在1975年12月贝克维茨诉美国（Beckwith v. United States）一案中，国内税务署的工作人员讯问涉嫌税务欺诈的犯罪嫌疑人贝克维茨。当时，贝克维茨没被羁捕并被告知了米兰达规则中除可以聘请律师以外的其他内容。他放弃沉默权，并作了有罪供述，后来被法院认定有罪。上诉时，被告人主张"米兰达警告"内容不完整，故自我归罪的陈述应予排除。1976年4月，联邦最高法院判决认定，由于讯问人是税务署工作人员而不是警察，故讯问不构成"被羁押状态"，因而不适用米兰达规则。④1977年，联邦最高法院在俄勒冈州诉马西亚森（Oregon v. Mathiason）案件中再次明确了"被羁押状态"的内涵。一个名为马西亚森的男子被俄勒冈州巡警办公室叫去询问一起抢劫案的情况。到了巡警办公室，马西亚森被告知：他并没有被捕但警察认为他参与了抢劫。在没有给予"米兰达警告"的情况下，马西亚森作了有罪供述，而后一审被判有罪。被告人马西亚森不服而上诉。俄勒冈州最高法院审理后认为，警察局对被告人的询问构成的"强制环境"，应当给予"米兰达警告"，因而撤销了

---

① Arizona v. Mauro 107S. Ct. 1931 (1987).

② Robert L. Donigan, Edwards C. Fisher, David H. Hugel, Robert Reeder, and Richard N. Williams, The Evidence Handbook, 4th ed. Evanston. Ill.: The Traffic Institute, Northwestern University, (1980), p. 44.

③ Phillip E. Johnson, Morgan Cloud, Constitutional Criminal Procedure: From Investigation to Trial (4th ed.), West Publishing Co. (2005), p. 357.

④ Beckwith v. United States 425 U. S. 341 (1976).

一审判决。当案件上诉到联邦最高法院时，联邦最高法院却不同意俄勒冈州最高法院的判决理由，认为被告并没有正式被捕，其行动自由没有受到多大限制，所以米兰达规则不适用此案。联邦最高法院的判决还认为：由于让犯罪嫌疑人受到审判为其工作目标的警察是执法体制的一部分，因而这一事实容易使人直观地认为，警察对犯罪嫌疑人的任何询问都有强制因素。然而，警察并不需要对其询问的每一个人都给予"米兰达警告"，也不能因为询问在警察局进行就产生了米兰达规则的适用需要。只有当被询问人的行动自由限制构成了"被羁押状态"时，才要求给予"米兰达警告"。①

1983年，联邦最高法院在加利福尼亚州诉贝赫勒（California v. Beheler）案件中又一次解释了"被羁押状态"的法律问题。贝赫勒和其他几个被告人几次试图从被害人处盗窃印度大麻麻醉剂。在反抗时，被害人被其中的犯罪人杀害。不久后，贝赫勒叫来了警察并说出了杀害被害人的人。同一天的晚些时候，贝赫勒同意跟随警察到警察局接受调查并被特地告知他未被捕。在30分钟的谈话中，他把事件经过告诉了警察，但警察没有事先向他提出过"米兰达警告"。贝赫勒于谈话结束后被允许回家。5天后，贝赫勒因涉嫌协助和教唆一级谋杀而被捕。他被告知了"米兰达警告"内容，但他表示放弃沉默权和律师帮助权并作了有罪供述。一审法院根据他前后两次的供述而认定他罪名成立。在上诉时，加利福尼亚州上诉法院认为，第一次谈话由于是在警察局内进行，构成了"被羁押状态"。当时的贝赫勒是个嫌疑犯，谈话的目的就是诱使他作出有罪供述。所以判决撤销一审判决。但案件上诉至联邦最高法院时，联邦最高法院却根据俄勒冈州诉马西亚森案件中判决理由撤销了加利福尼亚州上诉法院的判决。联邦最高法院的认为，正式逮捕和限制行动自由才属于"被羁押状态"，而本案却不存在这种情况。其判词还认为，警察从嫌疑人的谈话中获得的案件信息量以及犯罪行为实施与问话之间的间隔长短，与"被羁押状态"的问题无关。②因此，在警察局进行的问话不见得属于"被羁押状态"。

在警察局办公室之外地方的谈话，如果具有强制因素也构成"被羁押状态"。当然，是否构成"被羁押状态"则要综合当时的环境因素来确定。在奥洛兹科诉得克萨斯州（Orozco v. Texas）案件中，法院认定，四个警察于半夜期间对当时躺在床上的被告人的问话属于"被羁押状态"的讯问，理由是被告人已经很大程度上被剥夺了行动自由。③而在另外一起美国诉李（United States v. Lee）一案中，联邦调查人员在一辆停泊在被告人住宅前的汽车内问

---

① Oregon v. Mathiason 429 U.S. 492, 495 (1977).
② California v. Beheler 103 s. Ct. 3517 (1983).
③ Orozco v. Texas, 394 U.S. 324 (1969).

话,同样构成"被羁押状态"下的讯问。问话涉及李的妻子死亡一案。李同意回答问题并被告他可以随时中止谈话而离开。谈话持续约一个多小时,其中调查人员给李出示了警方掌握的有罪证据,最后李供认自己杀害了妻子。李于第二天自愿到警察局接受进一步讯问时正式被捕。警方即时告知了"米兰达警告"内容。后来,初审法院认定:尽管被告人当时没有正式被捕,但由于他没有拒绝问话的自由,故构成"被羁押状态"。所以,没有受到"米兰达警告"的有罪陈述应当予以排除。控方对初审判决不服而提出上诉,联邦上诉法院审理后,裁定驳回上诉,维持原判。① 在美国诉多科利(United States v. Dockery)案件中,一个名为多科利的24岁银行女职员被联邦调查人员问及银行款项被盗一事。她在一个小空房内被问话十五分钟。问话开始前她被告知可以不回答任何问题,她没被捕,而且也不会逮捕她,任何时候都可以自由离开。问话时多科利否认有实施盗窃行为。问话结束后,多科利被要求在房间外等候。几分钟后,多科利要求再一次见联邦调查人员。此时,她又被告知没有向调查人员陈述的义务,并且有随时离开的自由。不久之后,多科利签下了一份暗含其自己盗窃的书面陈述。1984年,联邦上诉法院在复审一审的有罪判决时认定,对多科利的谈话不属于"被羁押状态"。因而,其供述可以作为有罪证据采信。②

正在服刑的嫌疑人在其陈述其他案件事实时是否构成"被羁押状态",应依据当时的强制程度而定。如在马西斯诉美国(Mathis v. United States)案件中,被告人马西斯因涉嫌向政府虚假索赔遭到指控。联邦调查人员进行讯问时,被告人服刑于州的判决,并且问话时没有给予"米兰达警告"。初审和二审都判决被告人罪名成立。马西斯以讯问违反米兰达规则为由上诉至联邦最高法院。政府则以把被告关进监狱的人不是联邦调查人员为由提出反驳,并认为是不同的犯罪而不适用于米兰达规则。但联邦最高法院在1968年撤销上诉判决时认为,一个人因为什么原因和被谁拘捕并不重要,只要警察讯问时制造了强制的效果就应当适用米兰达规则。③ 不过,另一段同样在监狱发生的谈话却不构成"被羁押状态"。在1990年的伊利诺伊州诉佩金斯(Illinois v. Perkins)案件中,一个便衣警察被安插在被告人服刑(被告人因其他案件服刑,且那案件与调查的本案无关)的监狱内与被告人同室而居,以套取被告人的口供。后来,被告人对便衣警察的陈述用作有罪认定的证据。当案件上诉至联邦最高法院时,联邦最高法院认为:嫌疑人与便衣警察的谈话不适用于米兰达规则。

---

① United States v. Lee, 455 U. S. 252 (1982).
② United States v. Dockery, 736 F. 2d 1232 (8th Cir. 1984).
③ United States v. Dockery, 736 F. 2d 1232 (8th Cir. 1984).

米兰达规则禁止的是强制供述,但与利用嫌疑人误信便衣警察为囚室同伴的策略性诱惑无关。①

此外,判断问话场景是否为"被羁押状态",只依据客观环境而定,与犯罪嫌疑人的年龄因素无关。在亚伯罗和沃登诉爱华拉多(Yarborough, Warden v. Alvarado)案件中,联邦最高法院的判决说明了这一点。1995年12月22日,一个名为Francisco Castañeda的人被害于加利福尼亚州圣达菲温泉城。Paul Soto被控为这起汽车劫持和谋杀案的主谋。而17岁的爱华拉多则涉嫌参与和协助。案发一月后,洛杉矶县警察局侦探康姆斯多克(Comstock)用手机短信与正在上班的爱华拉多的母亲联系,说是想找爱华拉多谈话。中午12点左右,其父母带爱华拉多来到警察局。到达后,康姆斯多克就把爱华拉多叫到一个小房间内在没有给予"米兰达警告"情况下谈话,而其父母则在房间外等候。谈话持续约两个小时。康姆斯多克曾两次告知爱华拉多可以随时中断谈话,并跟随父母亲回家。一开始,爱华拉多否认参与了此案。但后来却承认协助Paul Soto盗窃被害人的汽车,并在被害人遇害后帮他隐藏了枪支。初审时,被告人爱华拉多以没有告知"米兰达权利"为由要求排除其有罪供述,但被法院拒绝并判决其有罪。上诉后,地区上诉法院维持原判。爱华拉多又向联邦地区法院申请人身保护令状,但遭到拒绝。再次上诉后,联邦第九巡回上诉法院认为,被告人是个未成年人,缺乏离开谈话的理性判断经验,已构成"被羁押状态"。由于没有给予"米兰达警告",所以撤销地区法院的裁决。2003年9月30日,联邦最高法院发出调卷令,2004年6月1日作出裁决:撤销上诉法院的判决。同时认为,判断嫌疑人是否处于"被羁押状态"只依据客观情况而定,与被讯问人的年龄无关,因为被讯问人能否理性判断只是个主观因素。②

(三)米兰达权利告知不适用于街头、路边的短时间滞留和盘问

当警察在街头或路边基于合理怀疑(reasonable suspicion)对可疑人员进行短时间的滞留和盘问(stop and frisk)以及以一种在当时环境看来属于合理的方式来调查某项犯罪或将要实施的犯罪,也不属于应当适用米兰达规则的"被羁押状态"。1968年6月10日,联邦最高法院对特里诉俄亥俄州(Terry v. Ohio)一案作出终审裁决,警察Martin McFadden对被告人Terry和Richard Chilton的盘查没有违反宪法规定。据说,在1963年10月31日中午大约两点三十分,站在Cleveland县城中心一个街角的两被告人引起了警察Martin Mc-

---

① Illinois v. Perkins, 496 U. S. 292 (1990).
② Yarborough v. Alvarado, 541 U. S. 652 (2004).

Fadden 的注意。虽然之前从未见过面,但凭着 30 多年的警探工作经验,McFadden 警官觉得两被告人的行为可疑,因而进入一家距离两被告人约 400 英尺远的商店内进行观察。结果发现两被告人轮流各六个来回,共十二次,密切打量着一商店的同一个窗户。在那期间,另一个名叫 Katz 的人与两被告人接头咬耳一会后迅速离开。十分钟后,两被告人沿着先离开的 Katz 那方向走去。当他们三人会合在一商场门口时,McFadden 警官立即上前去表明了警察的身份并分别讯问他们叫什么名字。然后命令他们停下接受盘查。在警察常用的拍身检查过程中,McFadden 警官感觉在 Terry 和 Chilton 的外套口袋里有枪。在确定自己的判断后,McFadden 警官在没有告知两人任何宪法权利的情况下迅速从他们的口袋中各取出一支左轮手枪。后来,这两人被指控携带私藏枪支。初审过程中,被告人 Terry 主张 McFadden 警官的搜查和扣押行为违宪,要求排除枪支作为证据使用。初审法院驳回了被告人的动议,并认定两被告人罪名成立,判处 1 至 3 年的监禁。案件上诉后,俄亥俄州上诉法院裁定驳回上诉,维持原判。最后,案件上诉到联邦最高法院。1968 年 6 月 10 日,联邦最高法院对特里诉俄亥俄州(Terry v. Ohio)一案审理后,以 8 比 1 的表决结果裁决认定:警官 Martin McFadden 对被告人 Terry 和 Richard Chilton 的盘查没有违反宪法规定。沃伦首席大法官拟定的判决认为,为保护自身及其他的安全,迅速排除安全的威胁是必要的。在有充分的理由情况下,警察表明身份后对嫌疑人进行必要的盘问以及以确定是否携带攻击武器、仅限于衣服表面的搜查(发现后则可以从衣服里面取出)是安全保障的需要,即使警察没有告知宪法权利和出具搜查令,也不违反宪法第四和第五修正案。① 这样一来,街头、路边的短时间滞留和盘问就不受米兰达规则约束。1988 年,宾西法尼亚州诉布鲁德(Pennsylvania v. Bruder)案件的判决,对警察在街头就可疑人员进行的短时间滞留和盘问不受米兰达规则约束的做法再一次予以确认。② 在另外一起案件的判决也说明,例行的交通违法滞留和盘查行为,也不构成对嫌疑人"被羁押状态"的讯问。1980 年 3 月 31 日,俄亥俄州的一高速公路巡警看到一辆汽车在公路上摇晃前进,就命令司机即麦卡提(McCarty)停车。巡警发现麦卡提下车后难以站稳,说话也含糊不清,故认为他涉嫌交通犯罪,并不允许他离开下车的地点,同时也没有告诉麦卡提他将被扣留。由于麦卡提无法做酒精测试,该巡警在没有告知嫌疑人米兰达警告的情况下,问他是否喝了酒,他回答说他刚刚喝了两瓶啤酒并抽了大麻。随后,警察以麦卡提涉嫌交通犯罪正式

---

① Terry v. Ohio, 392 U. S. 1 (1968).
② Pennsylvania v. Bruder, 488 U. S. 9 (1988).

逮捕麦卡提并把他关入当地的县拘留所。当时从麦卡提的血液中没有查出酒精。接着，警察继续在没有告知米兰达警告的情况下讯问麦卡提，他再次作出有罪陈述，包括他关于喝酒的供认。在俄亥俄州初审法院，嫌疑人以讯问前没有告知其宪法权利为由，认为用作证据的供认违背了第五修正案，从而要求排除其给警察所做的有罪供述，但该动议被拒绝，后被判罪名成立。富兰克林郡上诉法院维持了初审判决，俄亥俄州最高法院驳回了被告的上诉。后来被告申请人身保护令，俄亥俄州南区联邦地区法院驳回了该申请。最后，联邦第六巡回上诉法院的陪审团推翻了原判决，并命令联邦地区法院发布人身保护令，认为米兰达警告的权利应该赋予被讯问前的所有被羁押人，无论涉嫌的犯罪是重罪或轻罪如交通犯罪。联邦最高法院于1984年4月28日调卷审理此案，同年7月2日裁决维持联邦第六巡回上诉法院的判决。联邦最高法院对此案判决的重要意义在于，警察在进行例行交通检查时，只要有充分理由，在路边对驾车或乘车人进行短时间的滞留和盘问的行为并不构成"被羁押状态"，所以无须向当事人告知"米兰达警告"内容。不过，当嫌疑人被正式逮捕和遭到羁押后，讯问时就应当被告知米兰达规则的权利，而且不管嫌疑人所涉嫌或被逮捕时所涉及的犯罪的性质和严重程度如何。联邦最高法院之所以维持联邦第六巡回上诉法院的判决，主要是因为警察在拘押麦卡提后再次讯问时没有遵守米兰达规则。这一角度又说明，不论是重罪还是轻罪，只要嫌疑人是"被羁押状态"，讯问时就应当告知米兰达权利。[①]

三、米兰达权利告知的原则例外

米兰达规则对警察的权利告知义务的规定并非"一刀切"，而是在其诞生后不久就形成了例外情形。具体为：

（一）未告知米兰达权利的供述可以用作质疑被告人作证品质的手段

1966年1月6日，哈里斯因两次向便衣警察出售海洛因而被拘捕。在警察没有告知其享有的宪法权利情况下（当时米兰达规则尚未确立），哈里斯承认在那警察的要求下做过两次海洛因的买卖。当案件提交法庭审理时，米兰达规则已经确立。在法庭上，哈里斯否认自己向便衣警察出售过毒品，并声称所卖的是面粉，目的是想骗他们。在交叉讯问时，检控官以哈里斯在被捕时的认罪供述来证明被告人在法庭上与法庭外的陈述相互矛盾。但由于当时没有告知米兰达权利，被捕时的认罪供述没被采信。初审法官在指示陪审团时要求，被捕时的认罪供述不能作为合法证据使用，只能用作判断被告人在法庭上的陈述是否具有真实性。经过评议，陪审团判定哈里斯有罪。哈里斯上诉到最高法

---

① Berkemer v. McCarty, 468 U. S. 420 (1984).

院，1971年2月24日，联邦最高法院就此案作出了维持原判的裁定。通过哈里斯一案，联邦最高法院确立：被告人未经告知米兰达权利的有罪供述，虽然不能用以证明被告人有罪，但可以用来质疑被告人作为证人的可信度。这一例外使原本违反米兰达规则绝对不可采的口供具有了"有限的可采性"。①

（二）权利告知义务可以因为"公共安全"原因而成为履行的例外

米兰达规则也有因为"公共安全"而不适用的例外情形。在1984年纽约州诉夸尔斯（New York v. Quarles）案件中，1980年9月11日中午，纽约警察可拉夫特（Kraft）和斯卡林（Scarring）进入一家超市寻找被指称身上带有枪支的强奸嫌疑犯夸尔斯。当可拉夫特锁定目标后，犯罪嫌疑人夸尔斯后也发现了警察并随即跑向超市后场。追赶几分钟后，夸尔斯逃出了警察的视线几秒钟。警察再次发现夸尔斯后，命令他站住。在对夸尔斯进行搜身时，可拉夫特发现他带有一空枪套。给夸尔斯戴上手铐后，可拉夫特又问他枪放在何处。夸尔斯朝一些空纸箱方向点头示意并说"枪在那里"。当可拉夫特从其中一纸箱里找到了一支装满子弹的38毫米口径的左轮手枪后，正式逮捕夸尔斯，并告知了米兰达权利。夸尔斯表示放弃权利。讯问时，他承认枪支属他本人所有并购买于迈阿密。后来夸尔斯被指控非法持有枪支。但初审法院认为，由于警察在问嫌疑人枪支在何处之前，没有告知他"米兰达警告"，因而被告人"枪在那里"的供述应予排除，同时其他有关枪的所有者和购买地等供述由于被前面违背米兰达规则的行为所污染，也应当排除。案件上诉后，纽约州最高法院上诉庭和纽约州上诉法院维持了初审法院排除供述的判决。②

1984年6月14日，美国联邦最高法院调卷审理后作出了撤销原判、发回重审的判决。其判决理由认为，同意关于夸尔斯处于"被羁押状态"下的讯问没有给予"米兰达警告"的认定。但是，关于"失控的枪支在何处"的供述和枪本身是可以作为证据使用的。因为涉及公共安全威胁的问题回答比保护犯罪嫌疑人依据宪法第五修正案的反对自归罪的特权更重要。当然，如果"公共安全"的原因结束后，进一步的讯问仍须先告知米兰达权利。③米兰达规则基于"公共安全例外"的原则遂即产生。这是美国最高法院对米兰达规则的效力所作出的一个重要限制，以减少该规则对刑事司法活动和犯罪侦查效率的负面影响，是控制犯罪和保护人权观念在沉默权问题上平衡的一个结果。

（三）"必然发现原则"可以成为米兰达权利告知义务的例外

"必然发现（inevitable discovery exception）原则"是指，如果不依赖于犯

---

① Harris v. New York 401 U. S. 222 (1971).
② New York v. Quarles, 467 U. S. 649 (1984).
③ New York v. Quarles, 467 U. S. 649 (1984).

罪嫌疑人的供述也必将发现证据的，即使警察未告知米兰达权利，供述内容中所包含的证据也不予排除。如1969年，被告人罗伯特·威廉姆斯被控涉嫌在爱荷华州（Iowa）的迪斯莫尼斯（Des Moines）诱拐和一级谋杀一个十岁的小女孩。被告人威廉姆斯向该州的戴文波特（Davenport）地方警察局自首。被逮捕后，被告人在聆讯时要求为其指定律师并获得许可。当时，州警察还未找到小女孩的尸体，但一支200人的志愿者队伍正在协助警察搜寻。在警察把被告人押解回迪斯莫尼斯的途中，其中的一名警察对他说："下雪了，这可能会使得更难找到小女孩尸体了，将无法给她一个正式的基督教葬礼。"威廉姆斯在听到警察的谈话后，自愿告诉警察关于小女孩尸体的位置并帮助找到了尸体。而此时，负责搜寻小女孩的警察距离尸体的位置仅差二英里。初审时，辩方律师提出，由于被告人的陈述是在没有获得律师帮助的情况下获得，因而讯问不合法，应当作为"毒树之果"而排除。但检控官认为，即使没有被告人的供述，小女孩的尸体也必将会找到。初审法院驳回了律师的排除动议，陪审团裁决被告有罪。案件第一次上诉后，被裁定维持原判。被告人立即第二次上诉至爱荷华州上诉法院，并申请人身保护令状。州上诉法院批准了申请并签发人身保护令状，原一审判决随后被撤销。此案于1977年再次进入审理。这次检控官不再将被告人的供述作为证据，而是将小女孩的尸体作为物证，似乎没有被告人的供述也能发现该尸体。被告方再次要求排除证据。但动议被驳回，并被判定罪名成立。当案件上诉至爱荷华州上诉法院时，被裁定维持原判。理由是：被告人陈述时，警察并没有恶意，而且警察也必然会找到小女孩的尸体。被告人继续上诉至州最高法院。州最高法院以警察未能证明其不存在恶意为由撤销了原判，并再次签发人身保护令状。1984年1月18日，案件被联邦最高法院调卷审理。联邦最高法院经审理后认为，控方已经证明，只要继续搜索，该小女孩的尸体必将在很短的时间内找到，就与实际找到的情况一样，故"证据排除规则"不适用于此案。1984年6月11日，联邦最高法院裁定维持州初审法院关于被告人犯一级谋杀的有罪判决。此判例的意义在于，即使警察没有告知嫌疑人米兰达权利，但警察必将发现的证据与被告人供述的内容一样时，也不构成对米兰达规则的违反。①

（四）出于营救被害人的紧急需要也可以成为米兰达权利告知的例外

在绑架案件中，如果被害人处于失踪状态，警察为了保全被害人的生命而出于紧急营救的需要，可以先讯问犯罪嫌疑人关于被害人的具体下落而无须事先进行"米兰达警告"，即构成"营救的例外"（rescue exception）。只要当时

---

① Nix v. Williams 467 U. S. 431 (1984).

的被害人生死状态不明，即使后来的营救未见成效，讯问所获得的供述也不被排除。在1978年，人民诉里德尔（People v. Riddle）一案中，一个名为里德尔（Riddle）的油漆杂工于1976年12月2日在洛杉矶的Arcadia地区入室实施盗窃后，还将一名已有六个月身孕的年轻女子杀害后藏至他处。根据目击证人的描述，警方锁定里德尔为重大嫌疑人。次日，警察将驾车逃跑的里德尔抓捕归案。在抓捕现场，警察Ostler在没有给予"米兰达警告"的情况下曾两次问嫌疑人被害人被藏在何处，但里德尔缄默不语。当里德尔被送到医院救治时，警察Ostler在一名医生和两名护士在场时，告知米兰达权利后再次问起被害人的下落，并且当场录音。Ostler警官前后共问了他七次，而且还告诉嫌疑人将受到重罪谋杀指控，以暗示他为避免死刑而及时说出被害人的下落，但持续了六分钟的问话却没得到答案。当里德尔被关押到洛杉矶县拘留所后，洛杉矶警察局的警官Morck在三分钟之内，先后三次讯问了嫌疑人两个相同的问题后才得知关被害人的所在具体地点（即离被害人住宅十英里外的山坡上，但找到时被害人已经死亡），由于前两次未告知米兰达权利，初审时，被告人以讯问未告知米兰达权利为由，要求排除其供述。但法院审理认为，警察未告知米兰达权利的讯问是为营救被绑架的被害人，并没有对被告人施加强迫和威胁，而且被告人的陈述是自由和自愿的，因而驳回动议，并认定被告人一级谋杀、一级持枪入室盗窃和抢劫等罪名成立。上诉后，加利福尼亚州最高法院也认为，在紧急情况下，营救处于危险之中的人的生命比遵守米兰达规则更重要，所以维持原判。① 1987年的威斯康星州诉康克尔（State of Wisconsin v. Kunkel）一案判决也认为，营救处于危急状态下被害人的生命利益远比保护宪法关于不得被迫自证罪的特权重要得多。② 2007年1月4日，纽约州最高法院在人民诉扎尔夫斯基（People v. Gregory Zalevsky）案件的判决中，再次以紧急情况下营救被害人的生命优先于犯罪嫌疑人的沉默权的理由确认了因"营救的例外"而不适用米兰达规则的合法性。③

四、米兰达权利告知的形式和时间要求

警察告知犯罪嫌疑人米兰达权利不仅仅是照本宣科，而是要给予解释并询问他/她是否清楚。米兰达权利及其解释的内容包括：（1）你有权保持沉默，即你没有谈话的义务；（2）你所说的内容可能而且将会在法庭上用作指控你的证据；（3）在你与我们谈话之前，你有权聘请律师，而且你有权让律师于我们谈话时在场；（4）如果你无钱聘请律师，只要你同意，政府将免费指定

---

① People v. Riddle (1978) 83 CA3d 563.
② State of Wisconsin v. Kunkel, 137 Wis. 2d 172, 185, 404 N.W. 2d 69 (Ct. App. 1987).
③ People v. Gregory Zalevsky 2007 NY Slip Op 50008 (U).

一名律师为你提供帮助；（5）你是否已经明白我对你解释的权利内容？是还是否？（6）你现在是否愿意与我们谈论案件？是还是否？（7）你是否要让律师于我们谈话时在场？是还是否？① 警察必须以正常的语速、清晰地宣读这些内容，然后等待犯罪嫌疑人的表态。由于控方承担犯罪嫌疑人放弃权利的举证责任，为反驳被告人在法庭上指责调查人员没有明确告知米兰达权利，绝大多数的警察机构都将米兰达权利内容印制成卡片。这样一来，侦查人员在法庭上作证时就可以准确地说出所告知嫌疑人的权利内容。不过，联邦最高法院于1989年在达克伍斯诉伊甘（Duckworth v. Eagan）案件中裁定，只要能把米兰达权利的全部内容告知嫌疑人即可认为已经履行告知义务，并不要求所宣读的内容必须与米兰达案判例的表述一字不差。在这个于1982年5月16日发生在印第安纳州的案件中，被告人伊甘在第一次讯问时被告知"如果以及当你被起诉到法院时，（政府）将会为你指定一名律师"后，签署了一份放弃权利的声明但却没作有罪供述。第二天，他在签了另一份放弃权利的声明后供述了其刺伤被害人的犯罪事实并交代了物证所在地点。但在庭审时，被告人却以权利告知内容不充分为由，要求法院排除其第一次放弃权利的声明。州地方法院驳回了其动议，并判决其有罪。案件上诉至印第安纳州上诉法院后，结果维持原判。接着，被告人又向联邦地区法院申请人身保护令状，但遭到拒绝。再次上诉到联邦第七巡回上诉法院时，联邦地区法院的裁定却被撤销。1988年，案件上诉到联邦最高法院。最后结果是巡回上诉法院的裁定被撤销。②

在时间上，警察对犯罪嫌疑人给予"米兰达警告"应当在正式讯问之前。如果没有严格遵守这一时间规定，讯问的效力则因情况不同而有所区别。

一种情况是，"补救"的权利告知可以具有法律效力。1981年12月，在俄勒冈州发生了一起入室盗窃案。目击证人跟警察局联系时，暗示艾尔斯达德（Elstad）有重大嫌疑。随后，两名调查人员Burke和McAllister带着拘捕令来到艾尔斯达德家，拟以涉嫌盗窃罪对其实施逮捕。调查人员进屋后并没有立即拘捕艾尔斯达德，而是以"随便聊聊的方式"与他交谈了一会儿，但其中并没有宣读"米兰达警告"。交谈中，调查人员说他们觉得艾尔斯达德参与了此盗窃案。艾尔斯达德对此予以承认，并作了他在犯罪现场的供述。随后，调查人员把艾尔斯达德带回警察局。一小时后，McAllister警官向其宣读了"米兰达警告"，此时Burke警官也在场。由于艾尔斯达德先前作了有罪供述，所以他表示放弃权利并如实交代了整个作案过程。案件初审时，辩护律师要求排除

---

① 资料来源：洛杉矶县警察局。参见 Charles R. Swanson, Neil C. Chamelin, Leonaed Territo, Criminal Investigation (6th ed.), McGraw–Hill Companies, (1996) p. 227。

② Duckworth v. Eagan, 492 U. S. 195 (1989)。

被告人的两次供述，因为第一次供述是警察违反米兰达规则取得的，而第二次供述则属于"毒树之果"。初审法院认为，第一次在被告人居室内的供述因违反米兰达规则而不可采信，但第二次的供述可以作为证据使用。判决被告人罪名成立。被告人不服而提起上诉，俄勒冈州上诉法院审理后认为，两次供述都应予排除，故撤销了原判。1985 年 3 月 4 日，联邦最高法院以 6 比 3 的投票结果作出裁定，撤销俄勒冈州上诉法院的判决。最高法院的判决认为：在非法搜查的基础上获得的证据应该作为"毒树之果"排除，但米兰达规则只是一种立法上的推定，即在没有告知米兰达权利情况下获得的口供应被推定为非自愿的，即使该口供实际上是自愿作出的也应当排除。然而，把这种排除的做法延伸到后来经过合法程序获得的口供则是对米兰达规则的不符合宪法精神的扩大解释。艾尔斯达德一案的判例为调查人员"补救"告知米兰达权利开了先河。①

另一起美国诉奥尔索（United States v. Orso）的案件与艾尔斯达德案的结果相同，即调查人员在未履行告知义务而获得的首次供述应被排除，但告知犯罪嫌疑人权利后的供述则可以采用。2000 年，被告人奥尔索（Jody M. Orso）在加利福尼亚州的一个小城市对一个正在执行投递工作的联邦邮递员威奇·奥尔实施抢劫，然后逃走。美国联邦邮政调查局接到报案后迅速展开调查。两个多月后，奥尔索因另外一起案件被瑞丹多海滩警察局逮捕。调查员安东尼和肖恩赶到瑞丹多海滩警察局，将她带往邮政调查局进行正式讯问。在从警察局到邮政调查局 25 至 35 分钟车程的路上，被告人被铐在汽车的后座上，并且始终没有被告知米兰达权利。前 15 分钟，调查员和被告人聊了一些与抢劫案无关的话题。车程行进一半后，调查员安东尼开始与被告谈论抢劫案。按照安东尼的说法，他在谈论之前曾警告被告人什么都不要说，但接着谈论了有关被告人涉嫌抢劫案的证据。安东尼告诉被告人，有目击证人看到被告在抢劫时使用了枪支，尽管他知道没有证据（后来安东尼承认这是在欺骗被告人）。接着，安东尼告诉被告人，武装抢劫邮递员的法定最高刑期是 25 年，并且他不相信被告人使用了枪支。安东尼还告诉被告人，非武装抢劫邮递员的法定最高刑期是 10 年，但实践中刑期一般是 5 年。结果被告人本能地反应说，"噢，我可能会被判 5 年"。然后，调查员安东尼告诉被告人，邮递员已经辨认出她就是抢劫犯，被告人回应说，她还没有经历辨认程序。调查员安东尼继续解释说，邮递员是通过照片辨认的。安东尼还告诉被告人，其他抢劫共犯已经供出她。被告人听完后，终于说，"如果邮递员说是我，那肯定就是我了"。随后，安东尼

---

① Oregon v. Elstad, 470 U. S. 298 (1985).

告诉被告人,有一个名叫迈恩的人被确认是作案车辆的司机,被告人说她不认识那个人,安东尼接着描述了迈恩的外貌,被告人听后说:"喔,那个镶金牙的男子。"调查员和被告到邮政调查局不久,也就是被告人在车上作了供述后十多分钟,调查员告知她米兰达警告,但她马上填写了一个表格,声明放弃有关权利。调查员然后正式讯问被告,时间达大约一个半小时,其间她供认了抢劫案的全部事实。在初审时,奥尔索最初进行无罪答辩,然后提出动议,要求排除在她被告知米兰达警告前在车上所做的供述以及后来被告知米兰达警告后在调查局所做的供述。联邦地区法院驳回了被告人要求排除前后两次供述的动议,并认定奥尔索罪名成立,判处其 37 个月监禁。被告人不服该判决而提出上诉,认为她在车上做供述时属于"被羁押状态",调查人员没向她告知米兰达权利,不予排除是错误的。2000 年 12 月,联邦第九巡回上诉法院受理此案。经审理后,认为被告人在被逮捕后被铐在车上,实际上已处于"被羁押状态"。在汽车开往调查局的路上,调查员通过讨论案件和量刑,甚至通过欺骗手段虚构证明被告涉嫌犯罪的证据,诱使被告交代犯罪真相,其言辞和行为应当被认为是讯问,因违反米兰达规则而应予排除。但到达邮政调查局后,调查员履行了米兰达告知义务,被告人也明确以书面形式放弃了米兰达权利,其所做的第二次供述属于自愿,故被告人的第二次供述具有可采性。最后,联邦第九巡回上诉法院仍旧判决被告人有罪。①

另一种情况是,调查人员故意诱使犯罪嫌疑人供述后才告知权利的,讯问不具有法律效力。在密苏里州诉帕特瑞斯·西伯特(Missouri v. Patrice Seibert)一案中,法院认定,调查人员先故意违反米兰达规则,然后再告知犯罪嫌疑人权利,以此策略获取的两次供述均应予排除。1997 年 2 月 12 日早上,帕特瑞斯·西伯特发现,其十二岁、患大脑性麻痹症(生活不能自理)的儿子(总共有五个儿子)已在睡梦中死去。由于担心会受到疏于监护的刑事控告而不敢向官方报告,于是她和另外两个儿子以及一个朋友商量后决定,以烧掉他们家的活动房屋来掩盖她儿子死亡的真相。为了避免让外人看出其残疾儿子没有人照顾的情形,他们认为,家住在一起的一个名叫唐纳德的精神病患者也应该在其中,结果这个无辜的唐纳德在这场火灾中因窒息死亡。5 天后,受到 Rolla 警察局的委托,圣路易斯县的警察一早在一家医院逮捕了西伯特。圣路易斯县警察受委托被告知,不要告知西伯特任何米兰达权利。在警察局的初次讯问中,调查人员对西伯特问话 30 分钟至 40 分钟,得到了一个计划让唐纳德在火灾中死亡的供述。之后,调查人员让西伯特休息 20 分钟。接着,向她

---

① United States v. Orso, 266 F. 3d 1030 (9th Cir. 2001).

宣读"米兰达警告",告诉她有权保持沉默和获得律师帮助。西伯特以书面声明的方式放弃了这些权利。调查人员用米兰达警告前的供述内容提醒西伯特作了第二次供述,并且以录音记录。①

在地区法院初审时,西伯特提出动议,要求排除米兰达警告前后的所有供述。②最后,地区法院排除了米兰达警告前的供述,但采信了米兰达警告后的供述,西伯特被判二级谋杀罪名成立。西伯特不服判决而上诉,2002 年 12 月,密苏里州最高法院分院撤销了地区法院的判决,并认为被告人的两次供述具有连贯性。第二次讯问所获供述很明显是第一次讯问无效供述的产物,或者说可以把两次连贯的、行为相近的讯问视为一次讯问。因此,既然第一次讯问前警察已经违反米兰达规则,所以,第二次讯问也应当被排除。2003 年 5 月 19 日,美国联邦最高法院同意调卷。2004 年 6 月 28 日,联邦最高法院维持了密苏里州最高法院分院的判决。③

五、米兰达权利告知后犯罪嫌疑人可以享有的权利内容

当警察告知犯罪嫌疑人米兰达权利时,他/她表示已经明白后,依法享有以下四种选择:

其一,犯罪嫌疑人可以选择保持沉默,对警察的所有问话不作任何反应。选择保持沉默的,并不默认为同意讯问。

其二,犯罪嫌疑人可以要求获得律师帮助,并有权让律师于讯问时在场。犯罪嫌疑人提出这一要求后,侦查人员不得对其进行任何问话。除非犯罪嫌疑人主动、自愿地向侦查人员交代犯罪事实。否则,陈述内容将不被法庭采用。律师在场权的意义在于防止讯问人员迫使处于"羁押状态"下的犯罪嫌疑人违心地放弃其宪法权利。如 1981 年,联邦最高法院在爱德华兹诉亚利桑那州(Edwards v. Arizona)案件中裁定,一旦犯罪嫌疑人要求律师帮助,在为其提供律师之前,调查人员进行的任何讯问都属于非法,除非其明确表示放弃律师帮助并自愿与侦查人员谈话。1976 年 1 月 19 日,被告人爱德华兹因涉嫌抢劫、盗窃和一级谋杀等罪而被捕。在警察局,爱德华兹被告知米兰达规则权利。被告声称他明白其权利,并愿意接受讯问。当他被告知另一在押嫌疑人已经供出他时,他马上予以否认并辩称不在现场。随后,他试图想作辩诉交易。警察告诉他,他本人无权就辩诉交易进行协商。警察随后给他提供了一位律师

---

① 据当时的讯问警察哈瑞翰说,这种"分步讯问"的技巧是他在国家警察培训学院学来的。

② 讯问西伯特的警察哈瑞翰已向法庭证实,他第一次讯问被告人之前,故意不告知其米兰达权利。为了使西伯特第二次供述内容更完整,他还用了米兰达忠告前的讯问内容提醒她,直到获取告知米兰达忠告前被告人所做的供述。

③ Missouri v. Seibert, 542 U. S. 600 (2004).

的电话。被告人马上给律师打电话，但很快挂掉了，并申明必须请一名律师帮助。讯问随即停止，被告人被带到当地拘留所。第二天上午，另外两名警察要求讯问被告人，但被告人告诉看守人员，他拒绝接受讯问。看守人员答复他必须接受讯问，并将他带给审讯他的警察。警察再次告知他有关米兰达权利，然后他表示可以接受讯问，但前提是必须先让他听一下供出他的同伙的供述录音。警察满足了他提出的条件，随后他作了参与犯罪的供述。在初审法院审理此案时，被告人爱德华兹提出动议，要求排除他的供述，理由是在他获得律师帮助之前，警察再次讯问了他，侵犯了他的米兰达权利。但初审法院以被告人的供述是自愿为由而驳回了他的动议，并判其有罪。被告上诉后，亚利桑那州最高法院认为，被告人在第一次讯问时主张了沉默权和获得律师帮助权，但是在第二次讯问时，当他被告知没有回答的义务和律师不在场他也不必回答问题后，他放弃了沉默权和获得律师帮助权，而且其放弃权利和供述是自愿、明知的，所以维持了初审判决。案件上诉到联邦最高法院。联邦最高法院审理后认为，第一次讯问时，被告人在被告知米兰达权利后主张了获得律师帮助权。按照米兰达判例规则，只有为被告人提供律师后才可以进一步讯问，除非他主动、自愿地要求与警察交谈或供述。第二次讯问是警察要求进行的，他在没有获得律师情况下的供述，不构成有效的权利放弃。因此，违反被告人宪法权利规定的供述不具有可采性。1981年5月18日，联邦最高法院撤销了亚利桑那州最高法院的判决。①

另外，联邦最高法院对1990年的米尼克诉密西西比州（Minnick v. Mississippi）案件判决结果也表明，一旦犯罪嫌疑人要求律师帮助，讯问就应当中止，直到律师到场。不论犯罪嫌疑人是否已经与律师取得过联系，只要律师没有到场，侦查人员就不得重新进行讯问。②另外，根据1988年帕特森诉伊利诺伊州（Patterson v. Illinois）案件判例，联邦最高法院认为，已被起诉的被告人，即使其律师不在场，在被告知米兰达权利后可以自愿放弃律师帮助权的，也可以认定为"明智、明知的"，因此，对其再次讯问时就不必直到律师到场为止。③如果犯罪嫌疑人要求会见的是其他人员而不是律师时，调查人员则没有立即停止讯问的法律义务。在费尔诉米歇尔（Fare v. Michael）案件中，一个时年十六岁半、名为米歇尔的犯罪嫌疑人因为涉嫌谋杀被加利福尼亚州警方羁押。当时犯罪嫌疑人正处于缓刑期间，在被告知米兰达权利后，他要求立即会见缓刑监督官。警方拒绝了该要求，并指出他可以会见律师。该嫌疑

---

① Edwards v. Arizona, 451 U.S. 477 (1981).
② Minnick v. Mississippi, 498 U.S. 146 (1990).
③ Patterson v. Illinois, 487 U.S. 285 (1988).

犯放弃了此权利，自愿地供述了谋杀的经过。后来，被告人在庭审时提出，其要求会见缓刑官与会见律师一样，均属于犯罪嫌疑人在援用宪法权利，警方的拒绝违反了米兰达规则，所以应当排除其供述。初审法院驳回了其动议，并判其有罪，后被加利福尼亚州最高法院改判。1979年6月20日，联邦最高法院撤销了加利福尼亚州最高法院的判决。理由是：缓刑监督官负有保护少年犯权利的职责并不能使他为少年犯提供更多的法律帮助。尤其是他必须向少年法庭报告该少年犯的不良表现，更难使他提供有效保护。同时，该嫌疑人要求会见缓刑监督官并不构成保持沉默和获得律师帮助的要求。①

其三，犯罪嫌疑人可以选择放弃米兰达权利，并同意在没有律师帮助的情况下接受侦查人员的讯问。对于警方来说，放弃权利是个敏感的话题。为确立放弃权利的有效性，检控官必须在法庭上证明被告人放弃权利是"自愿、明知和明智的"，而且不能推定为放弃。为了经得起法庭调查的质疑，美国的刑事调查人员往往会在犯罪嫌疑人表示放弃权利后要求其签署一份书面声明。权利放弃声明书不仅载有米兰达权利的内容、侦查人员宣告的日期和时刻、犯罪嫌疑人已经听清权利宣告的承认及其签名、在场见证人签名，而且还有一段关于放弃权利的文字声明、其本人和在场见证人的签名、签名的日期和时刻。放弃权利的声明内容包括："我已经阅读并且理解所享有权利的全部内容。我自愿作出陈述并愿意回答问题。此时我不需要律师在场。我理解并且明知我的决定。我没有受到任何承诺、威胁、压力或者强制。"②值得一提的是，即使犯罪嫌疑人声明放弃了权利，但可以随时撤回声明。哪怕在讯问过程中，只要嫌疑人表示要求撤回放弃权利的声明，讯问人员就有立即停止讯问或者按照犯罪嫌疑人的要求等待其律师到场后再讯问的法律义务。

其四，犯罪嫌疑人可以明确表示拒绝与侦查人员谈话。只要犯罪嫌疑人明确表示拒绝与调查人员谈话，调查人员就不得再讯问其有关案件事实的问题。对于起诉所需的证据，只能通过其他途径收集。早在1975年，美国联邦最高法院就在密歇根州诉莫斯利（Michigan v. Mosley）一案中强调，一旦犯罪嫌疑人表示要行使沉默权，讯问就应当立即中止。1971年4月8日，莫斯利因涉嫌抢劫而被捕。被依法告知米兰达权利后，莫斯利主张了沉默权并拒绝回答有关案件的任何问题，调查人员随即停止了讯问。被拘两小时后，另一调查人员在告知米兰达权利后讯问莫斯利是否参与另一起（与前案无关）谋杀案，并称同案犯已经将他供出。接着，莫斯利便供述了其参与犯罪的事实。15分

---

① Patterson v. Illinois, 487 U. S. 285 (1988).
② 资料来源：俄亥俄州 Geauga 县警察局。参见 Charles R. Swanson, Neil C. Chamelin, Leonaed Territo, Criminal Investigation (6th ed.), McGraw – Hill Companies, (1996), p. 229。

钟后，莫斯利要求见律师，讯问立即结束。初审时，莫斯利提出，第二次的讯问是在他明确表示拒绝回答后进行，根据米兰达规则应予排除，但法院拒绝了其动议，并根据这份供述判定被告人莫斯利一级谋杀罪成立。案件上诉至密歇根州上诉法院后，原判被撤销。1975年12月9日，联邦最高法院认为另一侦查人员在莫斯利放弃米兰达权利后的讯问并不违法，其供述具有可采性，故撤销了密歇根州上诉法院的判决并发回重审。①

六、米兰达权利告知法则的新近发展

自从米兰达规则确立以来，来自不同层面的批评和争议始终与其发展历程相伴。进入21世纪后，米兰达规则虽然应对了一次重大挑战，但其未来发展却令人困惑。

（一）国会立法对米兰达权利告知义务提出实质性挑战

世纪之交的迪克森诉美国（Dickerson v. United States）一案，差点使米兰达规则的宪法性地位发生改变。1997年1月24日，弗吉尼亚州亚历山大市的Nations Bank银行遭到武装抢劫。联邦调查人员根据目击者的描述，发现抢劫时用的汽车属于查尔斯·迪克森（Charles Thomas Dickerson）所有。案发三天后，调查人员直接来到迪克森的住所，并要求他到联邦调查局的现场调查办公室接受讯问。讯问中，没得到米兰达警告的迪克森承认抢劫发生时他就在附近。根据此信息，调查人员于当晚8点41分向法院申请到了搜查令。由于迪克森知道其住所中藏匿着作案时使用的手枪、面罩、手套以及经过染色的赃款，知道其住所将要被搜查后不久，迪克森就第二次向调查人员供认抢劫案中逃走的司机就是他本人。随后，迪克森被逮捕。当晚9点41分，迪克森签了一份书面声明，承认其在调查人员宣读米兰达警告后放弃权利。后来，迪克森因密谋抢劫银行和非法使用枪支被起诉到联邦地区法院。在初审时，迪克森声称其放弃权利的声明在他第二次陈述后才签下的，故提出排除其在联邦调查局现场调查办公室的供述以及所搜出的手枪、面罩、手套和经过染色的赃款等物证的动议。地区法院以联邦调查人员违反米兰达规则和搜查令缺乏正当理由为理由，排除了被告人的供述和物证。案件被上诉至联邦第四巡回上诉法院。上诉法院审理后认为，迪克森虽未受到"米兰达警告"，但他的供述是自愿的，调查人员既未威逼强迫，也未设置利诱，依据1968年《综合犯罪控制与街道

---

① Michigan v. Mosley, 423 U.S. 96 (1975).

安全法》中的第3501条款规定,①其供述可以作为证据使用。而后,该法院以2比1的结果撤销了联邦地区法院的裁决。随后,迪克森要求上诉法院全席听证再审,但法院以8比3的表决结果拒绝了其再审申请。案件上诉到联邦最高法院。2000年4月19日,联邦最高法院就该案举行了听证,同年6月26日以7比2的表决结果裁定撤销第四巡回上诉法院的裁定。最高法院认为,上诉法院援引第3501条款而不遵循米兰达判例,是对宪法第五修正案关于"任何公民不得被迫自证其罪"规定的违反。因此,即使其供述是完全自愿,但因为违反了米兰达规则也不能采纳。首席大法官伦奎斯特代表联邦最高法院起草并宣读了判词。②判决认为,米兰达判例是解释和应用宪法第五修正案的宪法性裁决;国会无权推翻联邦最高法院的宪法性裁决;采信的证据必须符合米兰达规则是一项宪法性的程序要求,州法院遵守联邦最高法院的判例则是法治的要求;联邦最高法院关于米兰达规则的例外,并不改变米兰达判决是一项宪法原则的性质,它只说明"宪法原则也不是一成不变的";没有理由不遵循先例,并以第3501条款来取代米兰达警告。米兰达规则不仅已融入警察的日常执法工作,更已成为我们民族文化的一部分。虽然有时米兰达规则会使个别有罪的人逃脱法律制裁而不甚完美,但它却比第3501条款更能维护宪法第五修正案的尊严。与米兰达规则相比,不具有排除因素的第3501条款不仅难以适用,

---

① 联邦最高法院作出米兰达判决后,美国国内许多人反对此判决意见。国会在米兰达规则诞生两年后即1968年,通过了《综合犯罪控制与街道安全法》,后来成为联邦刑法典第3501条款。该条款明确:没有宣布米兰达警告的讯问并非自动导致所取得供述的无效。相反,法律要求审判法官予以综合考虑各方面情况,诸如,被告人是否曾经受到超时讯问,得不到食物和饮料,遭受威胁或者其他方式的胁迫以及被告人的供述是否出于自愿等事实,以判断其供述的可采性,而且,法官应就此向陪审团递送相关报告,供陪审团评议时参考。

② 在解释判词时,伦奎斯特首席大法官特别强调,尽管他本人并不完全认同当年确立"米兰达警告"的法理基础,但联邦最高法院的司法裁决效力高于国会的成制法;"遵循先例"乃是至关重要的司法原则。

而且缺乏内在的一致性。①这一判决引发了美国社会的普遍争论。②

迪克森案件是自米兰达判例以来对米兰达规则影响最大的一个案例。在联邦最高法院作出裁决以前，很多人以为米兰达规则很有可能因此案而发生转折。首席大法官伦奎斯特属于保守派，并且一直以来对米兰达规则颇有微词。③但他这回却坚定地站到了捍卫米兰达规则宪法地位的多数派一边，并且亲自宣读了判决意见。判决的结果没有使米兰达规则被国会立法的第3501条款来取代，不论犯罪嫌疑人是否自愿供述，警察履行权利告知义务依然是正当法律程序的要求。④

（二）实物证据的效力应否受米兰权利告知的影响而令人困惑

迪克森一案使米兰达规则的宪法性地位获得巩固，但后来发生的美国诉帕塔恩（United States v. Patane）一案，则多少又使米兰达规则的发展方向令人迷惑。2001年6月，塞缪尔·F. 帕塔恩（Samuel Francis Patane）因骚扰其前女友而在科罗拉多州的温泉城被捕。保释期间，因违反不许再跟其前女友联系的临时性限制命令而遭到警方的即时调查。就在同一天，缓刑监督官向当地的

---

① Dickerson v. United States, 530 U. S. 428（2000）.

② 反对者的观点认为：米兰达警告并不是宪法的要求。他们只是运用于证据规则和刑事司法程序的程序性保护措施；作为程序性保护措施的米兰达警告不是宪法的明文规定，国会有权推翻并修改它们；第3501条款完全取代米兰达警告，该条款的主要功能就是保护宪法第五修正案的"反对自我归罪"特权；由于被告人的供述是自愿的，即使没有人向其宣读过米兰达警告，按照第3501条款也是可以作为证据使用的；米兰达规则作为一项公共政策，尽管许多犯罪分子作了自愿供述，但因为没有在其陈述之前给予米兰达警告而被释放或没被起诉。第3501条款可以使犯罪分子受到充分的起诉，从而更能实现正义。支持者的观点认为：米兰达警告是在拘押状态的讯问中保护宪法第五修正案关于"反对自我归罪"特权的宪法要求；米兰达规则是解释宪法的判例，唯有联邦最高法院或者以宪法修正案的方式才能推翻它。国会无权以通过法律的方式来推翻宪法性规定；即使国会有权推翻米兰达规则，但第3501条款并不能满足米兰达规则所保护被告人"反对自我归罪"的宪法特权的要求；根据遵循先例原则，米兰达警告在刑事司法中扮演着独特的角色。执法部门使用它已三四十年并且成为日常工作的一部分。法院也把它作为确保被告人"反对自我归罪"的宪法特权的一个指南。用另外一个程序来取代它，就得撤销联邦最高法院依照米兰达规则宪法性时作出的判决。这也严重损害刑事司法程序的公正性。参见 Dickerson v. United States, 资料来源：Streetlaw, http：//www.streetlaw.org/dickersonvus.html, 访问时间：2007年5月26日。

③ 如在1974年密歇根州诉塔克（Michigan v. Tucker, 1974）案中，两年前被尼克松总统任命为首席大法官的伦奎斯特（William H. Rehnquist, 1972~2005任首席大法官）指出，侵犯宪法第五修正案"不自证其罪"的公民权利与警方未能遵循"米兰达规则"是两种不同的概念，在法理上不可等量齐观。"米兰达规则"本身并非宪法权利，它只是一种"预防性准则"（prophylactic standards），旨在防止公民"不得被迫自证其罪"的宪法特权受到侵犯。

④ 这在表面看来是米兰达规则的胜利，但在实质上，美国最高法院的大法官们在作出判决时主要考虑的并非米兰达规则本身的合理性和必要性，而是宪法性判例与国会立法之间的效力关系问题。他们不愿意使联邦最高法院在200多年前巧妙取得的宪法解释权被国会立法所否定。可以说，迪克森案件使米兰达规则中警察的权利告知义务再次得到重申。

"酒精、烟草和武器管理局"（ATF）报告，说帕塔恩非法持有枪支。ATF 立即把这一情况通知了与 ATF 关系密切的地方侦探本纳（Benner）。随后，本纳和温泉城的地方警察福克斯（Fox）一同前往帕塔恩的住所调查这两起指控。当讯问完违反临时禁令的事件后，福克斯逮捕了帕塔恩。接着，本纳警官开始告知嫌疑人米兰达警告，但被帕塔恩打断了他的警告，并说知道他自己的权利，本纳警官就没有再继续宣读米兰达警告。然后，本纳警探讯问被告有关枪支的事，一开始被告不愿意谈这件事。但本纳警探坚持让被告谈谈这件事，后来被告便告诉了本纳枪在他的卧室里并允许警探进去取枪。后来，当大陪审团以非法持有武器而起诉帕塔恩时，被告人提出动议，要求排除枪支作为证据，因为它是没给予米兰达警告的"毒树之果"。地区法院受理了被告人的动议，认为警察没有充分理由以被告人违反限制令而逮捕他。但联邦第十巡回上诉法院审理后认为，非法骚扰其前女朋友的事实已经给予警察逮捕被告人充分理由，但裁定枪支不可用作证据，因为是违反了米兰达规则供述的"毒树之果"。所以，撤销初审判决的同时，又维持了被告人要求排除"毒树之果"的动议。①

2003 年 4 月 21 日，联邦最高法院同意调卷此案，并于同年 12 月 9 日举行了听证。2004 年 6 月 28 日，联邦最高法院以 5 比 4 的表决结果撤销第十巡回上诉法院的判决并发回重审。其争议的焦点是实物证据的效力应否受米兰达权利告知的影响。值得注意的是，联邦最高法院在本案中并没有形成多数意见，五个人的多数派当中有两种意见：其中的三位大法官（Thomas、Rehnquist 和 Scalia）认为，米兰达规则是为了防止违反宪法第五修正案。排除帕塔恩在没有受到米兰达警告下的供述不违反宪法。不过，只要没有强迫犯罪嫌疑人供述，即使没有给予米兰达警告，警察根据该供述获得的实物证据是具有宪法可采性的；另外两位大法官（Kennedy 和 O'Connor）也认为实物证据实质上是可采的，但却没有讨论米兰达规则本身是否为宪法要求，只是认为对米兰达警告的理解应当考虑到刑事司法的其他目的。此案裁决的核心意见就是，根据没有给予米兰达警告的供述而获得的实物证据将不被排除。②这样一来，1963 年王生诉美国（Wong Sun v. United States）一案确定的"毒树之果"原则，实质上受到了某种修正。不过，据此判断米兰达规则已发生根本性改变可能为时尚早。

---

① 联邦第十巡回上诉法院的判决理由是，联邦最高法院先前在 Elstad 和 Tucker 两案中可以采信未经米兰达警告的判决的理论基础是米兰达规则仅仅是个预防性规则。相反，在 Dickerson 一案中，却认为它是个宪法性规则。因此，警察未遵守米兰达规则就是违反了宪法义务，根据王生诉美国（Wong Sun v. United States）案件确定的"毒树之果"原则，枪支作为违宪讯问的结果而不能采信。

② United States v. Patane, 542 U. S. 630 (2004).

历程与方法：美国刑事诉讼的宪法化

李昌盛[*]

有学者认为当代的刑事诉讼是一部"宪法测震仪"，通过考察刑事诉讼的条文和实践，可以清晰地检测出一个国家的宪政水平。作为西方法治国家的典范，美国刑事诉讼的宪法化程度在所有的西方法治国家中是最高的，以联邦最高法院的司法审查制度为基础，美国刑事诉讼的宪法化主要是最高法院九位大法官通过一系列的判例不断发展起来的。在宪法化的过程中，联邦最高法院展现了恢弘磅礴的理论、高瞻远瞩的政策和严谨细致的说理。难怪在美国有人称刑事诉讼法为最具魅力的法（sexy law），因为它的一举一动都关乎宪政大局。

1787年在费城起草的宪法，在各州审议批准的过程中，有不少美国公民感到不安，因为宪法中并没有明确保障个人的权利。因此，《宪法》补充了十条修正案，统一称为《权利法案》。由于补充了《权利法案》，《宪法》在13个州均获批准，并于1789年生效。在《权利法案》的十个条文当中，与刑事诉讼密切相关的条文主要有四条。[①]

在19世纪初期，就《权利法案》是否同时适用于联邦和州政府时，首席

---

[*] 西南政法大学法学院教师，法学博士。

[①] 第四条：人民的人身、住宅、文件和财产不受无理搜查和扣押的权利，不得侵犯。除依据相当的理由，以宣誓或代誓宣言保证，并详细说明搜查地点和扣押的人或物，不得发出搜查和扣押状。第五条：除非根据大陪审团的报告或起诉书，任何人不受死罪或其他重罪的审判；任何人不得因同一犯罪行为而两次遭受生命或身体的危害；不得在任何刑事案件中被迫自证其罪；不经正当法律程序，不得被剥夺生命、自由或财产。第六条：在一切刑事诉讼中，被告有权由犯罪行为发生地的州和地区的公正陪审团予以迅速和公开的审判，该地区应事先已由法律确定；得知控告的性质和理由；同原告证人对质；以强制程序取得对其有利的证人；并取得律师帮助为其辩护。第八条：不得要求过多的保释金，不得处以过重的罚金，不得施加残酷和非常的惩罚。

大法官马歇尔认为《权利法案》不适用于各州。南北战争以后的1868年,美国国会通过宪法第十四修正案。第十四修正案的第一部分规定:无论何州……未经正当法律程序均不得剥夺任何人的生命、自由或财产;亦不得拒绝给予在其管辖下的任何人以同等的法律保护。

这一修正案明确要求各州的刑事程序必须要符合法律的正当程序,但是《权利法案》所保障的程序性权利能否经由第十四修正案适用于各州呢?随着历史环境的变迁,各个时期的最高法院对这个问题的回答并不一样。有的主张仅运用基本公正性标准即可,不要过分干预州和地方的自治权;而有的则主张应该将《权利法案》并入第十四修正案适用于各州,从而更加有利于对被告人权利的保障。但是,无论是依据基本公正性标准,还是依据具体的《权利法案》审查刑事程序,其共同点是都将关注的目光投向程序的公正性上。具体体现在三个方面:一是刑事程序是否能够保证准确地认定犯罪和保护无辜者,以确保实体的公正性;二是政府在追究犯罪时应该给予被告人多大程度的尊重,以确保程序的公正性;三是联邦最高法院在解决刑事诉讼争议时应该介入的度有多大,从而在不损害联邦主义所要求的州的独立自治的前提下实现正义。

联邦最高法院有关刑事诉讼的判决基本上可以划分为四个阶段,它们分别与每个阶段的社会环境的变化密切相关。第一个时期就是1937年以前的判决,此时美国正处于工业革命和新政时期;第二个时期则是从1937年到1960年这段时间,此时美国正在努力寻找在"二战"后的准确定位;第三个时期是从1961年到1969年,此时美国试图通过扩大联邦政府的权力来解决诸多的社会问题;第四个时期则是从1969年以后至今,此时美国联邦政府由于经济资源的匮乏,开始重新反思并调整其在联邦体制的角色并从60年代的过度干预中有所撤退。但是,无论是在哪一个时期,最高法院的判决都是当时整个社会观念和政治背景的反映。

一、基本公正性方法论的确立:1937年以前

在早期的美国,五十个州犹如五十个不同的国家,仅遵循各州立法机关所制定的刑事诉讼法,联邦宪法犹如外国法,纯属参考而无直接的拘束力。直到19世纪末期,美国联邦最高法院甚少涉足刑事司法领域的问题,虽然在《第一联邦管辖法》(First Federal Jurisdictional Act)通过以后,联邦最高法院就获得了授权,能够对州法院的刑事判决进行审查,但是由于《权利法案》并不适用于各州,所以联邦最高法院尚未作出影响各州刑事诉讼的判决。即令在宪法第十四修正案通过以后,最高法院也无多大兴趣利用此条款审查刑事案件。在1873年的一份判决中,联邦最高法院指出,州可以自由决定本州范围内能

够从事某种职业的人的资格,第十四修正案没有授权联邦法院对各州的法律进行严格的审查。① 联邦最高法院在涉及刑事诉讼的一系列判决中仅指出,第十四修正案的特权和豁免权条款仅仅禁止各州不得剥夺诸如州际旅行权等根本性的权利(fundamental rights)。在19世纪晚期及20世纪初期,联邦最高法院在涉及刑事诉讼的案件中秉持着对第十四修正案的此种解释方法。

在1937年以前的美国,联邦最高法院作出的有关刑事诉讼的重要判决屈指可数,最高法院之所以不愿意干涉各州对个人权利的限制是有其历史原因的,即联邦主义原则。直到1937年,最高法院的多数大法官感到有义务保持一种权力的平衡,以确保州和地方政府在联邦体制中的地位。最高法院的这一态度明显地表现在其拒绝将《权利法案》中的刑事诉讼条款适用于各州。最高法院认为只有那些"根本性"的权利才能合并进第十四修正案并适用于各州,而《权利法案》中的刑事诉讼条款并不是"根本性"的,但是最高法院指出,如果某州采纳一种对被告人不公正的程序同时又无法证明是州利益所必需的,该程序将被裁定违反正当程序。

虽然最高法院拒绝将《权利法案》并入第十四修正案,但是其对被告人权利的关注为联邦最高法院审查州的刑事案件提供了基石。在1914年和1915年的判决中,最高法院指出,第十四修正案的正当程序条款要求凡是将某种行为定义为犯罪的法令必须要足够清晰,以便每个人知晓政府设定的行为标准以及如何行为才能避免刑事制裁。最高法院对刑事案件的充分关注在弗兰克一案中得到了展示,虽然最高法院最终没有支持被告方的辩护意见而是维持了州法院的有罪判决,但是该案件的重要性在于最高法院首次对州的有罪判决进行了详细的审查,以确定审判程序是否缺乏基本的公正性(fundamental fairness)以至于违反了正当程序。②

最高法院在弗兰克案中所采用的原则在1923年初露锋芒,在1923年的摩尔一案中最高法院第一次以违反正当程序为由推翻了一个州法院的判决。最高法院摈弃了其在州法院面前谦恭的态度,开始创设先例来明确正当程序的含义。③ 在1932年的鲍威尔一案中,最高法院再次裁决州的刑事程序违背了正当程序的要求。在该案中,几个年轻的黑人被指控强奸一名白人女子,但是却无力聘请律师,而法院又拒绝了其指定律师的请求,因此在审判时,这些黑人没有实际能力去为自己展开有力的辩护。最高法院指出,即使第六修正案的有权获得辩护条款并不适用于各州,但是在某些情形下正当程序要求为贫穷的被

---

① Slaughter-House Cases, 83 U.S. 36 (1873).
② Frank v. Magnum, 237 U.S. 309 (1915).
③ Moore v. Dempsey, 261 U.S. 86 (1923).

告人指定辩护律师。① 这样，最高法院首次通过判例要求各州采取积极的措施确保被告人受到公正的对待。在 1936 年的布朗案中，最高法院判决一个州的有罪判决无效，因为该有罪判决主要是基于警察刑讯被告人而获得的有罪供述而作出的。虽然第五修正案并不适用于各州，但是对被告人使用暴力以获取非自愿的供述已经违反了正当程序条款所蕴涵的基本公正性原则。②

　　截至 1936 年，联邦最高法院已经采取了有效的步骤来保护个人权利，其方法论为基本的公正性标准，即如果某一权利是如此根本性的，以至于对于任何公正的司法制度而言都是必需的，那么各州也必须保护该权利的实现。基于这一原则，第一修正案的言论和出版自由权已经可以适用于各州。虽然《权利法案》的刑事诉讼条款还不能直接适用于各州，但是最高法院已经宣布如果某一程序从根本上来说缺乏公正性，那么就不能用此程序来剥夺一个被告人的生命、自由或财产。最高法院这一态度的变化是与当时美国社会的变化密切相关的。在 19 世纪末 20 世纪初，美国正处于经济上高速增长的时期，无论是法律界还是公共领域，殊少有人关注除了经济领域外的个人权利的保护。但是，在此后的几十年里，最高法院的大法官们，以及其他一些政府和社会领导人，开始关注那些既无法在法律领域又无法在经济领域为自己进行辩护的个人的疾苦。大萧条时期的美国更展现了穷人的社会问题，即使最高法院在 30 年代宣布数项旨在帮助穷人的新政措施无效，大法官们仍不能对现存的社会问题无动于衷。学者阿伦指出，最高法院针对个人自由在态度上的转变恰恰是与欧洲法西斯主义的兴起在时间上巧合，表明大法官们，正如其他的美国人一样，开始越来越关注他们的政府体制能够公正地对待每个人以防止出现惨无人道的法西斯体制。③

　　基本公正性的方法论是联邦最高法院在审查州的刑事程序是否合宪时所采用的原始方法，这种方法所保障的是被告人的根本性权利，但是到底何谓根本性的权利则要仰赖具体的案件进行具体分析。从这种方法论出发，《权利法案》所规定的被告人权利并不一定适用于州的刑事被告人，因为这些权利可能并不是根本性的。但是也不排除在特定的案件当中，《权利法案》中所规定的权利对于州的被告人来说的确是根本性的，州政府也须予以尊重并提供保障。所以基本公正性的方法论又可以分为两类：（1）直接以某一权利是否具有根本性为准而不管其是否为《权利法案》所涵括（如前述布朗案）；（2）直

---

① Powell v. Alabama, 287 U.S. 45 (1932).
② Brown v. Mississippi, 297 U.S. 278 (1936).
③ Francis A. Allen, The Supreme Court, Federalism, and State System of Criminal Justice, DePaul Law Review (1959), p. 213.

接适用《权利法案》中的某一保障根本性权利的条款（如前述鲍威尔案）。由此可见，基本公正性的方法论让联邦最高法院在审查州的刑事程序时获得了几乎不受限制的自由裁量的权力，因为到底何权利才是根本性的，是一个永远无法准确回答的问题。但是，正是其无限的灵活性，使联邦最高法院可以根据国家的政治、经济和文化的变迁作出与时俱进的判例，从而能够顺应时代的发展。

二、从基本公正性方法论走向选择性合并方法论：1937~1960 年

在 1937 年，美国联邦最高法院的判决方向发生了根本性的转变。在这一年，联邦最高法院对联邦商业立法和州政府调整经济领域里的私人活动的立法在立场上发生了转变，它认为无论是州或联邦的经济和社会福利政策不再受到第五或第十四修正案正当程序条款的严格审查。这样，最高法院就有足够的精力和时间将其关注的中心从经济领域转向其他领域。从 1937 年到 1960 年这段时期，最高法院运用正当程序和平等保护原则在保护言论自由、不受种族歧视和刑事诉讼的公正性等领域不断创设先例。

最高法院在这一时期运用《权利法案》的个别条款对联邦政府的起诉问题进行审查，但是其有关刑事司法的多数判决依然是运用基本公正性原则来调整州的刑事侦查和起诉问题。在这一时期，最高法院起初审查州的刑事程序运用的依然是 1937 年以前就发展起来的基本公正性标准，即审查州的刑事程序是否如此的不公正或随意以至于使无辜者被定罪。随着时间的推移，最高法院认为仅仅关注判决正确与否这一技术性问题是不够的，于是越来越强调州政府有义务为每一个被告人提供一个个人尊严应当受到一定程度尊重的公正程序。

在这段时期，联邦最高法院对《权利法案》适用于州政府的态度依然没有太大的转变，它只为那些有秩序的司法体制中"根本性"的权利提供保护。虽然在有的案件中大法官们意见分歧很大，但是最高法院拒绝将第五修正案中的禁止双重危险和反对自我归罪条款适用于各州。例如，在安德穆逊一案中，虽然有四位大法官持反对意见，然而，多数派采纳的是选择性合并的方法（selective incorporation），即允许最高法院将那些对于任何司法体制来说都是根本性的《权利法案》条款适用于各州，而不是直接把《权利法案》全部强加给各州。①

最高法院在 1948 年首次运用了合并方法，指出第十四修正案的正当程序观念反映了第六修正案的要求：被告人有权事先获知指控的性质和获得公开审判。1949 年的沃尔夫一案中，最高法院指出，任何州或地方的警察随意地侵

---

① Adamson v. California, 332 U.S. 46 (1947).

犯个人隐私权都被认为是侵犯了第十四修正案的正当程序条款，正如联邦官员违反第四修正案一样。这样，最高法院就把第四修正案适用到了各州，不过其仅以保障个人宪法上的隐私权为限。① 而非法证据排除规则并不是第四修正案的基本内容，因此不适用于各州。也就是说，如果州或地方的警察侵犯了公民的隐私权，那么这只是说明他们违反了适用于各州的第四修正案，但是由此所获得的证据并不排除，除非其获得的方式违反了正当程序条款所要求的基本公正性标准。因此，只有那些违背了基本公正性的"震撼良知"的取证活动（例如用管子从胃中获取证据）才会导致证据的排除。②

就政府何时应为贫穷的被告人提供援助律师这一问题，既反映了在选择性合并规则下联邦最高法院对州政府和联邦政府的不同态度，又体现了基本公正性理念的演变。在20世纪30年代，联邦最高法院认为在联邦案件中，第六修正案要求为无力聘请律师的被告人指定辩护律师，除非被告人"有意地和适格地"（intentionally and competently）放弃了他的权利。但是直到1963年，最高法院都拒绝将此权利推广到各州。在1963年之前，最高法院运用的是白茨案所确立"具体情况规则"（special circumstances rule）。在白茨案中，联邦最高法院指出，正当程序条款并不要求第六修正案的律师辩护权适用于各州，因为被告人有权获得辩护不是一个有秩序的司法体制的根本性要求。最高法院同时也承认，被告人在某些情况下没有律师帮助可能会导致审判不公。因此，当指控或辩护的复杂性或被告人的有限能力使其在没有律师帮助的情况下无法获得公正的审判时，州政府应当为被告人提供辩护律师。③

由于联邦法院和联邦最高法院只能在人身保护令程序和上诉程序中才能重新判断州法院在个案中拒绝给予律师帮助的必要性，所以白茨案的规则在实践中很难执行。因此，在白茨案之后的40年代，联邦最高法院判定，在所有的死刑案件中被告人都应该获得律师帮助，因为辩护律师可以在死刑案件中为被告人提供许多技术性的协助以避免被判死刑。但是其他案件仍然遵循白茨案所确立的"具体情况规则"。随着时间的推移，大法官们对联邦主义所要求的克制有所放松，开始更加仔细地审查州的刑事程序。从1950年以后，联邦最高法院认为，除非是最轻微的犯罪，政府有义务为贫穷被告人指定辩护律师，不过其适用的标准仍然是"具体情况规则"。

因为第五修正案反对自我归罪权并不适用于州的刑事程序，联邦最高法院根据基本公正性标准在解决非法获取的供述问题上似乎陷入了困境。最高法院

---

① Wolf v. Colorado, 338 U.S. 25 (1949).
② Rochin v. California, 342 U.S. 165 (1952).
③ Betts v. Brady, 316 U.S. 455 (1942).

起初认为由刑讯所获取的供述由于缺乏"真实性"（trustworthy）保障，所以应该排除。当没有刑讯存在时，最高法院则根据讯问时间的长短和讯问时的具体环境来判断供述的真实性。当供述是由警察刑讯所获得但是其真实性却有其他证据的印证时，用真实性标准来排除证据就缺乏根据了。在这种情形下，联邦最高法院指出，警察通过非法方式获取的供述侵害了社会对追诉妥当性的信任并损害了政府应该加以尊重的个人尊严，所以可根据正当程序所要求的自愿性标准排除这些供述。到50年代末期，最高法院实际上运用了两个不同的标准来判断供述的可采性。首先，供述必须是自愿的，以确保供述是出自被告人的真实意愿；其次，获取供述的手段不应当无视个人尊严，并达到"震撼良知"（shocking to the conscience）的程度。

首席大法官沃伦在1959年的一个案件中将最高法院对待非自愿性供述的态度归纳为："社会对使用非自愿性供述的憎恶并不仅仅取决于这些供述内在的不真实性。这种憎恶还因为一种根深蒂固的观念，即警察应执法守法；从根本上说，警察使用非法方式促使那些他们认为是罪犯的人被定罪，对人的生命和自由所造成的威胁并不亚于那些真正的罪犯所造成的威胁。"①

基本公正性的方法论在1930～1960年这段时期继续在联邦最高法院占据着主导性的地位，但是也有不少大法官对其提出了异议。持异议的大法官认为，基本公正性的方法论导致了联邦最高法院对第十四修正案的因人因事的主观性的解释，授予了联邦最高法院几乎不受任何限制的权力，这同宪法所预设的前提相违背。这些持异议的大法官认为，应当把《权利法案》中的所有保障性条款统统纳入第十四修正案，直接适用于各州。我们通常称对第十四修正案的此种解释方法为全部合并（total incorporation）的方法，其意图在于通过直接适用《权利法案》的具体条款来限制联邦政府对正当程序的恣意解释。多数派法官认为，同基本公正性的方法相比，全部合并的方法并不能有效地防止大法官解释的任意性，因为《权利法案》中的语词同样也是模糊不清的（如相当的理由、不合理的搜查和快速及公正的审判等），也需通过具体的解释才能明确其含义。此外，基本公正性的方法并不意味着联邦最高法院可单凭主观臆断而进行恣意的解释，因为基本的公正性作为解释的最高准则必须要以全社会普遍共享的价值共识为基石，而这些共识是独立于大法官的主观意识之外的客观存在。由于联邦最高法院主流的意识形态仍然是基本公正性的解释方法，全部合并的方法一直处于边缘化的状态，无法与其抗衡，所以这一时期的联邦最高法院依然沿用早先所创立的基本公正性的方法论。但是，这种反对的

---

① Spano v. New York, 360 U. S. 315 (1959).

声音也促使最高法院反思自己的方法论,进而催生了介于两者之间的选择性的合并方法。

三、选择性合并方法论的全面适用:20世纪60年代

美国在20世纪60年代发生了重大转变,抛弃了传统的联邦主义观念,期盼联邦政府在解决经济和社会问题时能够有所作为。民权保护运动,尤其是保护少数民族权利运动也风起云涌,并且获得了社会的广泛支持。于是在60年代中期,美国国会也开始对有关保护公民权利的问题立法。联邦政府对州政府的干预也获得前所未有的加强,一方面通过立法对州政府的活动施加直接的控制,另一方面则通过联邦的资金奖励制度间接地对州政府的行为施加影响。这一时期对联邦权力的信任和个人权利的关注,必然也会影响到美国联邦最高法院。

20世纪60年代的美国联邦最高法院通常被人们称为"沃伦法院",这是特指以沃伦为首的最高法院在裁决宪法性争议时所秉持的自由主义的政治哲学(liberal political philosophy)。联邦最高法院在判断《权利法案》的哪一条款应该适用于州的程序时,放弃了对有秩序的自由社会来说是根本性的制度这一原则,而是从历史上探究某一条款是否是盎格鲁—撒克逊法律传统中的根本性制度。在60年代之前,第一修正案和第四修正案的所有内容以及第五修正案的禁止双重危险和反对自我归罪条款已经能够直接适用于各州了。第六修正案的告知指控性质和公开审判条款在40年代就并入了第十四修正案,沃伦法院则把第六修正案的被告人由陪审团进行迅速审判的权利、同不利于自己的证人进行对质的权利、强制证人出庭的权利以及获得辩护的权利全部并入第十四修正案直接适用于各州。截至1969年,《权利法案》有关刑事诉讼的条款,除了第五修正案的大陪审团审查起诉条款和第八修正案不得要求过高的保释金外,全部适用于各州。

最高法院的有些大法官认为即使《权利法案》可以直接适用于各州,对州的刑事程序的审查也不应该像对联邦程序那样严格。但是,多数派法官坚持认为既然《权利法案》已经基本上并入了第十四修正案,无论是州的程序还是联邦的程序,都要一视同仁,他们认为把《权利法案》并入第十四修正案的首要目的就是为了对州的刑事程序进行严格审查,如果联邦和州适用两套标准,那么《权利法案》的并入就毫无意义。

沃伦法院对州的刑事程序所施加的控制最明显地体现在其有关第四修正案搜查和扣押的判决上。在马普一案中,最高法院认为禁止使用违反第四修正案所获得的证据的证据排除法则可适用于各州。虽然在此案之前,第四修正案已经适用于各州,但是由于缺乏证据排除法则的保障,州的司法机构对第四修正

案的要求往往视若无物，因此为了保护人民不受州或地方政府官员的侵犯，最高法院认为有必要将证据排除法则适用于各州。①

沃伦法院在有关搜查和扣押问题上有三个方面的重要发展：扩展了由第四修正案所保护的隐私权、用令状限制无理搜查和特殊情境下的"拦截和拍身"搜查。首先，最高法院在解释第四修正案的搜查和逮捕的相当理由（probable cause）和合理性（reasonableness）是否存在时，标准更加严格。在1967年的卡兹一案中，联邦最高法院对第四修正案所保护的权益进行了重新界定，从而使其对隐私权的保护达到了顶点。在卡兹案中，最高法院认为，即使被告人没有受到物理上的侵犯，第四修正案的要求也可适用，例如在电子监听时。最高法院还认为，第四修正案为每个人提供了一种隐私权的合理期待，政府行为除非满足了修正案的限制性条件，否则不得侵犯。② 其次，最高法院要求，除非在紧急情况下，警察在搜查证据之前应该事先获得法官签发的令状。最后，在1968年的一个判决中，最高法院认为警察只要有合理怀疑（reasonable suspicion）（低于逮捕所需要的相当理由）认为犯罪活动即将发生就有权对该人实施拦截，并且在情境危险时警察还有权对该人进行拍身搜查以检查是否携带武器。③该案说明了最高法院试图对隐私权的保护和警察有效执法的合法需要进行利益的权衡，同时也显示了处在司法金字塔顶端的联邦最高法院无力控制刑事司法制度的诸多细节性问题。

沃伦法院更为重大的建树表现在有关被告人的律师辩护权和对警察讯问嫌疑人的限制上。在1963年的吉登一案中，最高法院将第六修正案的律师辩护权并入了第十四修正案，从而可直接适用于各州。④ 虽然最高法院在吉登案中并没有清楚地阐明州政府是否必须为贫困的被告人在所有案件中还是在最严重的案件中指定律师，但是它已明显地抛弃了逐案进行审查的"具体情况规则"。在同一年的道格拉斯一案中，最高法院认为，虽然州政府无义务创设一个上诉机制，但是一旦其创立了，就不得因为被告人无力聘请律师帮助他提交法律争点而拒绝被告人的上诉。⑤ 沃伦法院进一步把第六修正案的律师帮助权扩展到了警察讯问程序。最高法院认为，对抗式诉讼程序一旦启动以后（通常是指在提交大陪审团起诉书之后），警察就不得在律师不在场的情形下从被告人那里获取信息。联邦最高法院认为作出这个判决的理论基础既不是因为以

---

① Mapp v. Ohio, 367 U. S. 643 (1961).
② Katz v. United States, 389 U. S. 347 (1967).
③ Terry v. Ohio, 392 U. S. 188 (1968).
④ Gideon v. Wainwright, 372 U. S. 335 (1963).
⑤ Douglas v. California, 372 U. S. 353 (1963).

此种方式获取被告人的供述有悖基本的公正性，也不是因为在此种情景下被告人有可能被强迫供认其罪行，而是因为不这样做会破坏辩护律师在对抗式诉讼程序中的地位，这个案件的判决并非意在遏制警察的非法行为。① 在1964年的另一个判决中，最高法院认为即使对抗式诉讼程序尚未开启，如果被告人提出了聘请律师的要求却遭到了警察的拒绝，那么在此情形下警察对被告人的讯问也违背了第六修正案的规定。②

沃伦法院对警察讯问活动的规范达到了前所未有的高度，1966年著名的米兰达判决就可视为一个巅峰之作。由首席大法官沃伦所撰写的判决意见中指出，在某些情境下即使是被告人所作出的自愿性陈述也不具有可采性。因为沃伦大法官认为，一旦某个人是在"被拘禁或以其他的方式被剥夺了行动自由"时接受政府官员的讯问，这种讯问就具有一种内在的强制性压力（inherent coercive pressure）迫使他人作出政府所期待的回答。此外，最高法院还指出，即使警察能够证明其没有对被告人实施物理强制，但是其是否实施了精神强制手段却很难被发现，因此，为了保障第五修正案所要求的供述自愿性和第六修正案的律师帮助权，最高法院遂要求警察在讯问之前应当向被告人告知这些权利，除非被告人主动地放弃了这些权利，否则警察获取的供述一律排除。③ 米兰达案件出炉之后，在美国各界引起了强烈的反响，民众的批判之声纷至沓来。虽然最高法院要求为贫穷被告人指定辩护人或者想方设法遏制刑讯都能够获得民众的认同，毕竟这些举措符合民众道德上的共识；但是米兰达判决却使民众认为最高法院是通过创立警察行为的技术性规则使那些触犯重罪者逃之夭夭，于是遭到了民众的谴责。

沃伦法院在能动主义政治以及权利保障呼声日高的情势下，抛弃了前任法院在解释第十四修正案正当程序条款的消极态度，开启了美国刑事诉讼的正当程序的革命性变迁。由于基本公正性的解释方法需要进行个案审查，其可预期性较低，无法为保护被告人的权利提供一个清晰的屏障，于是沃伦法院基本上抛弃了最高法院传统上所遵循的基本公正性方法，全面运用选择性合并的方法将《权利法案》的90%以上的刑事诉讼条款直接纳入了第十四修正案的正当程序之列，从而基本上完成了美国刑事诉讼的宪法化。沃伦法院所运用的选择性合并的方法实质上是对基本公正性方法和全部合并方法的折中，其基本意旨为：（1）第十四修正案的正当程序条款所保障的是所有对被告人来说是根本性的权利，《权利法案》中所授予的权利并非全部都是根本性的，同时那些即

---

① Massiah v. United States, 377 U. S. 201 (1964).
② Escobedo v. Illinois, 378 U. S. 478 (1964).
③ Miranda v. Arizona, 384 U. S. 436 (1966).

使没有规定在《权利法案》中的权利则可能是根本性的;(2)但是它反对基本公正性方法论的具体情况具体分析原则,认为根据个案的具体情况来判断权利是否是根本性的会导致过分的主观随意性;(3)选择性合并的方法论要求在判断权利的性质时,应当首先将该权利置入《权利法案》中的特定权利条款并进行整体性和历史性的考察,如果联邦最高法院认为某个保障条款是根本性的条款,那么该权利就应该"完好无损地"(whole and intact)并入第十四修正案,各州应当严格遵从。

四、选择性合并方法与基本公正性方法的并用:1969 年之后

沃伦法院之后的当代美国最高法院,似乎已经抛弃了最高法院早先所创立的正当程序方法论,只在少量的案件中继续沿用基本公正性的审查标准。早在1957 年,美国学者卡迪史就一针见血地指出,将《权利法案》的内容并入第十四修正案并不必然就会扩大对被告人权利的保护或防止政府的侵犯行为。合并后的刑事诉讼或许只是将大法官们的关注焦点从考察程序的公正性转向解释《权利法案》的具体规定而已。①

卡迪史的预言在美国 20 世纪 70 年代和 80 年代变成了现实。虽然当代的大法官们并没有将自由主义理念指导下的沃伦法院的判决推翻,但是他们拒绝进一步扩展它们,他们只需声称在所诉案件中的《权利法案》条款足以保障被告人的权利,而不需要额外的程序性保障。这同美国当时社会政治背景的变化相关,因为在 70 年代和 80 年代的美国,无论是社会还是政治领导人都开始从对联邦权力的信任和对公民权利的关注撤退,因此美国的最高法院重新考察了平等自由和联邦干预问题,不幸的是联邦最高法院只是用确认《权利法案》的具体内容的方法取代了正当程序方法。由于沃伦法院和伯格法院并不太关注程序的正义性问题,所以在普通民众看来,刑事诉讼只不过是双方律师所进行的高度技术化的竞技,而不是一个公正地筛选出罪犯并判处相应刑罚的程序。

最高法院在这一时期有关律师辩护权的判例中,已经彻底抛弃了基本公正性方法论,并且大大地限制了沃伦法院时期作出的贫穷被告人获得辩护的权利。在 60 年代初期,最高法院就确立了所有可能被判处监禁刑的贫穷被告人都有获得律师辩护的权利,但是随着法院裁判哲学的转变,1979 年的一个判决对此作出了限制性解释,认为如果被告人没有可能被判处监禁刑,那么政府就没有必要为贫穷的被告人指定辩护律师。② 因此,无力延聘律师和自我辩护能力差的被告人就可能在其他的非监禁刑案件中受到严厉的惩罚。美国有些学

---

① Sanford H. Kadish, Methodology and Criteria in Due Process Adjudication: A Survey and Criticism, Yale Law Journal 66 (1977), p.1319.

② Scott v. Illinois, 440 U.S. 367 (1979).

者认为最高法院或许在未来将关注的目光重新投向正当程序原则，如果案件的具体情况表明，没有律师的帮助，即使是"轻微"的刑事案件，被告人也无法受到公正的审判，就应该指定律师。但是，当代的美国法院似乎并没有采取任何实质性的行动对此加以改变，因此，从某种意义上可以说，如果不是沃伦法院将第六修正案并入正当程序，而仍然沿用白茨案所确立的"具体情况规则"，或许被告人如今能够获得更好的对待。

虽然米兰达案仍然是美国社会公众关注甚至是批判的焦点之一，但是由其所确立的规则一直延续至今，只不过最高法院不再严格适用米兰达规则。例如，最高法院认为，在被告人宣布其要行使沉默权之后，如果其后被告人又选择放弃沉默权，警察有权对其进行讯问，只要两次讯问之间有足够的时间间隔以保证被告人能够明知地和理智地作出决定。当代美国最高法院的多数派法官认为，米兰达规则并不与刑事程序的公正性相关，而只是一个遏制警察侵犯被告人第五修正案权利的威慑因素。所以，警察侵犯米兰达规则所获取的被告人供述可以用做法庭审判时针对被告人的弹劾证据，因为联邦最高法院认为禁止控方将此证据用做证明被告人的罪行已经能起到威慑警察不法行为的目的。

当代美国最高法院就第四修正案所作的判决显示出其对联邦主义的高度重视，进而疏忽了对隐私权的保护。例如，由于利用人身保护令程序审查第四修正案的权利导致案件的数量激增，所以，最高法院判称，除非州的一审或上诉审程序给了被告人足够的机会挑战违反第四修正案所获证据的可采性，否则，不得直接向联邦法院提起人身保护令诉讼。在搜查领域，最高法院认为，公民只有在搜查区域具有合理的隐私权期待时，才能对警察的取证活动提出异议。即使警察通过搜查汽车偶然发现了不利于乘客的证据，汽车里的乘客也无权提出抗议。造访某一家的客人也无权就针对该家庭的非法搜查活动提出异议，因为他也缺乏合理的隐私权期待。

合并后的美国联邦最高法院一方面不再继续沿用选择性合并方法论扩展被告人的权利保障，另一方面则在少量的案件中重新恢复了联邦法院早先所采用的基本公正性方法论。不过，值得注意的是，选择性合并的方法并不排斥基本公正性方法，因为它仍然认为只有那些根本性的权利才能并入正当程序条款，但是在沃伦法院时代，由于强调对于被告人权利的清晰明确的保障，几乎所有的《权利法案》中的保障条款都被纳入了第十四修正案之中，这倒更加接近于全部合并的方法论，进而忽略了基本公正性标准可以进行个案审查的灵活性价值，束缚了联邦最高法院的手脚。所以，当代的最高法院一方面在坚持沃伦法院所创设了先例并对其适用不断地加以限制的同时，另一方面则试图走出沃伦法院为他们划定的过于狭窄的选择性合并的圈子。即使在沃伦法院时代看来应当属于合并方法解决的问题,当代的联邦法院也根据基本公正性的方法进行裁决。例如,提起公诉后的诉讼迟延不再根据第六修正案的快速审判条款而是根据基本公正性的标准来判断;① 确定已经了解到有偏见的公开报道的陪审员审判资格,也不是根据第六修正案有权获得公正陪审团审判的权利而是根据基本公正性的标准来判断。② 对于那些本来就无法包含在《权利法案》某一条款中的权利,基本公正性标准继续发挥着其控制州政府权力滥用的作用。例如,在1974年的一个判决中,联邦最高法院就判处,州政府不得因为被告人主张行使州的法律所规定的程序性权利而进行报复性的提高量刑的指控。③

五、结语

大法官道格拉斯曾言:"《权利法案》的大部分条文都是程序性的,这并非没有意义。正是程序决定了法治和恣意之治的分野。"④ 弗兰克福特大法官也曾说:"自由的历史,在很大程度上就是程序保障的历史。"⑤ 如果将两位大法官的话语用来评价美国的刑事诉讼是再恰当不过的了。通过近百年的探索,联邦最高法院的大法官们殚精竭虑,终于使刑事诉讼成为一个宪政的主要议题,成为一个名副其实的宪法性刑事诉讼。其中所彰显的对个人自由的尊崇和对法治的理想,叹为观止。

美国是联邦制国家,联邦政府和州政府根据宪法规定分享各自的权力,以维持政治体制内权力的均衡和制约,防止出现专制。自从宪法前十条修正案通过以后,联邦政府的刑事追诉就必须要符合宪法修正案所确立的规范,但是州政府并没有义务遵循修正案的要求。但是,联邦系统所处理的犯罪主要是一些联邦和跨州的犯罪,其比重非常小,通常只占全国所有犯罪的1%左右,因此将近99%的刑事案件都是由不受修正案制约的州法院处理的。第十四修正案通过以后,宪法要求州政府的追诉活动必须符合正当程序的要求,从而为联邦最高法院开启了刑事诉讼宪法化的大门。由于各个历史时期的政治、经济和文化背景的变化,联邦最高法院的宪法化活动节奏并不协调一致,有的缓和,有的激扬,其所遵循的方法也有差别。但是,如果从长时段来看的话,我们仍然可以发现一条明晰的"金线":州政府的刑事诉讼不断地被矫正到第四、五、六和八宪法修正案的轨道上来了。因此,美国刑事诉讼的宪法化历程主要是州的刑事程序宪法化的历程,也是联邦最高法院对州政府的制约权力不断扩充的

---

① U. S. v. Lovasco, (1977).
② Murphy v. Florida, 421 U. S. 794 (1975).
③ Blackledge v. Perry, 417 U. S. 21 (1974).
④ Joint Anti-Fascist Refugee Comm. v. McGrath, 314 U. S. 123 (1951).
⑤ McNabb v. U. S., 318 U. S. 332 (1943).

历史。

在刑事程序宪法化的过程中，联邦最高法院内部主要产生了三种观点：基本公正性方法论、全部合并方法论和选择性合并方法论。从它们的内容来看，基本公正性方法论以灵活见长，但制约乏力；全部合并方法论以统一见长，但灵活不足；选择性合并方法论则是兼顾灵活和统一，但其主要以统一为主。从历届法院所采纳的方法论来看，基本公正性方法论在 60 年代以前占据主导性地位，在 60 年代以后则是选择性合并方法论的天下，而全部合并方法论一直未能获得多数派的支持，只能默默地在反对意见中陈述他们的不满。由此可见，虽然联邦最高法院从以基本公正性方法论为主过渡到以选择性合并方法论为主，体现了严格规范刑事程序的理想，但是全部合并方法论的末流地位则说明了联邦最高法院并不想彻底破坏州和联邦在美国政治体制中的权力架构，仍然对州政府的自治给予了尊重。

经过沃伦法院的正当程序革命以后，选择性合并方法论的地位得到了确立，但是基本公正性方法论并没有退出历史舞台，而是继续扮演着拾遗补阙的创造性角色。基本公正性方法论是美国最为古老的正当程序方法论，它之所以具有如此强大的生命力，是因为它打破了法律与道德的二元对立，使法律不再是一个僵死的法条集合，而是一个反映流动着的民情的价值承载者，从而使情理法获得了统一，也使法律获得了开放性，这充分体现了普通法系司法造法的功能。

韩国侦查制度研究
——大陆法系与英美法系刑事诉讼模式的本土化融合

|易耀华* 张 雪**

韩国全称为"大韩民国",国土面积为9.96万平方公里,至2005年时国家人口数为4725.4万人,通用韩国语,约有50%的人口信奉佛教、基督教等宗教。① 首都为首尔(Seoul),全国的行政区划为:1个特别市(首尔特别市)、9个道(京畿道、江原道、忠清北道、忠清南道、全罗北道、全罗南道、庆尚北道、庆尚南道、济州道)、6个广域市(釜山、大邱、仁川、光州、大田、蔚山)。② 出于推行地方自治的需要,在特别市、道、广域市所构成的高级地方政府之下,韩国还设定首尔的区、自治市、市(小市)和郡③为低级地方政府实体。④

作为当今世界上最早引入儒家文化的国家,韩国同时也被认为是比儒学的诞生地中国更遵从儒家学说的国家,儒家思想已经完全融入进了现代韩国的社会和家庭观念之中,成为其社会传统的重要组成部分。而近代以来,尤其是20世纪初期,日本对整个朝鲜半岛长达36年的殖民统治以及在此之后美国西方价值观在韩国的全面输入与本土化进程都在如今的韩国打下了深深的烙印,并对其现代化国家的发展建设不断发挥着重要影响。正是传统儒家文化的积淀,日本殖民文化的影响,还有西方民主与人权等价值观的进入,加上韩国国

---

* 西南政法大学侦查学硕士研究生
** 西南政法大学警察科学硕士研究生
① 数据资料来源于我国外交部网站http://www.fmprc.gov.cn/chn。
② 数据资料来源于我国外交部网站http://www.fmprc.gov.cn/chn。
③ 韩国地方行政单位中的一级,相当于我国的县级城市。
④ 参见http://www.hanguo.net.cn。

民自身的勤奋执著，才使得韩国成为当今之日渐强盛的国家。其经济的转危为安与突飞猛进，政治的转型发展，司法的改革进步等一系列变化也越来越多地受到了世界各国的关注。

一、特殊历史背景下形成的刑事诉讼制度

韩国近现代司法制度的发展可以分为五个历史阶段：一是1895年至1910年借鉴外国法律阶段，由李氏王朝①主倡引进外国法，开始建立现代法律制度和司法体制；二是1910年至1945年的殖民时期，日本的入侵导致韩国被动接受了日本和大陆法系法律的影响，形成了自身独特的司法体制结构；三是1945年至1961年的重建时期，韩国开始接受美国西方法律思想的引导，大力推进司法独立，但是这一进程被后来的1961年军人政变所打断；四是1961年至1980年的法制停滞阶段，法律和司法体制建设均落后于经济发展的步伐，宪法变动频繁；五是20世纪80年代至今的持续快速发展阶段，伴随着韩国政治体制改善和民主意识的增强，本国司法部门的地位和作用得到了肯定和提升，司法改革走上正轨，并逐步取得了一系列的成功。②

韩国刑事诉讼法在日本殖民时期适用过日本的刑事诉讼法，但自1945年摆脱日本殖民统治之后，当时的过渡政府以美国军队政令为基础吸纳了英美法系的当事人主义诉讼的因素，特别是在人权保障方面力图摆脱具有浓厚职权主义和官僚主义色彩的日本刑事诉讼法的影响，在刑事诉讼程序中体现民主化。当前适用的刑事诉讼法制定于1954年，先后经过了11次修改形成，迄今为止最近的一次修改时间是2002年1月26日。③ 考量现行《韩国刑事诉讼法》的内容，可以发现它在总体上是以大陆法系职权主义诉讼制度构建的，但是在具体程序构造上又吸纳了英美法系中当事人主义诉讼制度的部分内容。④ 具体来说，符合职权主义诉讼特征的包括法院审问被告人的职权、依凭职权调查证据、审判长依职权询问证人及询问程序变更权、自由心证主义、法院的诉讼指挥权、对于检事公诉中提出的变更法院的许可等，而含有当事人主义诉讼因素的有公诉状一本主义、当事人的证据申请权、公诉事实特定、检事和被告人的公判出庭权、传闻法则等。

---

① 李氏王朝，朝鲜半岛历史上的封建王朝之一，又称朝鲜王朝（Chosun Dynasty），简称李朝。1392年，高丽大将李成桂建立李氏王朝，取代高丽王朝，建都于汉阳（现首尔），将国号定为朝鲜，历史上称为李朝。它是朝鲜最后一个封建王朝，存在了五百余年。朝鲜在19世纪末被迫开放国门。1896年，朝鲜宣布独立，改国号为大韩帝国。在1910年日本侵吞朝鲜，李氏王朝灭亡。
② 这一观点是由韩国汉城大学宋相现教授于2003年10月在浙江大学法学院、纽约大学法学院、浙江大学法理与制度研究所联合举办的司法改革国际比较研究圆桌会议上提出的。
③ ［韩］马相哲译：《韩国刑事诉讼法》，中国政法大学出版社2004年版，第2页。
④ 何勤华、李秀清：《东南亚七国法律发达史》，法律出版社2002年版，第6页。

现行《韩国刑事诉讼法》分为总则、第一审、上诉、特别诉讼程序、裁判的执行五编。总则主要是对法院的管辖，法院职员的除斥、忌避、回避，诉讼行为的代理和辅助，辩护，裁判，文书，送达，期间，被告人的传唤、羁押，扣押和搜查，勘验，询问证人，鉴定，口译和翻译，证据的保全，诉讼费用16个涉及诉讼程序中具体情况的诸方面作出的规定。① 其余各编则是对具体诉讼程序作出的规定。

韩国刑事诉讼程序中，总体上可以分为一审程序、上诉程序、特别诉讼程序和执行程序。一审公诉程序按照搜查、公诉、公审的普通诉讼程序进行。公审作出判决之后，如有异议可以提起上诉。上诉又分为三类：一是抗诉，是对一审判决不服而提起的上诉；二是上告，专指针对抗诉审的判决不服而向最高法院提起的上诉；三是抗告，是对法院的决定不服而向上一级法院提起的上诉。特别诉讼程序包含再审程序、非常上告程序、简易程序三方面的内容。②

韩国刑事诉讼法律中，除《韩国刑事诉讼法》之外，还制定了《韩国刑事诉讼规则》、《关于即决审判的程序法》、《关于行使司法警察官吏职务的人及其职务范围的法律》、《司法警察官吏执行职务规则》等与之紧密联系的法律法规，对刑事诉讼法所规定内容的正确理解和适用进行了进一步的补充完善。

二、中央集权化兼具地方自治性的警察体制

韩国早在1945年建国以前就已建立了国家警察体制并沿用至今。该国家警察体制属于中央集权的标准化警察体制，从这一点上足以看出后来接受西方民主思想熏陶并对之推崇与践行的韩国在警察体制方面曾经受到的来自大陆法系国家日本在殖民时期的重要影响。"一个国家整体的犯罪侦查制度主要涉及该国家的警察体制问题"，因此对于韩国侦查制度的研究必然需要对其当前的警察体制有一个大致的了解。警察体制主要包括了警察组织制度和涵盖警衔、录用选拔、训练等多方面内容的警察人事制度两个主要部分。③ 此外，对于近年来在韩国国内进行的关于建立新自治警察体制的热烈讨论，我们也应该予以

---

① 在韩国法律中，除斥（exclusion）是指法官及法院事务官等如果对于具体的案件具有法定的特殊关系，对该案件不应当继续履行职务的情况。除斥制度同时也准用于口译官、鉴定人等。忌避是指根据当事人的申请，使法官等停止对具体案件审理的情况。回避专指法官、法院书记官、书记、口译人自己认为对具体诉讼案件具有忌避的原因而自动停止审理案件的情况。参见《新法律学辞典》，韩国法律出版社1996年版，第1244页、第262页、第1718页。转引自［韩］马相哲译：《韩国刑事诉讼法》，中国政法大学出版社2004年版，第3页注释［1］。

② ［韩］金柄权：《韩国刑事诉讼制度简介》（上），载陈光中、江伟主编：《诉讼法论丛》（第四卷），法律出版社2000年版，第236页注释②。

③ 何家弘：《外国犯罪侦查制度》，中国人民大学出版社1995年版，第30页。

关注。

(一) 现代警察体制的历史沿革

韩国现代警察体制的萌芽可以追溯到 20 世纪初期分裂前的朝鲜。1910 年,日本对朝鲜进行"合并"计划,① 在此之后的 35 年殖民统治期间,日本向朝鲜强制引入了现代法律制度和现代警察制度,为后来韩国现代警察体制的产生与发展提供了一定的条件。

日本在朝鲜的殖民统治可以分为三个时期:武断统治时期、文化政治时期和日本对外侵略扩张并迫使朝鲜协助其侵略战争时期。② 在武断统治时期,日本在朝鲜大规模推行宪兵警察制度。当时朝鲜的社会治安主要由宪兵警察负责,并对普通警察指挥领导。宪兵原本是维持军队内部纪律和负责搜查活动的军队警察,但是日本为了尽快在朝鲜确立便于殖民统治的社会秩序,开始对朝鲜进行类似军队一样的管理,使日本宪兵在朝鲜干起了普通警察的工作。宪兵不仅负责治安工作,而且从户籍事务到日语普及,从传染病预防到降雨量测量甚至是坟地管制等几乎所有领域的事务都由其控制。"可以说朝鲜人从出生的一刻起到进入坟墓,一刻都逃不出宪兵警察的监视与统治。"③ 到了文化政治时期,由于日本宪兵警察的强暴残酷引起朝鲜人民的强烈反抗,日本又开始改革推行普通警察制度,一方面出台了《治安维持法》,以此来强化思想统治与镇压日渐高涨的社会运动;另一方面又通过大幅度增加普通警察的人数来进一步加强殖民统治体制。日本在朝鲜的警察制度就这样逐步建立完善起来。

"二战"日本战败后,美国开始控制当时的朝鲜南部,并很快以"托管"的名义设计划定了"三八线",同前苏联分割占领朝鲜南北部。在美军帮助下,朝鲜南部于 1945 年 6 月在当时的南朝鲜军事政府内部设立了警察事务部,并建立了新的警察部队来取代原日本殖民统治时期的旧警察机构,以维护社会公共秩序。当时的警察队伍具有鲜明的准军事化色彩,在韩国建国之后由当时的内政部④管理并持续至今。1948 年 7 月,南朝鲜颁布宪法,在 8 月 15 日以李承晚为总统的韩国政府宣布成立。在此期间,有关警察与军队之间的关系问题仍然难于划分。到了 1950 年开始的"六·二五"朝鲜战争时期,警察完全接受的是军队的管理。

1961 年韩国国内发生军人政变,新政府在原有警察体制框架的基础之上,开始注重从国外借鉴吸收现代警察管理模式、训练技术和引进先进的设备设

---

① 日本侵占朝鲜时对外所宣称的口号,并将之称为"日朝双方人民共同的愿望"。
② 《东亚三国的近现代史》,社会科学文献出版社 2005 年版,第 68~72 页。
③ 《东亚三国的近现代史》,社会科学文献出版社 2005 年版,第 69 页。
④ 在韩国的行政机构设置中现已重组为"行政自治部"。

施。1975年韩国国家警察局改革为国家警察厅,其警察结构体系不断完善并沿用至今。

(二)警察组织制度

1. 组织与管理结构

韩国警察在管理上采用集权化统一指挥的模式,在组织构成上是由中央到地方的三级机构设置。其中,国家警察的中央管理机关是国家警察厅,对全国的警察机构进行统一管理和领导。国家警察厅内设局或者部,在此之下设课。① 第二级机关是在首尔特别市、广域市、道级地方行政区划设置地方警察厅,隶属于国家警察厅,在各自行政区域内行使对下级警察机构的领导指挥权。在高级地方政府以下的各个自治市、首尔的市、郡的城市警察官署属于第三级警察机构,具有地方基层警察的性质,同时出于对治安需要以及交通地理等区域特性的考虑,依据自治行政命令在其管辖区域内还设有类似于我国基层派出所性质的地域队、警察站。② 据统计,韩国现共有225个城市警察官署,3196个地方警察站和地域队。③

国家警察厅隶属于行政自治部,具有国家行政机关的属性。在本部门内设厅长和次长④各一人,配备一名公报官和四名管理官协助工作。其中,国家警察厅长任期为两年,不能连任。公报官负责警察通报及言论等方面的工作,是国家警察厅的新闻发言人。四名管理官中,企划管理官负责企划、预算和法务等方面的工作,监察管理官负责监察任务,通信管理官负责通信信息等方面的事务,外事管理官主要负责国际刑警、国际犯罪侦查以及国际交往合作等事务,同时兼任国际刑警韩国国家中心局局长。在国家警察厅内部设有警务、犯罪侦查、交通、防范、警备、情报和治安七个局级部门。在局内部设课,课下内设系。⑤ 此外,国家警察厅还设有五个直属机构,即中央警察学校、警察综合学校、警察大学、警察医院和实验管理团。

此外,根据《韩国警察法》第5条的规定,韩国的警察组织与管理机构中还包括行政自治部内设的警察委员会,由包括委员长在内的七人组成,其中的委员长和其他五名委员为非常任,只有一名委员为常任。警察委员会的审议、决议事项包括:有关警察的人事、预算、通信等主要政策和有关警察业务

---

① 《韩国警察法》(2004年12月23日部分修正)第13条,参见刘伯祥:《外国警察法》,中国法制出版社2007年版,第60页。

② 《韩国警察法》第17条。

③ 卢立明:"韩国警察制度概览",载《现代世界警察》2006年第2期,第68页。

④ 根据《韩国警察法》第12条的规定,次长的职责在于辅佐厅长,在厅长不得已的情况下,无法正常履行自身职责时,可以代替厅长的职务履行职责。

⑤ 《韩国警察法》第17条。

发展的事项；与人权保护有关联的警察管理和服务改善事项；警察职权以外，与其他国家机关之间的业务协调事项；行政自治部长官和国家警察厅长认为其他需要由警察委员会附议的重要事项。

2. 警种制度

出于行政管理的需要，韩国的警察公务员依据职务的种类区分警种，警种的划分与警察所任职的职位、被授予的警衔紧密相关。① 一般而言，警察的职能可以划分为两个方面：行政性职能和司法性职能。行政性警察负责维护社会公共秩序，而司法性警察负责犯罪侦查。目前，韩国警察的行政性职能和司法性职能并没有被明确划分，国家警察仍然担负着双重职责。韩国国家警察厅不仅可以处理行政性事务，还可以处理司法性事务。此外，韩国警种根据职责的不同还可以分为：以维护社会治安、进行犯罪侦查为职责的一般警察（包括治安警察和司法警察官吏），非常形势下出警的战斗警，特殊区域内的海洋警察，行业警察（如通信警、运输警、外事警察）等。由于职责的不同，韩国警种繁多，因此并非所有的警察公务员都隶属于国家警察厅，如负责出入境管理的外事警察由法务部直接负责管理，承担海上多重任务的海洋警察由国家海洋厅管理。在韩国警察中，具备侦查职能的警察是：司法警察官吏，但是在不同情况下和不同领域内大多数其他警种的警察都有可能履行司法警察官吏的职务。而韩国侦查由检事主持的原因之一也正是在于针对韩国警种繁多的情况，对侦查权的必要制约和侦查权可能被滥用风险的一种降低。

3. 警察人事制度

（1）警衔制度

韩国的警衔分为十一级：治安总监、治安正监、治安监、警务官、总警、警正、警监、警卫、警司、警长、巡警，其中警卫以上属于警察干部，警长以下为非警察干部。警察干部的警衔晋升实行缺额竞争考核机制，而非警察干部的警衔晋升有两种方式：一种是逐级晋升，每一级间隔七年到八年；另一种是越级晋升，在岗两年以上的巡警根据缺额情况可以直接报考警卫。非警察干部最高只能授予警长警衔，如果没有突出贡献或者经国家警察厅批准，不能自动晋升为警卫以上警衔。②

警衔的授予与所任职务相对称，国家警察厅长的警衔为治安总监，国家警察厅次长的警衔为治安正监，地方警察厅长的警衔为治安正监、治安监或者警务官，城市警察官署长的警衔为总警或者警正。

---

① 《韩国警察公务员法》（2005年3月31日部分修正）第3条。
② 《韩国警察法》第23条。

(2) 警察选拔录用制度

韩国警察的录用有三种方式：一是通过施行公开考试的方式，录用警正和巡警；二是警卫的录用从警察大学毕业生和在总统令规定的范围内，具备考试资格且通过公开考试和教育训练考试的人当中选拔；三是符合法定条件，有资格通过特殊考试而被录用为警察公务员。① 新录用的警正以下级别的警察公务员试用期为一年，期满之后转为正式警察公务员。

在职务授权方面，根据《韩国警察公务员法》的有关规定，总警以上级别的警察公务员由国家警察厅长和海洋警察厅长推荐，行政自治部长官和海洋水产部长官提请，由国务总理上报，由总统任命。警正以下级别的警察公务员由国家警察厅长和海洋警察厅长任命，但是警正的录用、晋升和免职须由国家警察厅长和海洋警察厅长提请，经国务总理上报，由总统批准。

(3) 警察的教育训练

按照法律规定，在宏观上，国家警察厅长及海洋警察厅长应当赋予所有警察公务员以均等的教育训练机会，并对教育训练作出综合的计划并加以调整；也可以设置教育训练部门，为警察公务员提供接受教育训练的机会；还可以依据总统令，在必要情况下可以委托国内外的教育机构进行一定时期的教育训练。

具体地说，韩国警察在录用之后可以分层次地进行培训，警监以上的警察干部训练在中央警察大学进行，训练的人员、时间、内容根据晋升和实际情况的需要而展开；警卫以下的在职警察教育由警察综合学校完成，包括干部候补班，训练时间为一年；警卫以下的每一级警察公务员需要接受在职基础教育，训练时间为三周，参加情报通信等课程的专门训练，训练时间为一周到八周。此外，各个地方警察厅中的教育部门根据实际需要临时开展相关专业技能的培训，训练时间不定。所有的警察训练计划、内容由地方警察厅根据训练对象的实际需要来制订。

(三) 当前警察体制的改革及其争论②

直到20世纪末，韩国警察仍保留着日本殖民时期压迫性质的工作模式，存在着严重的腐败问题，侵犯人权的暴力事件层出不穷，警察缺乏职业道德，工作效率低下，大多数市民不信任甚至仇视警察。根据有关部门在1998年所做的民意调查显示，市民对警察的社会服务满意率只有37%，在所有公共服务部门中排名最后。

---

① 《韩国警察公务员法》(2005年3月31日部分修正) 第8条。
② [韩] 欧玉松："论韩国警察新自治体制"，载 http://www.tapc.gov.cn。

韩国国家警察厅于1999年年底发起了"百日警察大变革"行动，旨在彻底改变韩国的警察工作模式、警察文化和警务实践。这次改革提出了许多有益的措施，包括为了提高警察在公民心目中形象而实施的无催泪瓦斯政策、组建女警防暴队、志愿者社区巡逻计划、"量体裁衣"式犯罪预防政策、制定警察服务章程等。① 经过持续不断的改革，韩国警察的职业素质得以大幅度提高，警察有了很强的职业荣誉感，工作责任感和效率也得到提高。韩国警察的警情处置由112指挥中心统一调度，城市警察到达现场的时间在报案后的三分钟以内。现场抓获犯罪嫌疑人的比例达到了近78%。2004年年底，有关部门再次对各公共服务部门的服务质量进行了民意调查。调查结果显示，在较短的时间内公众对警察部门的服务质量满意率已提高到了59%，超过了供水、环保和教育等部门。

在所有执法部门中，警察与公民之间的联系无疑是最紧密的，因此如果警察体制发生改变，必然会对公民的日常生活产生重大影响。警察作为国家权力的导向机构，其自身体制完善变更的方向自然也吸引着大多数公民和政府机构的注意。韩国早在1945年就建立了沿用至今的国家警察体制。这种中央集权化和标准化警察体制自建国以来达到了满足居民的利益需求的目的，完成了巩固民主成果的任务。但是随着韩国社会的发展，经济实力的增强，韩国政治体制逐渐发生了显著变化，自治运动出现了，自治团体也建立了起来。到1995年，韩国政府出于巩固多元化的民主成果并切实保障公民的基本权利的目的，决定进行自治政府的选举。在自治政府选举前夕，韩国社会就已经持续开展了关于如何建立地方自治性警察体制的讨论。事实上，韩国自推行西方民主思想以来，一直尝试在国家警察体制的基础上进一步建立有益于地方发展、保障公民安全的自治警察体制。1945年驻韩美军和韩国政府商讨了以普通法为基础，引入自治警察体制的可行性，但未取得成效。1998年金大中政府考虑采用自治警察体制，作为"一百项行政政策改革"的内容之一，但最终放弃。韩国国家警察厅从1970年后，即开始着手研究自治警察体制。1998年3月，警察厅组建了警察体制改进计划委员会（PSIPG），该委员会比较了当时各国警察体制，并在1999年8月提出引入自治警察体制的建议。然而，由于当时受到与韩国检察机关的侦查权限冲突等诸多现实条件不成熟的限制，导致该提议被搁置下来。

在过去的十年间，自治警察体制这一问题已经随着调查研究的逐步现实化，成为了总统在竞选时对公众的承诺之一，受到持久的讨论。在2002年的

---

① 卢立明："韩国警察制度概览"，载《现代世界警察》2006年第2期，第69页。

总统竞选期间,自治警察体制的采用问题就成了一个争论焦点。卢武炫上台后,新政府允诺移交给地方自治团体更多的权力。卢武炫政府的政府改革自治制度委员会考察了涉及自治警察体制的每一种意见的可行性。2004年1月,该委员会组建了一个特别委员会专门研讨自治警察体制。这个特别委员会是由警官、教授和政府官员共计10人组成。他们访问了西班牙、法国和希腊,研究并讨论了警察体制,目的是要找寻一种令人满意的自治警察体制。他们经常与韩国国家警察厅交流意见以便缩小双方的认识差距。在2004年9月该委员会公布了最终的自治警察体制的改革计划。根据该计划,新的警察体制从2005年年底开始实施,到2006年年底全部落实。计划内容包括:中央政府决定适用新的自治警察体制的行政区域单位仅仅限于高级地方政府之下的自治市、市(小市)和郡,而拒绝在首尔特别市、道、广域市这些高级地方政府适用自治警察体制;不允许新自治警察组织行使对普通刑事案件的侦查权能;中央政府整合了自治市、市(小市)和郡的警察行政职能,同意其采用与国家警察相近似的制服。卢武炫政府制定的这项关于如何建立自治警察体制的最终议案在韩国国内引发的讨论仍在继续,各方褒贬不一,但这仅仅属于针对同一问题给出的不同理解和看法,因为在韩国国内建立自治警察体制已经是势在必行。

三、检察官主导下的侦查模式

"犯罪侦查制度是一个国家中有关犯罪侦查活动的组织、程序、人员等方面的规则体系的总称。"[①] 具体来说,它由侦查组织制度、侦查程序制度、侦查人事制度三个主要部分构成。在上文中,就有关侦查人事制度与组织制度方面的检察体制与警察体制已有必要的介绍,此处不再赘述,而是主要围绕韩国侦查程序制度来对韩国侦查制度进行探讨。

(一)侦查主体[②]

侦查主体是法律赋予其侦查权限的机构或者个人。根据《韩国刑事诉讼法》的规定,侦查主体是检事[③]与司法警察官吏。总体上说,韩国侦查是由检

[①] 何家弘:《外国犯罪侦查制度》,中国人民大学出版社1995年版,第5页。

[②] 韩语原文表述方式为"搜查",与我国的"侦查"含义基本相同,下文皆采用"侦查"一词进行表述。

[③] 在韩国法律中,检事(public prosecutor)是指行使检察权的独任行政官厅,属于国家机关,区别于履行检察职务的由具体的个人担任的检察官。该独任行政官厅由检事一人构成,检事对自己负责的案件独立进行调查,独立作出决定且自己承担责任,检事长只能对负责的检事提出参考意见,而不能更改其决定。即使检察机关有两人以上的检事,其各自都有独自的职权,仅仅是组成检察机关而已。检察官是履行检察职务的个人,韩国的检察官分为五级:检察总长、高级检察长、检察长、高级检事、检事。

事进行的，司法警察官吏只是对检事的侦查具有辅助作用。检事在侦查中对司法警察官吏有日常的指导权与具体案件的指挥权，同时司法警察官吏服从检事在犯罪侦查中因职务需要所作出的有关命令。在《韩国刑事诉讼法》第195条中，明确指出"检事认为有犯罪嫌疑时，应当侦查犯人、犯罪事实和证据"。在韩国《司法警察官吏执行职务规则》第2条第1项中规定："司法警察官吏在检事的指挥下侦查犯罪。"①

1. 检事

在韩国现行法上，检事既是侦查机关、公诉机关，同时也是法院判决的执行机关。作为行使检察权的公益代表者，检事行使其对犯罪侦查、提起公诉以及其他必要事项的权力。② 具体包括：对犯罪侦查中司法警察官吏的指导与监督；对法院提出其适用法律是否恰当的请求；对判决执行的指挥与监督；履行当国家作为诉讼当事人或者诉讼参与人时的刑事诉讼、行政诉讼中代表国家利益的职责以及与此相关的裁判的指挥与监督；依照法令将其认为属于自身权限的事项置于其职权范围之内。

（1）检事的性质

尽管作为隶属于法务部的行政机关，检事不得不为国家的行政目的而开展工作活动，但是因其行使的权力以侦查与提起公诉以及执行裁判为基本内容，在这一点上检事又与司法权有着密切的联系，尤其是根据韩国大部分的刑事案件是以不起诉处分的形态作为侦查终结来看，其检察权的行使对刑事司法体制的运作产生着重大的影响，因此检事在具备行政属性的同时也具有司法独立的精神内涵。"在此意义上，检事具有既是行政机关又是司法机关的双重性质。"③

（2）检事在侦查中的地位

"韩国的检察官在刑事案件侦查中享有至高无上的地位，以致被人们称为'刑事侦查的国王'或者'沙皇'。"④ 根据《韩国刑事诉讼法》的规定，在具体行为和事件中，一旦检事认为存在犯罪嫌疑，就能够开展侦查，收集证据，查明犯罪事实和犯罪嫌疑人。侦查权对于检事来说既是权力又是义务。检事不仅可以对犯罪嫌疑人进行讯问，对知情人开展任意侦查，而且还可以实施强制侦查。尽管在原则上检事可以对所有的刑事案件进行侦查，但是在实践中检事

---

① 在韩国法律中，条下为项，项下为号，区别于我国法条中"条款项"的表述形式。
② 根据韩国《检察厅法》的规定，检事除了负责侦查与起诉犯罪外，还负责所在地区社会正义的实现，这是一项含义广泛、责任重大的职责。
③ ［韩］金柄权："韩国刑事诉讼制度简介"（上），载陈光中、江伟主编：《诉讼法论丛》（第四卷），法律出版社2000年版，第240页。
④ 刘福谦："韩国司法制度简介"，载《人民检察》2002年第5期。

并不是也不可能是直接对所有案件都开展侦查。由于检事资源的有限，检事通常将交通肇事、盗窃等普通刑事案件交给司法警察官吏进行侦查。对于重大刑事案件，检事认为有必要时可以直接立案由自己进行侦查，或者将案件送交给司法警察官吏，并对其开展的侦查活动进行指挥。此外，贪污贿赂、渎职侵权、国民关注的其他重大案件以及难以进行侦查的新型犯罪案件①都必须由检事开展侦查。

（3）检事在侦查中的具体职权

①刑事案件的侦查启动权，即检事对所有存在犯罪嫌疑的行为都应当开展侦查，同时也只有检事才能对具体案件启动侦查。②

②在侦查过程中对司法警察官吏的指挥与监督权。（《韩国刑事诉讼法》第196条）

③在侦查中向法院判事③请求羁押票、逮捕证以及扣押、搜查或勘验等令状的权力。在侦查中，只有检事拥有这样的请求权，司法警察官吏是不能直接向判事提出上述令状的申请的。（《韩国刑事诉讼法》第201条、第200条之二、第215条）

④对逮捕、羁押场所的监察权。针对可能存在非法逮捕、非法羁押的情况，地方检察厅检察长或者支厅长应该督促检事对其管辖区域内侦查机关逮捕、羁押场所每月进行1次以上的监察。对违反合法程序的逮捕、羁押，负责监察的检事应当下达立即释放或者将案件送交检察机关的命令。（《韩国刑事诉讼法》第198条之一）

⑤侦查终结权。司法警察官负有将有关案件的调查材料与证据迅速送交检事的义务。侦查终结权只能由准司法机关的检事行使，以使侦查权和公诉权得以公正进行。④

此外，检事在侦查中还具有紧急逮捕权、在扣押物品的处置上对司法警察官的指挥权以及接受司法警察官侦查事务报告、情报报告、犯罪统计报告等方面的其他法定重要权力。

---

① 这里主要是指犯罪侵害的对象与客体出现全新的情况，犯罪的手段方式智能化与技术含量的提高，比如破坏环境方面的犯罪、计算机犯罪、金融诈骗犯罪等。针对这样的案件，检事经过了解研究之后，可以将侦查方法告知司法警察官吏，进而指导其侦查。

② 《韩国刑事诉讼法》第195条、第238条，《韩国司法警察官吏执行职务规则》第21条。本文所援引的《韩国刑事诉讼法》的最近一次修改时间为2002年1月26日，以下同。

③ 在韩国法律中，判事是相对于大法院大法官的概念，是指大法院以下的各级法院的法官。根据韩国法律的解释，法官的概念大于判事，即法官包括大法院长、大法官和判事。

④ ［韩］金柄权："韩国刑事诉讼制度简介"（上），载陈光中、江伟主编：《诉讼法论丛》（第四卷），法律出版社2000年版，第241页。

(4) 检事同一体原则①

在检事人员的变动上适用检事同一体原则，即在具体的案件中，当检事被撤换后，在随后的刑事诉讼活动中先前被撤换的检事所作出的行为与后来负责案件的检事所做的行为有着相同的法律效力。该原则适用的结果是在侦查启动之后的刑事诉讼程序中即使中途检事被撤换，接任的检事也不能重新开展侦查或者要求法院重新进行审判。同时正是因为检事同一体原则的存在，韩国法律中有关指令回避、申请回避等的规定并不适用于检事。可以说，检事作为准司法机关的性质决定了其在韩国法律中被赋予的特殊独立地位，既不同于行政机关上下级之间的绝对领导关系，也区别于审判机关上下级间的完全独立关系。

2. 司法警察官吏

尽管在实践中大部分侦查工作是由司法警察官吏去实施的，但司法警察机关并非独立的侦查机关而是作为检事的辅助机关而存在于侦查活动中的。根据韩国法律规定，司法警察分为一般司法警察官吏和特别司法警察官吏。在一般司法警察官吏中又分为司法警察官与司法警察吏。从警衔上划分，司法警察官包括警卫以上级别的司法警察，司法警察吏包括警司、警长和巡警。司法警察官根据检事的指挥行使侦查权，而司法警察吏听从检事或司法警察官的指挥命令，在侦查中起着协助作用。②

（1）一般司法警察官吏

根据《司法警察官吏执行职务规则》的规定，在检事的指挥下，司法警察官以抓获犯罪人、查明犯罪事实与收集证据作为其工作职责，司法警察吏主要负责协助侦查。在侦查活动中，司法警察官吏都处于从属地位，尤其是司法警察吏更是只能协助侦查，并没有被授予侦查权，在一般情况下不能独立实施强制性侦查措施。与检事不同，在侦查活动中可能失去公正性的情况下，司法警察官吏在此类具体案件的侦查中必须回避。

司法警察官的职权具体包括：①侦查事务报告。③ 在发生了或者极有可能发生法定的特定种类的犯罪时，立即向检事报告相关情况；④ 在因骚乱发生等事由而可能造成社会不稳定局面或者政党、社会团体活动可能影响社会秩序时，向管辖地检事作出情报报告；对由自己负责侦查的案件制作犯罪统计报

---

① [韩] 金柄权："韩国刑事诉讼制度简介"（上），载陈光中、江伟主编：《诉讼法论丛》（第四卷），法律出版社 2000 年版，第 241 页。
② 《韩国刑事诉讼法》第 196 条第 1 项、第 2 项，《司法警察官吏执行职务规则》第 2 条。
③ 《司法警察官吏执行职务规则》第 11 条。
④ 《司法警察官吏执行职务规则》第 11 条。

告。②签发到场要求书。① 在需要犯罪嫌疑人或者参考人②到场对有关事实进行陈述时，应当签发到场要求书。在听取犯罪嫌疑人或者参考人到场陈述时，司法警察官负有预先告知其享有拒绝陈述权的义务。

（2）特别司法警察官吏

特别司法警察官吏是指由法律规定的在森林、海事、专卖、税务、军队等特殊领域内，履行司法警察官吏职务的人，如《关税法》上的海关公务员、《租税犯处罚程序法》上的税务公务员、《麻药法》上的麻药监视员等。根据《关于行使司法警察官吏职务的人及其职务范围的法律》，能够在一定范围内行使司法警察官吏职务的人主要由以下几类构成：①军队司法警察官吏。按照《韩国军事法院法》所规定的军队司法警察官吏，经地方检察厅检察长指定针对有关军事物品等的特别措施法规定的犯罪以及《韩国军事机密保护法》的犯罪，行使司法警察官吏的职务。②国家情报院职员对于《国家情报院法》规定的犯罪，行使司法警察官吏的职务。③国立公园管理部门任职者、③ 符合法定条件的其他职员，针对本公园区域内以及公园保护区域内的犯则行为④的现行犯，分别行使司法警察官吏的职务。④在具备一定规模的海轮以及航空器内发生的犯罪，船长、机长以及相关工作人员都可以行使司法警察官吏的职务。⑤劳动监督官等。⑥符合法定条件且经过检事指定的公务员。⑦从事森林保护的公务员。⑧监狱长等。从这一点也能看出，由于韩国可能行使司法警察官吏职务的人所涵盖的行业领域众多，因此司法警察官吏不可能被法律赋予太多的侦查权力。

（3）检事与司法警察官吏的关系

《韩国刑事诉讼法》第196条明确规定，司法警察官吏在检事的指挥下进行侦查。二者之间属于上级与下级的关系。在韩国，检察机关就好比"大脑"，警察机关好比"躯体"，它们是一体的。在打击犯罪时，光有"大脑"不行，光有"躯体"也不行，必须两者同时行动，才能有效地打击犯罪。但是，"躯体"必须听从"大脑"的指挥。⑤ 按照金钟局的介绍，韩国检事在侦查领域的领导地位主要是由检事的精英素质和法律赋予其较高的地位决定的。一方面，检事在学历和专业知识等方面的素质都高于司法警察官吏；另一方

---

① 《司法警察官吏执行职务规则》第16条。
② 在韩国刑事诉讼活动中，参考人是指向侦查作出陈述的第三者（被告人、被害人以外的人），区别于向法院或者法官作出陈述的人（即证人）。
③ 这里指的是经过委任任职的工作人员，不同于招募或者聘用性质的职员。
④ 犯则行为是指违反规则的行为，在韩国此类行为也属于犯罪行为的范畴。
⑤ 骆兰兰："韩国检察官有权侦查所有案件——韩国驻华大使馆法律参赞金钟局谈检察机关的侦查权"，载 http://www.jcrb.com。金钟局曾在韩国水源地方检察厅任首席检察官。

面,检事的法律地位要高于司法警察官吏。同时在立法上,赋予检事侦查主导权,其目的有二:一是通过检事在侦查开展前对司法警察官吏的指导,来避免在侦查活动中出现侵犯人权的现象,保证司法警察官吏按照法律的正当程序进行侦查,维护刑事诉讼活动的公正性;二则是检事的精英素质和能力可以保证刑事诉讼活动的高效率。无论是一般司法警察官吏还是特别司法警察官吏在具体的侦查活动中都必须接受检事的指导和监督,必须遵守检事发布的任何官方命令。如果某一司法警察官吏没有遵守检事的命令或者在侦查活动中出现不当行为,检事可以通过检察长要求停止其工作,也可以要求其上司撤换该警察。在必要的情况下,为了确保检事对司法警察官吏的指挥控制,检事还可以要求警察机关或者其他能够开展侦查的部门在侦查中为自己配备一定数量的司法警察官吏或者能够执行司法警察官吏职务的人作为辅助力量。

韩国由检察官引导侦查的这种模式在亚洲其他国家,如日本、印度尼西亚、老挝、菲律宾等国的刑诉活动侦查阶段中被普遍推行,成为其侦查的标准模式。① 与当下世界各国的侦查体制相比,该模式在实践中是利弊并存,一方面,检察官主导侦查依凭其高素质和自身的法定职责所在能够更独立、中立、公正地保障法律的正当程序在侦查中的贯彻和实现,避免对人权的侵犯泛滥,同时也保证了移送起诉案件的整体质量和刑事诉讼程序的运行效率;但另一方面由于检察机关人员的精英化也导致其资源的配备,尤其是人力资源供给的必然缺乏以及在专业能力结构中有关犯罪侦查技能方面的缺失。

(二) 侦查程序制度

侦查程序制度是指"一个国家有关各种侦查活动和侦查措施的规则体系。它主要体现在一个国家有关刑事诉讼的规定之中"。②《韩国刑事诉讼法》及其他相关法律规定中,对有关侦查主体职责权限和基本义务、侦查活动自身及活动过程中适用手段方法的法律正当程序、侦查文书的制作、证据的保全以及不同性质刑事案件的特别要求等诸方面的内容作出了较为周详的限定。

1. 侦查的基本原则

(1) 令状主义原则

在韩国,令状主义即指"当侦查中进行必要的强制处分③时,必须依照法

---

① [瑞典] 布瑞恩·艾斯林:"比较司法视野中的检警关系",侯晓炎译,载《人民检察》2006年第22期,第11~13页。

② 何家弘:《外国犯罪侦查制度》,中国人民大学出版社1995年版,第6页。

③ "强制处分"与我国侦查学理论中的"强制措施"所内含的实质内容基本相同,具有限制、暂时剥夺个人人身自由或者侵害个人其他重要权益的特征。

官签发的合法令状"。① 根据这一原则，在韩国《宪法》、《韩国刑事诉讼法》②与《韩国刑事诉讼规则》③等法律中对侦查活动中进行羁押、逮捕、扣押、搜查、勘验以及询问证人等侦查行为作出了规定。在需要采取上述侦查措施的时候，由检事依照法定程序向法官提出签发令状的请求，并经法官认定出具令状之后方能实施。

其中，强制处分原则上必须以执行令状的形式进行，且令状必须在事前签发。但同时，法律也对例外情况作出了特别规定。依据《韩国刑事诉讼法》第212条至第219条，检事或者司法警察官在下列情况下可以进行不依照令状的强制处分：①针对现行犯，任何人都可以进行逮捕，包括一般公民；②侦查人员有足够理由怀疑犯罪嫌疑人犯有属于死刑、无期徒刑或者有期徒刑三年以上的罪行的；③被告人存在毁灭证据的可能性或者逃跑的可能性的。在上述三种紧急情形下，侦查人员为了达到侦查目的，避免为申请令状而消耗大量时间，可以在事后及时补办申请令状。令状主义不仅适用于侦查中的强制处分，而且更是适用于整个刑事诉讼活动中的所有强制处分。

（2）严守秘密原则④

严守秘密原则适用于整个侦查阶段，要求检事、司法警察官吏等职务上与侦查密切相关的人，应当注意对案件有关情况的保守。笔者认为，其目的主要出于两方面的考虑，一方面是对涉案犯罪嫌疑人、被害人以及其他相关人员人权的尊重和保护，防止对其造成不必要的名誉和利益损害；另一方面也是出于保证侦查的独立进行，减少不必要的干扰与阻碍，避免侦查资源的浪费的角度的考虑。在《韩国刑法典》第7章"公务员职务犯罪"中第126条："检察官、警察或者其他行使、监督、协助犯罪搜查机关职务的人员，将执行职务时获知的嫌疑事实，在公判请求前公开的，处三年以下劳役或者五年以下停止资格。"⑤

---

① ［韩］金柄权："韩国刑事诉讼制度简介"（上），载陈光中、江伟主编：《诉讼法论丛》（第四卷），法律出版社2000年版，第252页。

② 《韩国刑事诉讼法》第73条有关传唤、羁押的规定，第113条有关扣押、搜查的规定，第200条之二第1项有关逮捕的规定，第215条有关扣押、搜查、勘验的规定，第221条之二询问证人的请求。

③ 《韩国刑事诉讼规则》第93条有关请求令状的方式，第94条令状的方式，第107条扣押、搜查、勘验令状请求书记载的事项。

④ 《韩国刑事诉讼法》第198条。

⑤ ［韩］金永哲译：《韩国刑法典及单行刑法》，中国人民大学出版社1996年版，第22页。文中援引的《韩国刑法》最近一次修订时间为1988年12月31日。

（3）任意侦查①原则

《韩国刑事诉讼法》第199条规定，为了达到侦查目的，侦查人员可以进行任意侦查，而强制侦查只限于法律特别规定的情况下，在必要的最小限度内进行。任意侦查原则涵盖了以下三方面的内容：①在强制侦查与任意侦查都可以达到侦查目的的情况下，侦查人员应当选择对侦查相对方基本权利侵害较小的任意侦查；②在任意侦查不能达到侦查之目的，而需要以进行强制侦查的时候，应当按照法定的程序进行侦查；③鉴于任意侦查可能造成对人权的侵害，实施任意侦查时也应当在尽可能最小的范围和限度内进行，以达到开展侦查所获得的利益同因实施侦查所侵害的利益之间的平衡。②

（4）强制侦查法定主义

与任意侦查相对应的强制侦查，作为对侦查活动中必要情况下不得不使用的强制性措施的运用，是为了保证侦查目的的有效实现而进行的，但同时其在公民个人基本权利方面也造成了比任意侦查更重大的侵害结果。因此，强制侦查法定主义作为对任意侦查原则的补充，要求在立法上对刑事诉讼活动中的强制侦查作出符合要件的严格限制和运行程序的必要规定，使侦查主体只能在法定条件下按照法定程序行使有关强制侦查方面的权力。

（5）职权主义下侦查的原则

在传统的职权主义国家，强调由国家对犯罪履行侦查职能的专属性，限定侦查活动只能由被国家赋予侦查权并代表国家行使侦查权的法定侦查机关进行。韩国侦查制度也沿承了这一传统特点，即侦查机关在对具体的犯罪已有认知的情况下，无论是否存在对犯罪嫌疑人的控告都负有依据其职责进行侦查的义务。因而，在一般情况下，受害人的控告与否并不能成为启动侦查的必要条件，而仅仅属于刑事案件立案的来源之一或者说是侦查线索之一。

2. 侦查的基本程序

（1）侦查的启动

韩国侦查机关只要认为存在犯罪嫌疑，在任何时候都可以开展调查。在这一层面上，韩国在立法上给予了侦查机关足够宽松的工作空间。侦查启动的原因（即侦查线索）主要有告诉（即控告）、告发（即举报）、非正常死亡者的检视和勘验、自首、现行犯、新闻浏览等多种形式。在此基础之上，侦查人员

---

① 任意侦查是指"侦查机关在侦查刑事案件过程中，在侦查人员并未采取任何直接强制方法情况下，侦查相对方自愿接受调查，此种调查不得侵犯侦查相对方的重要权益"。参见马方："任意侦查基本含义"，载《侦查》2005年第3期，第7页。

② [韩] 金柄权："韩国刑事诉讼制度简介"（上），载陈光中、江伟主编：《诉讼法论丛》（第四卷），法律出版社2000年版，第252页。

通过对于犯罪行为发生与否的判断来决定是否启动侦查,除此之外法律上对侦查的启动和侦查线索的形式并无其他限制和标准。

①告诉

在《韩国刑事诉讼法》第 223 条至第 233 条中,对告诉(即控告)作出了一系列的规定。控告是因犯罪而被害的人或者与被害人有一定关系的享有控告权的人向侦查机关报告犯罪事实并要求使犯罪人受到惩罚的意思表示。控告只能由法定享有控告权的人才能行使,他们包括受害人、受害人的法定代理人、配偶、亲属以及指定控告权人。同时,控告应当以书面或者口头形式向检事或者司法警察官提出。接受控告的检事或者司法警察官在听取口头控告时,应当制作笔录。笔录在内容上只需要有控告人希望处罚犯罪人的意思表示,与控告事实一并记载,无独立制作控告笔录的必要。① 告诉与撤诉都可以由受委托的代理人进行。此外,对于具有控告权的人也有法定限制行使控告权的情况,包括:不能控告本人或者配偶的直系亲属,这一点可以通过韩国法律对儒家学说中提倡的传统家庭秩序进行保护的意图来理解和解释;被害人的亲属在被害人为无行为能力人的情况下可以进行独立控告;夫妻之间的控告如果不是在婚姻关系已经被依法解除或者已经提起离婚诉讼的情况下,不能行使控告权,而且在控告之后双方只要恢复婚姻关系或者撤回离婚诉讼请求就被视为控告的撤销。

②告发

《韩国刑事诉讼法》第 234 条,告发(即举报)是指享有控告权的人以及犯罪人之外的第三人向侦查机关报告他人的犯罪事实,希望惩罚犯罪人的意思表示。只要认为有犯罪行为发生,任何人都可以举报,除非举报对象涉及自己或者配偶的直系亲属。但是,举报人应当有希望处罚犯罪人的意思表示,这一点既区别于由控告人作出意思表示的控告,又不同于由犯罪人作出意思表示的自首,因此如果仅仅只有单纯的被害报告或者犯罪事实报告,不能成立举报。韩国在立法上,对举报者向侦查机关报告的犯罪事实的客观真实性提出了要求,即通过对举报者应当作出意思表示的限定,如果举报者蓄意捏造或者歪曲事实,陷害诬告他人,那么行为人应当承担相应的法律责任。

③非正常死亡者的检视和勘验

《韩国刑事诉讼法》第 222 条对有关非正常死亡者的检视内容作出了规定,即存在非正常死亡者或者非正常死亡尸体嫌疑时,由管辖地的地方检察厅检事进行检视,如果认定存在犯罪嫌疑且情况紧急的,检事可以无令状进行尸

---

① 大判,1985.3.12,85DO190。

体勘验。此外,检事也可以指挥司法警察官对可疑尸体进行检视和勘验。依照《司法警察官吏执行职务规则》第 33 条至第 36 条,针对可疑尸体的勘验,侦查人员应当注意:在进行尸体检验之前,应当保护现场,不得改变尸体的原始位置、状态、周边环境条件等;对于尸体所携带的各种遗留物品,认为对于侦查有必要时,应当注意对其加以保存;在验尸时,要注意提取尸体及其周围的潜在指纹和尸体指纹,同时应当要求法医制作验尸报告书;在验尸过程中,如果认为对检验工作无特别影响,应当要求可疑尸体的家属、亲属、邻居、朋友,或者其他知情人参与到验尸工作中,以获取更多的信息线索;针对自杀造成的死亡,应当注意调查有无教唆者或者帮助者,对可能留有的遗书进行真伪的判断。

④现行犯

犯罪实施过程中或者刚实施犯罪之后被发现的行为人即为现行犯。现行犯是对处于特定时间段而被发现的犯罪人的一种称谓。此外,还有符合下列情况之一的被视为现行犯的准现行犯:持有赃物或者足以认定为持有犯罪凶器等其他可疑物品的人;身体或者衣服等沾有明显的证据痕迹的;在被确认身份时企图逃跑的;被人称为犯罪人且被追捕的。在上述情况下,任何人都可以进行无令状逮捕。由普通公民进行逮捕后,应当立即交付侦查机关。为了了解相关情况,司法警察官吏在接受现行犯交付时,应当询问实施逮捕人的姓名、住址、逮捕的原因,在必要时可以请求逮捕人一起到侦查机关协助调查。

⑤法院的委托侦查

根据《韩国刑事诉讼法》第 84 条,被告人所在地不明时,审判长可以向高等检察厅或者地方检察厅检察长提出侦查和羁押票执行的委托。

司法警察官吏在接受告诉或者告发后,针对可能的犯罪情况迅速进行调查,并及时将有关文书和证据资料移送给检事。尤其对于控告案件,司法警察官还应当分别调查控告人有无控告权、特别罪名的控告是否符合法律规定、控告乃论罪①的案件是否有处罚被控告者的意思表示等。根据《司法警察官吏执行职务规则》第 20 条的规定,犯罪的内查是侦查人员通过报纸等出版物的浏览、匿名举报或者其他传闻等途径获取犯罪信息之后所进行的确定犯罪信息真伪的秘密核查活动。内查主要从犯罪信息的来源入手,针对信息所涉及内容的真实程度展开调查。一旦确认事件属实,认定存在犯罪嫌疑,应当立即着手开展侦查。内查结果认定不存在犯罪嫌疑,则应当立即终止内查。对于匿名或者

---

① "控告乃论罪"即通奸、侮辱等犯罪,在有控告权人进行控告时法院才有裁判权,因此无控告不得提起公诉。与我国的亲告罪相类似。

以虚构人名义作出的陈情、请愿及匿名信,侦查机关要正确判断其内容的真实性,认为无侦查线索价值的,可以不进行内查。对于虽然是以真实名义作出的陈情、请愿和信件,认为其中举报的内容与刑法规范明显不相抵触的,可以告知陈情、请愿、投书人不进行内查的原因。但是,侦查机关不得借口内查无端要求与此有关的人到场陈述或者对相关物品实施扣押。

韩国侦查的启动标志是犯罪认知报告书的制作。① 犯罪认知报告书是指司法警察官认为存在犯罪嫌疑而需要进行侦查时所制作的报告书。报告书的性质和我国侦查部门的立案报告书相似。该报告书主要记载犯罪嫌疑人的姓名、居民登记号、职业、住址、有无犯罪经历、犯罪事实、所涉罪名及适用法条,以及与犯罪事实相关的犯罪时间、犯罪地点、犯罪方法等,尤其是要明确记录侦查线索和认定存在犯罪嫌疑的依据。检事在接到犯罪认知报告书后,应当立即向司法警察官吏就侦查对象、侦查方向和范围、适用法条等作出具体指示。

在案件管辖方面,司法警察官吏在各自所属侦查机关管辖区域内行使职务。但是,在为了发现与其所管辖区域内的案件有关联的事实这一必要情况下,司法警察官吏也可以在管辖区域以外行使职务。这种管辖区域外的侦查在并非法定紧急情况下不得不事后报告的情形以外都应当事先报告管辖地方检察厅检察长或者支厅长。

(2) 侦查中的强制性措施

在侦查活动中,原则上应当进行任意侦查,强制侦查只能在法律规定的情况下以任意侦查的例外形式被允许使用,或者说侦查中所使用的侵犯个人基本权利的强制性措施必须限定在法律规定的限度之内。韩国侦查中的强制措施主要包括逮捕、羁押、扣押、搜查、勘验、通信限制措施等。其中,羁押和逮捕是最重要的两种强制措施。需要指出的是,韩国侦查中强制措施的使用适用令状主义原则,同时其中的绝大多数措施也被法院依法使用,这也体现出了韩国刑事诉讼活动中源自大陆法系的职权主义诉讼模式与普通法系的形成基础令状主义的一种融合。

① 扣押、搜查、勘验

《韩国刑事诉讼法》在"总则"部分(即贯穿于整个刑事诉讼活动的规定)对扣押、搜查与勘验的运用作出了比较详细的一般性规定。

其中,扣押、搜查、勘验的实施主体是法院。法院在审判中的必要情况下可以扣押具有证据效力的物品或者是认为应当没收的物品,也可以命令物品所

---

① 《司法警察官吏执行职务规则》第21条。

有权人、持有人或者保管人交出指定扣押的物品。① 搜查的对象包括被告人的身体、物品、住所及其他场所，对非被告人进行搜查的条件限于足以认定为应当扣押的物品的情形。② 法院进行的扣押、搜查要在公审庭以外进行时应当持扣押、搜查的令状。③ 另外，《韩国刑事诉讼法》第215条中对"总则"作出了补充规定：在侦查犯罪的必要情况下可以进行扣押、搜查、勘验。扣押的对象为与犯罪事实有关联性的赃物、物品、文书、邮递物等。搜查通常是为了发现需要扣押的物品而对人身、物品、住所及其他场所实施的，但在特定情况下也涉及为羁押被告人而进行。④ 总之，扣押与搜查以及勘验三者之间密切相关，在具体实施过程中难分彼此。犯罪侦查必要时，检事应当向地方法院提出请求，得到签发的令状后以此为依据才能进行扣押、搜查或者勘验。⑤ 司法警察官在强制侦查为必要时应当向检事申请，然后由检事向地方法院提出申请签发令状。拿到令状之后司法警察官方能依据令状进行。⑥

例外情况是，检事或者司法警察官在实施逮捕、紧急逮捕、羁押或者现行犯的逮捕时，在必要的情况下可以不依凭令状在逮捕现场进行扣押、搜查、勘验，还可以在无令状状态下进入公民的住居或者公民看守的房屋、建筑物、航空器、船、汽车内搜捕犯罪嫌疑人，但在事后应当迅速取得令状。⑦

勘验的内容包括检查身体、解剖尸体、挖掘坟墓、破坏物品及其他必要的处分。勘验的一般实施主体是法院，在犯罪侦查必要时检事、司法警察官也可以进行。法院的勘验和侦查中的勘验有所区别，前者的目的主要在于对证据的调查或者是对证据的保全，实施时并无签发令状的要求，而后者的目的则是为了发现与收集证据，属于强制处分的范畴，因此其实施遵循令状主义。与扣押、搜查一样，侦查中的勘验因其强制处分的性质也必须在法律规定的限度内进行，通常应当依凭令状进行，法律作出的有关无令状实施和事后申请令状的特殊情况的规定除外。

②逮捕和羁押

逮捕和羁押是韩国犯罪侦查中最重要的两种强制措施，在《韩国刑事诉讼法》及其他相关法律法规中也是处于重要地位，涉及内容相当详细。逮捕

---

① 《韩国刑事诉讼法》第106条，参见［韩］马相哲译：《韩国刑事诉讼法》，中国政法大学出版社2004年版，第36页。
② 《韩国刑事诉讼法》第109条。
③ 《韩国刑事诉讼法》第113条。
④ 《韩国刑事诉讼法》第137条。
⑤ 《韩国刑事诉讼法》第215条第1项。
⑥ 《韩国刑事诉讼法》第215条第2项。
⑦ 《韩国刑事诉讼法》第216条。

和羁押同属于法律规定的限制人身自由的强制性措施,统称为人身拘束制度,其实施对象是犯罪嫌疑人或者被告人。① 在刑事诉讼活动中人身拘束制度包括:在公审程序中由法院决定行使的羁押;由侦查机关通过请求法院来获取事前令状进而实施的一般情况下的逮捕,紧急逮捕和羁押;现行犯的逮捕。其中,羁押是拘传与拘禁的统称。② 拘传是具有强制处分性质的传唤,期间效力是自押送被告人或者犯罪嫌疑人到达指定场所之后的 24 小时以内,而拘禁的期间因实施阶段的不同而有所区别。③ 紧急逮捕和现行犯逮捕都属于逮捕的特别形式。

逮捕可以说是唯一只限于侦查程序中使用的强制措施。因法律作出的限定条件和运行程序的差异,逮捕又可以分为一般情况下的逮捕、紧急逮捕和现行犯的逮捕三种形式。普通逮捕适用的条件有三:其一是有足以怀疑犯罪嫌疑人犯罪的理由或者说是有足够充分的证据证明犯罪嫌疑人实施了犯罪行为。④ 其二是犯罪嫌疑人无正当理由拒绝侦查机关对其提出的到场接受讯问的要求或者存在拒绝到场接受讯问的可能性。但是,对于属于最高 50 万韩圆⑤以下的罚金、拘留、⑥ 科料⑦的轻微刑事案件,以上所述的条件不适用于侦查机关的逮捕,而是限于犯罪嫌疑人无固定住所或者无正当理由拒绝到场接受讯问的这两种情况之一的才能进行逮捕。其三是有逮捕的必要。⑧ 逮捕是否必要,由接受检事申请的管辖法院判事来决定。判事认定逮捕为适当的,应当签发逮捕证。不能明确认定逮捕为必要时,不签发逮捕证,但应当在令状申请书上写明拒绝签发的理由并签字盖章,交付提起申请的检事。在此之后,如果检事针对同一犯罪事实和同一犯罪嫌疑人再次向法院申请逮捕证的,应当就再次申请令状的理由作出说明。

逮捕证是由检事向管辖地法院指定的判事申请获得签发的令状,若是司法警察官则需要首先向检事提出申请,进而再由检事向法院提出。逮捕的期间为 48 小时,如有必要羁押犯罪嫌疑人则必须在此期间内提出羁押令状的申请。

---

① [韩]金柄权:"韩国刑事诉讼制度简介"(上),载陈光中、江伟主编:《诉讼法论丛》(第四卷),法律出版社 2000 年版,第 253 页。
② 《韩国刑事诉讼法》第 69 条。
③ 《韩国刑事诉讼法》第 71 条。
④ 《韩国刑事诉讼法》第 200 条之二。
⑤ 按照当前的韩圆兑换人民币的汇率 0.0080,折合人民币为 4000 元。
⑥ 在韩国法律中,拘留属于刑罚中的一种,指剥夺人身自由在 1 天以上 30 天以下的刑事处罚。
⑦ 在韩国法律中,科料是适用于轻微犯罪的财产刑,指比罚金刑数额少的,处以 2000 万至 5 万韩圆(折合人民币 16 元至 400 元)的刑事处罚。韩国法律中罚款的种类很多,科料属于其中之一。
⑧ 《韩国刑事诉讼规则》第 96 条之二。

此外，检事认为有必要延长逮捕证的有效期间的，应当向法院令状专职法官说明理由，重新请求逮捕证的签发。

紧急逮捕必须满足下列法定条件：一是有充分的证据证明犯罪嫌疑人犯有被处以死刑、无期徒刑或者三年以上有期徒刑的罪行；二是犯罪嫌疑人有毁灭证据的可能或者有逃跑可能的；三是情况紧急。所谓"情况紧急"是指与偶然发现犯罪嫌疑人的情况类似，在时间上不允许侦查机关取得逮捕证后再行实施逮捕。只有同时满足上述三种情况，侦查机关才可以实施无令状逮捕。① 司法警察官应当在实施紧急逮捕后12小时以内立即报告检事，特殊情况下可以在24小时内。检事或者司法警察官应当立即制作紧急逮捕书。② 紧急逮捕的期间是48小时。有必要羁押犯罪嫌疑人的，应当从逮捕之时起48小时内向法院请求羁押票的签发，在此期间内不申请令状或者未获得签发令状的，应当立即释放犯罪嫌疑人。③

现行犯或者准现行犯的逮捕可以由任何人实施，包括普通公民。但是侦查机关以外的人逮捕现行犯后，应当立即交付侦查机关。④ 现行犯的逮捕期间与普通逮捕的期间相同，在此基础之上的羁押申请应当在逮捕后的48小时之内。⑤

羁押包括拘传和拘禁。同时，根据实施主体、法定条件和程序运行的区别，羁押也可以分为法院对被告人进行的羁押和侦查机关通过申请获取法院令状对犯罪嫌疑人进行的羁押。前者属于法律对羁押的一般性规定范畴，后者是法律针对强制侦查为必要时对羁押作出的特别规定。根据《韩国刑事诉讼法》第70条，法院对被告人实施羁押除了需要有充分的证据认定被告人犯罪之外，还必须符合下列情况之一：被告人无固定的住所；或者被告人有毁灭证据的可能性；或者被告人存在逃跑或逃跑可能性的。但是，对于属于最高金额50万韩圆以下的罚金、拘留或者科料的案件，只有在被告人无固定住所时才能羁押被告人。对被告人进行羁押的期间为2个月，在特定情况需要延长时，管辖法院可以延长羁押期间，但以两次为限，延长期间也为2个月。⑥ 在第一审中，羁押期间从侦查机关进行逮捕、羁押之日起计算。因此，法院对被羁押的被告人自逮捕、羁押之日起至迟6个月内应当进行一审判决；第二审（即抗诉

---

① 《韩国刑事诉讼法》第200条之三。
② 《司法警察官吏执行职务规则》第27条第2项。
③ 《韩国刑事诉讼法》第200条之四。
④ 《韩国刑事诉讼法》第212条。
⑤ 《韩国刑事诉讼法》第213条之二。
⑥ 《韩国刑事诉讼法》第92条。

审)、第三审(即上告审)至迟应当分别在 4 个月内审结案件。

侦查阶段,对犯罪嫌疑人的羁押应当符合下列两个法定情形:其一是有足以怀疑犯罪嫌疑人犯罪的理由或者说有充分证据证明其有犯罪行为的;其二是犯罪嫌疑人无固定住所的或者存在逃跑或逃跑可能性的,又或者有毁灭证据可能性的。但是,属于最高 50 万韩圆以下的罚金、拘留、科料的轻微刑事案件,在符合上述第一种情况的同时,仅限于犯罪嫌疑人无固定住所的情形可以进行羁押。① 羁押以令状主义为原则。在请求羁押之前,司法警察官可以对是否应当羁押犯罪嫌疑人提出建议,之后再由检事审查作出决定,依法交由司法警察官执行。② 在期间内,司法警察官应当从逮捕或者拘传犯罪嫌疑人之日起 10 日内将案件材料连同犯罪嫌疑人移送检事,否则应当释放犯罪嫌疑人。③ 由检事实施的羁押,应当在逮捕或者拘传犯罪嫌疑人之日起 10 日内提起公诉,否则应当释放犯罪嫌疑人。④ 检事从司法警察官处接收犯罪嫌疑人的,应当自接收之日起 10 日内提起公诉,否则应当释放犯罪嫌疑人。此外,法院根据检事的申请认为继续侦查的理由充分成立时可以延长检事负责羁押的或者接受司法警察官逮捕或者拘传犯罪嫌疑人后的羁押期间一次,以不超过 10 日为限。⑤ 因此,侦查中的羁押最长期限为 30 天,至多自逮捕之日或者拘传之日起的 30 日之内提起公诉。

在侦查中,逮捕与羁押密切相关,可以说羁押是在逮捕的基础之上进行的。笔者认为,主要理由有:第一,逮捕实施的法定条件和标准同羁押相比要低,使侦查机关更容易从法院获取逮捕证,从而更及时有效地针对犯罪嫌疑人采取强制措施。第二,在涉及逮捕理由的告知、逮捕证的制作、逮捕的执行程序和通知等方面,逮捕遵循法律就上述各个方面作出的关于羁押的一般性规定,这些规定准用于侦查机关对犯罪嫌疑人进行逮捕的情况,在这一层面上可以说逮捕是特殊形式的羁押。第三,《韩国刑事诉讼法》针对实践中已经被逮捕的犯罪嫌疑人的羁押作出了非常详尽的规定,在相当大程度上制约了侦查机关的羁押权,能够有效防止羁押权的滥用,降低发生冤假错案的可能性,从而有效保障了犯罪嫌疑人享有的基本权利。

在强制侦查中,韩国在刑事立法上比较注重对犯罪嫌疑人基本权利的保障,这一点突出体现在了有关逮捕和羁押的法律规定中。犯罪嫌疑人不仅仅享

---

① 《韩国刑事诉讼法》第 201 条第 1 项。
② [韩] 马相哲译:《韩国刑事诉讼法》,中国政法大学出版社 2004 年版,第 257 页注释 [1]。
③ 《韩国刑事诉讼法》第 202 条。
④ 《韩国刑事诉讼法》第 203 条、第 203 条之二。
⑤ 《韩国刑事诉讼法》第 205 条。

有逮捕和羁押的告知权、逮捕和羁押的通知权、被羁押后的接见权和接受诊疗权、与非辩护人的接见和通信权、审问申请权及被告知审问请求权①等基本权利，而且还可以通过法律规定的同逮捕及羁押相适应的逮捕与羁押当否审查制度②和保释制度③来有效维护自己的权益。

（3）侦查的终结

在韩国《司法警察官吏执行职务规则》第 39 条中，对司法警察官进行刑事案件侦查的期间作出了如下规定：司法警察官根据控告或者举报进行犯罪侦查时，应当自受理控告或举报之日起 2 个月内终结侦查，若在此期间内未能侦查终结的，应当取得管辖地方检事的指挥。由于司法警察官于侦查中处于从属地位，司法警察吏更是只对侦查起辅助作用，因此，韩国侦查的终结并不由司法警察官吏决定。作为侦查的指挥者与主宰者，检事是现行诉讼程序中侦查终结的决定者。侦查程序启动之后，通过任意侦查和必要的强制侦查，犯罪嫌疑人已经查明控制，犯罪事实清楚，犯罪证据已经收集保全，侦查机关对于是否提起公诉也达到了能够作出判断的程度，随着犯罪嫌疑的确定或排除，侦查程序终结。侦查终结以提起公诉或者不起诉处分的形态出现。④ 侦查终结时，司法警察官应当将刑事案件涉及的所有材料和证据资料送交管辖地检事，并制作意见书。⑤ 检事认为证据充分且符合法定条件，犯罪嫌疑人有可能受到有罪判决时，就可以向管辖法院提起公诉。不起诉处分是检事通过侦查之后对犯罪嫌疑人作出的不提起公诉的决定。不起诉处分的依据大致可以分为两类：其一是犯罪嫌疑人犯罪嫌疑被排除或者并不构成犯罪或者是检事无此类案件的公诉权不能提起公诉；其二是酌定不起诉，根据《韩国刑法》第 51 条，对于有充分的证据证明犯罪嫌疑人实施了犯罪的，检事考虑到犯罪嫌疑人的年龄、性格特点、智力情况、环境、犯罪动机、犯罪方式与结果等方面的因素，可以自由裁量作出不提起公诉的决定。

---

① "审问申请权及被告知审问请求权"是指在请求羁押令状签发时，侦查机关应当向被逮捕的犯罪嫌疑人告知其可以申请法院审问，而接受羁押票请求的地方法院，在犯罪嫌疑人本人或者其辩护人、直系亲属等人有申请时，应当对犯罪嫌疑人进行审问，以决定是否签发羁押令状。

② 《韩国刑事诉讼法》第 214 条之二。

③ 《韩国刑事诉讼法》第 94 条。

④ [韩] 金柄权："韩国刑事诉讼制度简介"（上），载陈光中、江伟主编：《诉讼法论丛》（第四卷），法律出版社 2000 年版，第 257 页。

⑤ 《司法警察官吏执行职务规则》第 54 条。

稿　　约

《刑事诉讼前沿研究》（以下简称《前沿研究》）是由西南政法大学刑事诉讼法学研究中心主办，徐静村教授主编，面向全国，以刑事诉讼法学为主要研究对象的学术论著荟萃，由中国检察出版社出版，每年出版两卷，每卷约40万字。现向全国同行征稿，稿约如下：

一、《前沿研究》作为刑事诉讼法学专业学术园地，主要栏目包括：诉讼法理、证据聚焦、程序专论、司法改革论坛、立法与实务研究、异域法苑等，每期依据来稿酌设专栏。对关于刑事诉讼法再修改、刑事证据制度改革、外国刑事司法制度方面的文章优先采用。

二、《前沿研究》发表刑事诉讼法学领域高水平、有创见的学术论文，字数1万字以上，无上限，来稿采用与否以学术价值为基本标准，对有较高学术水平的文章优先采用。

三、《前沿研究》注释采用脚注，每页分别编码，所注文献依次注明著（译）者、著作或者文章名、出版社或者报刊名、出版时间、版次或刊次及页数。引用外文文献的，按该语种通行注释体例设注。

四、来稿请寄：重庆市西南政法大学刑事诉讼法学研究中心　潘金贵收
邮编：400031。电子邮箱：panjingui@163.com。来稿一律不退，请附软盘并自留底稿。文章发表时署名自便，但来稿务必写明作者的真实姓名、地址、现工作单位、学衔、职称及联系方式。来稿不得一稿多投。3个月后如未接到采用通知，可自行处理。翻译稿件原文版权事宜，由译者自行处理并自行负责，投稿时需附原文。

五、编者保留对来稿进行技术性加工处理的权利。文章如发表，文责自负。

《刑事诉讼前沿研究》编辑部

启　事

根据《刑事诉讼前沿研究》（以下简称《前沿研究》）编辑部与中国学术期刊电子杂志社签订的合作协议，《前沿研究》各卷刊载的论文将被收录到 CNKI 中国期刊全文数据库，通过中国知网（www.cnki.net）予以传播，并将其纳入科学文献计量评价体系。自第六卷起，所有向《前沿研究》投稿的作者，若其稿件被采用，视为其同意将论文收录到 CNKI 中国期刊全文数据库，本刊不再另行告知。若作者不同意将其论文收录到 CNKI 中国期刊全文数据库，请在来稿时注明。

《刑事诉讼前沿研究》编辑部

图书在版编目（CIP）数据

刑事诉讼前沿研究. 第7卷 / 徐静村主编. —北京：中国检察出版社，2008.11
ISBN 978-7-80185-993-8

Ⅰ. 刑… Ⅱ. 徐… Ⅲ. 刑事诉讼-研究-中国 Ⅳ. D925.204

中国版本图书馆 CIP 数据核字（2008）第 154833 号

刑事诉讼前沿研究（第七卷）

徐静村　主编

出 版 人：	袁其国
出版发行：	中国检察出版社
社　　址：	北京市石景山区鲁谷西路5号（100040）
网　　址：	中国检察出版社（www.zgjccbs.com）
电子邮箱：	zgjccbs@vip.sina.com
电　　话：	(010)68658767(编辑)　68650015(发行)　68636518(门市)
经　　销：	新华书店
印　　刷：	河北省三河市燕山印刷有限公司
开　　本：	720mm×960mm　16开
印　　张：	25 印张　插页4
字　　数：	459 千字
版　　次：	2008年12月第一版　2008年12月第一次印刷
书　　号：	ISBN 978-7-80185-993-8/D·1969
定　　价：	47.00 元

检察版图书，版权所有，侵权必究
如遇图书印装质量问题本社负责调换